全球银行业转型镜鉴

陈四清　主编

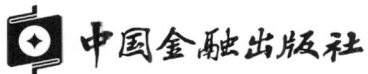

责任编辑：黄海清　李　哲
责任校对：潘　洁
责任印制：张也男

图书在版编目（CIP）数据

全球银行业转型镜鉴/陈四清主编.—北京：中国金融出版社，2019.1
ISBN 978-7-5049-9800-2

Ⅰ.①全… Ⅱ.①陈… Ⅲ.①银行业—研究—世界 Ⅳ.①F831

中国版本图书馆CIP数据核字（2018）第235297号

全球银行业转型镜鉴
Quanqiu Yinhangye Zhuanxing Jingjian

出版 发行	中国金融出版社
社址	北京市丰台区益泽路2号
市场开发部	（010）63266347，63805472，63439533（传真）
网 上 书 店	http://www.chinafph.com
	（010）63286832，63365686（传真）
读者服务部	（010）66070833，62568380
邮编	100071
经销	新华书店
印刷	北京市松源印刷有限公司
尺寸	169毫米×239毫米
印张	29.75
字数	440千
版次	2019年1月第1版
印次	2019年1月第1次印刷
定价	89.00元
ISBN 978-7-5049-9800-2	

如出现印装错误本社负责调换　联系电话（010）63263947

拥抱变革，转型发展

陈四清

2008年国际金融危机后，世界经济增长格局、金融监管规则发生重大变革，深刻影响全球银行业发展。同时，我国经济已由高速增长阶段转向高质量发展阶段，正处在进一步深化改革、加快建设现代化经济体系的关键时期。在此背景下，中国银行业也已进入大变革、大融合进程中。这需要积极把握时代机遇，加快推进业务转型，以实现稳健高效发展。

一

2008年国际金融危机爆发后，全球经济金融形势发生深刻变革。

一方面，经济增长格局出现转变。危机后全球经济增长普遍放缓，2009—2017年全球GDP增速由2000—2008年的4.3%下降到3.2%。其中，发达国家经济增长显著放缓，2008—2017年年均经济增速为1.3%，低于危机前10年平均2.7%的增速。新兴市场和发展中经济体持续保持中高速增长，2008—2017年年均经济增速为5.1%，成为拉动全球经济增长的重要引擎。银行是顺周期行业，其经营情况与经济波动关系密切。在全球经济放缓、国别差异明显的大背景下，全球银行业发展体现出整体放缓、新兴市场国家银行业高速发展的局面。

另一方面，新一轮监管周期开启。2008年国际金融危机以来，世界各国普遍强化了金融监管。在业务监管方面，主要以美国的沃尔克规则、英国的维克斯报告以及欧洲的利卡宁报告为代表，限制银行业从事部分高风险业务；在监管架构方面，各国持续强化宏观审慎监管职能，美国在美联储等监管机构之上建立了金融稳定监督委员会（FSOC），英国采用"双峰监管"模式，全面提升英格兰银行的金融监管职责；在资本监管方面，《巴塞尔协议Ⅲ》将核心资本充足率进一步上调至8.5%，对全球系统重要性银行（G-SIBs）提出了额外的资本要求。

在此大背景下，各国银行业积极推进战略和业务转型，以适应经济金融环境的变化。总体来看，主要呈现出五大特点：

一是规模增速明显放缓。2008年以来，全球银行业普遍开始控制规模扩张，部分国家的银行业甚至通过剥离非核心业务进行"瘦身"，与之前通过并购等方式大举扩张态势形成鲜明对比。根据英国《银行家》杂志的数据，全球前1000大银行的资产规模和核心一级资本增速持续下降，2009—2017年间的平均增速仅为2.9%和7.6%，显著低于2000—2008年间的12.1%和10.4%。

二是业务策略适时调整。全球银行业持续控制贷款等高资本消耗业务的发展，业务策略体现出明显的轻型化、综合化特征。2017年，全球前1000大银行贷款占全部资产比例从2010年的64.6%降至62.6%，降幅为2个百分点。同时，各家银行普遍在交易银行、投资银行、财富管理等轻资本业务上加大投入，推动非息收入占比以及资本利用效率的持续提升。

三是全球化拓展呈现分化。一方面，美国、欧洲的银行业在不断收缩海外市场份额。摩根大通、美国银行海外收入占比由2009年的25%、20%下降至2017年的22%、14%。花旗银行北美以外收入占比由2009年的75%下降至2017年的53%；汇丰银行、苏格兰皇家银行、巴克莱银行、劳埃德银行、渣打银行等英国五大行海外经营收入占比从2012年的55%下降到2017年的42%。另一方面，日本银行业海外业务迅速扩张，三菱日联、三井住友和瑞穗三大金融集团的海外收入平均占比由2009财年的15%左右跃升至2017财年的30%以上。

四是经营管理更加稳健。全球银行业更加重视发展的可持续性，持续改善风险管理水平，增强抵御风险的能力。全球前100大银行的平均不良贷款率从2008年的3.6%下降至2017年的2.1%，经营风险不断下降；平均资本资产比率和资本充足率分别从5.0%和13.2%增加至6.5%和16.5%，风险抵补能力显著增强。

五是全球竞争格局发生深刻变革。发达国家银行业虽然继续占据市场主导地位，但重要性持续下降。在1000家大银行中的上榜数量由2008年的534家下降至2017年的479家，一级资本以及总资产占比由69.4%和77.7%分别下降至56.1%和61.5%。同时，新兴市场国家银行业发展迅速，市场地位显著提升。金砖五国上榜银行数量从2008年的135家提高到2017年的203家，一级资本以及总资产占比由13.3%和10.1%分别上升至30.1%和27.9%。

展望未来，全球经济金融格局依然处于深刻变革阶段，金融监管的改革进程不会结束，全球银行业的发展转型不会止步。特别地，全球化和逆全球化力量之间、加强监管和放松监管力量之间的较量不会停止，金融科技发展日新月异将逐步改变银行业的经营面貌，迫切需要我们进一步把握其前景和趋势。

二

我国经济已由高速增长阶段转向高质量发展阶段，正处在进一步深化改革、加快建设现代化经济体系的关键时期。在此大背景下，中国银行业经营环境随之出现新的变化。

第一，科技创新日新月异。金融与科技的融合，正在重塑金融业态。据统计，2013年至2017年第三方支付市场交易规模由1.3万亿元增长至74.9万亿元人民币，支付宝活跃用户数3.5亿人，超过任何一家商业银行手机银行活跃客户数量。金融科技的发展不仅挑战银行在支付、结算等传统业务领域的地位，而且改变了客户的金融消费行为习惯，分流了客户和资金。未来，移动互联、大数据、云计算、人工智能、区块链等技术在金融业将得到更广泛应用，在对银行业带来更严峻挑战的同时，也为银行业提升金融服务质量，推动获客模式、业务推广模式、风控模式、管理模式创新提供了新的技术支持和发展动力,构建数字化银行已成为趋势。

第二,开放格局重构。当前,在中国等多数国家共同推动下,全球化趋势不会发生根本性变化,中国与外部经济社会的联系必将日益紧密。近年来,中国出台了一系列扩大开放的重大举措,正在用实际行动展示新时代扩大开放的决心和力度。未来,随着我国开放战略持续深化,巨大的跨境金融服务需求给银行国际化带来重大机遇。但是,以美国发起国际贸易摩擦以及英国脱欧为代表的贸易保护主义、孤立主义、民粹主义等全球化"逆风"有所抬头,给全球化发展带来不确定性,影响全球供应链以及国家间的经济金融合作,可能会导致金融机构在部分国家开展业务出现困难,贸易融资、全球市场业务等国际化业务在客户选择、业务模式、风险控制方面也会面临重大调整。

第三,客户对综合化业务需求增加。改革开放以来,中国企业快速成长,规模和实力不断壮大。根据美国《财富》杂志"全球最大500家公司"排行,中国企业上榜数量由2006年的22家跃升到2018年的120家,上榜企业数仅次于美国的126家。存贷汇业务已难以满足企业需求,越来越多的企业需要囊括信贷、投行、投资、保险等多元化金融服务。同时,中国居民的财富持续增加,个人客户对于资产管理、保险等的需求迅猛增长,急需银行提供全面金融服务。据麦肯锡(2018)预计,未来几年中国个人财富仍将保持8%的增速,到2021年将达到158万亿元人民币,证券、银行理财、保险以及投资性不动产等非存款类金融产品在个人财富中的占比由不到20%上升到超过60%。

第四,监管规则变革。近年来,全球系统重要性银行面临的宏观审慎监管要求持续增强,考虑到我国四家大型商业银行已经进入全球系统重要性银行名单,中国商业银行未来将同样面临更加严苛的资本监管要求,资本已成为制约银行经营发展的稀缺资源和核心变量。此外,伴随国内强监管、去杠杆政策的推进以及资管新规、理财新规的相继发布,商业银行业务经营也将受到持续性影响。

第五,竞争日益激烈。利率市场化加剧银行间的存贷款定价竞争,导致利差持续收窄。上市银行中,五大行和股份制银行净息差已从2012年的2.6%、2.7%下降至2017年的2.0%和1.9%。另外,直接融资重要性稳步提升,资本市场对银行资产和负债形成双重挤压。互联网金融已全面渗透银行存贷汇基础业务和资产负债管理等核心领域，分流银行客户和资金。应对激烈竞争，银行必须降低成本、提高效率。

三

面对历史性的机遇和挑战，中国银行业未来需要大力推动发展转型。这既是新环境对银行发展的内在要求，也是银行顺应经济金融形势变化，不断建立更加合理稳健发展模式的契机。

管理学大师彼得·德鲁克有句名言："没有尽善尽美的战略决策。最佳的战略决策只能是近似合理的，而且总是带有风险的。"全球银行业的各种转型实践经验，对中国银行业来说，可以借鉴但不可复制。

未来，中国银行业的转型发展需要重点处理好三个关系：一是规模和效益之间的关系。在持续变化的发展环境中，规模变量已不是决定银行业发展成败的核心因素，需要更加关注经营效益及其可持续性。二是转型发展和客户需求之间的关系。银行业属于服务业，满足客户需求、服务实体经济是持续发展的根本源泉，转型发展始终要以客户为中心，提高服务质量、提升服务体验，才能在未来的竞争中胜出。三是银行发展和社会责任之间的关系。中国银行业应结合时代背景，在百年变局的时间窗口找准位置，践行社会责任，为中华民族的伟大复兴贡献力量，在民族复兴进程中实现自身的可持续发展。

未来，中国银行业的转型发展应重视推动三大领域的融合：一是科技与金融的融合。充分认识科技引领、创新驱动是发掘银行可持续竞争力的根本所在，把科技金融战略变成银行的核心优势来定位，努力构建用户体验极致、产品创新灵活、运营管理高效的数字化银行。构建全方位数字化渠道服务体系，实现一点接入、全程响应的线上线下整合服务；构建场景丰富、客户体验优秀、高度定制化的场景生态，加强与第三方合作，共建互利共赢的金融生态圈；构建数字化的产品创新体系，不断推出数字化、定制化的新产品；构建全方位、立体化智能风控体系，实现实时反欺诈、智能反洗钱和全面风险管理。

二是本土业务与全球化的融合。抓住历史机遇，实现国际化业务的跨越。国际化以服务中国实体经济为根本，覆盖区域数量和业务贡献度要以中国开放的需求为依据，聚焦我国重要的经贸伙伴，更加关注拓展"一带一路"沿线国家和地区。建立政策性银行、开发性银行、商业银行等机构的国际化协同工作机制，形成有梯队的国际化格局。实施全球一体化的战略安排、本土化发展的市场策略、集约化的经营管理，大力培养适应国际化发展的管理人才和专业人才队伍，造就具有全球视野的银行家。

三是综合化服务与多元化需求的融合。坚持以客户为中心，打造商业银行业务与综合经营公司多元化业务互为补充、协调发展、风险内控严密高效的全球一体化综合金融服务生态，为客户提供"一站式"高效服务体验。强化业务联动，提升银行集团层面产品与服务全面化布局的产出效率。在对公客户方面，推动银保业务、银证业务、银基业务、银租业务的一体化发展；在对私客户方面，重点推动证券、基金、保险等业务在商业银行渠道的配置，满足私人银行等高净值客户的定制化服务需求，以及普通大众客户的标准化产品需求。

习近平总书记指出："在认识世界和改造世界的过程中，旧的问题解决了，新的问题又会产生，制度总是需要不断完善，因而改革既不可能一蹴而就，也不可能一劳永逸。"银行业的改革与转型亦是如此，没有一蹴而就的转型，也没有一劳永逸的模式。银行业始终需要结合发展环境变化、自身战略定位和历史发展经验等多方面因素，持续地推进自身的改革与转型。

在转型中发展，在变革中图强。中国银行业需要认真汲取世界各国银行业的经验教训，积极拥抱变革的时代，大力推动自身的经营转型。转型发展，永远在路上。

目 录
○○○ Contents

第一篇	全球银行业版图的历史变迁及其启示	003
全球银行业	全球系统重要性银行的演变及启示	017
格局及监管篇	"负利率"环境下国际大型银行净息差管理策略及启示	033
	危机后全球大型银行资本管理经验及启示	047
	后《巴塞尔协议Ⅲ》监管框架的重大改革及影响	060
	国际监管理念从银行"大而不能倒"到"大而可以倒"的转变及影响	073
	国际大型银行频遭巨额罚单的教训与启示	093
	英国"脱欧"对国际大型银行的影响评估及应对	103
第二篇	美国银行业高息差成因及启示	113
美日银行业转型篇	美国四大银行竞争力比较及借鉴	127
	摩根大通银行"五化转型"及启示	143
	美国银行战略转型及启示	154
	国际金融危机以来花旗集团战略转型的实践及启示	164
	富国银行罚款案的分析及启示	172

	日本银行业新一轮海外扩张及	
	对中国银行业"走出去"的启示	179
	日本三大金融集团转型的实践经验	190
	逆势而上，实现国际化跨越	198

第三篇
欧洲银行业转型篇

英国四大银行发展转型对		
我国银行业的启示		209
汇丰银行在中东及北非地区的		
发展实践及启示		221
巴克莱银行全球战略调整及启示		229
苏格兰皇家银行经营战略调整及启示		235
德意志银行经营战略调整及启示		243
桑坦德银行和毕尔巴鄂比斯开银行的		
经营模式在拉美地区扩张中的应用		256
桑坦德银行可持续发展管理实践及启示		277
瑞银集团创新推出 DCCP 激励机制的		
实践及启示		287
俄罗斯联邦储蓄银行的转型策略及启示		295

第四篇
中国银行业转型篇

我国银行业对外开放回顾与展望		307
中国银行业转型升级需摒弃		
"鼹鼠情结"		340
完善我国银行业布局顶层设计，		
打造"一带一路"金融大动脉		361
抓住战略性机遇，		
实现银行国际化崛起		373
中资银行海外并购十年回顾及		
未来制胜之道		384

商业银行理财市场发展现状、	
存在问题及对策建议	398
如何借助科技金融实现"换道超车"	410
我国四大行绿色金融发展现状及	
政策建议	427
我国民营银行发展现状与展望	437

参考文献 450

后记 460

第一篇
全球银行业格局及监管篇

全球银行业版图的历史变迁及其启示

2018年是英国《银行家》杂志推出全球大银行排名第49年，回顾近半个世纪以来全球大银行的排名，发达市场始终占据主导地位，美日欧轮流坐庄；新兴市场在最近20年里迅速发展，特别是在2008年国际金融危机后，中国银行业的地位显著上升。本文从六个方面分析全球银行业格局变化的主要决定因素。一个重要启示是，中国银行业崛起的局面已经形成，但地位的巩固提升依然面临诸多风险挑战。我国应高度关注欧美银行业通过金融监管变革和经营转型重振竞争力的大趋势，进一步推进金融体系改革与开放，以在新一轮全球银行业变革浪潮中立于不败之地。

一、过去半个世纪以来全球银行业版图发生剧变

1970年，英国《银行家》杂志推出首期全球大银行榜单，依据各大银行总资产折合美元排序，总数为300家；随着银行规模增长，20世纪80年代该榜单扩展至500家。1988年《巴塞尔协议》实施后，国际金融监管理念发生变化，资本实力成为衡量银行发展竞争力的更好指标，该杂志将排行标准变更为一级资本，并将榜单扩展至1000家。大银行榜单历史是全球银行业版图变迁的真实写照。本文将银行归属划为七大区域：美国；欧盟；日本；发达四国（瑞士、挪威、澳大利亚和加拿大）；金砖四国（中国、巴西、俄罗斯和印度）；亚洲四小龙（韩国、中国香港、新加坡和中国台湾）；其他地区。对历史数据

归类计算见表1-1。

表1-1　　　　1980—2018年全球1000家大银行区域分布　　　　单位：%

	1980年	1990年			2000年			2010年			2018年		
	资产占比	数量占比	资产占比	资本占比	数量占比	资产占比	资本占比	数量占比	资产占比	资本占比	数量占比	资产占比	资本占比
发达市场	91.4	77.3	89.5	86.3	69.0	87.5	82.6	55.7	80.3	74.7	49.4	62.1	56.5
欧盟	47.1	38.6	38.6	38.2	31.6	44.6	36.3	22.9	48.1	38.9	18.1	29.6	23.9
美国	17.9	22.2	12.6	17.5	19.9	13.7	18.9	16.9	13.3	19.8	16.1	13.0	17.1
日本	18.9	11.2	32.2	22.6	11.6	21.5	19.8	10.0	10.3	8.2	8.9	10.9	8.3
发达四国	7.5	5.3	6.1	8.0	5.9	7.7	7.6	5.9	8.6	7.8	6.3	8.6	7.2
新兴市场	8.5	22.7	10.5	13.7	31.0	12.5	17.3	44.3	19.6	25.2	50.6	37.9	43.5
金砖四国	1.8	3.4	2.1	2.7	4.3	4.7	5.7	14.7	12.0	13.5	19.6	27.5	29.7
亚洲四小龙	1.4	4.5	3.3	4.1	7.9	3.5	5.0	4.8	2.8	3.4	4.7	4.2	4.5
其他地区	5.3	14.8	5.1	6.9	18.8	4.3	6.6	24.8	4.8	8.3	26.3	6.2	9.3
总计	100	100	100	100	100	99.6	100	100	100	100	100	100	100
注：中国	0.0	0.8	0.9	0.5	0.9	3.7	4.1	8.4	9.0	8.9	13.5	23.5	25.0

资料来源：The Banker，表中年份为The Banker公布全球1000家大银行的年份，下同。

（一）发达市场始终占据全球银行业的主导地位

尽管发达国家在1000家大银行榜上的数量大幅减少，从1990年的773家降至2018年的494家，但数量多寡并不能完全反映实力变化。最近30年来全球银行业并购活动风起云涌，从传统业务迅速走向多元化经营，大银行资产规模成倍扩张，中小银行纷纷消失，银行数量大幅度减少，行业集中度迅速上升。全球前25大银行在1000家大银行中资产占比在1996年仅为27.9%，2008年升至44.9%峰值；近年虽有所下降，但仍在40%以上。因此，资本实力和资产规模更能反映全球银行业重心的变迁。从这两个指标看，虽然新兴市场的重要性在提升，但发达国家的实力尚未受到根本性削弱。从1970年到2018年，发达国家银行业在全球大银行排行榜上一级资本占比始终维持在56%以上，总资产占比维持在60%以上。

（二）北美、日本、西欧和中国在超大型银行榜上轮流坐庄

我们以一级资本和总资产规模进入全球前20名的超大型银行群体作为全球银行竞争实力的代表。自《银行家》杂志推出排名以来，一些银行始终据守在超大型银行的榜单上，显示顽强和持久的生存能力；另一些银行则因并购、倒闭和实力下降等种种原因，从榜单退出甚至永久性消失。以经济体划分，过去一个世纪以来，超大型银行榜单分别由西欧、美国、日本和中国轮流主导（见表1-2），与全球经济重心变迁有着密切联系。

表1-2　1913—2018年全球前20大银行榜单的变化

	1913年	1970年	1990年	2010年	2018年
1	德意志（德）	美国银行（美）	住友银行（日）	美国银行（美）	工商银行（中）
2	里昂信贷（法）	国民城市（美）	第一劝业（日）	摩根大通（美）	建设银行（中）
3	米德兰（英）	大通曼哈顿（美）	富士银行（日）	花旗集团（美）	中国银行（中）
4	劳埃德（英）	巴克莱（英）	农业信贷（法）	苏皇银行（英）	农业银行（中）
5	西敏寺（英）	汉诺威（美）	三和银行（日）	汇丰控股（英）	摩根大通（美）
6	兴业银行（法）	摩根大通（美）	三菱银行（日）	富国银行（美）	美国银行（美）
7	巴黎银行（法）	威敏斯（英）	巴克莱（英）	工商银行（中）	富国银行（美）
8	国民银行（英）	西部银行（美）	威敏斯（英）	巴黎银行（法）	花旗集团（美）
9	德累斯顿（德）	拉沃洛（英）	德意志（德）	桑坦德（西）	三菱日联（日）
10	通用银行（比）	纽约化学（美）	工业银行（日）	巴克莱（英）	汇丰控股（英）
11	巴伐利亚（德）	纽约信托（美）	瑞士联合（瑞）	三菱日联（日）	交通银行（中）
12	巴克莱（英）	加皇银行（加）	花旗银行（美）	劳埃德（英）	巴黎银行（法）
13	贴现银行（德）	富士银行（日）	巴黎金融（法）	农业信贷（法）	农业信贷（法）
14	国民城市（美）	西德银行（德）	东海银行（日）	中国银行（中）	三井住友（日）
15	帕氏银行（英）	巴黎银行（法）	汇丰银行（港）	建设银行（中）	桑坦德（西）
16	贴现银行（奥）	三菱银行（日）	中国银行（中）	高盛银行（美）	瑞穗银行（日）
17	伦敦史密斯（英）	住友银行（日）	长期信贷（日）	联合信贷（意）	高盛（美）
18	纽约信托（美）	三和银行（日）	巴黎银行（法）	BPCE（法）	巴克莱（英）
19	工贸银行（德）	加商银行（加）	瑞士银行（瑞）	兴业银行（法）	BPCE集团
20	京郡银行（英）	中部银行（美）	东京银行（日）	德意志（德）	招商银行（中）

资料来源：The Banker.

在第一次世界大战前，超大型银行榜单几乎全部由西欧国家占领。1970年，时值日本和西欧处于复兴过程之中，美国在前20家大银行中占据9席。1980年，西欧基本完成复兴大业，英、法、德三国在前20大银行中占据了一半，并高居榜单前列。整个20世纪80年代，日本经济迅速膨胀，银行业地位随之上升。1990年日本在前20大银行榜上占有9席，且雄踞榜首前三位（特别在1988年鼎盛时期，日本甚至占据11席，雄踞前6名）。在此期间，美国银行业深陷储贷危机困境，1990年在前20大银行中数量减少到1家。20世纪90年代，美国借助信息技术推动，经济实力迅速提升；欧洲和日本陷入长期的经济低迷。在2000年前20名榜单上，美国银行业重新夺回榜首前3名。21世纪以来，全球经济大起大落，发源于美国的国际金融危机重创发达国家银行业。不过，在欧美国家大手笔注资救市、银行机构兼并重组的推动下，银行资本迅速向大银行集中，在2010年的前20大排行榜上，美欧依然占据了16席。国际金融危机以来，中国银行业受到的冲击较小，实力迅速提高。到2018年，中国银行业在全球前20大银行榜上占据6席，且前4名为中国的四大银行。

（三）全球银行业重心正向新兴市场转移

尽管发达国家主导着全球银行业市场，但是自20世纪90年代以来，以金砖四国为代表的新兴市场经济持续快速增长，银行体系的市场化改革大刀阔斧地推进，银行业对外开放的进程也在持续推进，在全球的地位持续大幅上升。特别是21世纪以来，发达市场银行业遭受危机重创，而新兴市场受到国际金融危机的冲击较小，银行业地位上升的速度更为显著。在2018年1000家大银行榜上，金砖四国上榜银行数量从2000年的43家大幅提高到196家，资产占比从4.7%提高到27.5%，一级资产占比从5.7%提高到29.7%，10多年来取得变化幅度远远超过了此前30年累计的变化幅度。新兴市场银行业实力增长趋势明显。基于此，《银行家》杂志2010年曾对未来20年全球银行业格局进行了大胆预测：就1000家大银行数量而言，2020年发达国家将与新兴市场平分秋色（实际上已经在2018年提前实现），2030年新兴市场将显著超过发达国家（见表1-3）。

表 1-3　　　全球 1000 家大银行分布格局的演变趋势　　　单位：家

	1990	2000	2009	2010	2020（f）	2030（f）
G3 发达地区	778	703	621	588	500	475
欧洲	444	388	365	319	285	270
美国	222	199	159	169	140	135
日本	112	116	97	100	75	70
非 G3 地区	222	297	369	412	500	525
中东	58	77	88	90	90	95
拉美	40	50	49	44	40	45
亚洲	104	150	193	221	300	320
其他	20	20	49	57	70	65
金砖四国	33	43	130	146	200	215
巴西	18	18	13	10	20	20
俄罗斯	—	4	33	21	30	30
印度	7	12	32	31	40	45
中国	8	9	52	84	100	110

资料来源：The Banker.

（四）中国银行业快速崛起

直到1985年，中国尚无一家银行进入全球大银行排行榜。1989年首期1000家大银行排行榜中，中国共有8家银行入选，直到1999年前仍然徘徊在8家左右。从2000年开始，中国银行业上榜数量开始逐年增加，特别是2004年股改以来数量猛增，在2010年上榜银行数量达到84家的历史新高，首次超过德国（66家）；2012年达到104家，首次超过日本的100家；2018年，中国银行业上榜数量达到135家，距离美国的161家越来越近。就上榜银行一级资本总规模来看，中国银行业在2008年超过德国，2009年超过英国，2010年超过日本，2014年超过美国，成为世界第一银行业大国。而在2000年，中国上榜银行的资本规模仅为日本的五分之一。就资产规模而言，2010年中国上榜银行居于第六位，排在美国、日本、英国、法国和德国之后；到2018年，上榜银行资产总规模达到29万亿美元，已远超过美国的16万亿美元（见图1-1）。

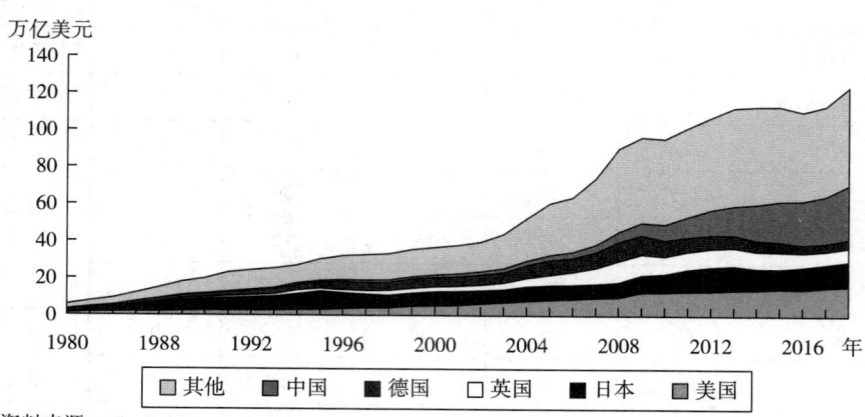

资料来源：The Banker database.

图1-1 全球1000家大银行总资产规模变化

对比全球银行业盈利状况（见图1-2），2006年是全球银行业发展的巅峰时期，美国银行业盈利规模高居全球首位；在危机最为严重的2008年，美国银行业亏损规模也高居全球首位；2009年欧美银行业虽有所复苏，但中国银行业盈利规模依然远远超过各发达大国银行业。随着中国银行业持续较快的盈利发展，到2018年，中国银行业在1000家大银行榜上的税前利润规模达到3217亿美元，占比达到28.9%。

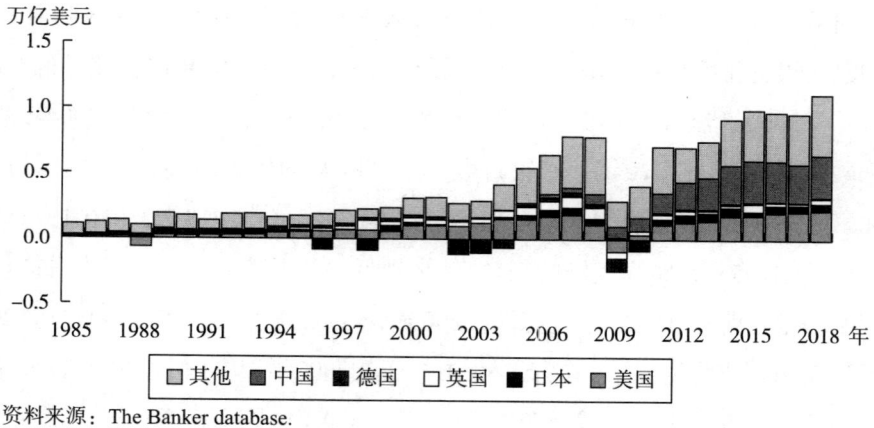

资料来源：The Banker database.

图1-2 全球1000家大银行税前利润规模变化

二、银行业实力格局变迁的六大影响因素

推动全球银行业实力格局变迁的因素是什么？按照金融深化理论，随着一国经济发展水平的提高，金融必然随之深化发展。因此，一国经济规模以及金融比率显然是决定银行实力格局的根本因素。然而，这无法解释1000家大银行格局变化中的许多特征，例如，欧洲经济规模与金融深化程度与美国相当，但银行总体规模却远超过美国；2018年新兴市场GDP规模已经占全球的40%，但银行实力未达到这个比例；中国经济规模与金融深化度都不及美国，但银行总资本实力已超过美国。显然，需要考察更多层面的因素，深入剖析这些影响因素，对一国银行业发展有着深刻的启示意义。本文认为，各国经济与金融政策、融资结构、银行业市场结构以及银行机构的经营模式，都对银行业实力格局的变迁产生了较大影响。

第一，经济实力与财富水平。实体经济是金融业发展的基础。以GDP规模衡量的经济实力，以GDP增长率衡量的经济发展速度，以人均GDP水平衡量的经济发展水平，以及以金融资产规模（特别是富有群体）衡量的各国财富存量水平和金融发展深度，对各国银行机构的资本实力、资产规模、盈利规模及其变化趋势的影响最为关键，从而对全球银行业实力格局的变迁产生决定性影响。各国经济规模与在1000家大银行中的核心资本存在显著的正相关，线性拟合优度达到90.86%（见图1-3）。美国和中国作为全球第一、第二大经济体，其银行业资本规模最多；许多小国经济规模与银行业实力都比较薄弱。更进一步，银行业资本实力是一个累积的存量概念，对银行业经营规模产生最大影响的应是一国金融财富积累的程度。对一个国家而言，如果其经济运行中伴随大量的资源浪费、重复建设、资本与财富外流、战争与灾害损失等现象，财富积累水平必然不如经济增长高效、社会稳定且具有同等GDP规模的国家。从统计上看，各国银行资本实力与该国金融资产（银行资产、股票与债券）之间的关系更为密切，即金融资产规模越大的国家，银行业资本实力也越雄厚。

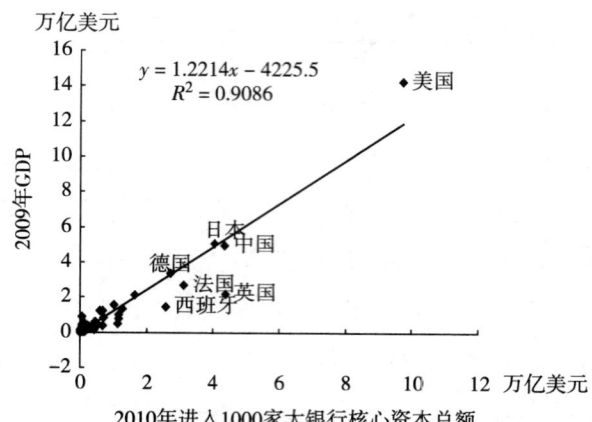

资料来源：IMF，The Banker.

图1-3 各国GDP与1000家大银行资本实力的关系

第二，各国经济与金融政策。银行是经营货币的金融机构，总体实力的国际比较与政策因素密切关联，例如货币与信贷的供应水平及其增速，利率水平、利率政策，汇率水平与汇率政策，金融监管政策等。若一国货币与信贷增速较快、通货膨胀较高、资产价格膨胀显著、汇率水平上升，在折算为美元后，势必表现为银行资本、资产规模的迅速扩张。一国利率水平较高、利率管制较多，将有利于提升银行的信贷利差和利息收入。一国金融监管放松，银行机构冒险程度与杠杆水平高低，也会反映银行实力的变化。

日本与欧盟是典型案例。日本银行业在20世纪80年代地位的迅速上升，与其经济实力并不相匹配。在1990年的1000家大银行排行榜上，日本银行业资产规模高达6.3万亿美元，是美国（2.5万亿美元）的2.5倍。而当时日本名义GDP仅为美国的52%。在此期间，日本的金融政策影响最大。1985年以后日元大幅升值，日本国内资产价格飙升，日本银行业大肆海外扩张，带来银行业务规模的过度虚拟化膨胀。21世纪初至2008年国际金融危机前，欧盟银行业资本与资产规模迅速扩张，美国银行业地位相对削弱，与欧洲货币相对美元升值较多有很大关系（见表1-4）。据此测算，1999—2006年，汇率因素至少使欧盟银行业核心资本占1000家大银行的比重上升约10个百分点。

表 1-4　各主要货币汇率变化与 1000 家大银行一级资本分布

单位：百万美元，%

	1999 年末			2006 年末		
	一级资本	占比	货币汇率	一级资本	占比	货币汇率
欧盟	648733	36.30	1 欧元 =1.01 美元	1411398	42.00	1 欧元 =1.32 美元
日本	356960	20.00	1 美元 =113.20 日元	336510	10.00	1 美元 =117.92 日元
中国	72577	4.10	1 美元 =8.28 元人民币	206393	6.10	1 美元 =7.81 元人民币
美国	339110	19.00	美元指数 =101.42	639369	19.00	美元指数 =83.43
1000 家银行	1786310	100		3361439	100	

资料来源：IMF，The Banker.

第三，金融开放度与金融发展深度。在金融全球化时代，一国金融市场的开放程度将产生很多重要影响。一方面，金融开放的国家，金融机构大规模"走出去"抢占国际市场，控制国际资金，即便本国经济容量较小，银行实力也会显著提升；另一方面，金融市场大规模"引进来"，吸引更多的国际资本流入，不断挖掘市场深度，提升本国金融市场的空间，壮大本国金融实力。

欧盟银行业从欧洲经济体一体化、金融高度深化发展以及金融市场开放中获益最大，特别是英国银行业。以 2009 年的数据为例。在当年全球 80 家大银行中，美洲地区银行在本国业务的占比为 67.4%，与全球平均水平相当；欧洲各国银行在注册国业务的占比为 56.1%，该比例为全球最低；亚太地区银行在注册国业务占比最高，平均为 88.1%（见表 1-5）。英国和中国银行业对比最悬殊，中国银行业 95% 的经营活动是在大陆境内，远高于英国的 55.9%。正因为如此，2009 年英国 GDP 规模仅为中国的 43.8%，但在 1000 家大银行榜上的一级资本实力与中国相当。事实上，英国之所以保持全球金融中心的地位，一个重要原因是其高度开放的金融体系，"走出去"与"引进来"的比例在全球首屈一指。2009 年英国银行业资产规模 7.6 万亿英镑，外资银行占比高达 49.4%。而像汇丰控股和渣打银行等国际性大银行，在英国境内的业务已经不到 20%。

表 1-5　　2009 年全球 80 家大银行经营活动的地理分布　　单位：%

国家或地区	样本数量	在注册国经营业务占比	在非注册国之外的经营业务占比
美洲地区	14	67.40	32.60
美国	8	66.50	33.50
加拿大	5	66.70	33.30
欧洲地区	39	56.10	43.90
英国	5	48.30	51.70
德国	6	60.30	39.70
亚太地区	27	88.10	11.90
日本	7	84.70	15.30
中国	11	95.00	5.00
全球合计	80	66.30	33.70

资料来源：Bloomberg.

第四，金融发展结构。一国融资结构可以根据存贷款、股票和债券三大金融市场融资或资金存量的比例来衡量。融资结构对各国银行业实力的影响较为显著。直接融资市场的发展，将会直接瓜分银行业务的市场份额。尽管很多国家通过混业经营模式，银行业也从资本市场发展中开拓较大市场空间，但银行业发展受到限制。如果一国金融结构以银行为主导，则该国银行业经营实力在全球地位将会显著得到提升。银行体系在一国金融结构中越重要，银行实力也越强（见图1-4）。例如，2017年美国GDP规模是中国的1.6倍，金融业的发展深度也比中国成熟。但在1000家大银行中，中国上榜银行的资产和一级资本实力则分别是美国的1.8倍和1.5倍。最主要原因就是，美国金融体系以股票和债券市场为主导，中国以银行体系为主导。

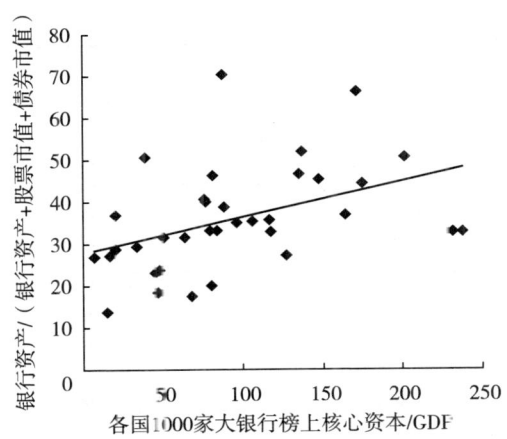

资料来源：IMF，The Banker.

图 1-4　一国金融结构与 1000 家大银行榜上实力对比

第五，银行业市场结构。集中度是反映一个行业市场结构和竞争状况的重要指标，一般以行业中前3~10名龙头企业占整个行业的重要性来衡量。对国际银行业而言，竞争力的横向比较主要集中在超大型银行的身上。那些银行业市场较为分散的国家，由于缺乏资本实力较强的跨国大型银行，因此对国际市场的抢占能力、对本国市场的垄断能力都较弱，往往利润较薄，银行机构在国际市场的实力对比会受到不利影响。而且，规模过小的银行无法跻身1000家大银行之列。银行机构并购重组是提升行业集中度的重要手段，也是许多国际大银行长期雄踞全球超大银行实力榜首的重要原因。从2000年到2008年，美欧银行数量大幅减少，银行业集中度呈现上升趋势（见表1-6）。

表 1-6　部分国家银行业机构数量与市场结构的比较　　单位：家

	2000 年			2008 年		
	银行数	集中度	1000 家银行上榜数	银行数	集中度	1000 家银行上榜数
美国	8315	0.2116	199	7087	0.3521	169
日本	136	0.3532	116	122	0.5399	98
英国	491	0.5096	29	390	0.7225	17
德国	2742	0.6649	89	2026	0.7437	77
法国	1099	0.5378	14	808	0.5543	9

续表

	2000年			2008年		
	银行数	集中度	1000家银行上榜数	银行数	集中度	1000家银行上榜数
西班牙	368	0.5969	58	357	0.9125	45
意大利	861	0.9193	58	821	1.0000	28
荷兰	586	0.7868	10	341	0.7285	7
中国	>20000	0.7689	9	341	0.7214	45

资料来源：世界银行，The Banker，ECB，FDIC。

第六，银行机构经营模式。一般来说，在以传统业务为主导的分业经营模式下，银行业发展相对较为稳健，但利润增长与经济周期关系较为紧密；涉及较多交易业务和中间业务的银行机构，经营波动性较大，但往往能从业务组合中获取更多的风险收益。总体看，在综合化经营的银行模式下，银行可以拓展更多的盈利来源，风险调整后的收益能力更强，有利于提升一国银行业的国际竞争实力。20世纪90年代以来，美欧大银行非利息收入占比迅速上升，对盈利水平的提升贡献良多。尽管近年来中国银行业中间业务收入增长较快，但目前中国银行业非利息收入业务占比仍相对较低。2017年，中国五大银行非利息收入平均水平为23.9%。中国银行占比最高，达到30.2%（见图1-5）。

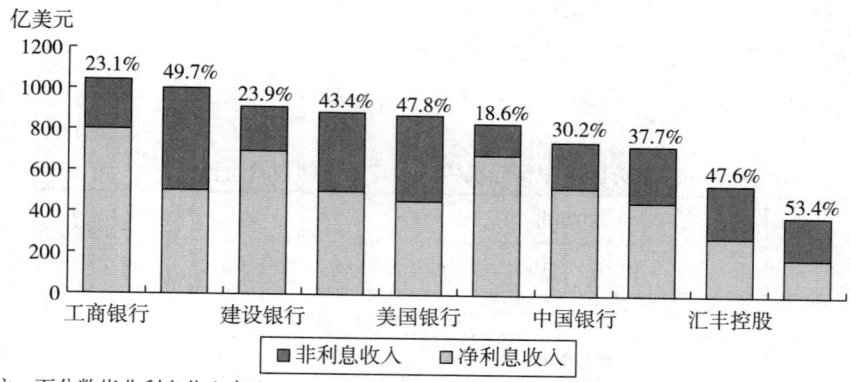

注：百分数指非利息收入占比。
资料来源：银行年报。

图1-5　2018年全球前10大银行收入结构比较

当然，还有一些其他因素对1000家大银行的格局产生一定影响，但不具普遍性和主导性。例如，商业化改革和股份制改造前，我国大部分银行因信息披露缺失而未能参加排名；苏联银行业从未参加排名；《银行家》杂志每年参加排名的银行，由于年报未能全部统一为可比日期，一些国家（如日本银行业年报财年为3月）排名可能受到影响。

三、全球银行格局变化对中国银行业发展的启示

中国银行业是在短短40年的时间里迅速崛起的，中国金融市场也在同期迅速扩大规模，中国银行业的成熟度和竞争实力都有很大的提升潜力。对比分析中国银行业的发展现状和决定国际银行业实力变迁的因素，有如下重要启示：

第一，基于实体经济的发展，中国银行业市场前景依然广阔。银行业的发展必须重视实体经济增长所带来的机遇，并通过促进实体经济持续健康发展，不断增强和壮大自身的竞争实力。20世纪90年代初期，在日本经济最耀眼的时期，日本GDP占美国的60%～70%，日本在1000家大银行中的核心资本一度是美国的1.8倍。过去20年来，中国银行业在全球实力的迅速提升，主要得益于中国经济迅速发展和居民财富的较快积累。未来10年内，中国经济规模可望超过美国，如果充分挖掘国内市场，中国银行业完全有可能创造新的辉煌纪录。

第二，在综合化与国际化经营上，中国银行业提升潜力巨大。到目前为止，中国银行业国际地位的迅速提升，仍然主要基于传统存贷业务和国内本土市场。随着综合化、国际化经营成为不可逆转的发展大趋势，中国银行业还有相当大的市场潜力可以挖掘。欧洲银行业总体规模与全球市场份额远超过美国，一方面是基于欧洲合计GDP规模与美国相当这一实体经济基础，另一方面更是综合化和跨境经营的结果。未来10年，中国银行业可望将非利息收入占比提高10个百分点至35%左右，将国际市场业务占比提高5个百分点至15%左右，这意味着中国银行业将可进一步提升在全球的竞争实力。

第三，市场化改革、金融结构与行业结构的变化，给银行业发展带来挑

战。中国银行业在过去10年来经营实力的提升，还得益于较为适宜的金融监管环境、金融市场结构和行业发展结构。其中，在市场结构上，储蓄率较高，融资结构以贷款为主导，有利于银行业取得较为稳定的利差收入；在行业结构上，五大银行维持较高的市场份额，有利于保障在全球大银行榜上取得前列地位。未来10年，中国银行业的上述发展环境都将可能发生变化。例如，利率市场化改革深化推动，资本市场发展迅速，储蓄搬家现象和直接融资规模日益扩大；银行业的市场竞争结构虽然相对集中，但是大银行的市场份额在持续下降。在新的环境下，中国银行业需要在经营模式上进行适当调整，加快经营转型与产品创新，加强信贷大规模增长背景下的风险管理工作，加快综合化经营和国际化发展的步伐，加强对私人银行、中小企业金融、农村金融等新的活跃市场的拓展，考虑进行适当的兼并重组等，推动大型银行在国际大银行榜上实现新的突破。

第四，经营管理效率大幅提升，与国际大银行相比仍有改进空间。经过2008年国际金融危机的冲击，不少国际大银行遭遇了前所未有的冲击。但更应看到的是，许多大银行迅速开展经营转型和业务调整，通过不断的兼并重组，竞争实力依然保持甚至有所提高。这表明，国际大银行长期以来具备的竞争力没有被完全削弱，经营管理效率依然保持着领先优势。在经过快速的复苏之后，盈利规模将可能重新恢复。因此，中国银行业需要持续不断地深挖潜力，改进经营管理水平，提高经营效率。

全球系统重要性银行的演变及启示

2008年国际金融危机以来,为解决"大而不能倒"问题,巴塞尔银行监管委员会在《巴塞尔协议Ⅲ》中首次提出全球系统重要性银行(G-SIBs)概念,并针对G-SIBs设置了更为严格的监管标准。自2011年11月,金融稳定委员会(FSB)公布第一批G-SIBs名单以来,先后有35家国际大型银行入选G-SIBs名单。本文基于巴塞尔银行监管委员会公布的G-SIBs系统重要性得分明细数据,分析了G-SIBs名单变化的主要特点、驱动因素及中资G-SIBs的得分特征,并在分析中资G-SIBs系统重要性升级影响的基础上提出了相关对策建议。

一、G-SIBs的现行评估方法

(一)指标体系

2011年11月,FSB公布了第一批G-SIBs名单,该名单由FSB委托巴塞尔银行监管委员会(以下称BCBS)制定的评价体系决定(BCBS,2013),该评价体系分为规模、关联性、金融机构基础设施、复杂性和跨境行为五个维度,每个维度的权重比例均为20%。五个维度又细分成12项指标,隶属于规模的《巴塞尔协议Ⅲ》杠杆率总风险暴露指标(权重20%);隶属于跨境行为的跨境资产(权重10%)和跨境负债(权重10%);隶属于关联性的金融体系内资产（权重6.67%）、金融体系内负债（权重6.67%）和证券投资余额指标（权重6.67%）；隶属于金融机构基础设施的托管资产规模（权重6.67%）、支付行为（权重6.67%）和承销股票和债券规模指标（权重6.67%），以及隶属于复杂性维度的场外衍生品名义本金规模（权重6.67%）、第三级别资产（权重6.67%）和交易及可供出售证券余额（权重6.67%）。

（二）评分方法

在构建指标体系的基础上，BCBS会选定样本银行，对样本银行12项指标进行求和。银行的指标得分等于该银行指标数值除以样本银行指标之和再乘以10000，该指标实际测度了该银行指标在样本银行中的占比，其值越大系统重要性得分越高。在计算金融机构基础设施指标过程中，BCBS设置了500分得分上限，即该指标数值是取指标得分和500分的最小值。当计算出每个指标的得分后，再根据指标分配的权重进行加权平均，就可以得到系统重要性得分。

（三）系统重要性判定标准

FSB根据系统重要性得分的高低判定银行的系统重要性，分数越高越具有系统重要性，所属的系统重要性级别越高。FSB设定的进入G-SIBs的门槛分数是130分，130~229分属于第一组（Bucket）；230~329分属于第二组；330~429分属于第三组；430~529分属于第四组；530~629分属于第五组。

二、G-SIBs名单变化特征

2011年以来，G-SIBs名单主要发生了以下几个方面的变化：

一是系统重要性评级呈下降趋势。2012年，G-SIBs的平均系统重要性分组平均组数为1.82，2017年降至1.63。2012年，28家G-SIBs中第四组银行和第一组银行分别有4家和15家，占比分别为14.3%和53.6%；2017年，30家G-SIBs中第四组银行和第一组银行分别为1家和17家，占比分别为3.3%和56.7%。

2017年，G-SIBs第四组银行的占比较2012年下降了11个百分点，第一组银行占比较2012年上升了3.1个百分点。2012年以来，G-SIBs名单共有29处调整（包括入选和移出G-SIB名单以及所属级别的上升或者下降），其中升级（包括入选）调整13次，占44.8%，降级（包括移出）调整16次，占55.2%（见表1-7）。

表1-7　　　　　　　　　　G-SIBs 分组变化趋势

银行名称	2011年	2012年	2013年	2014年	2015年	2016年	2017年
摩根大通	是	四	四	四	四	四	四
花旗集团	是	四	三	三	三	四	三
汇丰控股	是	四	四	四	四	三	三
德意志银行	是	四	三	三	三	三	三
美国银行	是	二	二	二	二	二	三
巴克莱集团	是	三	三	三	三	二	二
巴黎银行	是	三	三	三	三	三	二
高盛集团	是	二	二	二	二	二	二
三菱日联金融集团	是	二	二	二	二	二	二
中国工商银行	否	否	一	一	一	二	二
富国银行	是	一	一	一	一	二	二
中国建设银行	否	否	否	否	一	一	二
中国银行	是	一	一	一	一	二	二
中国农业银行	否	否	否	一	一	一	一
纽约梅隆银行	是	二	一	一	一	一	一
法国农业信贷银行	是	一	二	一	一	一	一
瑞士信贷	是	二	二	二	二	二	一
ING集团	是	一	一	一	一	一	一
摩根士丹利	是	二	二	二	二	二	一
瑞穗金融集团	是	一	一	一	一	一	一
北欧联合银行	是	一	一	一	一	一	一
加拿大皇家银行	否	否	否	否	否	否	一
苏格兰皇家银行	是	二	二	二	二	一	一

续表

银行名称	2011年	2012年	2013年	2014年	2015年	2016年	2017年
桑坦德银行	是	—	—	—	—	—	—
法国兴业银行	是	—	—	—	—	—	—
渣打银行	否	—	—	—	—	—	—
道富银行	是	—	—	—	—	—	—
三井住友金融集团	是	—	—	—	—	—	—
瑞士银行	是	—	—	—	—	—	—
裕信银行	是	—	—	—	—	—	—
毕尔巴鄂比斯开银行	否	—	—	—	否	否	否
法国人民银行	是	—	—	—	—	—	否
德国商业银行	是	否	否	否	否	否	否
德克夏银行	是	否	否	否	否	否	否
劳埃德银行	是	否	否	否	否	否	否
银行总数	29	28	29	30	30	30	30

数据来源：FSB，作者计算。

二是决定系统重要性的因素发生切换。2014—2017年，复杂性因素对系统重要性得分的平均贡献度最高，达22.32%，但其贡献比例呈下降趋势，2017年已降至21.66%，反映出G-SIBs整体在降低业务的复杂性。2017年，跨境因素切换为系统重要性得分贡献最大的指标，贡献度达21.79%。金融机构基础设施建设的贡献度上升最为明显，由2014年的18.91%升至2017年的19.93%，升幅达1.02个百分点。规模和关联性指标贡献度有所下降，2014年，规模指标的贡献度为18.77%，2017年降至18.51%。2014年，关联性的贡献度为18.16%，是所有指标中贡献度最低的，2017年该指标贡献度降至18.11%（见表1-8）。

表1-8　系统重要性得分各项指标的贡献比例分析　　单位：%

项目	2014年	2015年	2016年	2017年	平均	变化
规模	18.77	18.79	18.71	18.51	18.70	-0.27
关联性	18.16	18.91	18.24	18.11	18.36	-0.06

续表

项目	2014年	2015年	2016年	2017年	平均	变化
金融机构基础设施	18.91	18.70	19.32	19.93	19.22	1.03
复杂性	22.58	22.57	22.48	21.66	22.32	−0.92
跨境行为	21.57	21.03	21.25	21.79	21.41	0.22

数据来源：https://www.bis.org/bcbs/gsib/.

三是复杂性和金融机构基础设施是影响G-SIBs组别变动的主要因素。纵观G-SIBs 2014年以来的10次降组（包括移出G-SIBs名单），由复杂性下降驱动5次，包括巴克莱银行、花旗集团和瑞士信贷银行压降第三级别资产，摩根士丹利、花旗集团和法国巴黎银行降低可供出售和交易证券。金融机构基础设施下降驱动3次，分别是汇丰控股压降证券承销业务、花旗集团压缩清算支付业务和法国巴黎银行减少托管资产。关联性下降驱动2次，包括法国农业信贷银行和法国人民储蓄集团压降同业负债。跨境行为驱动2次，分别是苏格兰皇家银行压降跨境债权和跨境负债，瑞士信贷集团降低跨境负债（见表1-9）。

表1-9　　　　　　　　G-SIBs降组原因分析

年份	银行名称	事件	主要原因分析
2014	法国农业信贷银行	2组降1组	从218分降至187分，降幅最明显的是关联性中的同业负债
2015	苏格兰皇家银行	2组降1组	从248分降至149分，降幅最明显的是跨境行为中的跨境债权和跨境负债
2015	BBVA	移出	分数一直处于130分以下，移出G-SIBs名单不是由于分数下降
2016	汇丰控股	4组降3组	分数从439分降至416分，降幅最明显的是金融机构基础设施中的证券承销规模
2016	巴克莱集团	3组降2组	从308分降至291分，降幅最明显的是复杂性中的第三级别资产
2016	摩根士丹利	2组降1组	从236分降至212分，降幅最明显的指标是复杂性中的可供出售和交易证券
2017	花旗集团	4组降3组	从430分降至410分，降幅最明显的是金融机构基础设施中的支付清算规模和复杂性的第三级别资产

续表

年份	银行名称	事件	主要原因分析
2017	法国巴黎银行	3组降2组	从333分降至311分,降幅最明显的是金融机构基础设施中的托管资产和复杂性的可供交易和出售的证券
2017	瑞士信贷集团	2组降1组	从274分降至228分,降幅最明显的是跨境行为中的跨境负债和复杂性中的第三级别资产
2017	法国人民储蓄集团	移出	从151分降至126分,降幅最明显的是关联性中的同业负债

数据来源：https://www.bis.org/bcbs/gsib/.

2014年以来，G-SIBs的9次升组中（包括进入G-SIBs名单）（见表1-10），由复杂性上升驱动的有6次，其中花旗集团、美国银行、富国银行、中国银行、中国建设银行主要由于交易和可供出售证券规模上升；中国工商银行和中国建设银行则是由于第三级别资产规模上升。由金融机构基础设施上升驱动的有3次，包括花旗集团和美国银行结算规模上升，中国工商银行证券承销规模和托管资产规模上升。由关联性上升驱动的有2次，包括富国银行同业资产上升和中国工商银行同业负债上升。由跨境行为驱动的有1次，为加拿大皇家银行跨境负债规模上升。

表1-10   G-SIBs升组原因分析

年份	银行名称	事件	原因分析
2016	花旗集团	3组升4组	从426分升至430分,升幅最明显的是金融机构基础设施中的结算规模和复杂性中的交易和可供出售证券
2016	美国银行	2组升3组	从324分升至346分,升幅最明显的是金融机构基础设施中的结算规模和复杂性中的交易和可供出售证券
2016	富国银行	1组升2组	从203分升至250分,升幅最明显的是关联性中的同业资产和复杂性中的交易和可供出售证券
2017	加拿大皇家银行	入篮	从129分升至145分,升幅最明显的是跨境行为中的跨境负债
2016	中国工商银行	1组升2组	从219分升至260分,升幅最明显的是复杂性中的第三级别资产、金融机构基础设施中的证券承销规模和托管资产以及关联性中的同业负债
2014	中国农业银行	入篮	系统重要性得分为171分,由于数据缺失无法分析入篮原因

续表

年份	银行名称	事件	原因分析
2017	中国银行	1组升2组	从223分升至231分,升幅最明显的是复杂性中的交易和可供出售证券以及关联性中的同业资产
2015	中国建设银行	入篮	系统重要性分数为168分,由于数据缺失无法分析入篮原因
2017	中国建设银行	1组升2组	从210分升至251分,升幅最明显的是复杂性中的交易和可供出售证券和第三级别资产

数据来源:https://www.bis.org/bcbs/gsib/.

总的来看,2014年以来G-SIBs的19次组别变动,由复杂性驱动的有11次;由金融机构基础设施建设驱动的有6次;由于关联性驱动的有4次;由跨境行为驱动的有3次;没有变动主要由规模因素驱动。

四是中资机构数量增幅明显,欧洲银行数量有所下降。G-SIBs名单基本以欧美银行主导。2012年的28家机构中,有12家来自欧元区、8家来自美国、4家来自英国、3家来自日本、1家来自中国。2017年,美国、日本、英国的机构数量均保持不变;中国的机构数由1家上升至4家,欧元区机构数量由12家降至10家,加拿大机构数增加1家,G-SIBs总数升至共30家(见表1-11)。其中,中国工商银行、中国建设银行、中国农业银行和加拿大皇家银行先后进入榜单;西班牙毕尔巴鄂比斯开银行和法国人民储蓄银行先后退出G-SIBs名单。

表1-11　　　　　G-SIBs数量和所属国家和地区分布　　　　　单位:家

国家或地区	2012年	2013年	2014年	2015年	2016年	2017年	变化(2017年与2012年相比)
合计	28	29	30	30	30	30	+2
美国	8	8	8	8	8	8	0
中国	1	2	3	4	4	4	+3
英国	4	4	4	4	4	4	0
日本	3	3	3	3	3	3	0
加拿大	0	0	0	0	0	1	+1
欧元区	12	12	12	11	11	10	-2
瑞典	1	1	1	1	1	1	0
法国	4	4	4	4	4	3	-1
德国	1	1	1	1	1	1	0
西班牙	2	2	2	1	1	1	-1

续表

国家或地区	2012年	2013年	2014年	2015年	2016年	2017年	变化（2017年与2012年相比）
意大利	1	1	1	1	1	1	0
荷兰	1	1	1	1	1	1	0
比利时	0	0	0	0	0	0	0
瑞士	2	2	2	2	2	2	0

数据来源：https://www.bis.org/bcbs/gsib/.

五是中资、日资和加拿大银行G-SIBs数量可能上升。2017年系统重要性评分在30～50位的银行是未来最有可能进入G-SIBs名单的银行。这20家银行中，有6家银行来自中国，兴业银行的系统重要性得分达128分，非常接近130分的G-SIBs门槛，交通银行和民生银行也达到100分以上。除此之外，100分以上银行还包括2家加拿大银行，分别是多伦多道明银行和加拿大丰业银行；2家日本银行，分别是野村控股和农林中央金控和1家法国银行（法国人民储蓄银行）。

三、中资G-SIBs系统重要性分析

2017年底，已有4家中资银行进入G-SIBs名单（以下简称中资G-SIBs），平均系统重要性得分为231.5分。10家中资银行进入系统重要性排名前50名（以下简称中资银行），平均系统重要性得分为150.9分。中资银行的系统重要性得分主要具有以下特点（见表1-12）。

规模得分贡献度高于30%。2017年，中资银行规模因素平均得分为236.6分，对其系统重要性得分的平均贡献为31.4%，高于该指标平均权重（20%）11.4个百分点，成为中资银行系统重要性贡献度最大的影响因素。对中资G-SIBs而言，规模因素的平均得分为399.3分，对系统重要性得分的贡献度高达34.5%。

关联性得分贡献度为27%。2017年，中资银行关联性平均得分为204分，对系统重要性得分的贡献度为27%，高于平均权重（20%）7个百分点。

其中，同业资产、同业负债和证券投资余额的贡献度分别为9.3%、11.8%和5.9%，同业资产和同业负债的贡献度分别高出6.67%的权重比例2.63个百分点和5.13个百分点。中资G-SIBs关联性因素平均得分为261.5分，贡献度为22.6%，整体略小于中资银行，其中同业资产、同业负债和证券投资余额的贡献度分别为8.7%、7.7%和6.1%，与中资银行相比，中资G-SIBs同业负债规模得分贡献度较低。兴业银行、民生银行和浦发银行的同业负债得分较高。

复杂性得分贡献度为16.9%。2017年，中资银行复杂性因素平均得分为127.5分，对系统重要性得分的贡献度为16.9%，低于20%的权重比例3.1个百分点。其中，衍生品名义本金、交易和可供出售证券、第三级别资产贡献度分别为0.4%、6.9%和9.6%。中资G-SIBs复杂性因素平均得分为193分，对系统重要性贡献度为16.7%，其中衍生品名义本金、交易和可供出售证券、第三级别资产的贡献度分别为0.3%、5.0%和11.3%。中资银行和中资G-SIBs的第三级别资产贡献度分别高于6.67%的权重比例2.93个百分点和4.63个百分点，整体贡献度较高。

金融机构基础设施得分贡献度为16.6%。2017年，中资银行金融机构基础设施因素平均得分为125.5分，对系统重要性得分的贡献度为16.6%，低于20%的权重比例3.4个百分点。其中，支付清算、托管资产、债券股票承销规模贡献度分别为5.6%、3.7%和7.3%。中资G-SIBs金融机构基础设施因素平均得分为183分，对系统重要性得分贡献度为15.8%。其中，支付清算、托管资产、债券股票承销规模贡献度分别为6.0%、2.7%和7.1%。中资G-SIBs和中资银行的托管资产贡献度较低，债券和股票承销规模贡献度均高于6.67%的平均权重。

跨境行为得分贡献度不足10%。2017年，中资银行跨境行为因素平均得分为61分，对系统重要性得分的贡献度为8.1%，低于20%的权重11.9个百分点，其中跨境债权和跨境负债贡献度分别为3.4%和4.7%。中资G-SIBs跨境行为因素平均得分为121分，对系统重要性得分贡献度为10.5%，低于20%的权重比例9.5个百分点。其中，跨境债权和跨境负债的贡献度分别为4.4%和6.1%。跨境行为整体对系统重要性的贡献度较小。

表1-12　2017年中资银行系统重要性得分分析

单位：分

银行名称	规模	关联性			金融机构基础设施			复杂性			跨境行为		分数
	风险暴露	同业资产	同业负债	证券投资	支付清算	托管资产	承销规模	衍生品名义本金	交易和可供出售证券	第三级别资产	跨境债权	跨境负债	
工商银行	466.2	279.4	329.1	278.5	237.1	137.3	375.7	12.8	175.8	434.7	109.0	131.6	268.0
建设银行	401.8	277.7	310.0	184.0	195.8	69.3	359.1	14.1	208.1	770.2	51.7	63.8	251.1
中国银行	352.9	313.0	229.4	230.5	274.2	80.1	145.0	21.0	261.8	24.2	215.4	336.3	231.0
农业银行	376.4	343.8	202.8	158.8	131.8	87.9	101.0	4.1	52.8	334.0	25.7	36.2	175.9
兴业银行	120.5	116.2	270.7	107.2	106.5	92.2	92.9	4.9	302.8	429.0	6.2	14.7	127.7
交通银行	164.9	163.1	253.5	94.6	70.1	68.4	185.8	7.2	108.4	16.1	41.2	49.5	106.5
民生银行	121.2	292.3	430.2	85.1	68.8	69.0	58.2	2.4	160.6	33.5	5.4	9.3	105.7
浦发银行	118.9	143.6	292.3	107.1	52.6	73.8	99.5	2.4	65.4	128.5	7.9	21.3	91.1
中信银行	121.8	100.8	214.6	20.6	61.9	64.1	141.5	6.4	160.6	0.3	17.8	18.6	79.4
招商银行	121.6	80.8	136.3	73.0	66.5	99.3	92.0	6.9	68.9	5.2	26.8	31.5	72.1
中资银行G-SIBs平均	399.3	303.5	267.8	213.0	209.7	93.7	245.2	13.0	174.6	390.8	100.5	142.0	231.5
中资银行平均分	236.6	211.1	266.9	133.9	126.5	84.1	165.1	8.2	156.5	217.6	50.7	71.3	150.9
中资银行G-SIBs贡献度（%）	34.5	8.7	7.7	6.1	6.0	2.7	7.1	0.4	5.0	11.3	4.4	6.1	100
中资银行贡献度（%）	31.3	9.3	11.8	5.9	5.6	3.7	7.3	0.4	6.9	9.6	3.4	4.7	100
指标权重（%）	20	6.67	6.67	6.67	6.67	6.67	6.67	6.67	6.67	6.67	10	10	100

数据来源：https://www.bis.org/bcbs/gsib/.

四、中资G-SIBs监管压力分析

与其他银行相比，G-SIBs要承担一系列额外监管要求，主要体现在以下几个方面。

（一）G-SIBs资本缓冲

首先，满足针对G-SIBs的资本缓冲要求。《巴塞尔协议Ⅲ》在最低资本要求的基础上，提出了一系列资本缓冲要求，包括留存资本缓冲要求（2.5%）、逆周期资本缓冲要求（0~2.5%）和G-SIBs资本缓冲要求（1%~3.5%）。其中，G-SIBs资本缓冲要求单独针对G-SIBs，根据系统重要性不同，G-SIBs要满足1%~3.5%不等的额外资本缓冲要求，该资本缓冲必须用核心一级资本来满足。

其次，满足针对G-SIBs的杠杆率缓冲要求。最新公布的《巴塞尔协议Ⅲ》（修订版）中提出了杠杆率缓冲要求。从数值上看，G-SIBs杠杆率缓冲要求是G-SIBs资本缓冲要求的一半，比如一家银行的G-SIBs额外资本缓冲要求为2%，那么对应的额外杠杆率缓冲要求为1%。G-SIBs面临的杠杆率缓冲要求在0.5%~1.75%不等。

截至2017年第二季度末，中资G-SIBs的平均资本充足率为13.88%，高于监管要求2个百分点；平均核心一级资本充足率为11.72%，高于监管要求2.88个百分点；平均一级资本充足率为12.27%，高于监管要求2.39个百分点。中资G-SIBs平均杠杆率为6.77%，高于监管要求2.08个百分点。与其他非中资G-SIBs相比，中资G-SIBs资本充足率水平整体不高。如果考虑第二支柱监管要求以及当前大型银行资产增速普遍高于利润增速的现状，中资G-SIBs面临较大的资本补充压力。

对于未进入G-SIBs名单的中资银行而言，大部分银行面临的资本压力要大于中资G-SIBs，兴业、浦发和交行的资本监管压力显著大于G-SIBs，这些银行一旦进入G-SIBs名单，整体面临的资本监管压力将进一步加大。

（二）总损失吸收能力

2015年11月，FSB通过了《总损失吸收能力原则及条款》（FSB，2015），总损失吸收能力（TLAC）要求只针对G-SIBs名单上的银行，所有G-SIBs无论系统重要性高低，均面临一致的TLAC要求。TLAC要求包括：G-SIBs持有的TLAC资本在2019年1月不得低于风险加权资产的16%，2022年1月不得低于风险加权资产的18%。考虑到中资G-SIBs的特殊性，巴塞尔银行监管委员会给予中资银行6年宽限期，分别于2025年1月和2028年1月达到相关要求；TLAC资本中债务资本规模不得少于TLAC总资本规模的33%；TLAC资本与《巴塞尔协议Ⅲ》杠杆率分母——银行表内外风险暴露比率在2019年不得低于6%，2022年不得低于6.75%，中资G-SIBs同样拥有6年宽限期；对集团内部重要实体的TLAC资本数量作出规定，如果重要实体不能满足该规定，其必须通过向母行定向发债补充TLAC资本。

从目前情况看，G-SIBs整体面临较大的TLAC资本补充压力，中资G-SIBs的监管压力尤为突出。根据2015年底静态数据测算，中资G-SIBs共面临7000多亿美元的TLAC资本缺口（熊启跃和易晓溦，2016）。

（三）恢复与处置计划

除了满足额外资本要求和TLAC资本要求外，G-SIBs还需严格执行恢复与处置计划（Recovery and Resolution Proposal，RRP）。RRP由恢复计划、处置计划和自救机制三部分组成。2013年11月，FSB在公布G-SIBs名单的同时，明确提出了新入选G-SIBs名单银行完成RRP要求的时间表。RRP合规内容包括确定危机管理小组、制订恢复计划、制定处置策略、签订跨境合作协议、制订可执行的处置计划以及开展可处置评估程序等，需要G-SIBs完成在公司治理、组织架构、压力测试等方面的一系列安排。

2017年6月底，30家G-SIBs均已建立危机管理小组、制订恢复计划、提交可处置性评估程序报告，有21家G-SIBs签署了跨境合作协议，22家G-SIBs制订了处置计划。中资G-SIBs基本上搭建了RRP的整体框架，但由于国内法律体系尚不完善，RRP在一些实施细则上仍有进一步提升的空间。RRP合规是一项系统性工程，需要投入大量人力、物力和财力。除此之外，RRP有一系列财务触发条款，当银行某些指标低于触发条件，RRP就会实施。对中资G-SIBs而言，财务门槛主要包括核心一级资本充足率低于8.5%、资本充足率低于11.5%或流动性覆盖比率低于101%。银行进入RRP是不好的市场信号，银行在经营管理过程中会将财务指标保持在触发门槛之上，触发门槛值便成为G-SIBs的刚性监管要求。

（四）有效风险数据加总

2013年1月，巴塞尔银行监管委员会发布《有效风险数据加总与风险报告原则》（以下简称《原则》）（BCBS，2013），要求进入G-SIBs名单银行从治理能力与基础设施、风险数据加总能力以及风险报告三个方面满足11项具体要求（见表1-13）。

受项目管理难度高、数据整合难度大、数据质量控制缺陷明显、评估标准定义差异大等因素影响，《原则》总体进展缓慢。截至2017年底，30家G-SIBs中，仅2家G-SIBs声称能够完全执行《原则》的各项规定。《原则》每条细项指标的合规达标时间将延后2.2年至2.8年不等。

表1-13　　　　风险有效数据加总要求及执行情况　　　　单位：家

类别	原则	完全执行	基本执行	基本没执行	未执行	预计延后（年）
治理能力与基础设施	治理能力	6	16	8	0	2.33
	数据架构与IT基础设施	3	12	15	0	2.63
风险数据加总能力	准确性与真实性	8	6	12	4	2.75
	完整性	8	6	13	3	2.64
	及时性	6	14	7	3	2.37
	适应性	7	10	9	4	2.67
风险报告	精确性	11	6	11	2	2.42
	综合性	12	9	6	3	2.25
	透明度	13	8	7	2	2.22
	报告频率	10	7	10	3	2.57
	报告报送	13	8	7	2	2.33

数据来源：BCBS，作者整理。

风险有效数据加总要求的监管压力集中体现在系统建设、数据处理和信息披露方面。中资G-SIBs实施《原则》起步较晚，与其他国家G-SIBs相比还存在一定差距，实现该要求合规的时间紧、任务重。

额外资本缓冲要求、TLAC要求、RRP要求和风险有效数据加总外，G-SIBs在集中度管理（BCBS，2014）和压力测试等方面也面临更严格的监管要求，监管成本不容忽视。

五、对策建议

近年来，中资银行系统重要性排名不断提升，一方面反映出我国银行业综合实力不断壮大，国际影响力持续提升；另一方面也意味着我国大型银行将面临更高的监管成本。中资银行进入G-SIBs名单且分组不断提升所带来的监管成本对其健康发展和功能发挥已经产生了一定的制约效应。我国应重视G-SIBs名单变化的驱动因素及其所产生的影响，积极采取措施予以应对：

一是优化G-SIBs评估体系及配套监管措施。我国应发挥沟通与协调机制，充分参与G-SIBs评估规则制定，优化G-SIBs评估体系及其配套监管措施，使中资银行能够在评分中获得优势。

1. 对标准差显著高于均值的指标设定上限。FSB对金融机构基础设施设定了500分上限，摩根大通、花旗集团、纽约梅隆集团、道富集团等托管和支付清算规模较大的机构因此受益。除了金融机构基础设施外，复杂性指标均值和标准差的偏离度也较大，也存在个别银行指标过高的现象，可考虑对这些指标设置上限，从而有利于降低中资G-SIBs的系统重要性。

2. 调整部分规模较小的指标权重。G-SIBs评估体系各项指标的规模存在较大差距，有些指标数量级较小，但在评估体系中的权重较高，导致部分G-SIBs业务规模的适中变化就能对评分结果产生较大影响，如第三级别资产总规模、交易和可供出售证券等。对于这类规模较小的指标，可考虑适当降低权重。

3. 优化规模指标考量。在G-SIBs评估体系中，规模指标占比达20%，是权重最高的单一指标。通过研究发现，规模指标与关联性指标、跨境行为指标和金融基础设施指标存在较强的正相关性，如果使用主成分分析对各项因素的影响进行分析，规模指标的贡献接近40%。建议优化对规模因素的考量办法，在度量关联性、跨境行为以及金融基础设施的相关指标时，应消除规模因素的影响。

4. 扩大TLAC资本计算范围，并考虑实施差异化要求。与其他国家G-SIBs相比，中资G-SIBs负债中存款比例较高、债务融资占比较低，满足TLAC监管要求的压力较大。监管当局可考虑商讨适当放宽TLAC资本的认定标准，将中资G-SIBs的更多负债纳入TLAC资本范围。另外，在实施TLAC要求的过程中，可考虑根据系统重要性的不同，实施差异化要求，对分组较低银行适当降低标准。

二是引导银行回归业务本源。我国应继续做好金融"去杠杆"工作，保持银行表内外资产规模合理稳健增长，引导银行业回归业务本源，完善各项配套措施，促进中资G-SIBs满足监管合规要求。

1. 确保银行表内外资产合理稳健增长。我国应加强对银行表内外规模扩张的宏观调控，使规模扩张节奏和力度既能满足实体经济发展需要，又不会造成资源浪费和金融风险的累积。通过市场化原则引导资金流入边际产出较高的行业，提升投资效率。

2. 引导银行不断优化业务结构。引导银行业回归业务本源，坚持以非金融部门存款和贷款为主的资产负债结构；鼓励银行提升小企业和零售客户业务占比；规范银行同业资产和同业负债业务发展，引导资金以最短链条进入实体经济，拆解影子银行和表外业务规模；加强交易账户和可供出售账户的风险管理，引导银行增加持有至到期账户规模。

3. 加强对G-SIBs样本银行整体趋势的研究，根据全球大型银行整体发展态势，对中资银行的业务监管提供参考，使中资银行业务发展态势与国际银行业的主要趋势不存在较大程度的背离，这样可以有效地避免系统重要性得分的快速上升。

三是完善监管配套措施。

1. 加快推出针对商业银行破产处置的基础性法律条例,明确界定过桥银行机制,为恢复与处置计划的实施提供清晰的法律依据。

2. 鼓励银行进行资本工具创新,鼓励商业银行加快推出永续债、TLAC资本工具以及优先信托凭证等国外G-SIBs广泛使用的融资工具;优化债券发行、审批、定价和流通环节,扩大债券市场投资者规模、丰富投资者种类,提高银行债务类工具的流动性;鼓励银行利用资产证券化腾挪存量规模。

3. 适当降低拨备覆盖率和拨贷比要求,在G-SIBs中,中资银行面临最高的拨备监管要求,我国可考虑适当降低拨备覆盖率和拨贷比要求,使大型银行的拨备和资本分配保持动态平衡,进一步缓解G-SIBs的资本监管压力。

4. 适度下调我国G-SIBs内评法风险加权资产的输出下限(Output),使其与《巴塞尔协议Ⅲ》的最低标准相一致,提升中资银行资本管理的运作空间。

"负利率"环境下国际大型银行净息差管理策略及启示

为应对经济增速放缓、通货紧缩以及本币升值带来的压力，2012年以来，瑞典、欧元区、瑞士、日本等9个国家和地区先后实施"负利率"政策。"负利率"政策的实施对当地银行体系的净息差产生了显著影响。本文系统分析了"负利率"环境下国际大型银行的净息差管理策略，对比了中资银行和国际大型银行净息差管理的主要策略差异，并由此提出中资银行改善净息差管理的政策建议。

一、"负利率"政策的内涵及特点

"负利率"政策是在"利率走廊"机制下形成的特殊调控政策。中央银行旨在调整"利率走廊"下限，并使其处于"负利率"状态，从而引导货币市场利率下行，最终拉低整个市场的利率水平。

"负利率"政策推出前，各国央行纷纷采用量化宽松政策刺激经济复苏，大规模购买证券，导致银行体系流动性充裕。但由于实体经济疲软，商业银行并不偏好向实体经济投放大量信贷，而是将多余流动性以存款方式存回央行，以赚取微薄的利率补偿。银行体系的这种行为导致资金长期无法进入实体经济，这与量化宽松政策的初衷严重背离。为改变这种趋势，各国央行纷纷推出"负利率"政策,旨在降低存放央行资金的补偿利率,引导资金流向实体经济。从各国实施"负利率"政策情况来看,主要呈现以下特点:

一是"负利率"政策最终目标盯住抑制通缩和稳定汇率。在实施"负利率"政策的9个国家和地区中,有7个的最终目标都与抑制通缩和稳定汇率有关。而2016年实施"负利率"政策的保加利亚和波黑,则主要是为确保本国汇率"锚定"欧元,其本质也与稳定汇率和物价有关。

二是存款便利利率作为主要操作工具。多数实施"负利率"政策的国家和地区都将存款便利利率作为操作工具。通过将存款便利利率设置成"负利率"状态,不断调整"利率走廊"下限,引导货币市场利率下行。在9个国家和地区中,使用存款便利利率作为操作工具的国家有6个,包括欧元区、日本、黑山、保加利亚、匈牙利和瑞士。部分国家的操作工具有所区别,如丹麦是将银行部分准备金转化为大额定期存款,然后对定期存款征收"负利率";波黑是通过对超额准备金收费的方式实施"负利率";瑞典央行定期会将超额准备金以逆回购方式供给资金稀缺的商业银行,其主要针对逆回购利率实施"负利率"政策。

三是实施对象主要为超额准备金,意在调控增量。实施"负利率"政策的中央银行大多遵循分层准备金制度,即将商业银行缴存的准备金分为若干层次(一般为法定准备金和超额准备金),对不同层级准备金给予差异化补偿利率。"负利率"一般针对法定要求以外的超额准备金。之所以只针对超额准备金实施"负利率",主要有以下两方面考虑:一方面,有利于减小银行的财务成本,保护以零售存款为主要资金来源的银行,避免其将"负利率"成本转嫁给个人和中小企业储户;另一方面,使"负利率"政策具有"边际"调控效果,在满足法定准备金要求的情况下,银行新增准备金都将计入超额准备金账户,"负利率"政策实施后,商业银行对增加存放央行账户资金规模的行为会十分敏感。

四是在压低货币市场利率、促进本币贬值方面效果显著。"负利率"政策在压低货币市场利率方面体现出了较高效率。政策推出后,8个国家的短期平均货币市场利率由0.5%降至-0.4%,降幅接近1个百分点。由于各国央行配套使用的流动性管理政策有所差别,并不是所有实施"负利率"国家的货币市场利率都处于"负利率"状态。截至2016年10月底,匈牙利、挪威和日本的货币市场利率水平仍处于大于零的水平。对汇率的影响方面,"负利率"推出后,8种货币对美元的汇率较政策推出前平均贬值7.05%。

五是在促进经济增长和拉升物价方面的效果难以达到预期。"负利率"推出前,8个国家的平均GDP增速为1.23%,而2016年第二季度的平均增速为1.29%,升幅仅为0.06个百分点;"负利率"推出前,8个国家的平均GDP平减指数为0.31%,而2016年第二季度降至-0.29%,通胀水平不但没有提升,反而出现了明显下降,降幅达0.6个百分点。

二、"负利率"环境下银行净息差的变动规律

(一)影响机理

"负利率"政策在促进增长和防止通缩方面的效果与预期存在明显差距,但其对银行体系的负面冲击却是显而易见的。"负利率"政策对银行体系的冲击主要体现在对净息差的影响上,其微观影响机制可分为直接效应和间接效应。

直接效应是指商业银行存放央行的超额准备金补偿利率下调造成的损失。"负利率"政策将银行存放中央银行的部分准备金补偿利率调整为负值,使原本能获得收益的资产产生成本。"负利率"产生的直接成本与利率下调的幅度以及该政策覆盖的准备金范围有关:从各国实践看,"负利率"的范围在-0.75%至-0.05%,下调幅度最大的国家是瑞士,最小为匈牙利;"负利率"政策覆盖准备金的范围也存在较大差异,瑞士、欧元区、丹麦的覆盖比例较高,分别达到准备金总量的96.0%、84.4%和81.9%,而挪威、匈牙利和日本的覆盖比例相对较低,分别仅为1.12%、24.04%和15%。综合下调幅度和覆盖比例,"负利率"在瑞士、丹麦、瑞典和欧元区产生的直接成本较大,在挪威、匈牙利、日本产生的成本较小。从总体看,直接效应对净息差的影响有

限,银行可通过调整超额准备金头寸予以应对,实际操作中较为明显的应对策略就是增加现金持有比例。

"负利率"政策对净息差的冲击主要来自间接效应,即通过引导市场利率下行,使资产收益和负债成本出现非对称性下降,从而对息差产生负面影响。间接效应产生影响的微观机制主要有以下几个渠道:一是生息资产和付息负债规模错配,在降息周期生息资产与付息负债的负缺口越高(即生息资产大于计息负债的程度越高),银行息差下降的压力越大;二是生息资产和付息负债的期限错配,资产和负债期限错配程度越高,银行对降息的敏感性越高;三是生息资产和计息负债的计息方式错配,固定利率产品相较于浮动利率产品对于利率下行的敏感性较低,所以资产(负债)端拥有更多固定(浮动)利率产品的银行受到"负利率"的影响相对较小;四是币种结构错配,资产端(负债端)拥有更多(少)"负利率"国家货币的银行,其净息差受到的负面影响较大。

(二)"负利率"地区大型银行的净息差表现

由于资产和负债端的性质存在明显差别,使得各银行在"负利率"环境下的净息差走势出现了明显分化(见表1-14)。在总部位于"负利率"地区23家大型银行中,17家银行下降。"负利率"推出前,23家银行的平均净息差为1.35%,推出后降至1.29%,降幅为6个基点。23家银行中,17家银行的净息差在政策推出后下降,平均降幅达10个基点,下降银行数的占比为73.91%。

6家银行逆势上升。这6家银行分别是德意志银行、桑坦德银行、瑞银集团、裕信银行、瑞士信贷集团和法国巴黎银行,它们的平均净息差由1.59%升至1.66%,提升了7个基点,升幅达4.2%。

表 1-14　　　　　　　　大型银行净息差表现

国家	银行名称	推出前(%)	推出后(%)	变化	升(降)幅(%)
德国	德意志	1.47	1.60	+0.13	8.97
西班牙	桑坦德	2.75	2.92	+0.17	6.34
瑞士	瑞士信贷	1.36	1.43	+0.07	4.93
瑞士	瑞士银行	0.94	0.98	+0.04	3.85

续表

国家	银行名称	推出前（%）	推出后（%）	变化	升（降）幅（%）
意大利	裕信	1.46	1.48	+0.02	1.25
法国	巴黎银行	1.53	1.53	+0.00	0.02
意大利	联合圣保罗	1.58	1.54	-0.04	-2.35
日本	理索纳	1.18	1.15	-0.03	-2.50
法国	外贸银行	0.69	0.67	-0.02	-2.60
丹麦	丹斯克	1.18	1.14	-0.04	-3.02
瑞典	北欧联合	1.02	0.97	-0.04	-4.27
瑞典	瑞典商业	1.40	1.34	-0.07	-4.68
德国	德国商业	1.09	1.03	-0.05	-4.78
瑞典	瑞典银行	1.42	1.35	-0.07	-5.10
西班牙	BBVA	2.89	2.72	-0.17	-5.83
日本	三井住友信托	0.74	0.68	-0.05	-7.24
日本	瑞穗	0.76	0.70	-0.06	-7.91
日本	三菱日联	1.04	0.95	-0.09	-8.72
日本	三井住友	1.26	1.15	-0.11	-8.81
法国	农业信贷	0.96	0.87	-0.09	-9.74
法国	兴业	0.95	0.83	-0.12	-12.69
瑞典	SEB银行	1.05	0.87	-0.18	-17.38
丹麦	日德兰	2.37	1.87	-0.50	-21.06
平均值		1.35	1.29	-0.06	-4.49

数据来源：Bloomberg.

三、"负利率"环境下的净息差管理策略

我们对净息差逆势上升的银行（以下简称"上升银行"）和大幅下降（以下简称"下降银行"）的银行进行了分析，发现"上升银行"主要采取了以下策略：

一是在"负利率"以外地区配置高比例资产。"上升银行"整体配置在"负利率"以外地区的资产占比较高（见表1-15）。2015年底，德意志银行

29.8%的资产配置在"负利率"以外地区,这些资产创造了该行2015年57.8%的净收入。反观总部同样位于德国的德国商业银行,2015年其在非"负利率"地区的净收入占比仅为4.3%,其净息差在"负利率"推出后平均降幅达5个基点。2015年底,桑坦德银行在"负利率"以外地区的资产占比为59.2%,2015年,这些资产贡献了集团净收入的73%。桑坦德银行善于利用地区间净息差的不同进行资产负债管理:其在"负利率"地区的融资额明显大于投资额,而在息差较高地区则采取了投资额大于融资额的资产负债策略:截至2015年底,桑坦德银行在西班牙和葡萄牙等"负利率"地区的贷存比分别为89%和97%,而在美国、智利和巴西等高息差地区的贷存比则分别达140%、133%和106%。

反观"下降银行",它们在"负利率"以外地区的资产和收入占比偏低。2015年底,法国农业信贷银行和法国兴业银行在欧元区的资产占比分别达90.5%和88.6%;瑞典SEB银行和丹麦丹斯克银行在北欧地区的资产占比在90%以上。

表1-15 部分银行"负利率"以外地区的资产和收入占比　　　　　单位:%

分类	银行名称	资产	净收入
净息差上升	桑坦德	59.2	73.0
净息差上升	德意志	29.8	57.8
净息差小幅上升	法国巴黎银行	21.5	26.7
净息差小幅上升	裕信银行	20.1	26.0
净息差下降	法国兴业银行	11.4	18.7
净息差下降	瑞典SEB银行	不超过10.9	不超过5
净息差下降	法国农业信贷银行	9.5	17
净息差下降	瑞典商业银行	7.9	2.3
净息差下降	德国商业银行	数据缺失	不超过4.3
净息差小幅下降	丹麦丹斯克银行	0	0
净息差下降	丹麦日德兰银行	0	0

数据来源:Bloomberg.

二是维持资产端高收益资产占比。贷款是生息资产中收益最高的业务,相比于证券投资和同业业务,在基准利率下行的情况下,其利率调整速度相对滞后。"负利率"政策推出后,"上升银行"明显提升了贷款占比,德意志银行、桑坦德银行、瑞士信贷集团、瑞银集团的贷款占比分别上升了4.3个、0.6个、3.6个和4.2个百分点。相比较而言,"下降银行"的贷款占比则出现一定程度的下降,17家银行的平均贷款占比由"负利率"前的47.4%降至当前的46.4%(见表1-16)。

在低收益资产持有比例方面,多数"上升银行"呈现出下降趋势,德意志银行、瑞士信贷银行、瑞士银行、法国巴黎银行的低收益资产占比分别下降1.9个、1.7个、0.8个和0.8个百分点。虽然桑坦德银行的低收益资产占比由25.9%升至27%,但其现金持有比例由7.5%降至5.7%。

"下降银行"低收益资产占比明显提升,但提升方式呈现出一定差异:欧元区银行大幅增持了证券投资资产,法国兴业银行的低收益资产占比由43.3%升至47.5%,其中证券投资占比提升了3个百分点,法国农业信贷银行低收益资产由54.1%升至60.2%,证券投资占比提升了5个百分点;日本大型银行倾向于提高现金持有占比,日本三大银行集团的平均低收益资产占比由30%升至32.7%,其中现金占比平均升幅超过4个百分点;北欧银行呈现出贷款占比上升,低收益资产下降的积极信号,但由于其80%以上贷款都采取浮动利率计价且期限较长(主要为按揭贷款),这使其净息差仍面临较大压力。

表1-16 "负利率"前后银行资产配置变化 单位:%

国家	银行名称	贷款		低收益资产	
		推出前	推出后	推出前	推出后
德国	德意志	20.4	24.7	34.3	32.4
西班牙	桑坦德	60.4	61.0	25.9	27.0
瑞士	瑞士信贷	28.9	32.5	49.2	47.5
瑞士	瑞士银行	28.3	32.5	40.0	39.2
意大利	裕信	61.8	57.1	25.6	34.5
法国	巴黎银行	36.6	35.3	40.3	39.5
意大利	联合圣保罗	59.1	53.9	31.9	38.9
日本	理索纳	59.2	56.5	37.7	40.5
法国	外贸银行	17.0	19.8	56.9	56.6

续表

国家	银行名称	贷款		低收益资产	
		推出前	推出后	推出前	推出后
丹麦	丹斯克	55.6	55.9	23.3	24.4
瑞典	北欧联合	54.3	46.2	26.6	36.8
瑞典	瑞典商业	68.9	66.3	22.7	25.5
德国	德国商业	40.8	39.0	45.3	43.0
瑞典	瑞典银行	64.4	61.2	23.2	25.6
西班牙	BBVA	58.3	56.7	31.5	35.4
日本	三井住友信托	55.9	50.1	26.2	33.6
日本	瑞穗	39.6	38.8	29.7	33.4
日本	三菱日联	39.0	38.7	27.7	29.9
日本	三井住友	40.9	41.1	32.7	34.8
法国	农业信贷	20.0	21.4	54.1	60.2
法国	兴业	32.1	29.9	43.3	47.5
瑞典	SEB银行	52.2	53.2	33.3	36.9
丹麦	日德兰	49.1	60.5	35.4	25.5
"上升银行"平均值		39.4	40.5	34.6	36.6
"下降银行"平均值		47.44	46.4	34.2	37.0

数据来源：Bloomberg，作者计算。

表1-17　　"负利率"前后大型银行资金来源情况　　单位：%

国家	银行名称	存款		活期存款		同业负债	
		推出前	推出后	推出前	推出后	推出前	推出后
德国	德意志	29.7	32.7	8.0	10.6	9.5	6.8
西班牙	桑坦德	48.7	49.9	17.5	25.0	14.3	14.2
瑞士	瑞士信贷	33.4	40.7	1.2	1.0	14.2	6.8
瑞士	瑞士银行	35.3	40.3	12.4	15.9	6.4	7.4
意大利	裕信	39.8	45.1	26.0	31.9	20.5	20.1
法国	巴黎银行	28.2	32.0	14.1	17.9	36.6	35.3
意大利	联合圣保罗	31.4	33.4	22.8	24.1	59.1	53.9
日本	理索纳	83.4	80.6	N.a	N.a	59.2	56.5

续表

国家	银行名称	存款		活期存款		同业负债	
		推出前	推出后	推出前	推出后	推出前	推出后
法国	外贸银行	8.0	7.4	5.1	4.5	17.0	19.8
丹麦	丹斯克	23.6	23.9	N.a	N.a	55.6	55.9
瑞典	北欧联合	29.2	28.5	N.a	N.a	54.3	46.2
瑞典	瑞典商业	28.9	35.0	N.a	N.a	68.9	66.3
德国	德国商业	39.0	43.9	18.5	25.9	40.8	39.0
瑞典	瑞典银行	32.4	34.5	N.a	N.a	64.4	61.2
西班牙	BBVA	43.1	49.2	17.4	19.7	58.3	56.7
日本	三井住友信托	69.2	62.5	N.a	N.a	55.9	50.1
日本	瑞穗	59.8	60.7	N.a	N.a	39.6	38.8
日本	三菱日联	59.2	60.7	N.a	N.a	39.0	38.7
日本	三井住友	62.6	67.0	N.a	N.a	40.9	41.1
法国	农业信贷	27.4	31.1	N.a	N.a	20.0	21.4
法国	兴业	25.0	25.7	11.8	13.0	32.1	29.9
瑞典	SEB 银行	33.4	34.8	18.5	12.2	52.2	53.2
丹麦	日德兰	43.8	34.9	26.9	20.7	49.1	60.5
"上升银行"平均值		35.9	40.1	15.4	17.1	18.4	15.1
"下降银行"平均值		41.14	41.54	17.2	17.2	47.4	46.4

数据来源：Bloomberg.

三是加大期限错配力度。"负利率"推出后，"上升银行"维持息差的主要策略还包括通过加大资产和负债端的期限错配力度提升期限溢价。2014年"负利率"推出前，德意志银行平均资产期限/平均负债期限的比值为1.61倍。"负利率"推出以来，德意志银行加大了5年期以上按揭贷款的投放力度；同时，德银缩减了短期负债中6～12个月的同业资金占比，增加了3个月以内资金的拆借力度，再加上活期存款占比的持续提升，德银的期限错配力度明显加大。同样加大期限错配力度的银行还包括桑坦德和法国巴黎银行。

"下降银行"期限错配力度则出现不同程度的下降。典型例子是存贷比高达166%的北欧联合银行。"负利率"推出前，北欧联合银行的平均资产期限与平均负债期限的比值为3.1倍，"负利率"推出后，北欧银行将许多资产投放到了同业业务和现金业务，长期限按揭贷款占比有所下降；同时，在负债端加大长期债务的发行力度，大幅减少同业负债占比，以上策略调整使北欧银行的期限错配力度显著降低，资产期限/负债期限比值降至2.7倍。

四、中资银行净息差管理存在的主要问题

目前，中资银行的净息差仍处于较高水平。但随着我国利率市场化进程的快速推进、银行体系不良贷款规模的日趋攀升以及金融市场竞争程度的不断加剧，商业银行的净息差面临持续收窄的态势。与市场化程度相对较高的国际大型银行相比，中资银行在净息差管理中主要存在以下几个方面的问题。

一是资产地域集中度高，规避国内净息差收窄趋势的回旋余地不足。截至2015年底，中国工商银行、中国农业银行、中国银行、中国建设银行、交通银行五大行的海外资产和海外税前利润在集团中的平均份额分别为12.0%和8.3%。资产配置和收入来源集中于国内市场的问题是，当国内市场净息差持续收窄时，银行体系将很难规避息差下降造成的不利冲击。目前，国内经济复苏态势尚不牢固，主要经济体的利率水平处于历史低位；同时，随着行业监管政策和金融格局的演变，商业银行在资产和负债端的竞争压力日趋激烈，国内净息差呈现持续下降趋势将成为大概率事件。

二是负债端成本控制形势日益严峻。受近年来同业竞争加剧、互联网金融快速发展等不利冲击影响，五大行负债结构中存款占比持续降低。截至2016年第二季度末，五大行存款/负债为78.9%，较2009年下降5.3个百分点。值得注意的是，活期存款/负债由2009年的43.4%降至2015年末的30.7%，降幅达12.7个百分点。2015年，五大行负债中活期存款、定期存款、同业拆入资金的平均成本分别为0.51%、3.68%和1.97%。低成本活期存款资金被不断置换成高成本的定期存款、结构性存款以及同业资金，成本管理的难度持续加大。

三是存放央行资产占比偏高，公司贷款占比持续下降、零售贷款盈利能力偏弱。与国际大型银行相比，中资银行的存放央行资产占比较高，这与我国

较高的法定存款准备金制度息息相关。2015年，五大行存放央行日均规模达11.39万亿元，占同期日均生息资产规模的15%，而国际大型银行存放央行资产的平均占比不超过3%。存放央行给中资银行带来了较高的财务负担，2015年五大行存放央行资产平均收益率为1.49%，较同期平均2.08%的付息负债成本低0.59个百分点。与此同时，随着我国资本市场的快速发展，大中型企业融资过程中的"脱媒"现象日益突出，银行资产中收益较高、资产质量较好的对公贷款面临持续流失的压力。截至2015年末，五大行贷款余额中公司贷款占比为66.0%，较2009年的72.1%下降6.1个百分点；另外，中资大型银行在零售贷款领域提供差异化服务的能力较弱，导致该领域业务竞争仍停留在同质化价格竞争层面，收益率整体偏低。与国际大型银行零售贷款收益明显高于批发贷款不同，2015年，中资G-SIBs的个人贷款平均收益率为5.29%，低于同期公司贷款0.46个百分点（公司贷款平均收益为5.75%）。同期，国内零售业务发展较好的招商银行和平安银行个人贷款收益率分别高于公司贷款收益率1.99个和3.81个百分点。

四是资产负债端的计息方式不利于应对降息周期。在资产端，受我国货币政策调控方式的影响，中资银行绝大部分贷款都采用浮动利率定价，以确保利率水平能够及时反映央行货币政策立场的变化。据统计，五大行贷款中浮动利率贷款占比平均在95%以上，其中按揭贷款浮动利率占比接近100%。中资银行的浮动利率贷款占比已远高于国际同业水平，2015年末，花旗银行固定利率贷款占比为49.1%，其中按揭贷款固定利率产品占比达61.9%；巴克莱银行按揭贷款中50%以上采用固定利率计价；日本银行业固定利率贷款占比为56.7%。由于资产端浮动利率贷款占比较高，当利率水平持续降低时，资产收益对于利率下行更为敏感，受到的负面影响较大。

在负债端，中资银行持有的定期存款比例较高，对利率下行的敏感度较低，因为定期存款主要采取固定利率定价，在市场利率水平下降的情况下，定期存款利率调整存在明显的黏性。与国际大型银行相比，中资银行通过同业负债和发行债券等市场化程度较高方式筹集资金的比例较低，2015年，五大行应付债券和同业负债资金的平均占比不足25%，而国际大行的平均水平在50%

左右。

五是期限转换功能发挥不充分。在银行净息差构成中，资产和负债端期限不匹配形成的期限溢价是重要的组成部分。与国际大型银行相比，中资G-SIBs赚取期限溢价的能力仍有进一步提高的空间。2015年，中资G-SIBs的资产平均期限是负债平均期限的2.5倍；同期，富国银行为3.74倍，意大利裕信银行为3.23倍，北欧联合银行为2.7倍，苏格兰皇家银行为5.07倍。通过对比可知，中资G-SIBs与国际大型银行期限错配的差距主要体现在：1年期以内的产品和5年期以上的产品两个组别，1年期以内错配的差距主要体现在短期负债占比较低；而5年期以上产品则主要体现为长久期资产配置比例不足。

中资银行期限转换功能发挥不充分还体现为贷存比指标偏低。尽管2015年银监会将贷存比由监控指标变为监测指标，但当前中资银行的贷存比仍显著低于国际大型银行的平均水平。截至2016年第二季度末，中资G-SIBs平均贷存比为72.85%，而非中资G-SIBs的平均水平为97.13%，部分银行的存贷比达到150%以上。在制约贷存比提升的众多因素中，除了银监会的刚性要求外，央行较高的法定存款准备金也是重要掣肘，17%的要求意味着银行每吸收100元存款将有17元上缴央行，理论上最大贷存比只能达到83%。

六是利息收入占比较高。2015年，中资G-SIBs非利息收入占比平均为26.12%，虽然较前些年明显提升，但仍远低于2015年非中资G-SIBs平均52%的水平。非利息收入占比偏低使银行利润对于息差收窄异常敏感，应对低利率环境的整体能力偏弱。

五、启示及建议

面对国内不断收窄的息差环境，中资银行应借鉴国际大型银行经验，从以下方面入手不断优化净息差管理策略。

一是提升国际化水平，拓展境内外资产摆布的空间。虽然我国银行业整体的息差水平在主要经济体中仍处于较高水平，但从长期看，国内净息差持续收窄将成为大概率事件。如果在国内市场囤积过多资产，未来必然将承受较大的息差下行压力。作为以国际化见长、在海外经营发展多年的国际大行，中资大型银行应不断提高海外市场的业务叙做能力，为应对国内息差收窄提供更广阔的资产摆布区间。对比国际大型银行的海外布局，中资大型银行在美国（10%）、欧元区（10%）、日本（5%~10%）等海外关键市场的资源投入还存在进一步提升的空间。长期来看，应以提升上述地区业务量为突破点，不断提高国际化水平。

二是优化负债管理。首先，确保存款特别是活期存款在资金来源中的核心地位，借鉴桑坦德等银行的经验，通过拓展手机、互联网等数字化渠道扩大零售业务的覆盖范围，增加核心客户数量。其次，借鉴富国银行的成功做法，践行"以客户为中心"的价值理念，加大产品创新和交叉销售的力度，不断提升客户黏性，维持并巩固核心存款规模。再次，在确保流动性整体充裕的基础上，适当增加同业负债和债券融资的比重。以上操作，首先有利于提高银行负债成本对基准利率变动的敏感性，使银行在低利率周期更好地进行成本控制；同时，也有助于降低银行负债端的平均期限、提高银行赚取的期限溢价；另外，加大债务工具的持有力度，也有利于中资大型银行与国际监管要求推崇的管理模式并轨，如总损失吸收能力要求。最后，借助海外"低利率"市场融资，通过跨境资本运作反哺高息差地区：一方面，要加强海外重点地区的渠道建设，包括物理网点和数字化渠道，增加海外市场核心存款的规模，不断改善海外存款资金来源不足的问题，争取使海外存贷比水平不断降低；另一方面，在成熟离岸市场，择机发行低成本债务工具。

三是优化资产配置策略。首先，稳定贷款在资产中的占比，在公司贷款占比持续下降的趋势下，应着力提升零售贷款业务，逐步将零售贷款占比提升至50%。通过优化服务提升零售贷款平均收益率，特别是长久期零售贷款，该业务是国外大型银行获得稳定息差的基础。其次，优化生息资产计息方式，增加长期限贷款特别是零售按揭贷款中固定利率产品的比重。参考国际大型银行经验，固定利率贷款在贷款中占比应在30%以上，按揭贷款中固定利率计价产品的占比应更高。最后，优化海外资产配置。目前，中资大型银行资产配置的特点是：在海外低息差市场的贷存比较高，大多高于100%，而在国内高息差市场的贷存比却不足80%，这意味着在高息差市场资金运用整体是不充分的，而低息差市场资金运用是供不应求的。中资大型银行应通过资产端摆布将资金配置到利息水平更高的地区，逐渐改变资产负债结构与当地息差水平错配的状况。

四是多措并举弥补利润缺口。除了采取必要措施防止息差过快下降以外，中资大型银行还应通过增加其他收入的方式弥补利润缺口。可采取"以量保价"的策略促进利息收入增长，加大对"一带一路"沿线地区、国内中小企业、绿色环保行业以及战略性新兴产业的信贷投放力度，促进贷款规模的提升；在国内监管对收费管控日趋严格的背景下，注重把握海外市场的相关业务机会，借助人民币国际化和"一带一路"建设等历史机遇，努力在海外市场创造更多的佣金和手续费收入；关注"负利率"政策带来的资产交易机会，加大对固定收益、大宗商品以及外汇产品的交易业务的投入力度，不断积累人才，努力提升交易收入在非利息收入中的占比。

危机后全球大型银行资本管理经验及启示

2008年国际金融危机后,巴塞尔银行监管委员会推出了《巴塞尔协议Ⅲ》,强化了银行资本监管要求。国际大型银行采取分子和分母策略来应对资本充足率监管要求的上升,这些策略调整带来显著的宏微观影响。与国际大型银行相比,中资银行在资本管理策略的多样性上还存在一定差距。中资银行应充分借鉴国外大型银行经验,不断打造"分子策略为主,分子分母相结合"的审慎资本管理策略。

一、危机后资本要求调整及G-SIBs监管压力

(一)政策调整

2008年国际金融危机后,巴塞尔银行监管委员会推出了《巴塞尔协议Ⅲ》,其在资本监管领域的变化主要体现在三个方面。

1. 提高资本质量要求。《巴塞尔协议Ⅲ》对银行资本进行了更细致的划分,提高了高层级资本要求:在《巴塞尔协议Ⅱ》中,核心资本最低要求为4%,占最低总资本要求的50%;在《巴塞尔协议Ⅲ》中,一级核心资本最低要求为9.5%,占最低总资本要求的73.1%,一级资本最低要求为10.5%,占最低总资本要求的80.8%。此外,《巴塞尔协议Ⅲ》对每类资本的特点进行了严

格规定，对不满足要求的存量资本金，在规定年限内应按一定比例逐年扣减。

2. 强化资本数量要求。《巴塞尔协议Ⅲ》在最低资本要求的基础上提出了两类资本缓冲要求：一是2.5%的留存资本缓冲；二是0~2.5%的逆周期资本缓冲。留存资本缓冲必须满足，逆周期资本缓冲要求在0~2.5%区间波动。所以，对一般银行而言，最低资本要求提高了2.5~5个百分点。

3. 加强对大银行的资本要求。《巴塞尔协议Ⅲ》提出了"系统重要性银行"的概念，并对其进行更为严格的监管。G-SIBs在履行本国资本要求的基础上还需满足1%~3.5%不等的额外资本要求。

（二）G-SIBs面临的资本压力

2008年国际金融危机期间，G-SIBs的资本金受到较大幅度侵蚀，随着《巴塞尔协议Ⅲ》的落地，G-SIBs普遍面临资本金缺口。如果以2014年G-SIBs名单作参考，2008年末，30家G-SIBs中有24家存在资本缺口，平均资本充足率缺口为3.5个百分点。6家资本相对充足的银行绝大多数都是以投行、交易、托管、经纪等轻资产业务为主的金融机构，如高盛集团、纽约梅隆银行、瑞银集团和道富银行。绝大多数以资产负债扩张为主要经营方式的传统商业银行都面临资本补充压力，其业务拓展受到了较大程度限制。

二、危机后G-SIBs资本管理的主要策略

资本充足率等于资本净额与风险加权资产的比值。商业银行可通过提升资本金（分子策略）和降低风险加权资产（分母策略）两种方式进行资本充足率管理。2008年国际金融危机前，"做低"风险加权资产成为G-SIBs资本管理的核心策略，借助复杂的风险计量模型和资产的表内外腾挪，商业银行实现了在扩张资产规模的同时大幅降低风险加权资产的策略。然而，这种基于"监管套利"的资本管理策略实际上增加了银行杠杆，使资本充足率处于高估状态，显著提高了银行的脆弱性，最终导致危机在金融机构间的迅速

传播。

危机后,《巴塞尔协议Ⅲ》的出台强化了对资本金数量和质量的要求,同时对风险加权资产的计算更为严格,这限制了银行通过"做低"分母提升资本充足率的空间。G-SIBs的资本管理策略逐渐由分母策略向为分子策略调整(见表1-18),2008—2014年第二季度,13家G-SIBs的平均资本充足率提升0.33倍,其中资本净额/总资产变动(分子策略)的贡献为0.48倍,资产/风险加权资产变动(分母策略)贡献为-0.1倍。

表1-18　危机后G-SIBs资本提升的分子、分母策略

银行名称	较2008年提升幅度	分子贡献	分母贡献
法国农业信贷银行	1.8822	1.7639	1.0671
法国人民银行	1.5058	3.2036	0.4700
三井住友银行	1.3934	1.1902	1.1707
瑞穗金融集团	1.3627	1.2081	1.1280
汇丰控股	1.3487	1.3464	1.0017
富国银行	1.3440	1.1913	1.1282
三菱日联金融集团	1.3079	1.0224	1.2792
德意志银行	1.2911	2.2121	0.5837
巴黎银行	1.2685	1.5512	0.8177
荷兰国际集团	1.2198	1.2911	0.9448
瑞士银行	1.2065	1.8323	0.6584
巴克莱银行	1.1803	1.7478	0.6753
北欧联合银行	1.1308	0.8566	1.3201
几何平均值	1.3307	1.4789	0.8998

数据来源：Bankscope.

（一）提升资本金（分子策略）的主要策略

通过对G-SIBs分子策略实施效果较为明显的银行研究后发现,它们主要采取了以下策略提升资本金：

1.下调分红比率。危机后,主要银行通过降低分红比例,将更多的利

润转化为资本公积,实现了扩充资本的目的(见表1-19):危机前(2004—2007年)主要银行的分红比率平均为44.48%,危机后(2009—2013年)降至20.76%,降幅达23.72个百分点。如果按2013年8家银行的净利润计算,23.72个百分点的分红比率的降幅平均可使资本充足率提升0.44个百分点,如果以2009—2013年5年的累计效果计算,可使资本充足率提高2~2.5个百分点。

表 1-19　　　　　　　　主要银行分红比率变化及影响　　　　　　单位:%

银行名称	2004—2007年	2009—2013年	变动	资本充足率变动
法国人民银行	66.48	2.91	−63.56	+0.48
荷兰国际集团	36.56	0.00	−36.56	+1.36
富国银行	45.30	20.45	−24.85	+0.47
巴克莱银行	47.10	26.25	−20.85	+0.42
瑞银集团	24.28	4.13	−20.15	+0.34
法国农业信贷银行	39.50	30.00	−9.50	+0.12
汇丰控股	58.65	50.38	−8.28	+0.19
巴黎银行	37.95	31.95	−6.00	+0.12
平均值	44.48	20.76	−23.72	+0.44

数据来源:银行年报。

2. 通过市值管理配合股票增发。危机后,G-SIBs的估值水平受到业绩的影响处于低点,G-SIBs通过一系列市值管理策略,如调整分红比率、进行股票回购、调整对员工和管理层的薪酬激励机制不断修复估值水平,并借机进行增资扩股(见表1-20):银行市净率(P/B)由危机后的平均1.06倍上升至股票增发时的1.11倍;融资后,银行估值降幅明显,市净率降至0.93倍,较融资时下降0.18倍。2009年以来,主要银行通过股票市场共筹集资本金1008.7亿美元,提升资本充足率1.87个百分点。

表 1-20　　　　　　　　主要银行利用股票融资情况　　　　　　单位:亿美元

银行名称	补充资本	风险资产	提升CAR	危机后P/B	融资时P/B	融资后P/B
三井住友银行	201.74	5979	3.37%	1.43	1.33	1.21
瑞穗金融集团	144.56	5848	2.47%	0.95	2.17	0.72

续表

银行名称	补充资本	风险资产	提升CAR	危机后P/B	融资时P/B	融资后P/B
汇丰控股	11.39	12290	0.09%	1.67	0.98	0.94
富国银行	208.75	11420	1.83%	1.39	1.55	1.75
三菱日联金融集团	123.97	9613	1.29%	0.73	0.77	0.70
德意志银行	39.65	4739	0.83%	0.89	0.72	0.49
巴黎银行	2.30	7500	0.03%	1.25	0.70	0.79
荷兰国际集团	5.30	12200	0.04%	1.21	1.22	0.67
瑞银集团	86.59	2222	3.90%	1.43	1.22	1.21
巴克莱银行	91.04	6262	1.45%	0.81	0.85	0.67
北欧联合银行	93.44	1760	5.31%	1.31	1.46	1.31
合计（平均）	1008.7	79803	(1.87%)	(1.06)	(1.11)	(0.93)

数据来源：Bloomberg，银行年报，作者整理。

3. 利用薪酬激励机制补充资本金。危机后，实施员工持股计划成为G-SIBs补充资本的重要措施，汇丰集团、渣打银行、德意志银行、瑞银集团先后实施了员工持股计划。通过将员工薪酬购买银行新增发的股票，不仅有利于实现资本金的补充，也能将银行与员工利益绑定，完善公司治理。除股权激励外，G-SIBs还尝试了其他薪酬激励创新机制，如瑞银集团推出的递延或有资本计划（Deferred Contingent Capital Plan，DCCP），该计划是一项具有"递延""或有"和"资本"特征的薪酬激励机制，机制推出3年来分别为瑞银集团筹集二级资本和一级其他资本9.46亿瑞士郎和4.67亿瑞士郎。通过2014—2018年的DCCP滚动发行，瑞银集团可提升一级其他资本25亿瑞士郎，占2014年底集团资本的6.1%，拉升资本充足率1.15个百分点。

4. 大规模发行可转换资本工具。由于《巴塞尔协议Ⅲ》对资本的风险吸收能力提出了更高要求，规则的变化使发行或有可转换资本工具（Contingent Convertible Capital Instrument，CoCo）成为G-SIBs补充资本的重要方式。表1-21显示了主要银行利用CoCo进行融资的情况。2009年以来，主要银行共利用CoCo筹集资本金666.67亿美元，其中一级其他资本273.85亿美元，平均息票率为6.65%；二级资本392.82亿美元，平均息票率为5.05%。

表 1-21　　主要银行 CoCo 发行情况　　单位：亿美元，%

银行名称	一级其他资本	平均息票率	二级	息票率
德意志银行	51.5	6.58	—	—
汇丰控股	62	6.13	104.5	5.23
荷兰国际集团	—	—	66	4.57
瑞银集团	35	6.6	100	5.9
巴克莱银行	59.85	7.28	112.32	7.62
北欧联合银行	20.5	5.63	—	—
法国农业信贷	45	7.125	10	8.125
合计	273.85	6.65（平均）	392.82	6.05（平均）

数据来源：Bloomberg，作者整理。

（二）降低风险加权资产的主要策略

危机后，由于《巴塞尔协议Ⅲ》对内部评级法的使用实施了更为严格的监管，基于监管套利的分母行为明显减少（如借助资产证券化业务的"摘樱桃"、保留部分追索权、进行直接和间接增信等），分母策略逐渐回归本质，即商业银行开始采用"去杠杆"和调整资产结构的方式降低风险加权资产，主要体现在：

1. 放缓资产扩张速度。随着资本监管的实施，G-SIBs普遍采取"瘦身策略"予以应对。2009—2013年，30家G-SIBs的平均资产增速仅为0.91%，规模增长基本处于停滞状态，如果剔除中资银行，27家G-SIBs的平均资产增速为负增长，远低于危机前平均水平。

2. 调整银行资产结构。银行资产结构的调整主要体现在信贷占比的下降和证券投资占比的提升。2008年以来，随着银行资本数量的提高，银行资产结构中的信贷占比降幅明显（约10个百分点），而证券投资占比稳步上升（约5个百分点）。对国内银行业而言，在资本监管压力下，银行资产负债表的主要变化体现在同业资产占比的显著提高，2013年末，银行业金融机构同业资产规模达21.5万亿元，较2009年初增长246%，增速明显高于同期银行其他类型资产。

三、资本管理策略的实施效果

资本管理策略的实施对银行经营的稳健性、全球银行业格局、主要经济体经济复苏以及货币政策传导产生了一系列影响,具体体现在微观和宏观效果两个方面。

(一)微观效果

资本策略实施的微观效果主要体现在银行资本金数量的提升、质量的改善以及资本成本提高。

1. 资本数量稳步提升。截至2014年第二季度,30家G-SIBs平均资本充足率和一级资本充足率分别为15.63%和12.81%,较2008年末分别提高2.03个和2.75个百分点。有22家银行的资本充足率与2008年相比成上升态势,占比达73.3%,升幅在4%以上的银行共有10家;有25家银行的一级资本充足率较2008年成上升态势,占比达83.3%,升幅在4%以上的银行共有13家。

2. 资本金质量显著改善。在《巴塞尔协议Ⅲ》理想状态下,一级资本/总资本的比例应为80.8%。截至2014年第二季度,G-SIBs一级资本/总资本的平均值为82.3%,较2008年提高8.59个百分点,比《巴塞尔协议Ⅲ》理想状态高出1.5个百分点。30家G-SIBs中,有27家银行的一级资本占比较2008年有所上升,占比为90%,14家银行的升幅达10个百分点以上。

在《巴塞尔协议Ⅲ》理想状态下,一级核心资本/总资本的比例应为73.1%。截至2014年第二季度,24家G-SIBs一级核心资本/总资本的比例为72.54%,较2012年提高3.16个百分点,略低于《巴塞尔协议Ⅲ》标准。24家G-SIBs中,有18家银行的一级核心资本占比成上升态势,占比为75%,有7家银行一级核心资本占比升幅达到10个百分点。

3. 筹资成本有所提高。由于新发行的资本工具CoCo中增加了转股和减记条款,使投资者增加了对其的风险溢价要求,银行的资本成本因此上升。通过对比CoCo与危机前发行的同一层级债务类资本工具的息票率后发现,CoCo的息票率较基准利率(同期3个月国债息票率)的溢价要明显高于危机前同一层级的资本工具息票率与基准利率的溢价，溢价幅度在50～100个基点。

（二）宏观效果

资本监管政策的实施产生的宏观影响主要体现在全球银行业格局的变化；"去杠杆"对实体经济复苏带来不利影响；资本监管强化使货币政策传导效果发生"扭曲"三个方面。

1. 全球银行业格局发生变化，中资银行地位明显上升。G-SIBs"瘦身"策略的实施使全球银行业格局发生了明显变化：危机前全球第一大行苏格兰皇家银行进行大规模业务收缩，将重心回归本土；巴克莱银行收缩其海外投行业务；德意志银行收缩海外零售业务等。与国外G-SIBs形成鲜明对比的是，中资银行由于在危机中整体稳健，资本监管压力相对较小，加快了海外资产扩张的节奏。截至2014年6月，中国工商银行、中国农业银行、中国银行、中国建设银行、交通银行和招商银行境外资产合计达8.7万亿元，是2009年的3.3倍。

2. "去杠杆"对实体经济复苏产生不利影响。由于资本监管的实施恰逢危机后各国经济复苏时期，资本监管压力下各国银行体系的"去杠杆"和"惜贷"现象对经济复苏产生了不利影响。欧元区、日本和英国银行业在经济复苏、信贷需求强劲的背景下，普遍采取了"惜贷"策略，欧元区和日本经济的复苏进程受到了拖累，至今复苏前景仍不明朗。

3. 弱化货币政策传导的效果。资本监管的加强通过影响银行经营行为，对货币政策传导产生了"扭曲"效应，特别是在间接融资主导的国家和地区，资本约束的强化会显著弱化货币政策的传导效果。本轮危机后，欧元区和日本相继推出量化宽松政策，旨在通过注入流动性刺激银行向实体经济更多地释放信贷，但受制于趋严的资本监管政策，即使是在货币政策极度宽松的条件下，银行体系"惜贷"情绪依然严重，货币政策对实体经济的作用效果因此大打折扣。

四、中外G-SIBs资本管理的主要差距

尽管当前我国银行业率先实施并基本达到《巴塞尔协议Ⅲ》的监管要求，但与国外G-SIBs相比，中资银行在资本管理方面还存在明显差距，主要体现在以下五个方面：

1. 资本充足率数量存在差距。截至2014年底，国内3家G-SIBs的平均一级资本和资本充足率分别为11%和13.74%；较国外G-SIBs平均水平分别低2.47个和3个百分点。未来，随着TLAC监管条例的广泛实施，我国G-SIBs可能将面临最高达23.5%的总损失资本充足率要求，国内大型银行，特别是G-SIBs仍存在较大的资本补充压力。

2. 资本金结构相对单一。国内商业银行资本金结构较为单一，集中体现为一级其他资本较为匮乏。根据《巴塞尔协议Ⅲ》理想状态计算，一级其他资本在资本结构中的占比应在8%~9%，而目前国内商业银行的一级其他资本几乎处于空白状态，国外G-SIBs一级其他资本占比一般在10%左右。

3. 资本筹集渠道有限。与国外G-SIBs相比，国内G-SIBs筹集渠道相对有限，主要体现在分红比例缺乏调节弹性，市值管理能力较弱，薪酬激励政策匮乏，资本工具尚不完备，海外筹资力度不大五个方面。

（1）分红比例缺乏调节弹性。受制于国有控股背景，国内G-SIBs在红利分配上的调节空间有限。2008—2013年，三家G-SIBs的分红比率基本维持在30%~40%的区间，16家上市银行的平均水平稳定在23%~27%的区间。而同期，G-SIBs主要银行分红比例较危机前平均下降20个百分点。

（2）市值管理能力较弱。纵观国外G-SIBs资本管理策略，股票市场是筹集资本的重要"阵地"，良好的市值管理能力是实现股票市场筹资的保障。与国外G-SIBs相比，由于法律法规限制较多，国内银行在实施股票回购、推行员工持股、进行定向增发等方面还存在较为严格的管制，导致上市银行长期处于"高盈利，低估值"的尴尬境地。

（3）薪酬激励安排相对较少。员工持股计划是国外银行进行资本补充的重要策略；除员工持股计划外，G-SIBs还积极利用薪酬激励创新补充资本

金，如瑞银集团创新推出的DCCP计划。相比较而言，国内G-SIBs通过薪酬激励安排实施资本补充计划的实践相对较少，2004年股份制改革以来，尝试进行员工持股的商业银行不超过5家。

（4）资本工具尚不完备。与国外G-SIBs相比，国内银行对于内源融资的依赖相对较重，利用资本工具筹集资金的占比相对偏低。具体来看，国内G-SIBs在一级其他资本工具上较为匮乏（目前只有优先股）。除补充一级其他资本的CoCo外，国内G-SIBs基于资本市场的债务类占比普遍较低，如果未来实施TLAC要求，国内G-SIBs还将面临固定收益类融资工具的创新需求。

（5）海外筹资力度不大。从国外G-SIBs的融资经验看，海外市场是其补充资本的重要来源，2008年国际金融危机之后，由于发达经济体筹资成本整体下降，国外G-SIBs的筹资地点呈现回归总部注册地的趋势。尽管如此，利用海外市场筹集的资金在G-SIBs资本金结构中仍能稳定占据一定比例，瑞银集团通过海外发行资本工具筹资在其总资本中的占比为14.3%，三井住友银行集团为16.5%，ING集团约为27.0%，巴克莱银行集团发行的资本工具有70%以上是在海外市场发行。其中，美国、欧洲及开曼群岛成为G-SIBs海外筹资的重要场所。相比较而言，国内G-SIBs的海外筹资能力相对较弱。

4. 自主风险计量能力较弱。与国外G-SIBs相比，国内大型银行的内部评级法的使用上存在明显差距。虽然2014年银监会批准6家银行率先使用"高级方法"计算风险加权资产，但大型银行使用的"高级方法"其风险计量的自主程度只相当于内评法的初级法，而国外G-SIBs绝大多数都已使用内评法高级法的风险评估体系。

5. 表内外资产腾挪的手段存在差距。2008年国际金融危机爆发之前，国外银行依靠资产证券化完成资产的表内外腾挪，通过"摘樱桃"、保留部分追索权、进行直接和间接增信等方式实现减少风险加权资产的目的；而目前国内商业银行主要利用同业业务的表内外腾挪完成"监管套利"，从金融创新的力度和复杂性来看与国外G-SIBs还存在较大差距。

五、中资银行政策建议

在资本监管政策日趋严格的背景下,面对各类风险不断释放、利润增速趋缓的现实环境,中资银行应充分借鉴国外大型银行经验,遵循"分子策略为主,分子分母相结合"的审慎资本管理策略。

(一)分子策略的建议

从管理资本充足率分子——资本净额的角度来看,可从建立逆周期利润留存机制、增强市值管理能力、实施薪酬激励创新、推动资本工具创新、大力拓展海外融资渠道五个方面努力,逐渐形成内源与外源相结合、基于不同经济周期、多层次市场的资本补充机制。

1. 根据宏观经济运行情况,灵活调整利润留存机制。在宏观经济较好时,适当减少利润留存、提高分红比率,保持适当的资本增长;在经济增速趋缓时,提高利润留存、降低分红比率,通过"以盈补缺"的方式实现对股东长期稳定的回报。

2. 增强市值管理能力,使股票市场成为稳定的资金筹集渠道。大型银行应逐步建立并丰富市值管理工具箱,根据二级市场价格的变化采取相应的策略:股价低估时,采取二级市场回购、大股东增持、提高分红比例等方式修复估值水平;估值相对较高时,采取定向增发、员工持股、降低分红比率等措施实现资本金扩充、平抑估值的目的。

3. 推进混合所有制改革,通过薪酬激励机制拓展资金来源。目前,大型银行实施员工持股计划的条件已基本成熟,交通银行已首先试点实施。在争取员工持股试点的同时,中资银行也可评估推出DCCP的可能性。目前,从国内大型银行基本高管和一般人员薪酬结构中,都有一定比例的递延支付形式,这为DCCP的实施创造了良好条件;从监管审批看,DCCP的实施可能需经银监会、财政部审批(如涉及国有银行)。整体上看,DCCP的发行审批难度应低于优先股、二级资本债等资本工具。

4. 推动资本工具创新,形成基于不同周期、不同市场的多层次资本补充体系。中资大型银行应着手一级其他资本工具创新,重点研究补充一级其他资本CoCo发行的可行性。除补充一级其他资本外,如果未来执行TLAC要求,意味着除传统资本补充工具之外,还需在债务融资工具方面不断加强。

在进行资本工具创新的同时,也应根据宏观经济波动情况,逐渐形成基于不同周期、不同市场的多层次资本补充体系。在经济增速较快时,公司业绩较好,股票市场相对活跃,利用股票市场融资的难度和成本较低,应积极采取基于股票市场的融资策略,如增发、实施股权激励计划、上调分红比率等措施;经济增速趋缓时,债券市场的融资难度和成本相对较低,应选择类债务类融资工具,包括优先股、CoCo以及DCCP等。逐渐形成股票、债券市场相结合,内、外源融资共同实施的多层次资金筹集体系。

5. 推进国际化进程,借助海外分支机构筹集低成本资金。对于国际化程度最高的商业银行,随着国际化程度的不断提高,可考虑在海外市场择机,以更低成本筹集资金,争取将境外筹资比例提升至15%以上。

(二)分母策略的建议

在做好分子、提升资本数量的同时,中资银行也应兼顾分母策略,从推进高级方法实施、优化资源配置、加强金融创新三个方面不断完善风险加权资产管理体系,提高资本管理的精细化程度。

1. 顺应政策调整和市场环境变化,调整资产结构。顺应当前国内外宏观经济形势变化和发展战略需要,不断优化资产配置效率。第一,顺应国家"一带一路"倡议,以实现国际化发展为目标,优化海外资产布局;第二,顺应金融脱媒、金融机构混业经营大趋势,大力发展投行、经纪、交易等轻资产业务,努力将非利息收入占比提升至40%~50%;第三,顺应经济增长方式转型,大力发展个人零售业务,将零售业务占比提高到40%~50%。

2. 稳步推进高级方法实施。首先,风险加权资产要准确反映银行真实风险,内评法的使用客观上为商业银行创造了"做低"分母的机会,在实施高级方法的过程中,应对高级方法进行校准,确保对风险的准确评估;其次,关注经济周期对模型结果的扰动效果,内部评级模型的计量结果对于经济周期具有较强的敏感性，该机制会通过影响资本充足率指标，加剧"顺周期"行为，应建立并完善评级体系的"主标尺"制度，对高级方法产生的"顺周期"效应进行纠正；最后，不断提高自主风险计量能力，加强模型开发投入和技术人才培养，不断提高自主风险计量能力，缩小与国际同业的差距。

3. 加强金融创新，拓展资产腾挪空间。中资银行应积极探索金融创新，拓展存量资产腾挪空间。参考国外G-SIBs经验和当前政策导向，积极推动资产证券化业务，通过资产证券化分散聚集在银行体系的系统性风险，降低风险加权资产占用。

后《巴塞尔协议Ⅲ》监管框架的重大改革及影响

作为国际金融危机以来全球银行资本监管框架改革的一个重要组成部分，巴塞尔银行监管委员会于2016年3月提出关于限制银行使用内部模型计量信用风险加权资产的方案。根据这一方案，凡是金融机构、大型企业以及股权投资等批发资产的信用风险暴露，银行将不能再使用内部评级法（IRB）来确定它们的风险加权资产，而必须统一采用标准法；有关批发资产中主权风险暴露的计量方法将另行作出规定。至于一般企业以及各类零售资产的信用风险暴露，巴塞尔银行监管委员会允许银行继续使用内评法计量风险加权资产，但对内评法的模型参数（包括违约概率、违约损失率以及用来决定表外项目违约风险暴露的信用转换因子等）均根据这类资产的风险暴露分类设定相应的底线。此外，巴塞尔银行监管委员会在该方案中还特别说明，凡是在计量资本充足率时仅使用标准法而未采用任何内部模型法的银行，均会被认为在执行巴塞尔监管要求方面合规。

一、巴塞尔银行监管委员会监管理念的变化

自1988年《巴塞尔协议Ⅰ》诞生之日起，巴塞尔银行监管委员会始终遵循风险敏感原则，其制定的关于银行审慎监管的国际准则一直是建立在风险资

本比的基础之上。早期的资本监管框架中，有关资本充足率的概念只涵盖信用风险，1996年7月《巴塞尔协议Ⅰ》更新版进一步涵盖市场风险，2004年6月《巴塞尔协议Ⅱ》又推广到操作风险。自此，银行必须使用标准法，或经监管机构的批准选择使用内部模型法，来计量信用风险、市场风险和操作风险的风险加权资产以及资本充足水平。

从理论上说，相对于标准法，内评法确实可以使风险的计量更为精确。但近年来巴塞尔银行监管委员会逐步意识到，用内评法来衡量银行资本充足率时，银行往往出于节约资本的考虑而低估风险。该委员会对包括G-SIBs在内的全球32家大型银行的研究显示，以内评法计量的风险加权资产在绝大多数情况下要低于标准法的计量结果，两者的差异程度在各银行之间因资产结构的差别而有所不同。此外，从过去几年的使用情况看，即使是同样采用内评法，不同国家的银行之间甚至同一国家内的不同银行之间，对相同的资产业务或产品的风险加权资产计量从而资本充足性的评估也会出现显著差异。

国际金融危机的爆发导致2010年12月公布的《巴塞尔协议Ⅲ》监管框架过于偏重银行风险资本比中的分子（即资本的构成，也即资本质量）的提高，对于风险资本比中的分母（即风险加权资产）在银行之间风险评估中出现的不一致问题并没有给予应有的重视。《巴塞尔协议Ⅲ》监管框架并未改变银行风险加权资产计量的原有框架设计，仍过分依赖银行内部的风险评估，其具体的风险加权方法与《巴塞尔协议Ⅱ》的内部模型法基本相同。

因此，后危机时代对《巴塞尔协议Ⅲ》监管框架进行改革的主要目标，就是要使标准法成为内部模型法的一种替代，从而当银行不能满足监管机构关于使用内部模型法的相关规定时，可以采用标准法作为监管机构认可的一种选择，解决因使用内部模型法导致的风险加权资产在各银行之间的过度差异。

后《巴塞尔协议Ⅲ》监管框架的改革包括三个方面。首先，从信用风险、市场风险和操作风险三个方面对现行的标准法进行修改，以增强风险加权资产在银行间的可比性。其次，对信用风险、市场风险和操作风险的内部模型计量方法进行评估和改进，具体包括在信用风险方面，通过对内评法框架的修改来减少银行在计量监管资本时的模型选择；在市场风险方面，主要利用修改后的标准法对交易账户所使用的内部模型法作出改进；在操作风险方面，主要以修改后的标准法来取代高级法的计量。最后，在标准法的基础上修改目前的过渡性风险加权资本底线要求，减少银行因使用内部模型法而降低监管资本要求的风险。

无论是对标准法的修改还是对内部模型法的改进，信用风险作为银行风险加权资产的最大组成部分，无疑构成了本次监管框架改革的最重要内容。根据巴塞尔银行监管委员会的计划，包括信用风险加权资产计量在内的所有涉及《巴塞尔协议Ⅲ》监管框架的改革将于2016年底全部完成，并于2019年开始生效。新的监管框架虽未涉及银行资本构成的变化，也未改变由《巴塞尔协议Ⅲ》确定的最低资本充足率（即资本与风险加权资产的法定比率），但它对于银行资本持有水平所依据的风险加权资产的规模却将产生十分重要的影响，从而势必导致对银行监管资本要求的增加。尽管巴塞尔银行监管委员会公开表示本次改革的目的并不在于显著提高银行的监管资本，西方银行界已经对最近出台的一系列改革方案对资本充足率的影响开始担忧，不少业界人士甚至将本次监管框架的改革称为《巴塞尔协议Ⅳ》。根据巴克莱银行的初步估计，欧盟银行业如从目前的内评法退回到标准法，将使整个行业的风险加权资产增加2.14万亿欧元，增幅达31%。其中，公司贷款风险加权资产的增加占了60%的比重，其平均风险权重将从目前的48%增加到86%，核心一级资本比则相应地从9.9%降至7.6%。

二、以内评法计量信用风险加权资产的差异

信用风险是商业银行风险加权资产中最主要的组成部分。在欧盟和北美国家，信用风险在银行风险加权资产中的占比约为60%，而在亚洲及其他国家，该比率则接近80%。而且，信用风险权重的不同是造成国际大型银行之间风险加权资产差异的最主要原因。巴塞尔银行监管委员会的研究发现，如按风险类别区分，风险加权资产在各大银行之间的差异有77%是因信用风险权重的差别造成的。与此相比，市场风险和操作风险的差别只分别占到11%和9%的

比重，剩余的3%则是因资本底线调整而产生的差异。

不同银行信用风险权重的差异大部分是由银行资产的不同构成所造成的。它既包括不同资产类别的相对份额的不同，也包括同一资产类别中资产构成的不同。这类由资产构成不同而形成的信用风险权重的差异，反映了银行各自不同的风险偏好，这与巴塞尔资本监管框架所遵循的风险敏感原则是一致的。根据巴塞尔银行监管委员会对全球67家大型银行的统计数据分析，如按《巴塞尔协议Ⅱ》内部模型法标准衡量，上述银行信用风险暴露的平均风险权重在11%～62%。即使按《巴塞尔协议Ⅰ》的权重法标准衡量，它们的平均风险权重也在22%～64%不等。这表明风险权重的差异基本上反映了各银行间在资产构成方面的差别，而不是主要由计量方法的不同造成的。在《巴塞尔协议Ⅱ》的监管框架下，平均风险权重的差异程度较大，是因为它比《巴塞尔协议Ⅰ》的风险敏感程度更高，更能反映不同银行在信用资产组合上所体现的风险差异。

然而信用风险权重在各银行之间的差异也有部分原因是与各国监管环境的差别和银行在执行巴塞尔监管规定时所选择的不同方法有关。这具体反映在两个方面：一方面是各国监管机构对执行巴塞尔监管框架作出的不同选择，这大多数是在巴塞尔银行监管委员会监管框架所允许的范围内，如对资本底线的适用水平和计算方法，以及选择内评法的银行部分地使用标准法计算其信用风险加权资产；另一方面是各个银行对内评法监管框架作出的不同选择，如银行对内评初级法或高级法的选择，以及对内评法风险参数的不同选择等。

从监管角度来看，各国监管机构对资本底线的调整制定了不同的规则。有些国家已不再采用资本底线；而在继续采用资本底线的国家，适用的底线水平（即调整系数）也有很大的差别，从80%～100%不等，而且底线的计算方法在不同银行之间的区别也很大。资本底线调整所导致的风险加权资产的增加在各银行间的程度也不尽相同，从几乎没有增加到增加达80%。一般而言，零售贷款占比较高的银行所需的资本底线调整较大，因为《巴塞尔协议Ⅱ》设定的零售风险暴露的风险权重比《巴塞尔协议Ⅰ》设定的权重相对较低。

根据巴塞尔监管框架，成员国监管机构允许选择内评法的银行部分地使用标准法计量其信用风险。研究发现，就公司和零售贷款而言，使用标准法的比例越大，这两类贷款的风险权重就会越高。换句话说，相比标准法而言，采用内评法计量公司和零售风险暴露的信用风险，会导致其风险权重降低。但对主权风险暴露和金融机构风险暴露，两种方法差异不大。

从银行角度来看，各银行在使用内评法时采取的不同方法也会导致信用风险加权资产的差异。例如，将内评高级法运用于公司风险暴露的银行，其风险权重要低于内评初级法的计算结果，因为前者为公司风险暴露设定的违约亏损比率（33%）要低于后者（40%）。但这两种方法在运用到主权和金融机构风险暴露时并未显示出大的差异。

使用内评法的银行对风险参数的不同估值也是造成银行间风险加权资产差异的一个重要原因。风险参数主要有三个：违约概率、违约损失率和违约风险暴露。其中，前两者决定银行的风险权重，后者则影响到银行的风险加权资产。因此这三个风险参数对银行的资本充足率都会产生重要的影响。

巴塞尔银行监管委员会曾要求全球32家大型银行对其资产负债表中相同的一组批发资产组合（包括中央政府一级的主权债务、G-SIBs层次的金融机构以及大型企业等三类资产）分别进行风险评估。选择相同的信用风险暴露组合是为了排除银行资产构成本身对信用风险权重的影响。32家大型银行大多是G-SIBs银行，其批发信贷业务的国际化程度相对较高，或者在银行自身的资产业务中份额相对较大。上述三类批发资产在32家大型银行的信用风险加权资产中的平均占比约为40%。巴塞尔银行监管委员会要求每家银行提供对各类债务人的违约概率估值；对使用内评高级法的银行则进一步要求提供对违约损失率的估值。评估结果显示，尽管这些银行对上述不同债务人的相对违约风险（即违约概率估值）在高低排序上基本一致，但对同一债务人的绝对风险评估（即债务人的违约概率和违约损失率的估值）却存在明显的差异。造成这种差异的主要原因是这些被评估的批发资产属于低违约资产组合，后者导致银行对风险参数的估值缺乏足够的数据支持。在这种情况下，银行之间在信用分析和监测、贷款回收以及客户或业务选择等方面所采取的不同政策就是构成违约概率、违约损失率等主要模型参数估值差异的重要原因。这进一步导致银行对同一债务人所确定的风险权重也各不相同。在各类批发资产中，主权资产的风险权重在各银行之间的差异最为明显；企业贷款的风险权重差异最小。风险权重的差异将影响到银行间风险加权资产及资本充足率的差异。巴塞尔银行监管委员会的统计数据显示，如果将32家样本银行中的中位数银行的风险权重作为基准风险权重，则有多达10家银行因风险权重偏离基准银行而使其资本充足率和基准银行之间的差异超过10%。其中个别银行因违约概率和违约损失率的估值偏低产生的较低的风险权重，致使银行的资本充足率比正常估值所要求的法定资本比低了22%。

需要说明的是，上述分析结论只是基于银行的批发资产组合的风险权重差异对资本充足率造成的影响，而这些批发类信用资产在32家样本银行的全部信用风险加权资产中仅占40%的比重。如果将银行账户中的其他资产（如零售信贷）等也包括在内，并假定这些资产的风险权重差异程度与上述批发资产相同，则由内评法的风险参数估值造成的风险权重的差异对银行资本充足率的影响将会更大。据巴塞尔银行监管委员会的测算，个别银行的资本充足率因整个银行账户的信用风险权重偏低而被高估41%。

除了违约概率和违约损失率之外，违约风险暴露也是信用风险参数中影响银行风险加权资产及资本充足率的一个重要因素，尤其是对使用内评高级法的银行更是如此。这是因为内评高级法银行可以依据债务人特征和交易特征使用内部估值技术来确定每个债务人在发生违约时的信用暴露金额。例如，根据32家样本银行中使用内评高级法的银行提供的违约暴露估值模型，适用于表外未使用的贷款承诺的信用转换因子平均为50%左右，而使用内评初级法的银行则平均高达75%。

三、巴塞尔银行监管委员会关于限制使用内评法的主要内容

巴塞尔银行监管委员会2016年3月提出的对内评法使用的修改方案，是国际金融危机以来对《巴塞尔协议Ⅲ》监管框架实施一系列重大改革中的一项最新也是最重要的步骤，该方案定于2019年实施。

此次关于限制内评法使用的方案包括公司和零售风险暴露的信用风险计量以及对资本底线计量方法的修改。对主权暴露的适用方法将在进行单独评估之后另行颁布。方案中涉及公司风险暴露的主要内容包括:

1. 对银行和其他金融机构、合并资产超过500亿欧元的大型企业以及股权投资等资产组合,银行不允许使用内评法计量其信用风险加权资产,而改为使用信用风险标准法。

2. 对合并资产不足500亿欧元但合并年收入超过2亿欧元的公司集团的所属企业,银行只能使用内评初级法计量其风险暴露;对于合并年收入低于2亿欧元的公司集团的所属企业,仍可使用内评高级法。

3. 对专业贷款不允许银行使用内评法中的模型参数进行估值,而只能使用标准法或内评法中的监管映射法。

4. 允许银行继续使用内部模型法计量交易对手风险暴露(如衍生产品暴露和证券融资交易的暴露等)的信用风险加权资产,但要求银行需要满足巴塞尔银行监管委员会按适用的标准法的某个百分比所设定的资本底线规定。

巴塞尔银行监管委员会在决定银行的信用风险或资产组合是否适合使用内部模型法时主要基于以下三项原则:(1)银行可以获得的相关数据的质量和数量;(2)银行是否具备信息方面的优势,即市场无法获得银行拥有的相关数据或银行对相关风险的了解十分具体;(3)银行的建模技术可以被广泛接受并可以验证。

为了使标准法成为内评法的一种适当替代和补充,在过去两年里,巴塞尔银行监管委员会曾对以外部信用评级为主要依据的《巴塞尔协议Ⅱ》标准法进行过两次重大的修改,修改后的标准法在2016年底之前正式公布后将成为《巴塞尔协议Ⅲ》监管框架改革的重要组成部分。根据最新规定,凡是允许银行使用外部信用评级的国家,将使用外部信用风险评估法,将外部信用评级结果作为银行确定金融机构和企业风险暴露的风险权重的主要依据,按外部评议机构设定的18个信用等级将金融机构和企业债权的风险权重分为20%、50%、100%和150%四个档次。同时,为了减少对外部评级的机械性依赖,银行需要对相关的评级结果进行尽职调查,后者有可能导致较外部信用风险评估更高的风险权重。对于未评级的金融机构的风险暴露则按A、B、C三组分类,并满足最低的资本监管标准。至于未评级企业的风险暴露仍然沿用目前的100%风险权重的规定。凡是不允许银行使用外部信用评级的国家,将使用标准信用风险评估法,针对金融机构和企业的风险暴露分别设定不同的风险权重标准。除此之外,巴塞尔银行监管委员会允许银行使用内评法对包括小型企业和零售贷款等在内的其他资产组合的信用风险参数进行估值。但对内评法银行使用的各模型参数均设定相应的底线,这些参数包括违约概率、违约损失率以及用于确定表外违约暴露的信用转换因子等。其中的违约损失率底线和违约暴露底线仅适用于使用内评高级法的银行。

同时,巴塞尔银行监管委员会还将修改资本底线的过渡性规定视作本次监管框架改革的有机组成部分,其目的是确保整个银行系统的资本水平不低于某一个水准,减少由内部模型法所产生的计量差错,增强银行之间资本产出的可比性。为此,巴塞尔银行监管委员会曾于2014年12月提出新的资本底线的框架设计原则,作为限制内评法使用后的一种补充。它将以《巴塞尔协议Ⅱ》和《巴塞尔协议Ⅲ》的标准法作为资本底线的计算基础,一旦正式生效,将取代目前使用的、以《巴塞尔协议Ⅰ》权重法为资本底线计算基础的过渡性规定。关于此项改革,巴塞尔银行监管委员会目前主要考虑两种选择方案:一是"以风险加权资产为基础的资本底线";二是"以风险类别为基础的资本底线",其中后者对银行来说更具有约束力。尽管巴塞尔银行监管委员会尚未最后决定采取哪一种资本底线方案,但已表示如果选择方案一,则资本底线的调整系数将设定在60%~90%这一区间。总的原则是使新的资本底线的框架设计不至于显著增加银行的总体监管资本水平。

四、后《巴塞尔协议Ⅲ》监管框架改革对中国内评法银行的影响

中国银监会于2012年颁布的《商业银行资本管理办法(试行)》(以下简称《资本管理办法》)在《巴塞尔协议Ⅰ》权重法和《巴塞尔协议Ⅱ》内部

模型法的基础上对我国商业银行风险加权资产的计量方法进行了修改，并于2014年4月首批通过了五大国有商业银行及招商银行的资本计量高级法的实施申请。《资本管理办法》与《巴塞尔协议Ⅱ》的区别在于，后者允许银行选择标准法或内评法计量信用风险资本，而其中的标准法主要是依据外部评级机构的风险评估，代表了巴塞尔银行监管委员会对《巴塞尔协议Ⅰ》权重法采取的一项重大改革。《资本管理办法》仅将外部信用评级的适用范围限制在境外主权和金融机构债权的风险权重计量。因此，《资本管理办法》中的权重法与《巴塞尔协议Ⅱ》中的标准法之间仍然存在很大的差别。在对国内债权风险权重的计量上，它基本沿用了《巴塞尔协议Ⅰ》的权重法。

中国商业银行的风险主要来源于信用风险。根据2015年的统计数据，五大国有商业银行的信用风险加权资产在各自风险加权资产总额中的占比均达90%左右，招商银行的占比也达83%。六家银行从2014年开始分别按内评初级法和内评法计量公司和零售风险暴露的风险加权资产，对其他类别的信用风险暴露则仍按权重法计量。同时，这些银行还按照银监会《资本管理办法》中设定的资本底线调整系数对风险加权资产的计量结果进行调整。调整系数在并行期第一年为95%，第二年为90%，第三年及以后为80%。

银监会希望通过这些规定的实施，使信用风险加权资产的计量方法由权重法向内评法转换，以达到降低信用资产的风险权重进而节约银行资本的目的。而巴塞尔银行监管委员会的最新改革方案完全取消了以内评法计量金融机构、大型企业和股权投资等信用风险暴露的风险权重的现行做法，而代之以修改后的标准法，这无疑将提高银行的信用风险加权资产，减少原先因使用内评法而节约的资本。至于一般企业和零售风险暴露，尽管巴塞尔银行监管委员会的改革方案允许其继续使用内评法计量风险加权资产，但该方案对违约概率、违约损失率等模型参数设定的各种底线要求对此类风险暴露在有些国家的风险权重计量从而对风险资本比也会产生一定的影响。

从两年来五大国有商业银行和招商银行的执行结果来看，使用高级法计量的风险加权资产普遍低于权重法。在六家内评法银行中，招商银行是唯一一家对外公布以高级法和权重法分别计量的风险加权资产以及它们对资本充足率的不同影响的银行。2014年底，招商银行集团按高级法计量的风险加权资产（不包括资本底线要求）比按权重法计量的风险加权资产减少了3979亿元人民币；即使将资本底线调整所增加的风险加权资产计算在内，两者也相差2528亿元人民币，导致该行的资本充足率因使用内评法而比权重法提高了0.64个百分点，从而取得了资本节约的实际效果。2015年底的资本充足率也因内评法计量而提高了0.69个百分点。其余五大国有商业银行因使用高级法而减少的风险加权资产如表1-22所示。

表1-22 资本底线规定对实施内评法的五大行的风险加权资产的影响

单位：百万元人民币，%

银行名称	资本底线导致的风险加权资产增加	占银行风险加权资产总额的比重
中国工商银行	236657	1.90
中国农业银行	1081475	9.97
中国银行	120498	1.21
中国建设银行	494048	4.84
交通银行	316052	7.59

资料来源：五大行《2014年资本充足率报告》。

鉴于信用风险在上述五家银行风险加权资产总额中占有90%左右的比重，以及并行期第一年的资本底线调整系数高达95%，表1-22显示的由资本底线导致的风险加权资产的增加基本上反映了这些银行使用内评法计量可以带来的信用风险加权资产的减少。在五大行中，中国农业银行因资本底线导致的风险加权资产增加的幅度最大，意味着由内评法和权重法计量的信用风险加权资产的差异程度在该行也最高。可以预料的是，如果没有巴塞尔银行监管委员会的最新改革方案，那么随着资本底线调整系数的下降以及内评法覆盖率的提高，上述银行应该可以因使用内评法计量信用风险加权资产而获得更多的资本节约的好处。

从公司和零售风险暴露的风险权重计量结果还可以进一步发现，内评法和权重法在计量信用风险加权资产方面所产生的差异主要源自两者在风险权重计量方法上的区别。在中国，与权重法对一般企业债权的风险权重均设定为

100%不同，内评法对公司风险暴露的风险权重是根据银行对所有公司客户的违约概率的内部估值以及由监管机构指定的违约损失率和违约风险暴露等模型参数共同决定的。银行将这些客户按违约概率的高低划分为不同的等级，每一违约概率等级的风险权重即为该等级内各个客户的风险权重的加权平均数。从五大行公布的《2015年资本充足率报告》中的相关数据可以发现，凡是被归入违约概率级别较高（即违约概率较低）的公司信用风险暴露的加权风险权重均低于100%。以中国农业银行为例，2015年公司风险暴露合计的加权平均风险权重为67.49%，明显低于中国工商银行和中国银行（见表1-23）。鉴于五大行的公司风险暴露均使用内评初级法，模型参数中的违约损失率和违约风险暴露等也由监管机构统一制定，上述风险权重的差异只能来自这些银行对此类低违约资产的违约概率的不同估值。在农行，风险权重低于50%的公司客户在2015年该行全部公司信用风险暴露中的占比达35%。其中，属于违约概率等级1的客户风险权重仅为18.35%，其违约风险暴露占比却高达16%。相比之下，风险权重低于50%的公司客户在中国建设银行的公司信用风险暴露总额中的占比仅为3.7%，其中属于违约概率等级1的客户风险权重尽管较低，仅15.85%，但其风险暴露占比才不到0.02%。

表1-23　三大行按内评法计量的公司风险暴露的加权平均风险权重

银行名称	2014年12月31日	2015年12月31日
中国工商银行	88.00%	88.71%
中国农业银行	64.22%	67.49%
中国银行	80.9%	81.2%

注：中国建设银行和交通银行仅公布按违约概率级别分别计量的公司风险暴露风险权重，招商银行未公布与公司风险暴露风险权重有关的统计数据。

资料来源：中国工商银行、中国农业银行、中国银行三大行《2014年资本充足率报告》和《2015年资本充足率报告》。

就零售风险暴露而言，权重法对个人债权设定的风险权重分为个人住房抵押贷款和个人其他债权两类，分别为50%和75%。内评法则将零售资产分为个人住房抵押贷款、合格循环零售和其他零售三类，其风险权重由各行内部自行估测的违约概率、违约损失率和违约风险暴露等模型参数决定。从中国工商银行、中国农业银行、中国建设银行、交通银行四大行公布的按内评法计量的这三类零售资产的风险权重来看，它们均显著低于由权重法设定的同类零售资产的风险权重。而且，内评法与权重法在零售资产风险权重计量上的差异程度更甚于公司资产。再以中国农业银行为例，2015年零售风险暴露的加权平均风险权重为23.90%，低于中国工商银行的27.62%和交通银行的26.94%，显著低于中国银行的47.1%。其中，占该行零售风险暴露总额71%的个人住房抵押贷款的加权平均风险权重仅为18.61%，合格循环零售和其他零售的风险权重分别为25.53%和46.26%（见表1-24）。正是由于中国农业银行按内评法计量的公司和零售风险暴露的加权平均风险权重均明显低于中国工商银行和中国银行，使得中国农业银行因资本底线导致的风险加权资产增加的幅度最大，反映了由内评法和权重法计量的信用风险加权资产的差异程度在该行最高。

表1-24　四大行按内评法计量的各类别零售风险暴露的加权平均风险权重

银行名称	个人住房抵押贷款风险权重	合格循环零售风险权重	其他零售风险权重
中国工商银行	25.01%	27.75%	38.87%
中国农业银行	18.61%	25.53%	46.26%
中国建设银行	27.76%	11.74%	29.52%
交通银行	19.73%	34.76%	36.09%

资料来源：中国工商银行、中国农业银行、中国建设银行、交通银行四大行《2015年资本充足率报告》。

如前所述，银监会《资本管理办法》将外部信用评级的适用范围限制在境外主权和金融机构债权的风险权重计量。按照巴塞尔银行监管委员会的改革方案，凡是不允许使用外部评级计量公司风险暴露的风险权重的国家将统一采用标准信用风险评估法，按照投资级（75%）、一般企业（100%）和小型企业（85%）三种不同类别分别设定其风险权重。如果将这些风险权重标准与中国内评法银行计量的公司风险暴露的加权风险权重进行比较，预计这种新的信用风险评估法一旦生效并在中国实施，将会提高这些银行的风险权重并降低其资本充足率。但与权重法将一般企业债权的风险权重统一设定为100%相比，标准风险评估法仍可为这些银行带来一定程度的资本节约。至于零售风险暴露，由于巴塞尔银行监管委员会的改革方案将继续允许银行使用内评法计量风险权重，加上其设定的违约概率和违约损失率等模型参数的底线远低于中国内评法银行公布的各类零售风险暴露的参数估值数据，因此新的改革方案将不会使这些银行目前的零售资产风险权重的计量结果出现大的变化。

总之，内评法向标准法的回归代表了后《巴塞尔协议Ⅲ》监管框架改革的核心内容，它所导致的信用风险加权资产的增加将对包括中国在内的全球银行业的资产充足率产生重大的影响。但鉴于修改后的标准法采用的外部风险评估法仅适用于允许银行使用外部信用评级的国家，这种影响对于在这些国家使用内评初级法特别是高级法的银行将会更大。

国际监管理念从银行"大而不能倒"到"大而可以倒"的转变及影响

自从国际金融危机以来,国际银行监管机构一直致力于解决一些银行因其规模太大和关联性太强而"大而不能倒"的问题。金融稳定委员会在2011年11月对G-SIBs额外设置附加资本比要求的基础上,又于2015年11月颁布了以G-SIBs为适用对象的总损失吸收能力标准的新的国际监管准则,以确保在G-SIBs倒闭之前和倒闭期间的处置过程中银行自身已有足够的损失吸收和资本再造能力,使它们不再是"大而不能倒"的银行,以维护金融体系的稳定并避免公共资金因此类银行的倒闭而承受损失。与附加资本规定是为了防止G-SIBs的无序倒闭不同,总损失吸收能力的监管准则是为了确保G-SIBs的有序倒闭。国际监管机构的监管理念从银行的"大而不能倒"到"大而可以倒"的转变将对包括G-SIBs在内的所有大型银行未来的经营发展战略乃至其资产负债规模和结构的长期安排产生深远的影响。

一、中国与全球其他G-SIBs的系统轨迹差异

FSB/BCBS于2015年11月3日更新了G-SIBs名单。从最新的30家银行名单和相关的信息数据来看,有以下几项重要变化:

(1)中国建设银行首次入选;

（2）连续三年被列入名单的西班牙BBVA银行被移出名单；

（3）英国的苏格兰皇家银行的附加资本比由上一年的1.5%降至1%；

（4）首次公布了全球76家主要样本银行的名单。

FSB/BCBS制定的针对G-SIBs的附加资本规定已于2016年1月1日起分四阶段逐步实施，每年按适用附加资本比的25%递增，至2019年1月起按附加资本比的100%执行。G-SIBs必须在FSB每年11月公布新的名单之后的14个月起开始执行附加资本的规定。因此，凡在2014年11月被列入G-SIBs名单的银行均属于2016年的适用对象。2015年新列入名单的银行则从2017年1月起执行。以中国的四家G-SIBs为例，它们的附加资本比均为1%。其中的中国银行、中国工商银行和中国农业银行必须从2016年1月起按照各自风险加权资产的0.25%计提附加资本，2017年1月则按0.50%计提；中国建设银行2016年不用计提，但从2017年1月起按其风险加权资产的0.50%计提。

一家银行有两种可能被列入G-SIBs名单：（1）由12项指标加权计算的五大要素的总分值超过FSB设定的临界值（130个基点）；（2）虽低于该临界值，但母国监管机构认为其应该被指定为G-SIB。必须说明的是，母国监管机构虽然有权将低于临界值的银行纳入G-SIBs名单，但无权将已经达到或超过临界值的银行剔除在名单之外。例如，根据笔者对BCBS公布的信息所测算的结果，在2014年公布的30家G-SIBs名单中，西班牙的BBVA银行和瑞典的北欧联合银行的总分值均低于FSB设定的临界值，分别为93个基点和121个基点；与之相比，中国建设银行该年的总分值为129个基点，仅低于临界值1个基点但远高于这两家银行，却未被列入名单。而在2015年公布的名单中，BBVA银行（总分值为90个基点）已被剔除在30家G-SIBs之外；相反，北欧联合银行因其总分值刚好达到130个基点这一临界值而被继续保留在名单之内。中国建设银行则因总分值达到190个基点而必须被列入其中。

一家银行由五大要素构成的系统轨迹的分值高低取决于以不同权重计算的12个分项指标的金额在全球主要样本银行中的相对比重。主要样本银行每年由BCBS最终认定，其条件是按《巴塞尔协议Ⅲ》的杠杆率敞口总额衡量必须为全球最大的75家银行之一，或者在上一年度被列入G-SIBs名单但未能进入本年度的75家最大银行行列。按此条件，2015年共有76家银行被BCBS指定为主要样本银行（包括2014年被列入G-SIBs名单的BBVA银行）。另外，BCBS又列出了15家所谓的其他样本银行，这些银行的杠杆率敞口总额均超过2000亿欧元，但在计算各银行的五大要素12项指标的分值时它们并不构成样本银行总金额的一部分，因而对决定G-SIBs上述分项指标的相对权重没有任何影响。从2015年首次公布的76家主要样本银行中可以看到，中国有多达14家银行名列其中（包括列入G-SIBs名单的四大银行），占比18.42%，而美国为10家，位居第二。根据中国这14家银行公布的2014年底5大要素12项指标的相关数据进行测算，预计在未来几年除四大行之外还可能会有几家银行（如兴业银行和交通银行）跻身G-SIBs行列（见表1-25）。

表1-25　主要样本银行中的中国14家银行的系统重要性评估指标分值测算

银行名称	规模（20%）	关联性（20%）			替代性（20%）			复杂性（20%）			跨境活动（20%）		2014年总分值
	调整后的表内外资产余额	金融机构间资产	金融机构间负债	发行证券和其他融资工具	通过支付系统或代理行结算的支付额	托管资产	有价证券承销额	场外衍生产品名义本金	交易类和可供出售证券	第三层次资产	跨境债权	跨境负债	
权数(%)	20	6.7	6.7	6.7	6.7	6.7	6.7	6.7	6.7	6.7	10	10	
中国工商银行	421	370	244	211	179	67	128	6	254	313	71	98	219
中国银行	328	285	235	192	273	73	110	8	152	62	166	341	209
中国建设银行	400	400	200	200	100	100	100	4	43	368	30	63	190
中国农业银行	322	185	145	165	144	57	76	3	30	628	16	34	165
兴业银行	96	159	218	56	45	54	79	3	73	295	1	5	85
交通银行	145	130	186	59	60	48	114	4	16	3	28	55	79
光大银行	61	36	81	34	38	33	69	1	16	1	3	5	56
招商银行	110	95	123	57	50	41	77	3	22	2	17	7	55
浦发银行	96	49	130	50	36	36	79	1	21	14	5	31	50
中信银行	88	81	112	28	51	41	108	3	27	1	11	9	50

续表

银行名称	规模（20%）	关联性（20%）			替代性（20%）			复杂性（20%）			跨境活动（20%）		2014年总分值
	调整后的表内外资产余额	金融机构间资产	金融机构间负债	发行证券和其他融资工具	通过支付系统或代理行结算的支付额	托管资产	有价证券承销额	场外衍生产品名义本金	交易类和可供出售证券	第三层次资产	跨境债权	跨境负债	
民生银行	88	65	145	53	57	34	37	2	15	1	3	5	46
平安银行	51	101	63	25	41	2	35	2	4	1	2	9	30
华夏银行	43	23	49	16	27	13	38	1	4	0	1	1	20
广发银行	37	50	56	3	36	10	24	2	2	0	3	2	20

资料来源：根据中国14家银行公布的2014年底全球系统重要性评估指标和BCBS公布的76家主要样本行的相关数据以及BCBS公布的2014年底的汇率数据进行测算。相关数据详见BCBS:G-SIB Framework: Denominators, 2015;BCBS:Global Systemically Important Banks: Assessment Methodology and the Additional Loss Absorbency Requirement, Updated 12 January, 2016.

2015年公布的76家主要样本行涉及20个国家的12种货币，其中的30家G-SIBs则涉及11个国家的6种货币。由于在计算这些银行的总分值时均需将其当地货币表示的相关数据按照2014财务年度的年底汇率统一折算成欧元，汇率变动有可能影响到一些银行分值的大小，甚至影响到它们在G-SIBs分组中的相对地位也即系统重要性的程度，从而影响这些G-SIBs的附加资本比的高低。这一情况说明FSB的指标衡量法由于各国汇率变动的因素具有一定的局限性。已有一些经济学家提出用年度的平均汇率取代目前的以年底汇率换算的方法，以减少汇率波动对银行系统重要性程度的影响。

笔者根据FSB/BCBS设定的决定G-SIBs系统轨迹的五大要素和12个分项指标的权重和计算方法，按照2015年名单中的30家G-SIBs在2014年底的相关数据以及FSB公布的76家主要样本行的总体相关数据，对该30家G-SIBs的12个分项指标的分值和五大要素的总分值进行了测算，结果如表1-26所示。如果以中国的四家G-SIBs与全球其他G-SIBs相比较，我们可以看出它们在银行规模、关联性、替代性、复杂性和跨境活动等构成系统轨迹的五大要素方面具有较为显著的差异。

表1-26 30家G-SIBs系统重要性评估指标分值测算（按总分值高低排序）

银行名称	规模 调整后的表内外资产余额	关联性 金融机构间资产	关联性 金融机构间负债	关联性 发行证券和其他融资工具	替代性 通过支付系统或代理行结算的支付额	替代性 托管资产	替代性 有价证券承销额	复杂性 场外衍生产品名义本金	复杂性 交易类和可供出售证券	复杂性 第三层次资产	跨境活动 跨境债权	跨境活动 跨境负债	2014年总分值
权数（%）	20	6.7	6.7	6.7	6.7	6.7	6.7	6.7	6.7	6.7	10	10	
摩根大通银行	418	483	531	433	1249	1496	760	844	812	632	295	329	495
汇丰银行	363	351	371	282	332	452	667	353	148	221	743	801	439
花旗集团	309	332	426	341	1062	888	575	711	424	539	398	398	426
巴黎银行	305	323	472	276	204	400	400	553	631	417	571	483	405
德意志银行	225	327	218	188	636	190	527	742	214	433	480	357	360
巴克莱银行	263	358	367	200	190	15	627	600	344	631	397	353	350
美国银行	314	320	212	337	360	10	691	673	577	279	168	147	325
三菱UFG银行	356	245	234	240	325	123	146	167	346	167	394	296	273
瑞信银行	148	277	180	189	133	12	372	633	270	499	321	372	270
高盛集团	166	343	106	222	44	72	536	692	374	559	160	153	261
摩根士丹利	143	232	110	166	45	112	514	447	721	277	168	157	236
中国工商银行	421	370	244	211	179	67	128	6	254	313	71	98	219
苏格兰皇家银行	191	252	230	111	237	13	232	600	94	104	275	223	213
法国兴业银行	191	156	200	165	130	332	178	291	331	109	248	215	211
中国银行	328	285	235	192	273	73	110	8	152	62	166	341	209
桑坦德银行	198	175	252	261	62	82	56	65	134	39	480	463	209

续表

银行名称	规模	关联性			替代性				复杂性			跨境活动		2014年总分值
	调整后的表内外资产余额	金融机构间资产	金融机构间负债	发行证券和其他融资工具	通过支付系统或代理行结算的支付额	托管资产	有价证券承销额	场外衍生产品名义本金	交易类和可供出售证券	第三层次资产	跨境债权	跨境负债	
富国银行	245	175	159	398	133	178	260	73	340	405	48	78	203
中国建设银行	400	400	200	200	100	100	100	4	43	368	30	63	190
瑞银集团	110	163	134	152	87	241	217	313	218	149	272	287	190
农业信贷银行	234	216	217	215	107	203	126	205	161	100	179	189	187
瑞穗金融集团	226	100	187	180	247	93	135	136	242	167	199	158	180
裕信集团	140	193	243	153	46	23	136	40	130	106	255	411	166
中国农业银行	322	185	145	165	144	57	76	3	30	628	16	34	165
三井住友金融集团	201	294	190	199	100	9	70	80	279	129	191	106	160
BPCE 银行集团	181	234	240	238	153	7	69	169	58	234	144	76	152
纽约梅隆银行	47	63	231	45	845	1747	8	16	63	2	45	92	151
道富银行	33	41	199	41	275	1536	0	16	86	69	36	73	148
渣打银行	97	206	169	98	124	65	76	93	143	47	264	281	142
荷兰国际集团	158	138	117	113	97	14	47	56	65	25	285	279	133
北欧联合银行	89	135	68	198	136	53	102	100	120	42	230	251	130

资料来源：根据 30 家 G-SIBs 公布的 2014 年底全球系统重要性评估指标和 BCBS 公布的 76 家主要样本行的相关指标以及 BCBS 公布的 2014 财务年度的年底汇率数据进行测算。相关数据详见 BCBS: G-SIB Framework: Denominators, 2015; BCBS: Global Systemically Important Banks: Assessment Methodology and the Additional Loss Absorbency Requirement, Updated 12 January, 2016。

第一，从规模上看，中国4家G-SIBs全部进入名单的前10名，其中中国工商银行的规模分值名列第一，而美国的8家G-SIBs仅有3家在前10名之内。中国建设银行虽然首次被列入G-SIBs名单，其规模分值却在所有30家G-SIBs中排名第三。需要说明的是，FSB是以《巴塞尔协议Ⅲ》杠杆率分母中的敞口总额对不同国家的银行规模进行比较。杠杆率敞口总额是在一般财务报表所反映的合并资产总额的基础上对表内和表外项目进行了若干调整之后形成的各项余额之和。由于一般财务报表中对银行总资产的衡量方法会因各国会计准则的差异而有所区别，以杠杆率敞口总额作为衡量银行规模的尺度更具有一致性和可比性。

第二，从关联性看，中国已有两家G-SIBs进入前10名，分别为中国工商银行和中国建设银行。美国则有四家G-SIBs在前10名，包括名列前两名的摩根大通银行和花旗银行。关联性主要反映一家银行与其他金融机构之间的业务往来，这里的金融机构包括银行、证券交易商、保险公司、共同基金、对冲基金、投资银行及中央对手方等。银行的关联性较强意味着，一旦它无法履行对其他金融机构的支付义务时会对金融体系迅速形成冲击。和规模指标一样，关联性在系统轨迹五大要素中也占有20%的权重，它是银行在金融机构间资产、金融机构间负债以及发行股票、债券和其他融资工具三项指标分值的加权平均数。

第三，从替代性看，美国的G-SIBs占了领先地位。替代性也是反映一家银行系统轨迹的重要因素。它是指一家银行如果发生倒闭，它所提供的重要的金融基础设施被代替的困难程度。在替代性要素的三项指标中，支付系统结算由摩根大通、花旗和纽约梅隆银行占据前三名，该三家银行的支付额在76家主要样本行的支付总额中占了高达31.54%的比重。另外，托管资产中摩根大通、花旗、纽约梅隆和道富四家美国G-SIBs占了前四名，其托管资产额占了76家主要样本行的一半以上，达56.65%。有价证券承销由摩根大通、美国和花旗三家银行名列第一、第二和第五。由于替代性要素对银行系统重要性评估的影响远远超出了FSB/BCBS的预期，后者对该要素的三项指标的分值加权平均数规定了以500分为上限。从2015年30家G-SIBs的实际情况看，超过此上限的四家银行全部为美国的银行,分别是摩根大通、花旗、纽约梅隆和道富银行。这项规定使上述四家银行中的两家受益,因为在没有上限的情况下,摩根大通银行在G-SIBs名单中的分组将从目前的第二档升至第一档,花旗银行则将从目前的第三档升至第二档,它们的附加资本比率将因此提高。然而由于美联储最近对其8家G-SIBs实施的附加资本新规定,这两家银行未必能从FSB/BCBS规定的上限中获得好处。

美联储于2015年7月20日对美国现有的8家G-SIBs颁布了附加资本比率的最终法则。该法则将FSB/BCBS的五要素指标衡量法作为该8家银行计算其总分值的第一种选择,同时以这些银行对短期批发融资的依赖程度取代了五要素中的替代性要素作为计算其总分值的第二种选择。对8家G-SIBs实行的附加资本比率则以两种方法中得分较高者为准。根据美联储对2014年底上述8家美国G-SIBs的相关数据进行的估算,第二种选择的总分值结果要大大高于第一种选择。两种选择的总分值和附加资本比的差异如表1-27所示。

表1-27 BCBS和美联储对美国8家G-SIBs总分值的计算结果及其附加资本比的差异

银行名称	BCBS总分值(1)	附加资本比(2)	美联储总分值(3)	附加资本比(4)	百分点差异(4)-(2)
摩根大通银行	495	2.5%	857	4.5%	2.0
花旗银行	426	2.0%	714	3.5%	1.5
美国银行	325	1.5%	559	3.0%	1.5
高盛集团	261	1.5%	585	3.0%	1.5
摩根士丹利	236	1.5%	545	3.0%	1.5
富国银行	203	1.0%	352	2.0%	1.0
纽约梅隆银行	151	1.0%	213	1.0%	0.0
道富银行	148	1.0%	275	1.5%	0.5

资料来源:其中BCBS总分值是作者根据美国8家银行的12个分项指标的相关数据计算,美联储总分值数据出自Calibrating the GSIB Surcharge, Board of Governors of the Federal Reserve System, July 20, 2015, p.4。

因此,和全球其他国家的G-SIBs相比,美国的G-SIBs(除纽约梅隆银行之外）均要承担更高的附加资本比，从而影响到它们的竞争地位。但在美联储看来，尽管过去几十年里美国的银行相对来说受到更为严格的监管，但仍然能够与国外其他银行相竞争，而且许多非美国G-SIBs的母国监管要求和BCBS相比也日益趋严。另外，从美国8家G-SIBs现有的资本充足率来看，除摩根大通银行外，其余7家银行目前均已达到2019年1月全面实施美联储的附加资本要求时的水平。即便是摩根大通银行，到2019年过渡阶段结束时应该也能满足这一规定。

和FSB/BCBS的方法相比，美联储的最终法则还有以下两个特点。第一，全球主要样本行的12项指标数据采用的是两年总分值的平均数，而不单是上年的数据。第二，从FSB/BCBS公布的全球主要样本行12项指标的欧元数据到美元的换算，是以过去三年的平均汇率为基础，而非上年底的汇率。这两项区别使计算出来的结果较之FSB/BCBS的方法更为稳定。

从复杂性来看，美国的G-SIBs也在全球占了领先地位，在前10家中占了5家，分别为摩根大通、花旗、高盛、美国和摩根士丹利。一家银行经营的复杂程度越高，对其倒闭的处置就越困难，因而对金融系统的影响也就越广泛。复杂性要素是以银行的场外交易的衍生产品名义价值、交易类和可供出售的证券以及银行持有的流动性较差且难以估值的所谓第三层次资产三项指标来综合衡量。其中从事衍生产品交易的主要银行除了上述5家美国银行外，还包括名列第二的德意志银行和名列第六的瑞信银行等。比较明显的是，和其他G-SIBs相比，中国四大行的衍生产品交易量很少，这是导致其复杂性要素分值较低的一个主要原因。交易类证券由美国的摩根大通、摩根士丹利和法国的巴黎银行占据前3名。值得指出的是，在第三层次资产的指标排名中，中国农业银行在30家G-SIBs中名列第三，该分值与排名前两位的美国摩根大通和英国巴克莱银行相差无几，远超过美国的花旗、高盛、富国银行和瑞士的瑞信集团等。

由国际会计准则委员会（IASB）制定的公允价值衡量标准，将企业的资产和负债的公允价值等级分为三个层次。其中，第一层次资产的价值可依据活跃市场的报价确定。第二层次资产可依据不活跃市场的报价确定，或通过可观察的价格输入模型进行推算。第三层次资产的特殊性在于，这类资产不存在市场活动或市场活动很少，因此流动性通常很差。由于没有市场可观察参数，其公允价值只能基于银行内部的估价模型进行推算。在欧美国家的银行，第三层次资产通常包括一些复杂的衍生产品，如信用违约互换和抵押担保债券等，它们在2007—2008年国际金融危机期间曾经扮演过重要的角色。美国的研究表明，即便在市场处于稳定的状态下，第三层次资产的估值误差也会高达15%左右，因此有可能隐藏着巨大的损失。根据中国农业银行2014年年报公布的资料，第三层次资产在该行主要包括保本型理财投资产品的基础资产，后者包括信贷资产、存放同业款项及债券投资。按照中国农业银行年报的说明，此类金融资产在公允条件下交易的实际价值可能与管理层的会计估计存在差异。2014年底，中国农业银行第三层次资产达3100多亿元人民币，在全部以公允价值计量的金融资产中占比达23.06%，其中80%为持有的信托资产。相比之下，中国银行的第三层次资产在集团公允价值计量的金融资产中占比仅为5%，在四大行中最小，反映了集团对此类流动性很差的金融工具的敞口管控较严。近年来，我国商业银行接受以股票债券等金融资产作为质押进行授信的业务规模不断增大，但即使是在交易所上市的股票和债券等优质押品的市场交易量和流动性也会因短期内出现大幅下跌而无法交易和变现，更何况作为抵质押品的那些没有交易数据的第三层次资产。国际金融危机之后，FSB/BCBS以及各国金融监管机构对银行和证券公司参与的第三层次资产的发起、交易或以该类资产作为质押对象的活动尤为关注，对相关的监管政策作出了大幅的修订和调整。

第五，从跨境活动看，欧洲银行在G-SIBs名单的前10名中占了绝大部分，美国仅有花旗和摩根大通两家银行位列其中。跨境活动指标主要是衡量一家银行在母国境外的活动与主要样本银行中其他银行相比的重要性。国际金融危机期间在国际范围内经营的银行可以将某个地区发生的问题转移到另一个地区，而且对这类全球银行的倒闭处置也因牵涉到多国监管机构的协调而更为困难。因此，一家银行参与全球活动的程度越高，其倒闭的溢出效应所波及的范围也就越大。跨境活动主要由银行的跨境债权和跨境负债两部分组成。从30家G-SIBs的这两部分业务的规模来看，除中国的四家G-SIBs需做特别说明以及个别其他国家的银行（如意大利裕信银行由于2014年其境外分行的客户存款较上年出现大幅增长使该行的跨境负债远超出其跨境债权）之外均大致相同，表明其海外机构基本上是采取自给自足的经营方式。

中国四家G-SIBs的跨境负债指标值均大大超过其跨境债权。以在海外经营规模较大的中国银行为例，其2014年的跨境债权和跨境债务的指标值分别为2.15万亿元和4.02万亿元人民币，后者超出87%。而根据中国银行2014年年报公布的同年年底的境外资产和境外负债总额（含中国港澳台地区和其他国家）则分别为4.56万亿元和4.32万亿元，两者大致相同。究其原因，应该是由于FSB/BCBS关于G-SIBs跨境债权的定义和银行财务报表中的境外资产统计在概念上的差异所致。跨境债权是指商业银行持有的对其他国家或地区政府、央行、公共部门实体、金融机构、非金融机构和居民的直接境外债权在扣除了转移回境内的风险敞口之后的最终境外债权。正是由于中国银行境外债务人通过风险转移手段（如由境内第三方提供的贷款担保或由境外债务人的境内母公司提供的信用担保，以及从境内机构购买的信用衍生产品等）将银行持有的境外债权敞口转移回境内，才使其最终的境外债权低于账面上的境外资产。据测算，这种风险转移在相当程度上降低了跨境活动要素值系统轨迹的总分值。

综合来看，尽管上述五大要素在决定银行系统轨迹方面具有相同的权重（即均为20%)，但和全球其他的G-SIBs相比，中国四家G-SIBs的系统轨迹无一例外地都主要体现在它们的规模指标上，它们的杠杆率敞口余额大大超过了30家G-SIBs的平均值。但在替代性和复杂性方面，中国四家G-SIBs与30家G-SIBs的平均值相比仍有较大的差距。此外在跨境活动方面，中国四家G-SIBs还远远落后于英国的汇丰银行和其他诸多欧洲银行。一个可喜的现象是，近年来中国银行的海外业务有了较为迅速的发展，其2014年底的跨境活动指标值自2011年首次被列入G-SIBs名单以来，第一次超过了30家G-SIBs的平均值（见表1-28）。这一事实表明，作为跨境活动的积极参与者，中国银行在G-SIBs成员中扮演的角色和在维护全球金融系统稳定中所承担的责任已不容忽视。

表 1-28 中国四家 G-SIBs 的五大要素值与 30 家 G-SIBs 的平均值的比较

银行名称	规模	关联性	替代性	复杂性	跨境活动
中国工商银行	421	275	125	191	85
中国银行	328	237	152	74	254
中国建设银行	400	267	100	138	47
中国农业银行	322	165	92	220	25
30 家 G-SIBs 平均值	227	227	273	269	252

资料来源：根据中国 14 家银行公布的 2014 年底全球系统重要性评估指标和 BCBS 公布的 76 家主要样本行的相关数据以及 BCBS 公布的 2014 年底的汇率数据进行测算。

相比较而言，美国四大商业银行的系统轨迹不仅反映在规模上，而且还体现在五大要素的其他方面。尤其是在替代性和复杂性方面大多超过 30 家 G-SIBs 的平均值，表明其产品专业化和多样化的程度在全球大型银行中仍处于领先地位（见表 1-29）。

表 1-29 美国四大商业银行的五大要素值与 30 家 G-SIBs 的平均值的比较

银行名称	规模	关联性	替代性	复杂性	跨境活动
摩根大通银行	418	482	1168	763	312
花旗银行	309	366	842	558	398
美国银行	314	290	354	510	158
富国银行	245	244	190	273	63
30 家 G-SIBs 平均值	227	227	273	269	252

资料来源：根据中国 14 家银行公布的 2014 年底全球系统重要性评估指标和 BCBS 公布的 76 家主要样本行的相关数据以及 BCBS 公布的 2014 年底的汇率数据进行测算。

如前所述，按照美联储最新规定的测算结果，美国绝大多数的 G-SIBs 由于其对短期批发融资的较大依赖而需要持有比 FSB/BCBS 的要求更高的附加资本比。但无论是 FSB/BCBS 还是美联储的衡量方法，它们在设计附加资本比时采取的是一种简化的方法，即两者均假定一家 G-SIB 的系统轨迹总分值与该 G-SIB 的倒闭对金融系统造成的损害程度之间成一种线性关系。换句话说，如果一家 G-SIB 的总分值比另一家高出一倍，则前者的倒闭对系统的损害也假定比后者大出一倍。相应的，其附加资本比也就比后者多出一倍。然而正如美联储所指出的，一家G-SIB的倒闭对金融系统的损害程度实际上是随其系统轨迹中某些要素如规模、复杂性等的指标值的增加而递增，因而它们之间应该是一种非线性关系，附加资本比也应随着G-SIB系统重要性程度的增加而递增。因此按照美联储的观点，无论是FSB/BCBS还是美联储自身对附加资本比的现行规定，它们相对于那些系统轨迹总分值较高的G-SIBs所应该达到的水平而言仍然过低。

在美国，已经有一些大型银行，包括花旗和摩根大通这样的G-SIBs在内，在面临附加资本的监管压力下开始削减其资产规模以降低监管标准。甚至有一些金融机构由于附加资本的监管成本超过了从目前规模运营带来的额外收益而放弃或准备放弃其系统重要性金融机构的身份。

二、TLAC监管标准及其对全球G-SIBs和中国四大行的融资成本的影响

以上关于G-SIBs资本充足率的分析尚未包括FSB于2016年11月颁布的专门以G-SIBs为对象的TLAC最终标准所将产生的影响。按照此一新的国际监管准则，凡是在2015年底之前被FSB指定为G-SIB并在此后继续维持这一身份的银行，必须从2019年1月起持有相当于其风险加权资产16%的资本和长期债务，以满足TLAC的最低要求，且该最低水平的TLAC必须至少相当于《巴塞尔协议Ⅲ》杠杆率敞口总额的6%。这一要求从2022年1月起将分别提高至18%和6.75%。对总部设在新兴市场国家的G-SIBs的TLAC最低要求将分别推迟至2025年1月和2028年1月起执行。但是这一6年的宽限期在发生下述情况时可以缩短。即如果自上述准则颁布后的5年内，作为G-SIBs总部所在地的某一新兴市场国家的金融和非金融企业发行的公司债券余额超过了该国GDP的55%这一上限标准，则总部设在该国的这些G-SIBs必须在达标后下一年起的3年内首先满足风险加权资产16%和杠杆率敞口总额6%的TLAC最低要求，然后再有3年时间满足18%和6.75%的要求。符合TLAC资格的金融工具包括银行的核心一

级资本、其他一级资本、二级资本，以及余期在1年以上的其他非抵押长期债务。投保存款、活期存款和1年期以下的短期存款以及由衍生产品产生的负债则不在其列。关于TLAC的监管标准有两个重要的附加条件。第一，核心一级资本中用来满足TLAC最低要求的部分不能同时用作监管资本缓冲（如资本储备和附加资本）。第二，为了确保G-SIB在倒闭处置过程中有足够的长期债券余额可以用于吸收损失和资本再造，一级资本和二级资本中以债务形式构成的资本工具加上其他虽不包括在上述监管资本范围之内但却符合TLAC资格的债务工具的总和，必须不低于TLAC最低要求的33%。

根据国际清算银行专家小组的测算，按18%的风险加权资产和6.75%的杠杆率敞口总额这一TLAC最低要求，30家G-SIBs的合格证券短缺总额为1.1万亿欧元。其中处于中位数的G-SIB的短缺额为262亿欧元，短缺额在30家G-SIBs的分布状况从0欧元到1224亿欧元不等。

该专家小组还进一步测算了30家G-SIBs中每一家银行的合格证券短缺额与它目前持有的其他可以通过市场变现转换为合格证券的债务余额之间的比率。如一家G-SIB的这一比率超过100%，则表明它持有的可转换债券余额不足以弥补其合格证券的缺口。测算结果显示30家G-SIBs中有13家的比率超过100%，而其余的17家则持有足够的负债可以转换为合格证券以满足TLAC的最低要求。位于中位数的G-SIB的合格证券短缺额与可转换债券余额的比率为84.4%，其为弥补缺口而每年需要承受的额外融资成本为3.6亿欧元，相当于其净利差收入的2.5%。如以短缺额位于中位数的该G-SIB目前的贷款规模来衡量，则它的贷款利率必须在目前的基础上提高8.1个基点才能使上述融资成本的增加全部被吸收，从而维持其现有的股本报酬率不变。然而由于经营模式的不同，融资成本的增加在30家G-SIBs中程度不一。有6家每年需要增加10亿欧元以上，而有9家则不到1亿欧元。如以股本报酬率不变为前提条件，则为吸收额外的融资成本，30家G-SIBs中有19家的贷款利率增幅将不超过10个基点，有1家则超过20个基点。

对那些将非抵押长期债务维持在较低水平的G-SIBs而言，TLAC的监管要求将意味着其经营成本的大幅提高，从而需要从根本上改变其资产负债表的管理。尤其是对G-SIBs中主要依赖存款作为资金来源的零售银行和传统的商业银行来说，由于符合TLAC资格的债务工具中并不包括银行的投保存款和短期存款，这一新的监管要求将迫使这些银行发行远高于目前比率的长期债务。一般认为，TLAC要求对于欧洲国家的G-SIBs也许更具有针对性，因为这些银行的资金来源通常较少地依赖存款，通过增加长期债务可以使监管机构避免因其国家的规模较小而无力承担银行发生倒闭而需要政府支持的风险。

因此，TLAC的要求对采取不同经营模式的G-SIBs将会具有不同的影响。以美国的G-SIBs情况为例，8家持股公司中商业银行资产在各持股公司全部资产中所占的份额差异很大，在30%~90%不等。为了弥补因发行非抵押长期债务而产生的较高成本，一些银行资产占比较高并倾向于依赖较稳定的资金来源的持股公司也许会被迫转为从事风险较大的活动。尽管FSB试图将TLAC的最低要求建立在风险加权资产和杠杆率敞口两者的基础之上，以使这一新的监管准则的效果能够在商业银行、投资银行和托管银行之间取得一种平衡，但它实际产生的约束作用仍然取决于银行的不同经营模式。我们可以按照TLAC的最低要求（无论是2019年起的16%和6%，或是2022年起的18%和6.75%）计算出，当风险加权资产密度（即风险加权资产占总资产的比率）等于37.5%时，以风险加权资产为基础的TLAC最低要求将正好等于以杠杆率敞口为基础的TLAC最低要求。因此，凡超过该37.5%密度的G-SIB将受到风险加权资产条件的约束；反之，低于该密度的G-SIB则主要受到杠杆率敞口条件的约束。一般而言，商业银行的风险加权资产密度较高，远超过上述37.5%这一均衡点，因而主要受TLAC与加权风险资产比率的约束；相反，投资银行和托管银行则因其风险加权资产密度较低，主要会受TLAC与杠杆率敞口比率的制约。

相比较FSB的最低标准而言，美联储于2015年10月30日公布的对美国的G-SIBs（目前为8家）实行的TLAC规则（目前为征求意见稿）要更为严格。它规定TLAC金融工具中的核心一级资本和其他一级资本必须将少数股东资本扣除在外。此外，它还规定在美国的一家G-SIB的TLAC从分阶段执行期结束后的2022年1月起必须至少相当于其风险加权资产的18%或9.5%的杠杆率敞口总额（取两者中较高者）；而且明确规定一家G-SIB的TLAC中的长期债务必须至少相当于6%的风险加权资产加上适用于该G-SIB的附加资本比或4.5%的杠杆率敞口总额（取两者中较高者）。据美联储估计，通过对长期债务实施上述规定，可以使G-SIBs的TLAC较目前增加60%或以上，从而可以接近达到所谓"再大也可以倒"的银行监管目标。

据测算，一旦美联储的上述规则付诸实施，美国现有的8家G-SIBs的TLAC占各自风险加权资产的比率加上一定的缓冲将至少维持在21.5%~23.5%的水平。其中，核心一级资本比必须维持在8.0%~11.5%的水平（包括4.5%的最低核心一级资本比、2.5%的资本储备和1%~4.5%的附加资本比）；其他一级资本比为1.5%；长期债务占比（6%的风险加权资产加上1%~4.5%的附加资本比）将在7.0%~10.5%；剩下的则是除长期债务之外为满足18%的TLAC最低要求而必须持有的其他合格证券。

以中国的情况来看，中国商业银行自2013年1月开始分阶段执行银监会2012年6月颁布的《商业银行资本管理办法（试行）》。该办法规定的系统重要性银行在正常时期的核心一级资本比下限（8.5%）略高于FSB/BCBS对G-SIBs的要求（8%）。从2017年底中国四家G-SIBs的实际情况看，它们目前均已满足银监会要求的系统重要性银行于2018年底才需达到的上述核心一级资本充足率水平（见表1-30）。根据BCBS的测算，2017年6月底全球大型银行的平均核心一级资本比为12.5%。与此相比，中国的四家G-SIBs中中国银行和中国农业银行仍低于该水平。

表1-30 2016—2017年中国四家G-SIBs核心一级资本充足率与银监会的资本管理办法规定的比较 单位：%

银行名称	2017年核心一级资本充足率	2016年核心一级资本充足率	银监会对SIBs制定的标准（2018年底执行）	2017年核心一级资本充足率与银监会标准比较（±百分点）
中国工商银行	12.77	12.87	8.5	+4.27
中国银行	11.15	11.37	8.5	+2.65
中国建设银行	13.09	12.98	8.5	+4.59
中国农业银行	10.63	10.38	8.5	+2.13

资料来源：中国工商银行、中国农业银行、中国银行、中国建设银行四大银行2017年年报。

如以新兴市场国家G-SIBs自2028年1月起需要满足的18%的TLAC最低要求计算，由于FSB规定所有的G-SIBs均不能将用于满足资本储备和附加资本的核心一级资本同时用于满足TLAC最低要求，则为满足银监会的资本充足率要求和FSB的TLAC最低要求，中国四家G-SIBs的资本和长期债务合计总额必须至少相当于其风险加权资产的21.5%。假定它们的总资本正好满足资本充足率的最低要求，则这四家G-SIBs为满足TLAC最低要求还需额外增加相当于其风险加权资产的10%的资本金或合格长期债务（见图1-6）。因此，尽管这四家G-SIBs目前的资本充足率已经满足了银监会2018年底的资本监管要求，但与FSB的TLAC要求相比仍有相当的差距。

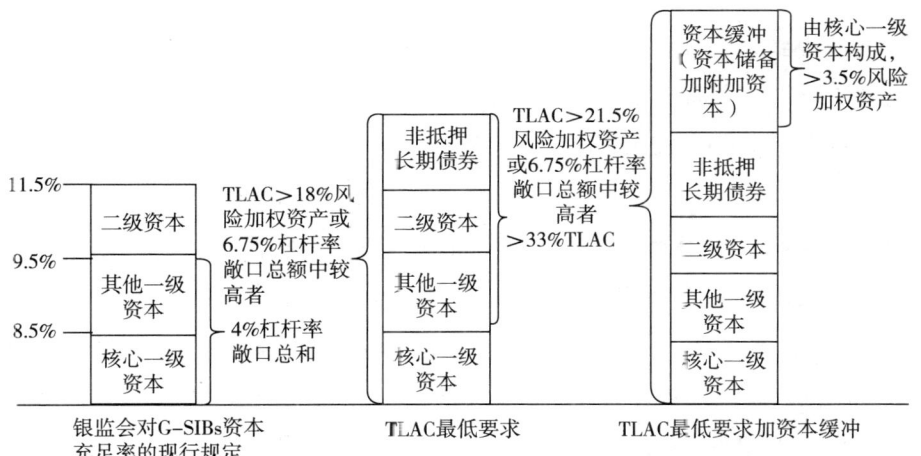

注：图中的中柱和右柱的差别在于，由于FSB规定G-SIBs不能将用于满足资本储备和附加资本的核心一级资本同时用于满足TLAC最低要求，因此中国四大行必须在18%的TLAC最低要求基础上再增加3.5%（含2.5%资本储备和1%附加资本）才能满足FSB的监管要求。

资料来源：根据银监会的《商业银行资本管理办法（试行）》的相关规定和FSB对G-SIBs的TLAC的相关要求绘制。

图1-6 银监会对中国G-SIBs资本充足率的现行规定与FSB的TLAC和长期债务要求的关系比较

鉴于中国的四大银行均以客户存款作为主要资金来源，非抵押长期债务的占比很低，新的国际监管准则势必将提高它们的融资成本，从而将在已经开始实施的附加资本的基础上进一步压缩它们的盈利空间。以客户存款占负债总额81.57%的中国工商银行为例。根据该行2014年报提供的数据，2017年底该行的资本充足率为14.56%，已发行的债务证券余额在扣除一年内到期的金额之后在该行风险加权资产总额中的占比为3.05%，因此资本和长期债务两者合计为17.61%。即使假定其一级资本中的少数股东资本可忽略不计，这意味着中国工商银行为满足银监会的资本充足率要求和FSB的TLAC最低要求还需要额外增加相当于其风险加权资产3.89%的资本金或合格长期债券，短缺额达6186亿元人民币。按该年人民币兑欧元汇率计算，其相当于795亿欧元。

三、关于中国四大行资本管理和经营策略的若干建议

前面提到，FSB公布G-SIBs名单并对其实施附加资本要求是国际监管机构为解决银行"大而不能倒"的问题而采取的一项重要步骤。在FSB/BCBS或美联储看来，一家G-SIB的倒闭将有损于全球的金融稳定，因而它的"违约的系统损失率"要远远大于一家系统性不重要的银行。附加资本的作用就在于，通过要求G-SIBs持有比系统性不重要的银行更高的监管资本，使其能够吸收更大的损失而不至于倒闭。然而对G-SIBs实施的附加资本要求还有另外两个目的。第一，较高的吸损资本可以促使G-SIBs通过削减资产规模或风险过高的业务降低其系统重要性的程度，从而进一步减少这些银行对金融稳定造成的风险。用美联储主席耶伦的话来说，让银行去思考自身规模的大小正是监管机构希望看到的附加资本规则所将产生的效果。第二，较高的吸损资本抵消了G-SIBs因其"大而不能倒"的地位而从政府隐性担保中获得的融资成本优惠，从而减少了对市场竞争造成的扭曲。

如今，FSB/BCBS和美联储的TLAC要求意味着G-SIBs将为拥有"大而不能倒"的地位而需要进一步地付出更高的监管成本。在这些监管机构看来，G-SIBs将因满足TLAC的监管要求而从原来的"大而不能倒"变为"大而可以倒"。这是国际监管机构为解决银行"大而不能倒"的问题而采取的又一项重要步骤，也是其监管理念转变的一个重要标志。

自2009年以来，中国作为FSB和BCBS的正式成员积极参与了国际银行监

管准则的制定，特别是在《巴塞尔协议Ⅲ》以及G-SIBs的监管方法和标准的设计方面发挥了积极的作用。例如，我们从FSB关于TLAC最新监管准则中对新兴市场国家G-SIBs设定的宽限期可以看出，中国已经在国际银行监管舞台上成为代表新兴市场国家的一支重要力量。然而正如银监会副主席王兆星撰文指出的，国际新监管标准有其局限性。本次危机起始于欧美，在欧美危机基础上制定的标准和规则更像是给欧美国家开出的药方，对中国的适用性毕竟有限。因此，如何在实施国际监管标准的同时给予中国银行业必要的缓冲，以适应中国目前的经济和金融市场发展水平，是中国金融监管当局面临的重要挑战。

从被监管者的角度来看，FSB对G-SIBs提出的包括附加资本和TLAC在内的国际监管准则，应该促使列入G-SIBs名单的中国四大银行在努力提高风险管理能力的同时，重新评估与其资本和长期债务水平相适应的风险加权资产规模以及以杠杆率敞口总额衡量的规模。从以上对由五大要素构成的G-SIBs系统轨迹的分析可以看出，中国四大银行之所以被列入G-SIBs名单，其主要原因在于它们的以杠杆率敞口总额衡量的规模。尽管FSB/ECBS设定的五大要素的权重配置均为20%，但在中国四家G-SIBs中有三家的规模指标值在系统轨迹总分值中占了高达40%左右的比重；相比之下，美国G-SIBs中的四大商业银行有三家的规模指标值占比不到20%，而替代性和复杂性指标值在决定其系统轨迹的总分值中则占了主导地位。

笔者认为，对于中国银行业中尚未列入G-SIBs名单但已进入主要样本行的10家银行而言，不宜为争取获得G-SIBs的地位而一味地扩大其资产负债规模。而对已经成为G-SIBs的四大银行来说，面临日趋严格的国际监管准则，建议采取以下一些应对措施。

一是控制杠杆率敞口的规模。尽管附加资本比是以核心一级资本在风险加权资产中的比率来计算，压缩风险加权资产可以减少G-SIBs的附加资本计提，但由于四大行的以杠杆率敞口总额衡量的规模指标值在系统轨迹总分值的占比都很高，控制附加资本成本的另一个有效途径在于限制表内外资产增长的总体规模。在中国四大行中，中国工商银行和中国银行的系统轨迹总分值2014

年分别为219个和209个基点,已相当接近上一个档次的230个基点这一临界值。为避免其附加资本比由目前的1%升至1.5%,有必要在控制杠杆率敞口规模上早做考虑。

二是降低风险加权资产的密度。中国四大行的资产业务均以传统的工商贷款活动为主,因此风险加权资产密度较高。以中国银行为例,2017年底为62.45%,远高于TLAC最低要求所暗含的37.5%这一均衡密度。因此,TLAC对中国四大行的监管约束主要体现在18%的风险加权资产占比,满足这一最低要求也就一定满足了6.75%的杠杆率敞口占比要求。这意味着四大行需要减少风险权重较高的贷款在总资产中的比重,以降低风险加权资产的密度。解决的途径在于,一方面妥善地运用内部评级法以合理降低信用类资产的风险权重;另一方面则可充分利用银监会对资产风险权重体系所做的调整,大力增加对中小企业的贷款和零售贷款。

三是充分利用资本工具满足长期债务的要求。中国四大行的负债业务均以零售和公司存款为主,TLAC中关于长期债务的要求将导致其部分的存款将被发行合格长期债券所替代,从而增加融资成本。鉴于FSB关于长期债务占TLAC的33%的这一要求允许G-SIBs将一级资本和二级资本中的资本工具充当合格长期债券,四大行可以通过增加一级和二级资本中的债权股权混合资本工具、次级长期债券和从属有期债券等途径来满足长期债务的监管要求。这种做法的好处是,它一方面可以最大限度地维持客户存款在负债中的占比以减轻融资成本的压力,另一方面也可借以充实现有的资本充足率以满足资产增长的需要,尤其是在二级资本目前仍有很大的增长空间的情况下。以中国银行2017年底的数据为例,其二级资本仅占到一级资本的18.11%,离100%的上限尚有很大的距离。

总之,在面临FSB对G-SIBs实行的附加资本要求和TLAC要求的双重监管压力下,中国四大银行的资本管理和经营管理思路,必须从过去的贪大求规模、单纯依靠信贷规模的扩张逐步过渡到资产负债规模和结构调整的并重,最大限度地发挥资本的效用。

国际大型银行频遭巨额罚单的教训与启示

国际大型银行遭受巨额处罚，既有社会政治因素，也有经济原因，根子在于银行自身的经营管理，特别是内部管控出现了问题。本文梳理并分析了15家国际大型银行2013年1月至2014年5月监管罚单情况，并对中资银行应对策略提出了建议。

一、概况

根据15家国际大型银行年报（不包括中资银行）、相关监管机构以及部分媒体披露的信息初步统计，2013年1月至2014年5月，各大银行已经或将支付的监管罚款及诉讼和解金（下文统称罚单）累计高达671.16亿美元，可分为以下五类。

（一）次贷相关罚款与诉讼

次贷相关诉讼罚单合计455.35亿美元，约占2013年以来已披露罚单总额的67.85%，仅联邦住房金融局（FHFA）就向美国前四大银行、两大投行等18家国际金融机构提起诉讼，指控这些机构向房地美和房利美出售MBS产品时涉嫌虚假陈述。

受此类罚单影响最大的是摩根大通银行，共被罚210.7亿美元，其中由于被指控"提供有关抵押贷款质量的虚假信息，夸大贷款者的偿还能力，并将不符合标准的抵押贷款打包成金融产品出售给投资者"，摩根大通需支付民事罚款、补偿金以及借款者救助金等共计130亿美元；而因"金融服务缺陷以及未履行MBS产品回购义务"，摩根大通遭到超过330家信托公司的诉讼威胁，最终以支付45亿美元和解金了结；因收购雷曼、贝尔斯登等公司，摩根大通还承担了由此产生的次贷业务关联责任，累计支付32.75亿美元。

同样因为出售MBS产品问题，美国银行支付了高达95亿美元的诉讼和解金。此外，由于旗下抵押贷款商Countrywide所出售的不良抵押贷款涉嫌欺诈，美国银行遭到金融抵押保险公司（FGIC）等多家机构起诉，被判罚21亿美元。花旗银行则因销售、担保CDO产品以及了结FHFA诉讼等合计支付20.22亿美元。富国银行因诱导购买次级贷款、不当出售MBS相关衍生投资品以及了结FHFA诉讼累计支付13.25亿美元。

（二）市场操纵

各大行因市场操纵问题累计支付约58.91亿美元，有以下两类：

一是Libor等利率操纵。2012年6月，巴克莱银行被曝通过不当报价操纵Libor与Euribor等基准利率，被英美监管机构罚款约4.5亿美元。Libor操纵案波及多家银行，仅美国联邦储备保险公司（FDIC）就起诉了16家国际大型金融银行，包括美国银行、花旗银行、摩根大通、瑞银集团等。其中，瑞银集团被罚16.3亿美元，为此项罚单之最。

二是能源等市场操纵。2013年7月，美国能源监管委员会(FERC)宣布，因巴克莱银行操纵能源市场，对其罚款4.7亿美元。FERC表示，在2006年至2008年的655个交易日内，巴克莱银行的交易员以亏损价格卖出产品、压低指数，然后通过押注掉期市场获取暴利。除巴克莱银行外，FERC还指控摩根大通操纵电力市场，2010年至2011年，通过8种交易策略向电力运营商过度收取费用。2013年7月，摩根大通与FERC达成和解，支付4.1亿美元罚款。

（三）违反反洗钱及制裁规定

违反反洗钱与制裁规定一直以来都是监管部门关注的焦点，据各大银行2013年年报统计，此类罚单累计达26.08亿美元，涉及汇丰银行、渣打银行、三菱UFJ等。

汇丰银行因此类问题受到了最为严厉的处罚。2012年7月，美国国会指控汇丰银行未能阻止墨西哥与哥伦比亚关联贩毒团伙的账户洗钱活动，并与伊朗及"基地组织"的金融机构有业务往来。2012年12月，汇丰银行与美国政府达成和解协议，由美国汇丰向美国当局支付19.21亿美元和解金。

违反美国制裁规定而受到处罚案例屡见不鲜。例如，美国监管机构以渣打银行、三菱UFJ银行无视美国对伊朗、缅甸、古巴等国制裁、为这些国家客户非法转移资金为由，分别开出3.4亿美元及2.59亿美元罚单。另据报道，2014年4月30日，法国巴黎银行被控违反美国针对伊朗的制裁规定，面临约20亿美元的罚款以及刑事指控，超过了该行此前计提的11亿美元拨备。

（四）不当披露及欺诈关联

此类罚单主要有以下四类：

一是不当信息披露。以花旗银行为例，2013年10月4日，美国马萨诸塞州公布对花旗银行罚款3000万美元。调查人员指出，在相关研究报告公开前，花旗集团分析师向4家投资公司泄露了关于苹果公司和一家供应商的负面消息。

二是隐瞒信息，误导投资者。以苏格兰皇家银行为例，据2014年4月22日香港证监会披露，2008年5月至2011年10月，该行香港分行雇员虚报债券持仓价值并以虚报的债券和期货买卖入账，借以隐瞒在债券交易中的损失，苏格兰皇家银行为此被罚款600万港元。

三是欺诈关联。较为典型的案例是摩根大通所涉麦道夫欺诈案。麦道夫诈骗的手段是通过高资金回报率的许诺，用后续投资者的投资偿付前期投资者。据报道，此案给投资者带来约500亿美元损失。摩根大通与麦道夫有长期合作关系，美国司法部和货币监理署指控该行未及时就麦道夫的欺诈行为向投资者发出警告。据摩根大通2013年年报披露，因麦道夫案该行向联邦检察官办公室支付和解金17亿美元，向货币监理署支付3.5亿美元，向金融犯罪执法网络（FinCEN）支付4.61亿美元，向麦道夫案法庭指定委员会及原告分别支付3.25亿美元与2.18亿美元，共计30.54亿美元。

四是协助逃税。近日曝出的瑞士信贷银行协助逃税行为遭到了美国政府及监管机构总额高达26亿美元的罚单。此案缘起于2014年初美国国会参议院公布的一份调查报告，报告指出瑞士信贷银行帮助2.2万名美国客户设立离岸账户，向美国政府隐瞒了100亿～120亿美元的资产，涉嫌协助美国公民海外逃税行为。

（五）其他

"伦敦鲸"事件。2012年5月，摩根大通绰号"伦敦鲸"的交易员在衍生品交易中使用激进的交易策略，押注未来信用环境有所改善。然而受欧债危机与全球经济不佳等因素影响，"伦敦鲸"交易策略失败，不仅造成摩根大通巨额损失，还对金融市场造成了巨大动荡。2013年9月英美监管机构发表声明，指控摩根大通对位于伦敦的首席投资部门缺乏监管，对摩根大通罚款9.2亿美元。

反垄断等集体诉讼。巨额罚单中还涉及针对多家金融机构的集体诉讼。在信用卡垄断案中，美国多家零售集团对Visa、万事达集团以及摩根大通、美国银行等数家大银行提出反垄断诉讼，声称它们相互勾结，收取过高的信用卡交易费用。对此，被告方同意支付60.5亿美元与原告达成和解。

在上述罚单中，最终向政府及相关监管机构支付的罚款及和解金达436.32亿美元，约占罚单总额的65%，这表明，政府及监管机构是此轮罚单潮的主要推动者。

二、罚单频出的原因

（一）社会舆论及政治因素

社会舆论与政治因素是密集罚单的重要推动力。国际金融危机爆发后，媒体纷纷指责华尔街金融机构是金融危机的始作俑者，这些金融机构不但没有因危机而受处罚，反而要纳税人出钱救助，在美国失业率居高不下的情况下，金融机构高管们却仍享受着高额薪酬和分红。此外，媒体还把矛头指向监管机构，认为美国房地产泡沫源于长期低利率的货币政策，而后来高涨的基准利率则引爆了国际金融危机；在所谓"新自由主义"监管政策的指引下，市场监管趋于放松或缺位，未能防止系统性金融风险的发生。在社会舆论压力加大的背景下，监管机构为了摆脱自身责任，以美国为重点掀起了对国际大型银行的惩罚高潮。

（二）市场环境状况好转

在金融危机发生后的数年为，尽管强化金融监管的措施层出不穷，但为避免对下行的经济和市场信心造成进一步伤害，欧美监管当局并未对大型金融机构进行实质性惩罚。近两年来，美国经济企稳，资本市场好转，银行业整体盈利状况改善，2013年全美前四大银行平均利润超过160亿美元。欧洲的经济及银行业也有所恢复。在此背景下，对国际大型银行开具罚单，既能起到警戒惩罚作用，又能将罚单冲击控制在银行的承压范围内，避免对实体经济造成实质影响。

（三）银行自身的问题

在国际金融危机发生前，一些大型银行为追求短期利润，放低了住房抵押贷款标准，对次级信用的借款人发放按揭贷款，为贷款的违约埋下了祸根。银行除了自己投资次贷衍生产品外，还作为销售渠道向投资者销售次贷衍生产品，一定程度助推了次贷市场的快速发展，成为次贷风险的参与者和推动者。另外，银行自身的内控漏洞也是助长洗钱、欺诈、市场操纵等金融犯罪行为的重要原因。因此，国际金融危机后银行业接受巨额罚单也就并不意外，银行自身的责任不可推卸。

三、高频巨额罚单的影响

（一）损害银行声誉及形象

国际金融危机爆发后，人们对整个金融行业的指责、怨恨不断升温，并逐渐演变成一场"占领华尔街"运动，华尔街银行业的名声与形象一落千丈。大额罚单的开具，则对所涉银行的声誉造成了更为直接的冲击：一是影响投资者信心，引发股价下跌。二是影响银行信用评级，导致筹资成本上升。三是导致客户及市场对银行资产端与负债端业务信任度下降，影响银行实际业务。以Libor操纵案为例，2012年6月27日，在巴克莱银行宣布因涉嫌操纵Libor被罚4.5亿美元的当天，其股价暴跌超过15%，随后的7月5日，其信用评级展望从稳定被下调至负面，外汇交易、债券和大宗商品等业务缩水，不得不在后续几年进行重组。

（二）影响银行财务状况

一是直接影响盈利水平。以美国四大商业银行为例，2013年四大行净利润达649.05亿美元，但其报表中披露的各类罚金与和解金就高达411.1亿美元，相当于其净利润的63.3%。二是间接导致财务成本的上升。以汇丰银行为例，为吸取反洗钱等监管处罚的教训，汇丰银行加大了监管合规方面的投入，在原有的7个风险内控相关委员会基础上，新设立了金融系统风险防范委员会，新聘任的委员包括前SWIFT行政总裁、前美国副总统助理等一批政府高级官员和专家。为确保达到集团"最高的合规标准"，汇丰银行在全球配置了超过3500名合规工作人员，在合规方面的投入达5亿美元。

（三）引起管理层等人员变动

密集罚单还引发了银行管理层等人员变动：在Libor操纵丑闻曝光后，巴克莱前董事长马库斯、CEO鲍勃、首席运营官杰里不堪压力被迫闪电离职，多家银行的交易员及高管因外汇市场操纵调查辞职、开除、停职甚至自杀；汇丰银行曝出洗钱以及违反制裁法律等问题后，其风控总监巴克利引咎辞职；瑞穗金融董事长冢本隆史因贷款丑闻问题引咎辞职；"伦敦鲸"事件发生后，摩根大通首席投资官被迫辞职。高频巨额罚单还使得多家国际大型银行在危机后频频通过裁员来减少开支。

（四）引发银行战略调整

严厉的监管以及高额罚单促使银行业开始进行战略调整，简化、退出部分高风险市场业务成为各大银行的战略选择之一。以汇丰银行为例，2011年起，汇丰银行开始执行"集团投资及资本配置的六大决策标准"，其中金融犯罪风险是汇丰进行全球布局的重大决策标准之一。三年来，汇丰银行按上述标准进行了战略收缩，削减了约900亿美元风险资产。

四、教训及启示

国际大型银行的教训十分深刻，我国监管机构和银行从业者应引以为戒，避免出现类似情况的发生。

（一）完善金融监管模式

金融业的稳健发展影响经济全局，金融监管者责任重大。危机表明，西方此前倡导的"新自由主义"放任式的监管模式不可持续，这也是危机后全球金融监管体系进行了重大变革的原因。总体看，监管机构既应坚持宏观审慎，防范系统性危机的发生，又要通过强化现场及非现场监管，及早发现微观风险隐患，防微杜渐。对于金融创新，各类监管机构要加强协调，鼓励与规范并重，既要避免监管缺位或监管套利，又要避免监管重复。目前，对国际大型银行的监管处罚有所抬头，并有蔓延之势，但处罚不是长久之计，监管机构应立足长效、结合本国实际采取合适的监管模式，而非以罚代管、一罚了之。

（二）坚守"负责任的金融"发展理念

诚信和声誉是银行经营发展之本，商业银行开办业务，首先应做到诚信经营，远离金融犯罪，坚守行业道德底线。其次应坚持"好"字当头，经营风险偏好适中，业务范围与机构规模的目标定位不脱离自身发展阶段和能力实际，不盲目追求市场地位、资产规模和过高利润，在自身的持续发展中促进实体经济发展。最后应妥善处理好银行、股东、员工、社会公众等利益相关者的关系，维护社会和谐。

（三）扎实推进国际化战略

随着中国经济对外开放度的提高、人民币国际化进程的加速以及中国国内同业竞争的加剧，越来越多的中国金融机构将"走出去"作为新的战略选择。然而，危机后众多国际大型银行受罚的事实表明，国际化战略必须有强大的跨国管控能力作支撑。首先，海外扩张必须与自身战略定位和管控能力相适应，应有清晰的战略发展边界。其次，无论是自设机构还是兼并收购，必须全面客观评估海外监管环境和国别风险状况，对海外政治、法律环境及社会状况的不确定因素应有充分的认识，涉及并购的还应对收购对象进行全面深入的尽职调查和细致的风险评估，避免有毒资产的影响和不必要的法律纠纷。最后，要强化海外经营管理的基础设施建设，当前应在监管合规体系建设、风险管理模型的开发与升级、专业化国际研究人才和经营管理人才的引进与培育、信息科技支撑能力等领域适当加大投入，提高海外经营管理的效率与效能，夯实可持续发展的基础。

（四）将全面风险管理落到实处

高频巨额罚单与银行内控不足息息相关，中资银行应注意从以下三个方面强化风险内控管理。一是优化风险管控体系的顶层设计，改进股东大会、董事会、监事会、管理层之间相互制衡的运作机制，建立着眼于长期可持续发展的激励机制，将可持续发展理念融入银行管理制度和决策过程。二是完善集团风险管理体系,确保风险管理对各类业务的全覆盖、对管理流程的全覆盖、对各种风险类型的全覆盖,防范多元化业务风险的交叉传染。三是明确风险管理重点,加强对风险高发地区、行业、机构、业务、岗位及相关业务环节的风险预警,做好风险化解工作。四是开展案例教育,针对国内外监管处罚、诉讼及案件开展深入分析,吸取教训,分享应对经验,提升风险应对水平。

五、对中资国际化大型银行的几点建议

我国的大型银行多具有国际化、多元化平台,从事的业务地域范围广、技术含量高,复杂程度较高,受国际监管检查以及声誉风险事件冲击的概率也更高,少数已发生的案例影响巨大,教训深刻。当前,在欧美监管机构高举罚单大棒、国际投资者和消费者动辄诉诸法律的大背景下,中资国际化大型银行须加强防范,避免国际同业类似问题的发生。

(一)开展重大监管及声誉风险警示教育

重大监管及声誉风险问题危害极大,从总行到基层及业务一线都要引起足够重视。中资国际化大型银行应注意系统收集、分析全球重大金融监管处罚、诉讼及声誉风险事件的案例,逐一分析案例发生的背景、原因及影响,结合各行具体业务及管理实际,提出预防或应对措施。有关案例警示教育材料可发全辖学习,并纳入新员工入职培训课程。

(二)加强全球监管沟通和同业交流

中资国际化大型银行需主动加强与全球主要金融中心以及目标市场监管部门的沟通交流,了解最新监管政策走向,把握监管机构对各行经营的主要关切及意见建议,同时宣传各自在监管合规方面的工作成效,增进全球监管机构对各行的了解和对相关业务的支持。此外,要加强与全球领先同业的交流,学习借鉴同业改善内控与风险管理的技术与方法,博采众长,探索解决各行跨国经营管理所涉及的前沿问题。

（三）不断完善各行内部控制体系

国际一流银行必须具备"罚单免疫"体质。中资国际化大型银行的总行部门及辖内机构要按照"守土有责"的要求，夯实已有管理基础，不断探索增强"罚单免疫"体质的新方法、新途径，使内控体系与各行的业务规模增长、管理的复杂程度以及风险状况相适应。在公司治理层面，可考虑适当引进国际监管经验丰富的独立董事，进一步优化董事会及相关附属风险委员会的构成；在董事会及各附属委员会的工作安排中，适当增加应对监管风险、声誉风险、金融犯罪等问题的议事日程。在组织架构和管理流程设计方面，要优化相互制约、相互监督的机制，完善技术手段，隔离多元化经营的风险，防范集团内风险的传染。在核心绩效指标和激励机制设计上，既要引导较为进取的业绩目标的实现，又不至于造成过大的压力，导致一线人员寻求欺诈、误导客户等不当手段来完成指标，损害集团利益。在人才队伍建设方面，可前瞻性地招聘、开发、培养一批新型的国际化法律及合规人才。

英国"脱欧"对国际大型银行的影响评估及应对

作为全球金融中心,英国是全球大型银行海外进驻高度密集的地区。英国"脱欧"主要从"通行证"机制、造成差异化监管环境以及产生金融市场波动三个方面对金融机构运行产生影响。中资银行应加强"脱欧"后相关政策的变化,抓住有利时机优化欧洲市场业务架构。

一、"脱欧"对国际大型银行的影响路径

作为全球金融中心,英国是全球大型银行海外进驻高度密集的地区。英国"脱欧"公投对国际大型银行经营发展产生了较大影响,体现在以下几个方面:

(一)"通行证"机制的发挥受到限制

"通行证"是欧盟单一市场机制发挥功效的保障,该机制允许在欧洲经济区(以下简称EEA)成员国注册的金融机构在欧盟其他国家进行经营并享有设立分支机构和提供服务的权利,同时不需要得到当地监管当局的特批。

英国"脱欧"前,部分国际大型银行在欧洲市场的经营策略是:在英国设立欧洲区域或业务中心,通过"通行证"机制在欧盟其他国家开展业务。"脱欧"后,以伦敦为中心的国际大型银行将不再享有"通行证"特权,其原

有的组织构架和业务拓展模式将不得不发生改变。

（二）英国与欧盟间形成差异化监管环境

欧盟法律主要由条例和指引两种形式构成。条例在各成员国直接具有法律效力；指引在各成员国不具有直接法律效力，成员国需通过立法赋予其在国内的法律效力。

英国"脱欧"后，对于已经执行的条例和被转化为国内法的指引，它们将继续作为英国法律发挥效力；而在"脱欧"后实施的条例其在理论上对英国不再具有约束力。

（三）金融风险加大对银行经营产生负面冲击

英国"脱欧"对金融市场产生了较大影响，全球大型银行面临的金融风险明显加大。

一是外汇和股票市场大幅动荡。"脱欧"公投当天，英镑兑美元、欧元、日元和人民币分别贬值达8.8个、6.0个、12.6个和8.3个百分点；"脱欧"公投后当月，上述汇率分别累计下跌11.8个、8.7个、11.5个和10.7个百分点。"脱欧"公投当天，美国道琼斯指数、英国富时100指数、日经225指数、法国CAC40指数以及中国上证A股指数分别下跌3.15个、3.39个、7.92个、8.7个、8.04个和2.47个百分点。

二是英国房地产价格面临下跌压力。2012年以来，英国房地产经历了又一轮快速上涨，截至2016年6月，英国平均标准房房价达20.42万英镑，较2012年6月上涨23.8个百分点，其中伦敦的涨幅达56%。据统计，在支持2009年以来英国房价上涨的资金中，45%来自海外直接投资，这部分资金不稳定性高。"脱欧"公投后，部分房地产基金投资者已将基金赎回；另外，英国房地产项目的杠杆率出现明显提升，2014年英国商业地产项目中贷款/总价值超过65%的占比为33%，2015年该比例升至47%。英国"脱欧"后，移民政策将收紧，伦敦金融中心地位会有所下降，房地产价格面临下跌压力。

三是英格兰银行降息。2009年以来，英格兰银行一直将基准利率维持在0.5%的水平。为对冲"脱欧"的负面冲击，2016年8月英格兰银行宣布降息。考虑到欧元区、日本都已实施了"负利率"政策，不排除英格兰银行继续下调基准利率。英格兰银行降息将压缩英国业务的息差水平，对在英国传统规模业务较大的银行影响较为明显。

四是评级和估值下挫。英国"脱欧"公投前后，汇丰银行、渣打银行和巴克莱银行的评级展望均由"稳定"下调至"负面"，德意志银行和法国农业信贷银行的长期信用分别降至Baa2级和A1级。同时，大型银行的估值水平也大幅下挫，下降幅度远高于同期股指降幅。截至2016年7月底，全球系统性重要银行（以下简称G-SIBs）的市净率平均仅为0.6倍，有9家银行低于0.5倍，这些银行全部来自欧洲。

二、"脱欧"对国际大型银行的影响评估

在分析了"脱欧"对大型银行可能产生影响机制后，本文对三种机制的潜在影响效果进行了评估。

（一）"通行证"机制将对欧美银行产生较大冲击

目前，绝大多数G-SIBs的组织构架都遵循矩阵式模式，即通过区域和业务两个维度对银行集团进行管理。脱欧"通行证"机制变化主要将对两类大型银行产生较大冲击。

一是以英国为欧洲区域中心的银行。30家G-SIBs中，有18家银行将伦敦设为集团或者欧洲业务中心，占比为63.3%，这18家银行分别来自美国（7家）、英国（3家）、日本（3家）、法国（3家）、西班牙（1家）和中国（1家）。"脱欧"后，"通行证"机制的丧失将导致以上银行无法按照现行组织架构经营管理，这对它们在欧洲地区的业务收入将产生较大影响。

二是衍生品、外汇交易、贸易融资等业务占比较高银行将受到较大冲击。30家G-SIBs中，有28家将外汇交易中心设在伦敦，占比为93%；有27家

将衍生品交易中心设在伦敦,占比为90%;有25家将贸易融资业务中心设在伦敦,占比为84%;有21家将银团贷款和证券投资业务中心安排在伦敦,占比为70%。

如果设立区域中心和业务中心数(高于6个)以及在欧洲收入占比(欧洲税前收入大于15%)三个维度考察,受"通行证"机制变化影响较大的银行包括法巴银行、法兴银行、瑞士信贷、巴克莱银行、桑坦德银行、高盛集团、汇丰银行、摩根大通、花旗集团和摩根士丹利10家银行。

(二)金融机构在英国监管压力有望小幅放松

英国"脱欧"后,原来适用于欧盟地区的部分监管政策理论上将不再适用于英国。英国和欧盟地区将形成差异化的监管环境,影响较大的政策主要集中在以下几个方面。

一是"围栏"政策对英国金融机构的约束力度会有所降低。"围栏"政策是欧盟银行业结构改革(BSR)的重要内容,其将金融市场业务与银行传统业务严格分离,造成两个市场资金不能相互抵补,增加了经营成本,特别是对综合化经营程度较高的银行。据统计,"围栏"政策对G-SIBs造成的合规成本在每年180亿美元。

目前,BSR政策由于种种原因仍未生效。如果英国在BSR正式生效前"脱欧",那么BSR框架下的"围栏"政策将对总部位于英国的银行没有约束效力。但这些银行必须遵守英国监管当局实施的银行改革方案(Banking Reform Act,BRA)中的"围栏"政策。与BSR相比,BRA的"围栏"政策实施力度相对较松、监管范围较窄,有利于降低监管成本。

二是银行恢复与处置计划(BRRD)在英国执行力度的减弱可能性不大。BRRD是国际金融危机后为解决金融机构"大而不能倒"问题而推出的监管政策之一。英国"脱欧"后,理论上英国可撤销执行BRRD,这将减轻金融机构的合规成本,但同时也会引发市场对于英国大型银行安全性的担忧。当前,英国已经执行了类似BRRD的法律条款,且英国一直是国际监管规则的坚实拥趸。综上所述,英国"脱欧"后放弃履行BRRD可能性较小。

三是资本监管政策（CRD）对英国金融机构提出更高要求。在资本监管领域，英国"脱欧"不会影响其国内金融机构履行资本充足率最低要求，但在风险权重的计算上，英国金融机构将遭遇"歧视"。"脱欧"后，英国金融机构相对于欧盟国家的金融机构而言，其地位将变为"第三方"国家机构。在进行同业拆借过程中，对于"第三方"金融机构拆借的风险权重将比"脱欧"前显著提高，这将提高在英国机构的拆借成本。

四是证券交易政策将使英国享受更低的交易税。英国"脱欧"前，欧盟范围内的证券发行主要受到招股说明书指引（PD）和信息披露指引（TD）的监管，这确保了金融机构享有证券发行的"通行证"机制。"脱欧"之后，英国可不再执行PD和TD条款，但如果不执行具有同等法律权利条款，在英国的金融机构将失去证券发行的"通行证"机制。除PD和TD条款外，金融交易税政策，即Robin Wood条款也将受"脱欧"影响，该条款正在欧洲议会讨论，旨在欧盟内部征收统一的证券交易税，证券交易的税率为0.1%，而衍生品交易为0.01%。如果英国"脱欧"，英国执行交易税的压力有望减轻，这将吸引更多投资者到伦敦市场进行交易。

三、金融风险影响评估

英国"脱欧"将造成一系列金融风险，对于国际大型银行而言，主要体现在以下方面。

第一，房价下跌将提高英国当地银行的脆弱性。截至2015年底，英国房地产贷款规模超过2万亿美元，房地产贷款/价值比超过60%，而2014年该比例还不足50%。2015年新增房地产贷款的贷款/总价值之比超过65%的贷款占比达47%，而2014年仅为33%。另外，房地产市场面临自住率较低的风险。英国买让式按揭贷款（Buy To Let，BTL）占全部按揭贷款的比例达20%，而2007年该比例还不足5%。BTL贷款主要用于房屋租赁，租金是还款主要来源，如果房价出现下跌这部分贷款发生违约的概率较高。

第二，汇率波动造成部分银行财务表现"缩水"。部分国际大型银行的年报编制是以美元或欧元作为计价货币，这些银行同时持有一定规模的英镑资产。随着英镑兑美元和欧元的贬值，这些银行的财务表现将受到影响。

第三，评级下调后的流动性风险值得关注。"脱欧"公投前后，先后有2家G-SIBs的长期信用评级和3家G-SIBs的评级展望遭遇下调。信用评级或评级展望下调对银行的融资成本将产生较大影响，截至2015年底，G-SIBs的平均债券余额为612.8亿美元，债券融资的平均成本为3.79%，久期为6.87年。在长期信用评级或评级展望遭遇下调的银行中，汇丰控股、德意志银行和法国农业信贷银行的债务余额较高，分别达614.3亿美元、589.3亿美元和568.6亿美元。评级下调对这些银行在金融市场的资金筹措能力将产生较大影响，不排除部分银行出现短期流动性困难的情况。

第四，估值下挫导致再资本化和融资困难。2016年7月底，G-SIBs的平均市净率为0.68倍，市值低于净资产幅度达到32%。有10家银行的市净率低于0.5倍，意大利裕信银行和德意志银行的市净率分别为0.29倍和0.27倍。估值下挫一方面会使银行资本净额缩水，另一方面也会严重阻碍银行通过增发股票融资的决策。

第五，货币政策宽松造成净息差收窄。2016年8月，英格兰银行将基准利率由0.5%调至0.25%，这对以利息收入为主，业务聚焦英国本土的银行影响较大：一是降低浮动利率资产的收益，主要集中在住房按揭贷款和中小企业贷款；二是降息对活期存款的成本削减力度有限。降息将对英国劳埃德银行、苏格兰皇家银行、巴克莱银行、汇丰银行以及西班牙的桑坦德银行将产生负面影响。

四、国际银行业未来发展趋势

英国"脱欧"对国际大型银行的影响弊大于利，特别是对欧美大型银行而言，"脱欧"负面影响尤为明显，我们预计，未来欧洲银行业整体将出现以下几方面变化趋势。

一是欧洲银行业格局将发生改变。"脱欧"后，美国大型投资银行在英国乃至欧洲市场的份额有望扩张，它们在欧洲市场的重要程度将明显提升；与此同时，"脱欧"为在欧洲市场涉足不深的日本和中国大型银行提供了新业务机遇，如果充分利用"脱欧"进程的"窗口期"，研究"脱欧"前后银行经营"游戏规则"的变化，提前进行布局，日资和中资银行将获得更多业务机会。

二是部分银行将区域和业务中心撤出伦敦。由于"通行证"机制的丧失，部分银行现有组织构架将不能有效进行运转，它们会重新考虑在欧洲的战略安排和布局，其中最为重要的决策就是将总部或业务中心从伦敦移至欧盟其他成员国；同时，也不排除部分银行会降低对欧洲市场的关注程度，重新平衡全球业务发展战略。

三是监管套利更加频繁。英国"脱欧"形成的差异化监管环境，为大型银行提供了监管套利的机会。总的来说，差异化的金融监管政策涉及的规则非常多，各银行在不同业务领域获得的差别待遇也不尽相同。从整体上看，"脱欧"将使英国金融监管强度有所放松，在一定程度上可以弥补"脱欧"对英国金融市场的不利冲击。

四是银行业绩持续低迷。"脱欧"对银行盈利产生持续的负面影响，包括英格兰银行降息；英国房地产市场价格下跌的概率加大；外汇贬值造成的银行资产"缩水"；评级下调对银行的融资可获得性和成本产生负面影响等。在"脱欧"事件的持续影响下，欧洲大型银行的业绩表现短期内难以出现实质性改善。

五是"黑天鹅"事件发生的概率上升。"脱欧"加剧了金融市场动荡，提升了金融市场发生系统性风险的概率。当前，欧洲银行体系的脆弱性不断提高，部分地区和银行令人担忧：如以意大利为代表的"欧猪五国"银行体系高额不良贷款问题，如果处置不当将导致银行出现资不抵债甚至破产的问题；另外，金融市场大幅动荡提高了银行脆弱性，由于金融杠杆的存在，市场风险会被放大，部分以金融市场业务为主，拥有较大规模金融衍生品头寸的银行也值得高度关注。

对中资银行而言，英国"脱欧"的影响整体不大。

第一，关注"脱欧"进程，加强政策研究。从当前进程看，英国"脱欧"最快也要于2019年完成，且在这一过程中还面临一系列不确定性，这意味着到"脱欧"正式生效至少存在两年"窗口期"。中资银行可考虑成立跨部门、跨分行的"脱欧"问题研究小组，密切关注英国"脱欧"进展，加强金融监管规则和银行业务调整策略方面的研究工作，根据不同结果调整相应策略，做好"最坏"结果的预案。

第二，调整欧洲业务架构。一是继续保持英国子分行在人民币、外汇交易领域的业务优势，尽管英国完全保留"通行证"机制的概率较低，但其会竭尽全力保证在外汇及衍生品交易领域的"通行证"权利，所以，中资银行不宜轻易将伦敦交易中心进行迁移，还应适当加大伦敦交易中心的能力建设，提高相关业务创造收入的能力。二是注重卢森堡子分行的区域总部能力建设，强化其在欧洲大陆的业务开展能力。三是在集团层面加强统筹，加强伦敦子分行与欧洲地区其他子分行的业务协同能力。

第三，加强金融风险防控，抓住业务机会。一是针对"问题"金融机构应控制授信额度；二是加强金融市场的风险防范，适度使用金融杠杆，对于欧洲整体的业务开展节奏和力度应保持谨慎，对于外汇、债券风险敞口应设法对冲风险，对于英国房地产市场相关业务头寸应有所压降；三是定期进行压力测试，对极端情形下中资银行的风险吸收能力进行评估，确保风险可控；四是抓住当前部分欧洲大型银行估值水平较低的机遇，适时开展兼并与重组，提升中资银行在欧洲的业务能力。

第二篇
美日银行业转型篇

美国银行业高息差成因及启示

1984—2016年,美国银行业平均利息收入占比为64.5%,而平均净息差则高达3.82%。2010年以来,美联储将联邦基金利率目标区间调至历史最低水平,同时推出了量化宽松政策。其间,美国银行业平均净息差仍为3.34%。美国经济体量较大,通货膨胀水平较为稳定,银行业竞争较充分,特别是2008年国际金融危机后,美国银行业实现快速恢复,其高息差环境及形成原因值得研究。

一、净息差水平的国际比较

2008年国际金融危机以来,全球主要经济体纷纷推出宽松货币政策,各国利率水平相继跌入历史低位;与此同时,全球金融监管强度不断上升,银行体系面临的资本和流动性要求大幅提高。在货币宽松、监管要求趋严的背景下,银行净息差明显收窄。2016年,20国集团平均净息差为3.08%,较2010年下降了0.16个百分点。

美国是全球最大经济体,金融市场高度发达。1984—2016年,美国银行业平均利息收入占比为64.5%,而平均净息差则高达3.82%。2010年以来,美联储将联邦基金利率目标区间调至0~0.25%的历史最低水平,同时推出了量化宽松政策。尽管如此,2010—2016年,美国银行业利息收入占比也始终稳定在60%以上,净息差平均水平为3.34%,在20国集团中列第8位,处于中上游水平。净息差比美国高的国家包括巴西、印度尼西亚、俄罗斯、墨西哥、阿根廷、土耳其和南非。这些国家大部分是出口导向型经济，本币汇率波动幅度较大，且国内面临不同程度的通货膨胀问题。另外，这些国家银行体系的不良贷款率偏高，银行业集中度高，净息差反映出当地银行业较高的垄断和风险溢价。相比较而言，美国经济体量较大，通货膨胀水平较为稳定，银行业竞争较充分，特别是2008年国际金融危机后，美国银行业实现快速恢复，其高息差环境及形成原因值得研究。

在国际大型银行中，美国大型银行净息差也处于较高水平。2016年，G-SIBs平均净息差水平为1.58%。同期，富国银行、花旗集团、美国银行和摩根大通的净息差为2.92%、2.90%、2.45%和2.23%，分别列30家G-SIBs中的第一、第二、第五和第八位。

二、美国银行业净息差异质性特征

截至2016年底，美国缴纳存款保险保费的金融机构数达5913家，这些机构间的异质性较大，净息差水平也呈现出差异化特点。

一是规模与净息差成负相关关系。2010—2016年，美国资产规模100亿美元以上银行平均净息差为3.25%，10亿～100亿美元银行平均净息差为3.73%。1亿～10亿美元资产银行平均净息差为3.73%，1亿美元资产以下银行平均净息差为3.74%。

大银行和小银行在资产收益和负债成本具有不同优势：资产规模越小的银行，生息资产收益率越高。2010—2016年，资产1亿～10亿美元银行生息资产收益率为4.45%；1亿美元以下银行生息资产收益率为4.43%；10亿～100亿美元银行为4.39%；而100亿美元以上银行的平均收益率平均仅为3.73%。资产规模越大的银行，计息负债付息成本率越低。2010—2016年，美国100亿美元以上银行的计息负债利息支出与生息资产之比为0.48%；10亿～100亿美元银行为0.66%；1亿～10亿美元银行为0.74%；1亿美元以下银行为1.16%。综合上述两个因素看，规模小的银行净息差更高一些。

此外，大银行净息差对利率的变动更敏感。以3个月美元伦敦同业拆借利率为例，美国银行业净息差对该指标变动的β系数为0.22，其中，100亿美元以上银行β系数为0.27，比平均水平高0.05。大银行β系数较高，主要源于其资产中对公贷款、同业拆借和证券投资业务占比较高，这些资产定价对3个月美元伦敦同业拆借利率较敏感，而这些银行负债端更多依赖零售客户存款等对利率变动不敏感的融资方式筹集资金。

二是不同地区的净息差异质性较大。美国不同区域的净息差也呈现出较大异质性。旧金山、达拉斯和堪萨斯城地区净息差较高。2010—2016年，美国旧金山地区平均净息差为3.74%，是美国六大区域中最高的。达拉斯地区和堪萨斯城地区的净息差均为3.71%，并列排名第二。以上三个地区大银行都是以服务个人客户的银行为主，这是它们净息差较高的重要原因。如旧金山地区的犹他州分布了几家规模较大、以信用卡和消费贷款业务为主营业务的高息差银行，包括同步银行（Synchrony Bank）、美国运通世纪银行（American Express Centurion Bank）和学生贷款营销协会银行（Sallie Mae Bank）等，达拉斯地区最大的联合服务汽车协会联邦储蓄银行（USAA Federal Savings Bank）以及堪萨斯城地区内布拉斯加州最大的奥马哈国家银行（National Bank of Omaha）。

货币中心银行聚集区净息差偏低。2010—2016年，纽约地区净息差为3.51%，列六大地区第四位。同期，芝加哥地区平均净息差仅为2.65%，是净息差最低的地区。纽约地区的纽约州和马萨诸塞州聚集了大量货币中心银行，如纽约梅隆银行、德意志银行、道富银行等，2016年纽约州和马萨诸塞州净息差分别仅为1.99%和1.94%。芝加哥地区与纽约地区较为类似，同样拥有多家货币中心银行，区域内净息差最低的两个州分别是俄亥俄州和伊利诺伊州。2016年，两州的净息差分别为2.63%和2.35%。俄亥俄州最大银行是摩根大通，2016年摩根大通的资产规模达2.08万亿美元，资产中现金及同业拆借业务占比达22.17%，证券投资业务占比为12.07%，贷款占比仅为37.18%，其2016年净息差仅为1.98%。伊利诺伊州最大银行北方信托公司（The Northern Trust Company），2016年末其资产规模为1235亿美元，资产中现金和存放央行占比为31.7%、证券投资占比为34.56%，而贷款占比不足25%，2016年净息差仅为

1.16%。

三是不同业务类型银行净息差呈现较大差异。据统计信用卡业务占比较高的银行净息差水平最高，2010—2016年，平均净息差高达10.23%，以其中规模较大的同步银行和发现金融服务公司（Discover Financial Services）为例，2016年末，它们的净息差水平分别为12.96%和8.90%。消费贷款占比较高的银行净息差排名第二，2010—2016年，平均净息差为3.85%，以联合服务汽车协会联邦储蓄银行、学生贷款营销协会银行为例，2016年，它们的净息差分别为4.65%和5.55%。农业贷款占比较高银行的净息差为3.73%，排名第三，这类银行的规模普遍偏小，在美国的市场份额占比较低，主要分布在美国农业较发达的达拉斯地区、堪萨斯地区和芝加哥地区。商业贷款占比较高的银行平均净息差为3.53%，美国绝大多数银行都为商业贷款银行，如摩根大通、富国银行、美国银行和花旗银行等。住房贷款占比较高的银行平均净息差为2.90%。国际业务占比较高的银行净息差最低，2010—2016年的净息差平均水平为2.53%。

三、美国银行业高息差成因

美国利率市场化初期，银行负债端成本快速上升，息差短时间内快速下降，但银行业通过调整资产定价策略，迅速应对了负债成本上升的不利影响，净息差水平企稳回升。利率市场化完成以来，美国银行业净息差一直稳定在3%以上。较高的息差是美国银行业健康发展的基础，客观上也为银行业支持实体经济发展提供了重要保障。总的来看，美国银行业高净息差环境形成主要与以下因素有关。

（一）实体经济的增长

银行业是典型的顺周期行业，其盈利水平和规模扩张速度对经济周期的变动极为敏感。净息差是以实体经济能够接受的融资成本为基础的，其大小最终取决于融资项目的收益率和风险状况。实体经济的增长是商业银行获得稳定息差水平的重要保障。1986—2016年，美国实际GDP年化增长率平均达2.6%。数据分析表明，在这31年间美国实际GDP增速与银行净息差的相关性达48%。从不同州来看，美国净息差较高地区往往是经济水平发展较快的地区。2010—2016年，美国净息差较高的旧金山地区的实际GDP增速达到2.5%，显著高于同期美国经济平均2.1%的增速，同期该地区的净息差水平为3.74%，是所有州中最高的。

（二）以存贷款为主的资产负债结构

存款和贷款分别是美国银行业成本最低和收益最高的负债和资产。2010—2016年，美国银行业负债中存款占比平均达83.40%，而存款利息支出在计息负债利息支出的占比为62.92%，利息支出和负债规模占比的比值为75.54%，这意味着存款每增加一个单位，负债端的负债成本仅上升0.7554个单位。美国银行业之所以能够形成较高的存款占比，与其丰富的存款产品有关。美国银行业主要有四类存款，分别是交易存款账户存款、货币市场存款账户存款、储蓄账户存款和存单，2017年第二季度末，四类存款规模分别为2.12万亿美元、5.18万亿美元、2.84万亿美元和1.65万亿美元，分别占存款总额的16.2%、39.5%、21.7%和12.6%。这些不同账户提供了多种流动性和收益率组合，满足了各类储户的需求。

2010—2016年，美国银行业贷款和融资租赁在资产中的占比达55.5%，该业务创造了同期80.4%的利息收入，收入占比与资产占比的比值高达1.5倍。美国银行业贷款资产收益较高的原因是个人贷款占比较高。2017年第二季度末，美国个人贷款在贷款中占比为37.4%，其中住房按揭贷款占比为20.8%，信用卡贷款占比为8.24%，汽车贷款和其他个人贷款占比为8.56%。相较于批发贷款，个人贷款的整体收益率较高。2017年上半年，美国个人贷款中的信用卡贷款平均收益率为13.18%，汽车贷款和其他个人贷款平均收益率为4.86%。同期，工商企业贷款和房地产开发贷款的平均收益分别为4.13%和4.34%。

（三）融资结构以及银行业市场结构趋稳

从融资结构看，美国债券市场和股票市场占据主导地位。2016年末，美国债券市场市值达39.42万亿美元，股票市场市值为27.35万亿美元，分别是同期银行业资产规模的2.39倍和1.57倍。美国发达的债券和股票市场为一些资质较好的大企业创造了便利的融资条件，商业银行则更多面向中小企业和个人客户提供融资。中小企业和个人客户业务收益率相对较高，使得银行业净息差总体较高。

从银行业市场结构看，市场集中度持续上升并趋稳为净息差保持在一定水平提供了条件。20世纪90年代以来，美国银行业经过几次危机洗礼，银行数目逐渐下降，集中度上升。截至2015年末，美国前五大银行资产在银行业资产的占比为46.53%，较1996年提高23.35个百分点。美国五大银行的净息差一般在3%左右，对稳定行业净息差起到重要作用。

在二元银行体制下，美国中小银行扎根区域内发展，保持了较高净息差。美国是邦联制国家，各州具有较高的自治权，中央和州均可批准设立银行，这也就形成了全国性银行和州银行的二元银行体制。监管规则规定，全国性银行只能在各州的局部地区有限制地开设分行，不能在州内部广泛设立分行，如果全国性银行想在某个州进一步发展业务，其只能通过并购或设立子行的方式；而州银行在一般情况下只能在本州经营，但在本州开设分行具有较大便利。截至2017年第二季度末，美国银行业资产规模小于10亿美元的银行有5035家，占到银行总数的87%。以上差别决定了州银行注重本州业务，通过深耕当地客户，获取比较优势，这些银行规模整体较小，但净息差一般高于全国性银行。

强化监管标准使得美国银行业的市场分割相对固化。近年来，美国对大银行的监管持续加码，大小银行的监管成本差距不断放大。500亿美元是金融机构资产的重要门槛，美国"强化审慎监管标准"（Enhanced Prudential Standard）规定，资产规模在500亿美元以上的子行要在公司组织架构、资本、流动性以及合规方面满足更高的监管要求。该政策的实施带来了明显的

"门槛效应"：小银行严格将规模压在500亿美元以下，防止监管成本过快上升；大银行努力将规模扩大至1000亿美元甚至更高水平，以稀释监管成本。2016年末，美国资产规模大于100亿美元的金融控股公司共有115家，其中资产规模低于499亿美元的机构共有72家，占比为62.6%；资产规模处于500亿~1000亿美元的机构只有7家，占比为6.1%；资产规模大于1000亿美元的机构共有36家，占比为31.3%。针对大银行的强监管政策，对小银行扩张形成了壁垒，是美国银行业市场格局形成的重要原因。

（四）形成较成熟的市场化定价机制

美国银行业于20世纪80年代完成了利率市场化进程。目前，银行资产和负债均实现了市场化定价，这对高息差的形成至关重要。

从负债端看，美国银行业存款价格遵循市场化原则，由商业银行自主确定价格。每家银行在交易账户、储蓄账户、共同基金存款账户和存单产品上都有独自的定价和收费标准，能够向客户提供差异化的收益和流动性选择。2016年，美国资产规模前100名的银行中，储蓄账户存款成本最高的银行为1.38%，最低银行为0.01，两者相差1.37个百分点；交易账户存款付息成本最高银行为4.57%，最低银行接近0%，两者相差4.57个百分点；大额定期存单和小额定期存单成本最高和最低的银行的差距也分别达到2.85个百分点和2.4个百分点。市场化定价机制为银行通过非物理网点渠道吸收存款创造了有利条件，如美国联合服务汽车协会银行和美国同步银行，都是高度依赖非物理网点吸收存款。除存款外，银行其他负债品种都有相应的市场定价机制，如同业拆借、美联储拆借、联邦家庭贷款银行拆借、交易账户负债、次级票据等。银行负债端，特别是存款定价的市场化，使部分在网点和渠道布局上存在劣势的银行能够通过提升价格的方式获取存款，为其高收益的资产端提供支撑。

从资产方看，银行贷款遵循风险定价原则，即在基准利率基础上，根据客户风险决定贷款利率。根据贷款种类不同，一般会参考两类利率：一是美元伦敦同业拆借利率，银行批发贷款和部分个人按揭贷款倾向于选择该利率作为定价基础；二是最优贷款利率（Prime Rate），银行非个人按揭零售贷款倾向使用该利率作为定价基准。

即使有基准利率作为定价参考，银行实际贷款利率与基准利率的差异度很大。2016年，美国资产规模前100大银行贷款平均收益率为4.74%，分别高于2016年平均最优贷款利率和3个月美元伦敦同业拆借利率1.23个和4个百分点。2016年，贷款利率最高银行和最低银行的差值达到15.81个百分点，其中信用卡贷款利率最高银行和最低银行的差值为15.72个百分点；工商贷款利率最高银行和最低银行的差值为4.6个百分点；农业贷款为4.96个百分点；按揭贷款为4.13个百分点。

美国商业银行贷款定价参考的利率均是市场主体报价得到的市场利率。在贷款利率市场化定价的环境下，美国银行业美元贷款收益率围绕伦敦同业拆借利率呈现出较离散的右偏分布。各银行可根据负债端成本不同，调整风险偏好，形成不同的资产负债策略：部分银行选择高成本负债支持高收益资产的策略，这类银行的典型代表是信用卡银行和消费贷款银行；部分银行选择低成本负债对接低收益资产，如一些从事批发业务的货币中心银行；另一些银行则在负债和资产端选择价格适中的产品，如商业贷款银行。

美国银行业的贷款中固定利率贷款占比较高，特别是住房按揭贷款，固定利率贷款占比能达到50%以上。浮动利率贷款重定价周期较短，绝大多数贷款在参考利率变动的当季就能完成重定价；另外，美国的贷款转让和贷款证券化市场非常发达，这对于贷款价格形成和发现发挥了重要作用。

（五）不同州差异化监管要求

为体现对消费者的保护，美国推出了《高利贷法》（Usury Law）。《高利贷法》实施过程中，各州执行尺度存在较大差别，部分实施力度较弱的州成为净息差较高银行集中布点的地区。

2016年，美国净息差最高的州是犹他州，其净息差为4.68%。犹他州《高利贷法》对贷款利率没有上限管制，其生息资产平均收益率达到5.28%。为了享受该政策，许多银行贷款利率较高的银行都选择将总部设在犹他州，如美国运通银行（American Express）等。2016年，犹他州银行业资产规模/GDP为

385%，显著高于美国90%的平均水平。除犹他州外，美国没有《高利贷法》贷款利率管制的州还包括亚利桑那州、弗吉尼亚州、爱达荷州、南卡罗来纳州以及南达科他州，这些州的净息差均高于美国银行业平均水平，部分州成为银行业密集分布的地区，如弗吉尼亚州（银行资产/GDP为144%）和南达科他州（银行资产/GDP为6502%）。

特拉华州是美国信用卡银行分布较集中的地区，大通银行信用卡中心、巴克莱银行信用卡子行、道明银行信用卡子行都位于特拉华州。2016年，特拉华州的净息差高达4.45%，当地的银行业资产/GDP为1450%。特拉华州是美国高等联邦法院所在地，经济诉讼纠纷处理速度很快，同时特拉华州没有消费税，当地的许多业务都能达到避税效果。同时，该地区《高利贷法》并不适用于信用卡业务，银行可以通过非物理渠道，向其他受到《高利贷法》管制州的客户提供信用卡服务，并收取高利率。

（六）实施差别、累进和高补偿利率的准备金制度

美国只针对银行交易账户存款征收存款准备金，这类存款在美国银行业总负债中的占比仅为12%（2016年末）。同时，美国对交易账户存款采取累进准备金率制度，当前标准是：交易账户1550万美元以下的存款不用缴纳存款准备金；1550万～1.151亿美元的存款需缴纳3%的存款准备金；1.151亿美元以上的存款缴纳10%的存款准备金。差别、累进准备金制度降低了中小银行财务成本，对稳定息差发挥了重要作用。由于实施差别、累进准备金制度，中小银行可将更多存款转化为贷款，存贷比整体较高。2016年末，美国资产规模在1万亿美元以上银行存贷比平均为63.2%；1000亿～9990亿美元为66%；500亿～990亿美元为88.9%；50亿～490亿美元为86.7%；10亿～49亿美元为86.4%；1亿～9.99亿美元为84.2%。

除了采取差别和累进存款准备金制度外，美联储向商业银行所缴纳的存款准备金支付1.25%的补偿利率。该补偿利率对低利率环境下银行净息差的提升发挥了重要作用。截至2016年末，美国商业银行存放联储的总规模达到2.31万亿美元，按这个规模计算，存放联储资产一年产生的利息收入为288.75

亿美元，占2016年美国银行业平均生息资产余额的0.19%，即美联储通过支付1.25%准备金利率，可以使美国银行业净息差提高19个基点。

四、中国银行业面临的主要挑战

近年来，中国利率市场化进程提速，银行业杠杆水平快速攀升，资金"脱实向虚"问题较为突出。2017年第二季度，中国银行业净息差已降至2.05%，较2011年下降70个基点。息差持续收窄将可能对银行业健康发展以及实体经济的平稳运行产生不利影响。与美国银行业相比，当前中国银行业在息差管理中主要面临以下几方面的挑战。

一是经济增速下滑。2015年以来，我国GDP季度同比增速平均为6.84%，较2010—2014年8.64%的平均增速下滑1.8个百分点。随着我国经济进入新常态，产能过剩、杠杆水平攀升等矛盾凸显，实体经济收益率下降，抑制了经济主体的投资意愿。为了降低实体经济的成本、拉动经济增长，国家要求银行减费让利，并通过存贷款的非对称降息、利率市场化等政策引导，使得银行净息差趋于下降。

二是"脱实向虚"问题。近年来，随着我国金融脱媒和利率市场化进程的提速，商业银行传统存贷款业务占比不断下降，同业和理财业务占比明显上升。同业资产占比由2009年的不足10%升至2016年的15%；同业负债占比由2012年的15.4%升至2016年的18.9%；理财余额/总负债由2012年的8.8%升至2016年的15.9%。银行体系的信用派生机制，除了原来"存款派生贷款再派生存款"模式外，"同业负债派生同业资产再派生同业负债"和"表外理财通过加杠杆对接委外投资"这两种新模式的影响越来越明显。这些资金运转模式显著增加了银行的负债成本，加大了资产端金融杠杆，既不利于净息差的改善，也带来了潜在的系统性风险。这些问题已引起监管重视，目前正在治理中。

三是集中度持续下降，同质化竞争加剧。1996年以来，中国银行业集中度呈不断下降趋势，资产规模最大的五大行资产占比由1996年的64.8%降至2016年底的37.3%，降幅达27.5个百分点。中国银行业同质化竞争问题仍较为突出，全国性银行与地方银行的业务品种和服务方式上并不存在特别明显的差异。许多地方银行、城市商业银行、农村商业银行规模扩张速度大大高于大型商业银行，试图成为"大银行"。这一方面使我国银行业集中度下降，另一方面也加剧了银行间的价格竞争，可能进一步拉低银行的净息差。

四是存款和贷款定价的市场化程度偏低。从存款看，中国银行同业间的存款报价没有明显差异，存款产品差异化程度很低。很多中小银行通过发行高利率的同业存单和理财产品与大行展开竞争。竞争过程中，中小银行存款占比持续下降，期限错配程度不断提高，风险不断累积。从贷款看，尽管人民银行于2013年推出了贷款基础利率（Lending Prime Rate），然而银行同业的贷款定价仍主要参考中国人民银行公布的贷款基准利率（Lending Benchmark Rate），贷款定价的差异化程度显著低于美国银行业。零售贷款定价水平普遍偏低，部分银行零售贷款收益率甚至低于批发贷款。国内银行贷款定价主要以浮动利率为主，浮动利率贷款的占比在90%以上，且浮动利率贷款的重定价周期较长（3个月、6个月、9个月、1年不等），一般为6个月。这使银行贷款收益率并不能及时反映市场利率的变动。此外，中国的贷款转让和证券化市场的广度和深度不足，制约了商业银行腾挪存量贷款的空间，使得银行无法及时将资产中收益较低的资产移出表外，在一定程度上抑制了银行贷款收益的提升。

五是杠杆水平攀升。尽管实体经济有所下行，我国银行业资产规模依旧呈现两位数增长态势。由于回报率的下降，所有者权益增速难以跟上资产规模扩张的步伐，银行必须通过更多的负债填补资产和权益日趋加大的缺口，银行体系杠杆压力不断凸显。截至2017年6月末，商业银行总资产/所有者权益为13.52倍，较2015年末上升0.37倍。部分银行杠杆扩张速度较快，积聚金融风险。以城市商业银行为例，截至2017年6月末，城市商业银行总资产/所有者权益为15.3倍，较2015年末上升0.65倍。

六是高法定存款准备金率和低法定存款准备金补偿利率。法定存款准备金率是拖累我国银行业净息差的重要因素：一方面，法定存款准备金在计算流动性覆盖比率（Liquidity Coverage Ratio，LCR）高质量流动性资产（High Quality Liquid Asset，HQLA）过程中的扣减较多。BIS报告显示，我国银行业在计算HQLA过程中对于法定存款准备金的扣减比例较高,要高于美国和欧洲银行业,而恰恰我国银行业缴纳的存款准备金规模较大,这显著提升了银行流动性指标监管合规压力,为满足流动性监管要求,银行会降低期限溢价水平。另一方面,人民银行对法定存款准备金的补偿利率水平较低,为0.72%,对超额准备金补偿利率为0.38%,而我国银行业的平均付息负债成本在2%左右,这对银行业净息差产生了较大压力。

五、启示与建议

如何在利率市场化环境下稳定息差,是当前中国银行同业亟待解决的问题。从国别经验看,日本和中国香港银行业过低的净息差水平曾造成银行业经营困难,并对实体经济发展产生了不利影响。当前,在经济下行、不良贷款压力整体较高、银行盈利大幅下降的背景下,银行业的净息差水平不宜下降过快。借鉴美国经验,中国监管当局和商业银行宜多措并举,将银行业净息差水平保持在平稳健康区间。

一是保持稳健的宏观经济环境。通过推进供给侧改革、提升潜在增长率等方式,确保经济实现"软着陆",并在中高速水平持续增长。稳步推进金融"去杠杆",引导商业银行通过债转股、资产证券化、贷款转让等市场化方式降低存量"坏杠杆"。货币政策调控要把握节奏和力度,营造稳定的货币环境,防止市场利率短时间内大幅波动,以将存贷款基准利率的利差保持在稳定水平。应注意防范息差降幅过大冲击部分金融机构,引发多米诺骨牌效应,甚至引发系统性风险。

二是引导银行业回归本源。对中国多数银行而言,高度依赖同业负债和市场融资的增长模式不是长久之计。银行业应回归本源,支持实体经济发展。要坚持以非金融部门存款和贷款为主的资产负债结构;着力提升小企业和零售客户业务的占比和资产收益率;改变规模至上的经营理念,鼓励社区银行、村镇银行和直销银行的发展,形成一批与服务小企业和零售客户功能相匹配的、业务区域较为集中的中小型金融机构;要鼓励特定业务专营机构的发展,如信用卡公司、汽车消费贷款公司和住房按揭贷款公司等。

三是优化银行业市场结构。发挥银行业在我国金融体系中的主导地位,提高商业银行为优质客户提供资本市场融资的服务能力。适当调整监管政策,改变银行业集中度持续下降的局面,保持银行业市场结构相对稳定。通过差异化的监管成本和监管门槛设计,引导各类银行差异化发展,打击无序价格竞争。对大银行,在强化监管标准、防止系统性风险发生的同时,也要适当放宽大银行业务范围和地域范围,允许其在风险可控的情况下通过跨产品、跨地域经营拓展收入来源、抵补所承受较高的监管成本;对中小银行,既要引导其扎根所在地域,鼓励其通过简单有效的业务模式支持当地经济发展,通过做实做深业务拓展收入来源,又要对其跨产品、跨地域扩张业务设置严格的监管门槛,让其对"变成"大银行产生畏惧心理。加快推进恢复与处置计划的落地,完善商业银行市场化退出机制。

四是完善银行业市场定价机制。加快推进存款利率市场化,逐步取消对存款利率显性和隐性的价格管制。鼓励银行进行存款产品创新,丰富存款产品的流动性和收益率选择组合。加强存款账户管理,完善账户功能,依托存款账户打通电商、证券、保险、网上银行等服务功能,提升客户黏性。鼓励银行通过互联网渠道吸收存款,并对这类存款采取与普通存款相同的监管要求。探索通过交易商存款业务模式吸收存款。继续夯实存款保险制度,提高存款的覆盖范围和保费的风险敏感性。

确立贷款基础利率在贷款定价过程中的基础性地位,完善利率传导渠道,改变资金市场和贷款市场利率传导不畅的现状。强化银行风险定价文化,让风险成为形成贷款利率的决定性因素。鼓励银行进行贷款产品创新,提升固定利率贷款规模,缩短浮动利率贷款重定价周期,使贷款利率能够更敏感地反映市场利率的变动。适当增加零售贷款业务占比,特别是非按揭贷款业务,提升个人贷款业务整体的收益率水平。加大贷款证券化和贷款转让的力度,优化资产摆布的空间。

五是提升银行杠杆管理能力。在息差收窄的背景下,银行业可适当通过"以量补价"的策略予以应对。从长期看,应保持净息差和杠杆水平平衡,资产规模增速不应长期高于所有者权益增速,银行应根据杠杆水平变化,灵活调整利润留存比例。通过优化股本和负债结构,稳定净息差水平。加强资本工具创新,探索推出永续债,加大可转债和优先股发行规模,提升银行资本水平。提升银行资产配置效率,根据风险调整后的资本成本决定银行的资产配置策略。

六是完善存款准备金制度。可考虑采取累进存款准备金率或对一些存款品种免征存款准备金的制度,比如长期定期存款等。将法定存款准备金计入LCR分子的处理方法与国际接轨,提高法定存款准备金计入高质量流动性资产(HQLA)的比例,降低银行流动性管理压力,为银行提升期限溢价水平创造空间。适当提高法定存款准备金补偿利率,一方面有利于缓解银行体系的净息差管理压力,另一方面也有助于提高商业银行对超额准备金利率变动的敏感性,推动"利率走廊"机制的形成。

美国四大银行竞争力比较及借鉴

美国的四家大型银行——花旗集团（以下简称花旗）、JP摩根大通（以下简称大通）、美国银行（以下简称美银）、富国银行（以下简称富国）2010年以来都经历过国际金融危机后的大规模战略转型，进行了战略再定位，进一步凸显了核心竞争力。它们面对同样的大环境，基于各自的传统基因、优劣势确定了自己的定位，在整体战略和经营实践的许多方面体现了稳与进，变与不变的探索，不仅增强了竞争力，而且显示出不同的业绩表现，积累了经验。这四大银行与中资大银行具有很高的可比性。本文拟比较分析四大银行的核心竞争力及其特征和差异，探讨竞争力差异形成的原因和主要经验，并为中资大型银行如何增强竞争力提供借鉴和对策建议。

一、竞争力综合评估和比较

一般而言，竞争力的评估标准有三个维度：财务业绩、资本市场表现以及品牌声誉。本文从这三个维度出发，综合评估美国四大银行的竞争力特征。

（一）财务业绩

从净利润来看，2010年以来，大通银行的年均净利润为209.15亿美元，位居四大行之首；富国银行紧跟其后（195.56亿美元）；花旗略有逊色（117.54亿美元）；而美银则远远落后于其他三大银行，仅为75.72亿美元。从长期来看（2000年至今），四大银行年均净利润的排名没有发生明显的变化。

从利润率来看，2010年以来，富国的年均利润率最高，大通其次，花旗第三，美银最低。从长期来看（2000年至今），大通利润率虽略有逊色，但波动最小，稳定性最高；而花旗利润率稳定性最差（见表2-1）。

表2-1　　　　　　　四大银行年均利润率及稳定性　　　　　　单位：%

	花旗	大通	美银	富国
2006—2016年	7.53	19.67	11.33	20.44
2010—2016年	15.46	21.63	9	22.97
稳定性排名	4	1	3	2

数据来源：银行年报。

从净资产收益率（ROE）来看，2010年以来，富国ROE均值最高，但稳定性位于第二名；大通其次，但稳定性最好；花旗第三，稳定性最差；美银最低，稳定性第三（见表2-2）。

表2-2　　　　　　四大银行年均净资产收益率及稳定性　　　　单位：%

	花旗	大通	美银	富国
2010—2016年	6	10.28	3.38	12.37
稳定性排名	4	1	3	2

数据来源：银行年报。

从资产回报率（ROA）来看，2010年以来，富国年均ROA值位居首位，大通其次，花旗第三，美银最低。从稳定性来看，大通稳定性最高，富国其次，美银第三，花旗第四（见表2-3）。

表2-3　　　　　　四大银行年均资产回报率及稳定性　　　　单位：%

	花旗	大通	美银	富国
2006—2016年	0.489	0.83	0.54	1.25
2010—2016年	0.627	0.897	0.42	1.3
稳定性排名	4	1	3	2

数据来源：银行年报。

从人均利润来看，大通2014年以来的年均人均利润达9.86万美元，位居四大行之首；富国其次，为8.46万美元；美银第三，为8万美元；花旗最低，仅为5.7万美元。

从每股收益来看，2010年以来，大通的年均每股收益最高；花旗其次；富国第三，但与花旗不相上下；美银最低，与前三名相差甚远。在稳定性上，富国最高，美银其次，大通第三，花旗最差（见表2-4）。

表2-4　　　　　　　　四大银行年均每股收益及稳定性　　　　　　单位：美元

	花旗	大通	美银	富国
2006—2016年	2.27	4.27	1.12	2.92
2010—2016年	3.78	5.1	0.587	3.54
稳定性排名	4	3	2	1

数据来源：银行年报。

从成本收入比来看，2009—2016年富国年均成本收入比最低，仅为58.47%；大通其次，为62.5%；花旗第三，为62.75%；美银最高，达67.3%。

从一级资本充足率来看，自2010年危机重组以来，大通的年均一级资本充足率位居首位，达12.58%；花旗其次，达12.27%；美银第三，为12.23%；富国最低，为12.06%。

（二）资本市场表现

从市值来看，国际金融危机后四大银行的市值都有所回升。其中大通和富国的市值已超过危机前的高点，2017年5月大通和富国的市值分别位居全球银行业第一、第二位。相比较而言，花旗和美银的市值虽有所回升，但仍未超过危机前的高点。

从市净率来看，富国和大通市净率的波动区间相对较小：富国最高达4.0，最低也在1.2以上；而大通最高3.0，最低0.8。花旗和美银的波动较大，花旗在2000年高达4.45，2009年跌至0.34；美银在1998年达2.44，2009年跌至0.51。

从股价来看，大通涨幅最大，但波动性也最大；富国、美银涨幅最小，但波动性较小。

从股东总回报率来看，2010年以来，富国的股东总回报率为14.7%，位居首位；大通其次，为12.1%；美银第三，为5.4%；花旗最低，仅为2%。

从信用评级来看，综合2017年5月穆迪、标普、惠誉三家评级公司数据，大通的长期信用评级最好；富国其次，主要可能因为受到虚假账户丑闻影响，评级前瞻性出现负面；花旗和美银最差并且相当（见表2-5）。

表 2-5　　　　2017年四大银行长期信用评级及前瞻

	花旗	大通	美银	富国
穆迪	Baa/稳定	A3/稳定	Baa1/稳定	A2/稳定
标普	BBB+/稳定	A-/稳定	BBB+/稳定	A/负面
惠誉	A/稳定	A+/稳定	A/稳定	AA-/负面

资料来源：评级公司。

（三）品牌及声誉

总体来看，自国际金融危机后四大银行都明显增强了社会责任和可持续发展，尝试在战略发展和业务开发中考虑全面的利益主体。

从全球排名来看，根据英国《银行家》杂志公布的2017年全球500家大银行品牌整体排名，富国排名第二，比去年下降了一位；大通位居第四位，比去年上升了一位；美银位居第六位，上升一位；花旗保持在第八位。

从美国排名来看，四大银行的排名并不靠前。根据2017年《美国银行家》杂志公布的银行声誉整体排名，大通排名第24位，花旗排名第35位，美银排名第38位，富国排名第39位。

综合来看，在品牌及声誉方面，大通的竞争力最强，富国其次，花旗第三，美银第四。

二、四大银行战略调整及竞争力提升的经验

（一）花旗

花旗在战略上主要呈现三大趋势：战略决策上稳定与灵活并行；业务战略上同时巩固核心业务和实现业务多元化发展；客户关系管理上重视整合一体化的管理手段。

1. 稳定与灵活的战略决策。花旗认为，银行业运行的环境越来越趋于不确定和动态化，银行战略及业务决策更要把握好稳定性与灵活性、长期与中短期计划的平衡。因此，花旗的发展思路是基于对全球长期、结构性发展趋势的判断进行长期战略规划，并基于对经济金融周期性波动的判断对各时期和各市场的战略规划作相应的调整。

花旗坚信全球化、城市化（包括中产崛起）和数字化是全球未来的主要发展趋势，并认为该行长期战略应与这三个发展趋势保持一致。城市化是未来发展趋势的核心。一方面，城市化使得发达经济体每年需要至少3万亿美元来升级老化的基础设施，进而拉动融资需求；另一方面，全球化和数字化的发展趋势都与城市化息息相关，因为全球化意味着城市和国家之间的连接，而城市又是数字化的中心。

这些对全球未来发展趋势的基本判断奠定了花旗的战略转型、资源配置的基础。2010年，花旗将其收入配置目标设定为新兴市场与发达市场的收入各占50%。在大方向确定之后，花旗对区域战略作相应调整，在坚持全球化的基础上对特定市场或业务进行收缩，集中开发重点区域。2012年花旗将其全球100多个市场分为以下五类，并有针对性地采取相应的区域战略：（1）以投资促增长。主要针对市场前景与花旗优势俱佳的区域，以新兴市场为主，如墨西哥、新加坡、中国香港、印度和中国。（2）以优化促增长。主要针对市场前景优越但花旗优势不足的区域，以大型发达国家为主，如美国、英国。（3）维持现状。主要针对花旗有优势但市场前景不佳的区域。（4）优化和重组并行。主要针对市场前景与花旗优势均不具备的区域，其中消费金融业务占

50%。(5)退出特定区域或业务线。花旗在全球选定了适合其业务模式的150个城市,目前已在其中80%以上的城市建立业务。

2. 以多元化服务赢得客户满意。业务领先是花旗的一贯战略。一直以来,花旗凭借自身先进的技术和管理水平,不断推出科技含量高的产品和服务,通过产品和服务领先优势,在同业中抢先获得客户和市场。国际金融危机后花旗的核心竞争力仍集中在消费金融业务方面,特别是海外消费金融业务,如亚洲、墨西哥等。其消费金融业务的ROA、效率也优于集团整体。

在战略转型中,花旗在向传统业务、实体经济回归的同时,仍维持了全面混业经营模式,并且更注重将公司业务与投行、市场交易结合。例如,花旗将全球交易银行(GTB)设为机构客户之下的一个单元,而非独立单元,目的是让GTB业务与投行、资本市场业务靠得更近,以维持收入的平衡和跨周期性,进而更好地维持客户和开展交叉销售。2016年,花旗固定收益和股票业务年收入增长了10%,全球市场份额也上升到金融危机以来的高点。

花旗在坚持核心业务的同时实现业务多元化发展,在抢先获得客户和市场的前提下进一步提升了客户满意度。在2016年"美国消费者满意度指数"(ACSI)以及君迪(JD Power)对银行住房贷款客户满意度评估中,花旗均领先于同业(见表2-6)。

表 2-6　　2016年零售和住房贷款领域客户满意度(满分:100)　　单位:分

	花旗	大通	美银	富国
零售银行	82	75	75	76
住房贷款	85	84	83	83

资料来源:New Report.Banks Post Big Customer Service Gains,2016.

3. 重视客户关系的整合化管理。花旗的客户管理手段逐步从以客户经理为主的分散式管理模式,发展到一体化的客户关系管理系统(CRM),以360度全景掌握客户信息。整合以后的客户管理系统有助于把单一客户变成花旗集团的共同客户,杜绝了客户私有化,促进了交叉销售和客户价值的进一步挖掘,既提高了服务效率,也改善了客户体验。

4. 未来展望。花旗对未来业绩的持续增长充满信心,其未来发展的主要策略包括:(1)持续推动客户营销互动,提高单位客户业务份额;继续通过简化流程、数字化运营和强化成本纪律提高效率。(2)继续优化资本,减少非核心资产,利用递延税务资产(DTA)来节省资本。(3)充分利用美国利率上升的机会开发业务。(4)创造全新的、具有全球流动性的资产种类,以抓住基础设施项目投资这一发展机遇。并预期其有形普通股回报率ROTCE在长远内会达到14%的行业高位。

花旗将继续坚持全球化战略不动摇。特朗普上任后,有人质疑花旗的全球化战略可能会成为一个弱势,但花旗坚持认为这是它们的优势。花旗认为,国际贸易不会消失,而花旗的全球化网络可以在全球范围内继续为客户提供服务,并通过优化供应链、贸易融资等方式引导客户适应新的变化。当然,在全球业务监管压力和回报疲软的背景下,花旗也会持续调整全球业务和区域布局,简化运营和优化业务,以提高公司整体经营效率。

(二)大通

大通一直坚持稳中求进、以客户为中心的整体战略,逐步巩固其核心竞争力和相对优势。

1. 稳中求进,保持战略定力。大通崇尚以守为攻,攻守结合,既有强大防御能力又能主动出击的经营模式。一直以来,大通矢志不渝地铸造其要塞式资产负债表(Fortress Balance Sheet),深挖"护城河",在资本健全性、资产流动性、拨备覆盖率、信用评级、资产质量等方面都充分提升防御能力。

大通认为,从历史来看,金融业保持长远发展的核心竞争力并不取决于是否比别人跑得更快,而在于是否比别人走得更稳、更远。银行从事低质量、高风险的业务虽然很容易在短期获利,但是在长期可能会为此付出一定的代价。为此,大通坚持高标准的客户质量和健全的业务准入标准,崇尚更保守的会计方法、更快速的纠错过程以及更严格的风险管理。例如,2016年底美国银行业汽车贷款平均拖欠率上升到3.5%,而大通仍维持在1.49%。

大通十分注重客户服务能力建设。大通相信,只要具备服务客户的专业能力，踏实服务好客户，争得客户和周边社区的长期信任和尊敬，银行业绩自然就会得到改善。相应的，大通致力于建立一种持续一致的业务模式，不对短期因素过度反应，不过度关注自身股价及市盈率的短期波动，而是坚持以提升服务客户的专业能力为第一要务，即使为此不得不牺牲短期利润也在所不惜。

大通在做业务和资源配置决策时，更重视对长期、跨周期回报的评估，注重开发一些无短期收益但具有长期发展潜力的业务，同时也不惜放弃一些有短期收益但不具备长期发展潜力的业务。例如，在过去几年低利率的环境下，银行业的净息差逐步下降，不少银行开始缩减账户规模，大通反其道而行之，增加了400多万新账户。大通认为，随着未来利率的回升，净息差会逐步改善，净利息收入也会实现反弹，因此不能着眼于当前环境的短期变化，而要考虑长远。

大通崇尚像长期投资者一样思考，同时注重日常操作和管理，筑牢专业能力，实现跨周期财务目标。为此，大通更注重利润而非收入的增长。正是出于这一考虑，对于一些非核心或不具优势的产品和业务，即使其潜在收入规模高达30亿美元，如果对大通利润的增加有限，大通也会选择退出。

基于上述经营理念，大通在2008年国际金融危机中损失有限，在危机后的复苏中也领先于同业，甚至利用其他银行收缩业务或资产价值下降的机会扩展市场规模，在各大业务领域都获得了新的市场份额。这主要包括三个方面：一是拓展了投行业务。投行业务是大通有长期竞争优势的核心业务。国际金融危机后大通借助其他银行缩减投行业务的机会，扩张市场份额，实现产品、客户、地域的多元化组合，提高服务能力和定价优势，成为全球最大最强的投行。二是强化了零售业务。国际金融危机后，至2012年，大通新增了800家分支机构，1200个私人客户业务点，770个小企业业务员，使其个人零售业务份额增长，成为美国最大的社区银行之一。2016年大通消费金融和社区银行业务板块覆盖了50%的美国家庭，这些家庭中70%都将大通作为其主要银行。三是扩展了海外分支机构，特别是在新兴市场增设了许多分支机构。这些业务领域的拓展大大缩小了大通在个人和跨国业务领域与花旗的差距。目前大通信用卡发行、投行收费收入、FICC业务、北美私人银行等均占据第一，成为最成功的全球全能银行。

2.以客户为中心的整体交叉销售。大通注重了解客户的全面需要，并且以范围经济作为业绩增长的关键驱动因素，通过集团内的资源调度以最大限度地满足客户需要，实现以客户为中心的整体交叉销售。

（1）个人零售业务的交叉销售。为更好地服务社区和个人客户，大通于2012年将以产品为中心的业务线重组成以客户为中心的消费金融和社区银行板块，为客户提供无缝的服务体验。业务重组后，大通的个人客户平均拥有的产品和服务高达8项，并且涵盖客户的全生命周期——从人生的第一张信用卡到退休账户的使用。实现个人零售业务的交叉销售后，大通的信用卡品牌已超越花旗和美银，位居全美第一。

（2）公司与投行业务板块的跨业交叉销售。大通对公司与投行业务板块采取机构隔离、业务一体化的模式，在同一平台将商业银行和投行业务整合，实现跨业交叉销售。例如，标普500指数包含的公司中的80%，既是大通的财富管理业务客户，也是其公司与投行板块的客户。2016年大通北美投行业务收入的40%都是通过对其商业银行板块的客户进行交叉销售而获得。借助商业银行业务和公司与投行业务之间的交叉销售，大通可为各公司客户提供全面财务解决方案，包括贷款、财务管理、投行和资产管理等。

在资本市场业务中，大通将公司业务、资本市场、投资者服务在同一板块营销，将投行与托管等交易进行业务整合，为客户提供一体化的产品组合，以提升客户整体体验。例如，2012年大通将全球交易银行（GTB）板块整合到公司与投行业务板块，以通过交叉销售增加单位客户产品量。大通的投行业务线在帮助客户上市后，可组织集团资源为客户进一步提供贸易融资、现金管理等服务。当年，客户平均拥有的投行产品数量从1个增加到7个，投行业务收入的50%都来自同时使用投行业务和GTB服务的客户。

（3）交叉销售下的客户关系管理。为避免业务的交叉销售中不同部门为同一客户提供服务而造成的信息冗余和业务混乱，大通在集团范围内建立了全面的客户关系信息系统，对各部门为客户提供的服务、客户的整体需求都有了系统、全面的掌握。这一系统在集团范围内为各业务线提供客户信息，并协调各部门的业务建议，确保各部门和各业务线之间无利益冲突。大通在客户关系管理方面的目标是，当客户使用了大通的一项服务，就接通了大通整个服务体系。

交叉销售为大通带来了较高的非利息收入和稳定的非利息收入占比。在大通的非利息收入中，佣金、手续费等较稳定的收入目前占72%左右，远优于花旗；而投资、保险收入以及交易类FICC业务等波动性较大的收入占比则较低。

3. 未来展望。基于稳中求进、以客户为中心的整体战略，未来大通将继续有选择地在全球扩展投行、公司和私人银行业务，建立批发业务分行，谨慎进入新国家。在全球特别是新兴市场支持跨国企业特别是年轻企业的业务需求。在美国更多地方扩展个人客户和商业银行业务分行。通过交叉销售增加单位客户产品量。大通计划在长期内将目前13%的ROE提升到15%；成本收入比下降到55%。

（三）美银

美银在战略上主要呈现出"以小见大"的特点：一是在坚持核心业务的基础上实现多元化发展，通过涵盖核心客户的价值链和生命周期来拓展新业务；二是在深挖客户需求上扩大市场份额，通过满足客户的多元化需求来扩大业务范围和市场规模；三是在压降成本的基础上保持业务发展，坚持增加收入和减少损失并行。

1. 在坚持核心业务的基础上注重多元化发展。国际金融危机前，美银的个人客户业务是其核心竞争优势领域，而投行业务则拖累了整个集团的发展。但国际金融危机后，个人业务面临巨大压力，美银认为全能银行将成为金融业强大的有生命力的模式，于是将其战略目标定为在发展核心业务的基础上，进一步涵盖客户价值链和全生命周期的全面需求，提供更为广泛的服务。在此战略目标的指导下，美银收购美林，得以进入长期由高盛、摩根等把持的投行领域，不仅在投资研究领域保持全球领先地位，而且在个人零售及财富管理、证券经纪方面展示了强大的发展潜力。危机重组后，美银开始更加注重多元化发展，收入结构也更为均衡。2016年和2017年，其固定证券收益、货币及商品（FICC）交易收入实现增长，并成为利润增长的主要来源。

2. 深挖客户需求。美银十分重视客户的核心需求。美银的客户群中个人客户占比较大，因而更注重个人业务与财富管理的结合，通过银行账户与理财、证券经纪账户整合，在各业务板块间实现交叉销售，将客户多元化需求维持在集团内。在深挖客户需求的基础上，美银的客户忠诚度也得到进一步提高，客户保有率和每单位客户创造的收入成倍增加。

为深化与客户的关系，进一步提升集团的内生动力和有机增长，美银对组织结构、业务结构等进行了一系列的优化。一方面，在组织结构上采取机构隔离、业务一体化的方式，将投行业务分解到全球市场与全球银行板块等4个业务板块上，以覆盖客户的全生命周期。另一方面，将分支机构从一般交易中心升级为客户服务中心，深化每一个机构与客户的关系，减少普通柜员的数量，增加财富管理、退休金专家的数量，提升复杂、特定产品的销售能力和服务能力，以期成为全面的金融和客服中心。

3. 发展业务与压降成本并行。美银一直以来坚持业务发展与减少损失并行，其对不良贷款的净核销额从2012年的149亿美元持续下降到2016年的38亿美元，成本收入比也从2015年的70%、2016年的66%，下降到2017年第二季度的59.5%。美银的主要负债都来自低息或无息存款等低成本的资金。其净息差目前虽低于富国，但明显有上升趋势。

4. 未来展望。未来美银计划实施负责任的增长战略，增加收入，降低开支，管理风险，并继续投资于员工队伍和员工能力。长期财务目标（有形回报）：普通股收益率从目前的9.5%上升到12%，ROA从0.82%上升到1%。效率比从70%降低到66%。美银对成本的有效控制和效率的提升有可能在未来继续支持业绩增长。

（四）富国

富国在战略上一方面坚持强化优势业务，最大限度地发挥交叉销售和低成本资金的优势，保持盈利增长；另一方面注重集团的一体化和平衡发展，在品牌、服务、业务结构上都采取一体化和多元化战略,以维持集团可持续稳定发展。

1. 专注核心业务,注重平衡发展。国际金融危机前,富国并不在美国大型银行之列。2006年,富国资产总额仅为美银的33.02%、花旗的25.58%;而利润仅为美银的39.84%、花旗的39.09%。富国一直专注于社区、零售等自身传统业务,注重利息收入,很少涉及自己不熟悉的新业务。因此,相对而言,金融危机给富国带来的损失更小、机会更大,其业务发展在危机后开始持续增长,2008年底资产已颇具规模,富国开始进入美国大型银行之列。

虽然国际金融危机后富国开始持续增长,但是富国并不盲目扩张,而是更注重业务的平衡发展,努力向全能银行模式过渡,以维护集团业绩的可持续性稳定。例如,2016年,富国的核心业务——社区银行利润同比减少9%,但资本市场新业务弥补了部分损失,使集团连续18个季度利润超过50亿美元,这在美国公司中仅有苹果公司能与之媲美。富国的利息和非利息收入中稳定性收入占比较高,这也是其业绩收入较为稳定的主要原因之一。在利息收入中,贷款利息收入占比及稳定性均高于三大银行,2007年达82.6%,金融危机后稳定在75%左右。而在非利息收入中,手续费和佣金等收入占比在危机前即达82%,远高于花旗的50%,目前达88%。

富国的战略定位是成为以社区为基础的多元化金融服务公司。目前来看,富国的利息收入和非利息收入几乎平分天下,业务涵盖面也开始延伸到资本市场和投行领域。但富国将波动较大的交易资产及收入占比分别维持在0.1%和3.6%,远低于其他三大银行。和大通相比,富国的业务与客户日常生活密切相关,更少受资本市场波动的影响,业务模式抗波动的能力也更强。

富国作为全球系统重要性银行,其业务复杂性较低,所以附加资本仅为1.5%,比其他三大银行低50～100个基点。富国的资本成本仅为9%,长期ROE却远高于9%。其维持较低资本成本的关键因素在于更低的风险、更稳定的资本收益率和更充足的资本。

2. 注重品牌和服务一体化。国际金融危机后,富国收购了美联银行(Wachovia),迅速整合实现了"一个富国"的品牌模式,例如一个信用卡系统，一个共同基金系统，一个经纪系统，一个退休服务系统，甚至一个零售银行操作系统等。目前，富国拥有全球最强的零售银行和财富管理品牌。

在客户满意度上富国也一直领先于同业，每美元存款的投诉率远低于同业。即使在2016年虚假账户丑闻发生后，客户转移到其他银行的比例也很低。加上富国通过加强合规管理等措施纠正对其名誉和业务发展的损害，目前富国的零售客户忠诚度指标又恢复到丑闻以前的水平。

3.强化优势业务发展。

（1）交叉销售。交叉销售一直以来都是富国的主要优势业务和业绩收入来源，其业绩收入增长的80%都来自交叉销售。单位客户拥有的产品越多，其稳定性越高，对银行收入贡献度也会递增，而且客户也能获得成本、效率之益。例如，富国的零售与批发业务间交叉销售年增长率达6%时，其业务收入年增长率达9%。国际金融危机后，在监管成本上升、利率长期低下、竞争和盈利压力增加的背景下，富国最大限度地发挥其交叉销售优势，盈利保持增长，并领先于同业。交叉销售的优势也使得富国的资产收益率很少受牵制于净息差。例如，近几年富国由于个人存款业务增长太快，导致净息差下降，但其客户的非利息业务及产品拥有量也实现增长，一定程度上抵销了净息差的下降，维持了较高的资产收益率水平。

2016年富国因不正当的交叉销售和虚假账户丑闻而遭受处罚，事后富国及时采取行动，撤销零售业务的全部销售目标，更关注交叉销售的质量指标。富国的丑闻案例说明，交叉销售是一项可能同时利好银行和客户的业务模式，但银行在此过程中必须把握银行利益和客户利益的平衡，银行不可偏离服务客户的初衷，损害客户利益。

（2）稳定优质的低成本资金。长期稳定的低成本资金和信贷资产是富国战略发展的基础。一方面，存贷款和资本作为富国长期价值创造的核心要素，在2016年继续实现稳步增长。投资组合质量维持稳健，净核销率虽略有上升但维持在0.37%的历史及同业低点，普通股资本率达10.77%，远高于监管要求的9%。另一方面，2012—2016年，富国的年均资金成本比同业低40%，而其每美元资产创造的收入却比同业高30%。这与其通过方便、服务、渠道、多产品选择等手段提高客户转移到其他银行的机会成本，维持长期忠诚的客户群也是密切相关的。目前富国的存贷比达83%，高于美银的62%，大通的59%；其中无息存款占比达28%，也高于美银和大通。

4. 未来展望。在未来五年内，随着利率环境的正常化，富国的净息差有望从2.8%回升到3.3%；随着监管负担减轻，收入增长，其成本收入比有望从59%下降到55%，ROE将达到14%，更高于资本成本9%，价值创造能力也会因此大大增强。

三、共性经验及启示

（一）共性经验

美国四大银行在国际金融危机发生的战略重组和业务再定位中，都有一些共同的发展经验。

1. 注重业务组合而非仅仅是规模扩张。危机后，四大银行主要靠内生增长而非并购来获得增长的新动力。有机增长的关键就是保留和扩大客户基础，将提升客户满意度作为长远发展的核心要务。在全球结构性慢增长的新常态环境中，不再将银行业作为高增长行业，不再一味追求扩大规模，甚至也不再看重收入规模，而更注重盈利性。

2. 扩大业务范围的同时向传统优势业务回归，强化特色竞争优势。国际金融危机后，四大银行都采取了全能银行模式，并进一步凸显出各自的特色优势业务。大通在保持投行和公司业务方面传统优势的同时，增强了零售业务的发展；花旗以零售、投行、另类投资和全球化见长；美银在零售及财富管理、证券经纪方面显示出长远发展潜力；富国在社区银行、网络金融及客户关系方面表现突出，并弥补了与其他银行在投行业务方面的差距。

3. 注重战略和业务计划的稳定性与灵活性。四大银行在制订和调整战略和业务计划时，都很注重长期性和短期性之间的平衡，注重改善对结构性和周期性因素的管理能力，将内部因素与外部环境结合起来，充分利用外部环境变化强化自身竞争优势，进而获得跨周期增长和可持续发展。

4. 注重在集团范围内对业务进行整体规划，采取机构隔离、业务整合的方式实现协同发展，通过投行和商业银行业务的交叉销售提高单位客户产品量，尽量覆盖客户全生命周期和全价值链。

5. 注重与社会的共同可持续发展。四大银行都强调社会和银行的共同可持续发展，并且越来越注重将企业社会责任与业务发展、利润增长相结合。

（二）对中资大型银行的启示和借鉴

中资大型银行与美国四大银行在资产规模、业务发展上都具有较强的可比性，可从四大银行的战略转型中吸取经验，增强自身的核心竞争力。

1. 不盲目追求规模扩张，注重业务整合。中资大型银行在规模上已经雄踞全球前列，规模扩张不宜作为首要目标。为实现有机增长，中资大型银行应尽可能地以商业银行为基础，将最具相关性的业务整合在一起，例如，商业银行与投行、保险业务等，商业银行与投行在投/融资、财务顾问、并购、证券经纪等，或商业银行与保险在理财投资及信用相关险种承保、代销业务等的整合。

2. 实现战略规划的稳定性和灵活性。中资大型银行应以对全球长期、结构性发展趋势的判断作为长远规划的基础，同时以对经济金融周期性波动的判断对各市场战略作相应调整。在国际化的发展中切实了解和确定各区域、各国家在集团业务发展中的定位，进而采取差异化对策。

3. 以客户为中心，推进系统化平台建设。采取机构隔离、产品整合的方式，实现协同发展。要尽量淡化附属机构概念，区分对内管理与对客户业务组合，尽可能多地涵盖客户的全生命周期和全价值链，整合客户需求相关度最高的业务，增加交叉销售的机会。例如组建全球交易银行（GTB）大板块，在此基础上进一步将公司金融部与投行部、资产管理部整合为"公司银行与投行"或"公司银行与资本市场"板块；将财富管理与保险业务整合为"财富管理与保险"板块等。

4. 建立一体化客户关系管理系统。一是要在集团范围内建立整体客户关系管理系统，深挖客户需求，实现不同机构互相分享客户信息，将集团作为整体提供服务，杜绝各部门将客户私有化甚至互相拆台，内部竞争。例如可考虑将商业银行、投行、保险客户经理团队整合成全产品线客户经理团队，建立集团跨业客户经理机制。二是建立有效机制，例如收入共享协议等确保跨部门、跨业交叉销售利益均沾，提高交叉销售积极性和效率。三是优化渠道协同，将一般交易分流到ATM、网络、手机上，减少实体分支机构的普通柜员数量，增加财富管理、退休金专家数量，主要从事更复杂、特定产品的销售，成为全面金融和客服中心。

5. 筹集稳定的低成本资本金，保持业务稳定增长。要统筹安排资产负债管理，通过打通理财与存款账户，使客户可在单一平台管理和转移存款、信用卡、投资、退休金等账户，以存款作为稳定的负债来源。在业务方面，不仅要提升非利息收入占比，而且要提升非利息收入中相对稳定的收入占比，如手续费和佣金收入。企业客户业务宜向企业全价值链延伸，融入公司的日常运作，为其商品流、资金流、信息流提供整合管理和服务。

6. 担当社会责任，实现可持续发展。银行收入在一定程度上是企业和个人的成本支出，银行利润的高速增长，可能意味着企业财务成本的上升，进而有碍于经济的增长和发展；从社会可持续发展方面来看，普惠金融、绿色金融等事业的发展可能也与银行的盈利冲突。在这种环境下，银行不应该把高增长、利润率等指标作为发展的单一目标，而是要实现可持续增长，这其中包括社会、经济和自然的可持续增长，也包括银行自身的可持续增长。相应地，在分析银行业绩和竞争力时也要采取新的、综合化的角度，进一步将社会责任与银行利润增长结合起来。在这一点上，银行与股东要有共识。

摩根大通银行"五化转型"及启示

当前，中国银行业经营环境发生了深刻变革，亟须加快转型。从全球来看，2008年国际金融危机爆发后美国银行业也面临着与中国银行业类似的转型压力，部分领先银行，比如摩根大通通过转型成功实现超越，其经验值得中国银行业借鉴。

一、美国银行业转型的背景

2008年国际金融危机爆发以来，美国银行业经营环境发生深刻变革。

第一，银行监管的周期变化。自20世纪30年代的大萧条以来，美国银行业监管大致经历两轮从严到松的周期。一是1930年到2008年国际金融危机爆发前。1930年《格拉斯—斯蒂格尔法案》出台，美国进入强监管阶段；20世纪80年代后监管稳步放松，直到1999年《金融服务现代化法案》出台，监管进入全面放松阶段。二是2008年《多德—弗兰克法案》出台，2017年以来又开启"去监管"行动。2008年国际金融危机爆发，公众将原因归咎于监管过度放松，《多德—弗兰克法案》随即出台，开启了第二轮的强监管时代，监管对违规银行的高额罚款成为常态；2017年2月，美国总统特朗普下令对《多德—弗兰克法案》进行全面审查，2018年5月24日，《经济增长、放松监管和消费者保护法案》出台，放松对中小型银行的监管。

第二，金融科技创新带来的竞争压力。随着移动互联、大数据等信息技术的快速发展，金融科技以及新商业模式已对美国银行业产生了"颠覆性创新"的压力。一方面，金融科技公司已从最初的弥补服务盲区，发展到对银行支付、借贷、财富管理等业务形成直接的竞争；另一方面，金融科技公司产品提供更好的用户体验、更低的费用、更透明的流程，使客户对金融服务的评价标准大幅提高，间接地给银行带来了压力。2017年普华永道（PWC）的研究报告显示，近九成的银行担心金融科技公司的竞争会影响银行的收入，近八成的银行计划在一年内继续加大科技数字化投入，超过八成的银行计划在未来三年里增加与金融科技公司的合作，近八成的大银行计划在2020年之前上线区块链应用，三成的大银行正在进行人工智能技术的布局。

第三，全球经济的增长趋势。经济是金融的基础，全球经济发展情况决定了银行业的业务空间。近几年来，全球经济的增长乏力制约了美国银行业本土市场及国际化业务的发展。2008—2017年平均增长率仅为2.3%，而国际金融危机前30年全球经济平均增速为3.0%。当前，美国引领全球经济复苏趋势，但依然存在一些风险，比如中美贸易摩擦加剧、通货膨胀过快上升促使美联储过快升息等。

在此大背景下，美国银行业积极探寻转型以应对多变的经营环境、把握发展机遇，其主要方向可以总结为"五化"，即科技数字化、服务综合化、业务全球化、资产轻型化和机构简约化。其中，摩根大通通过转型已成功超越美国银行、花旗银行以及富国银行，成为美国银行业的"领头羊"：截至2017年末，摩根大通是全球市值最高的银行，资产规模、净收入、净利润、总存款等均在美国银行业名列前茅；金融市场、投资银行、美元支付等业务的全球市场份额均排名第一，私人银行业务美洲市场份额第一，信用卡发卡量与支付量美国市场第一；超过一半的美国家庭以及超过八成的世界500强公司是其客户。

二、摩根大通"五化"转型的经验

（一）科技数字化

根据科技数字化的投入程度以及发展进度，美国银行业目前已大致形成了三个层次，并且差距在逐渐拉开：一是项目层次，银行发展数字化往往以一个个独立的项目为基础，项目开发周期长、数据利用率低；二是业务层次，银行已具备清晰的科技数字化规划，注重用技术来提升客户体验、提高运营效率；三是核心竞争力层次，银行已具备数字化与创新的企业文化，业务处理流程、用户操作完全数字化并尽可能自动化，并利用应用程序接口（API）打造生态系统。目前，摩根大通已处于核心竞争力层次，在科技数字化转型上走在了美国银行业的前列。

第一，强化战略定位和投入。摩根大通秉承"为客户提供更多选择、保护客户与银行的信息安全、大力提升运营效率、量身打造个性化一体化客户体验"的数字化战略，致力打造一整套完善的科技数字化体系。在此战略指引下，摩根大通在数字化方面加大战略性投入，2017年投入95亿美元，约占净收入的10%，2018年预算达到109亿美元的新高；科技岗位员工约5万名，占总员工数的20%，其中超过3万名在软件开发与软件工程岗位，超过2500名是专注于数字化技术的专业人才。

第二，多元化推动科技数字化。与花旗、高盛主要依靠自主开发不同，摩根大通主要通过与第三方科技公司合作，快速实现数字化产品和服务的多元化布局。在合作中，科技公司发挥在技术创新、数据分析、开发效率、用户体验、获客渠道等方面的优势，银行则发挥在风险管理、中后台支持、数据资源、监管合规、信任口碑、资本等方面的优势。典型案例包括与线上中小企业贷款平台OnDeck合作，利用其先进的贷款审核算法为小企业提供当天放贷服务，客户满意度增加25%；与二手车交易平台TrueCar合作，客户在线上实现从选车到申请车贷到付款提车的全流程自动化，车贷量一年内增长90%；与在线房贷平台Roostify合作，打造数字化的房贷流程，平均节省客户15%的申请时间。此外，摩根大通正在推进两个合作开发项目：一是利用亚马逊超过1亿的Prime付费会员基础及其完善的线上体验，提供数字化的联名银行账户；二是与亚马逊、伯克希尔·哈撒韦公司（Berkshire Hathaway）合作，提供"简化、高品质和透明"的医疗保险服务。

同时，摩根大通科技人才数量众多，自主开发能力也在行业处于领先地位，主要集中在手机银行及核心银行系统等关键领域。比如，摩根大通自主开发"摩根大通应用程序接口"（JP Morgan Chase API）作为科技数字化的技术基石，使银行与第三方合作开发、数据共享、产品对接变得更加安全、高效、便捷；2017年上线Finn手机APP，与传统银行手机APP以银行卡账户为中心不同，Finn以用户的财务需求为中心，自动整合多个银行账户信息，一站式满足客户的消费管理、理财规划、支付转账等综合需求，并可在4分钟之内完成新账户开户。

此外，投资或收购金融科技公司也是摩根大通科技数字化的重要方式。据统计，2017年摩根大通向多家金融科技公司共计投资30亿美元，布局遍及区块链、大数据、财富管理、支付清算等热点领域，主要投资项目包括智能投资顾问Motif、网贷平台Prosper以及金融市场数据平台Kensho等。其中，摩根大通斥资4亿美元收购支付公司WePay，成为2017年美国银行业最大的金融科技并购之一。

（二）服务综合化

摩根大通CEO杰米·戴蒙坚信银行应该给客户提供最全面的金融服务，一直致力于将摩根大通打造成"最全能"的金融服务机构，成为所有客户的"主要银行"，通过满足客户多方面的需求增加客户黏性、提升价值贡献。为了实现这一目标，摩根大通从以下三个方面强化服务综合化。

第一，集团层面全面布局。摩根大通通过两大品牌（JP摩根和大通银行）、四大板块（个人与社区银行、商业银行、公司与投资银行板块、财富与资产管理板块）的全面布局，使其产品与服务涵盖了金融行业的各个领域。其中，大通银行品牌主要面向个人、中小企业和社区客户，包含"个人与社区银行"及部分"商业银行"板块，主要从事银行卡、住房贷款、商户服务等业务；JP摩根品牌则聚焦大公司、大机构、政府及高端个人客户，包含"公司与投资银行""财富与资产管理"以及部分"商业银行"板块，主要从事投资银行、商业地产融资、资产管理等业务。

第二，业务层面强化联动。摩根大通各业务条线秉承以客户为中心的理念，打通部门之间的界限，开展积极的交叉销售，为客户量身打造全方位的金融服务方案。以"个人与社区银行"板块为例，摩根大通2012年平均每个客户使用的产品数量为7.2个，2014年上升到7.8个；目前美国一半以上的家庭是摩根大通客户，其中70%将其作为主要银行，同时使用存款、信用卡、房款、车贷等多种产品。此外，摩根大通在投资银行和商业银行联动方面表现突出，以并购业务为例，它提供交易前投标保函、第三方监管账户服务，交易中的过桥贷款和利率汇率套期保值服务，以及交易后的业务整合、现金管理及融资服务。

第三，外部合作打造金融生态圈。美国领先银行致力于拓展服务范围，积极与第三方公司合作打造一套完整的金融生态系统，满足客户多方面需求，增加客户的黏性（见图2-1）。摩根大通在这一方面表现得尤为突出，例如与企业财税管理系统公司Intuit合作，方便银行账户数据与财税软件的对接，让企业客户可以更好地进行财税管理；与账单支付公司Bill.com合作，让企业客户可以更好地管理账单。

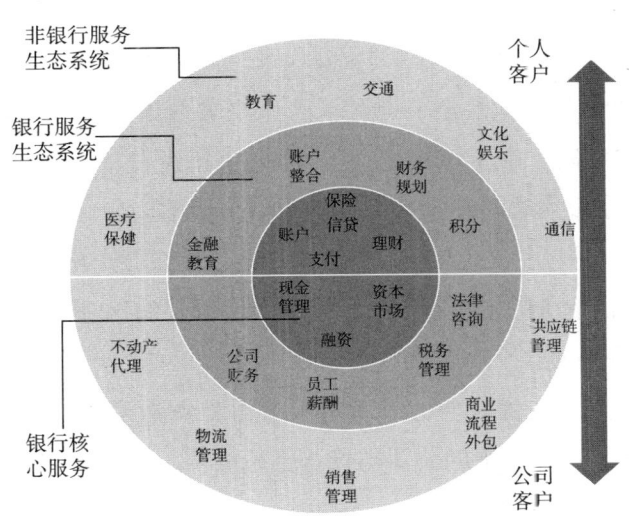

资料来源：作者整理。

图2-1 美国领先银行业的金融生态圈

（三）业务全球化

自第二次世界大战结束开启全球市场以来，美国银行业已经历了几轮的扩张和收缩。一是20世纪六七十年代到1980年的崛起阶段；二是20世纪八九十年代的重整阶段；三是20世纪90年代到2018年国际金融危机发生之前的银行国际化蓬勃发展；四是2008年国际金融危机至今的收缩期（见图2-2）。

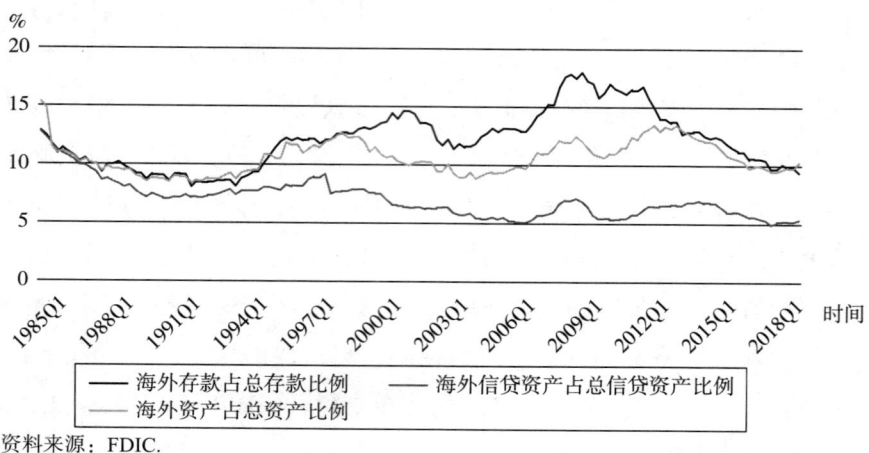

资料来源：FDIC。

图2-2 美国银行业海外业务贡献度

作为美国银行业全球化经营的重要代表，摩根大通的经验主要包括：

第一，全面布局，聚焦关键区域。摩根大通国际化几乎遍及主要经济体，截至2017年底，在全球超过100个不同市场经营，约30%员工在海外机构。2017年，摩根大通的海外收入占总收入的比例达到22%。其中，欧洲地区与美国历史渊源深厚，文化风俗法律相似，本土客户"走出去"集中，是其业务重点，该地区业务的资产和收入贡献占全部海外的2/3左右，其中英国、德国、荷兰以及法国合计占到40%以上。

第二，重点发展优势业务。摩根大通海外重点发展投资银行以及私人银行业务，2017年约一半的公司与投资银行板块收入来自海外，约30%的资产与财富管理板块收入来自海外。其中，在拉丁美洲市场，公司与投资银行、资产与财富管理板块收入占该地区全部收入比例分别达到55%和40%；在欧洲中东非洲市场，分别为81%和14%；在亚太地区市场，分别为75%和20%。

（四）资产轻型化

近几年来，美国银行业面临着较强的资本压力：《巴塞尔协议Ⅲ》于2017年底完成修订，将从2022年1月1日起逐步实施，对银行的资本充足水平提出更高的要求；全球系统重要性银行（G-SIBs）除了额外资本要求以外，总损失吸收能力（TLAC）要求也将于2019年1月1日正式实施。摩根大通银行致力于走资产轻型化之路，主要有以下经验。

第一，积极发展轻资本业务。摩根大通充分发挥业务综合化优势，开展轻资本业务，节约资本占用，主要体现在其行业领先的非息收入水平。美国大型银行普遍注重非息业务发展，非息收入贡献度普遍较高，四大行平均稳定在35%~55%，而摩根大通长期以来处于领先水平，2017年达到49.7%，高于美国银行（48.9%）、富国银行（43.9%）以及花旗集团（36.5%）（见图2-3）。摩根大通银行重点发展资产管理、市场交易及投资银行等轻资本业务：资产管理费对非息收入的贡献度长期以来一直保持第一的位置，2017年资产管理规模达到2.8万亿美元，收入154亿美元；交易盈利以及投行收入则分别达到113亿美元和72亿美元，分列非息收入贡献的第二位与第三位。

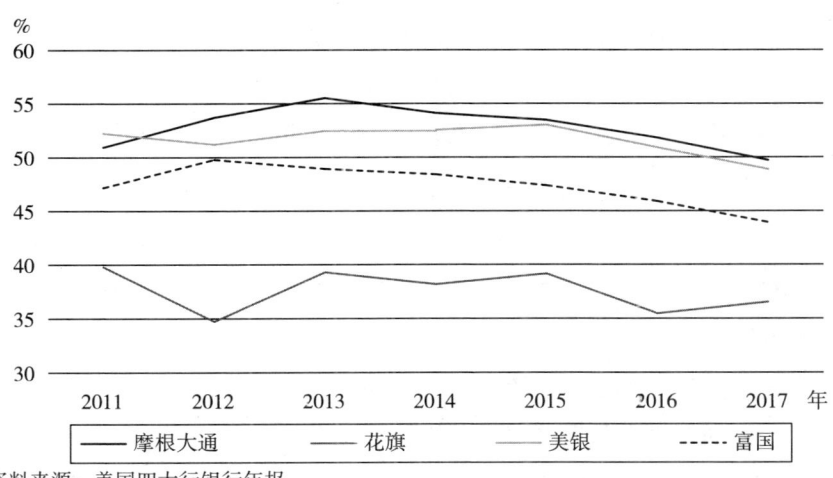

资料来源：美国四大行银行年报。

图2-3 美国四大行非息收入占比

第二，控制重资产业务发展。从业务板块的角度来看，自2012年以来，摩根大通收入贡献度最高的"个人与社区银行"板块的收入相对于其他板块增速较慢，贡献度由50.0%稳步下降到2017年的45.4%。"个人与社区银行"板块以传统的存贷款业务为主，是利息收入的主要来源，而其他板块中包含的业务更多是资本占用少、利润率高的业务，比如投资银行、资产管理、财富管理等。可以看出，摩根大通一定程度上控制重资产的"个人与社区银行"板块的发展，实现资产轻型化发展。

（五）机构简约化

摩根大通银行作为全球最大的金融控股公司之一，组织结构庞杂（下属上百个机构）、员工人数众多（超25万人），目前仍处于扩张阶段。为了推进机构简约化、提升管理效率，摩根大通强化构建合理、高效的组织团队，主要有以下经验。

一是推动以客户为中心、以流程优化为目的的部门重组。例如，2012年摩根大通将其原本独立的交易银行板块并入公司与投资银行板块。其根据是：未来公司客户在资本市场的投融资活动将更加频繁，不仅带来证券发行、承销等投行业务机遇，也产生了巨大的与支付、交易等行为相关的交易银行业务市场；采取嵌入模式有利于将这些高度相关的业务线跨市场整合，并集中于客户业务流量驱动的业务，以更好地围绕客户需求提供一体化服务，推动交叉销售增加单位客户产品数，并形成同业难以复制的竞争优势。公司与投资银行板块的投行业务线在帮助客户上市后，可进一步组织资源提供贸易融资、现金管理等日常经营服务，从而帮助客户成长。2012年实施组织架构调整后，当年公司与投资银行板块客户中同时使用三个单元服务的客户创造了公司与投资银行板块收入的50%，客户平均创造的收入从2010年的40万美元上升到1550万美元，平均拥有公司与投资银行板块产品数从1个增长到7个，显示出嵌入模式在促进交叉销售、增加客户产品拥有率方面的作用。

二是倡导组织机构"敏捷化转型"。敏捷化工作机制源自美国科技行业的一种产品开发模式，强调高效协作与快速迭代。为了应对快速变化的市场、充满不确定性的监管环境以及技术的飞速更新换代，美国大型银行普遍都在效仿科技公司，倡导"敏捷化转型"，坚持去除官僚化机制，减少部门间界限，建立以解决问题为中心、人数精减、责任清晰的合作型团队，鼓励基于数据的快速决策。摩根大通的具体措施包括跨条线合作办公、重新设计汇报、优化绩效考核机制等，致力于构建市场反应快速的组织形式。

三、对中国银行业的启示及建议

当前，在中国特色社会主义的新时代，我国经济已由高速增长阶段转向高质量发展阶段，正处在进一步深化改革、加快建设现代化经济体系的关键时期。在此大背景下，中国银行业经营环境发生了深刻变革，亟须银行加快转型。

第一，金融科技的挑战。2013年至2017年第三方支付移动支付市场交易规模由1.3万亿元增长至74.93万亿元，第三方支付互联网支付规模由5.9万亿元增长至25.87万亿元，近年交易规模增速分别保持在100%、35%以上。支付宝月活跃用户数3.53亿人，超过任何一家商业银行手机银行活跃客户数量。互联网金融兴起，银行在支付、结算等传统业务领域发展模式受到严峻挑战。同时改变了客户金融消费行为习惯，分流了客户和资金。

第二，全球开放格局的调整。虽然受到中美贸易摩擦等逆全球化影响，但是中国持续推动新型全球化发展、深化双向开放的趋势不会发生变化，中国经济社会的对外联系必将日益紧密，对跨境金融服务的需求巨大，给银行国际化带来三大机遇：一是双向开放的新商机；二是"一带一路"的新市场；三是人民币国际化的新机遇。

第三，客户需求的升级。当前，客户的金融需求日益多元化，需要银行提供"一站式"金融服务、提升客户体验。就企业客户而言，随着企业的成长，对资金来源和运用的要求更高，单纯的银行信贷已经难以满足它们的需求，它们需要囊括信贷、投资、保险在内的多元化金融服务。就个人客户而言，随着收入和财富的增加，保险以及证券、基金、信托以及私募等投资理财需求迅猛增长，迫切需要金融机构扩展业务种类、丰富产品品种。

第四，监管的持续强化。《巴塞尔协议Ⅲ》的推出，同样对中国银行业在资本和流动性管理上提出了较强的要求。同时，我国四大行全部进入全球系统重要性银行名单，面临额外的资本和损失吸收能力要求。此外，《中国人民银行关于加强反洗钱客户身份识别有关工作的通知》《非居民金融账户涉税信息尽职调查管理办法》（2017年14号）等文件相继出台，反洗钱等合规要求日益强化。

第五，市场竞争的加剧。一方面，随着直接融资在社会融资中的比重稳步提升，银行存贷款业务向金融市场分流的现象将日益明显，对银行资产和负债形成双重挤压。另一方面，利率市场化进程提高存贷款定价的市场竞争程度，导致银行利差持续收窄。过去5年，我国商业银行规模增长对盈利提升的贡献度呈下降趋势，总资产年复合增长率达9.3%，而净利润复合增长率仅为7.1%。降低成本、提高效率已成为银行应对激烈竞争的重要手段。

中国银行业应借鉴美国银行业"五化"的成功经验，结合我国的现实情况，因势而变、顺势而为、乘势而上，实现转型发展。

第一，在科技数字化方面，充分认识科技引领、创新驱动是发掘银行可持续竞争力的根本所在。对于科技数字化起步稍晚的银行，应通过合作、投资等方式加速科技数字化的布局，实现由项目层次、业务层次向核心竞争力层次的过渡，把数字化战略变成银行的核心优势来定位。加大对科技数字化的战略性资源投入，扩大相关费用支出及人员数量配备，使其占银行营业收入及全部员工数量的比例达到一定程度，将科技岗员工作为未来银行间竞争的关键资源。

第二，在服务综合化方面，强化业务联动，提升银行集团层面产品与服务的全面化布局的产出效率。目前，中国银行业，特别是大型银行已通过种类繁多的多元化子公司，实际上实现了产品与服务的全面化布局，主要欠缺的是多元化子公司之间、子公司与商业银行母公司的业务联动。中国银行业应坚持以客户为中心，完善产品服务机制，按照客户的需求量身提供整套的金融服务方案。可采取项目团队形式，针对重点客户，调集销售、产品、风险等多部门专业人员组成项目组，到客户现场服务；建立客户体验引领的产品创新流程闭环,打造极致客户体验;以银行作为枢纽和协调中心,与特定优势行业中的核心企业及科技公司以协议方式结成联盟,构建开放共享的金融生态圈,形成核心竞争力。

第三,在业务全球化方面,抓住历史机遇,实现国际化业务的跨越。"一带一路"建设为我国银行融入国际金融市场、服务当地经济发展、促进国际经贸交流开辟了新的空间。人民币的国际化也为我国银行在跨境人民币双向资金池、人民币对外直接投资、人民币做市商、人民币清算等方面创造巨大的业务机会。同时,我国银行在"走出去"的过程中,可以学习借鉴美国同业经验,实施全球一体化的战略安排、本土化发展的市场策略、集约化的经营管理,扩大全球化竞争优势。

第四,在资产轻型化方面,大力发展非息业务,提升非息收入的贡献度。做大投资银行、资产管理、交易银行、托管等收费型、资本占用率低的业务,加强商业银行与多元化平台的联动,完善以适量贷款资源为引导、以综合化金融安排为核心的经营模式。在绩效考核中,引入及完善风险调整后的资本回报率(RAROC)、经济增加值(EVA)等指标,鼓励产品创新、减少资本消耗、提升经营效率。

第五,在机构简约化方面,加快机制体制改革,有效应对同业竞争及快速崛起的金融科技公司以及几大科技巨头的正面挑战。相比互联网企业的灵活与创新,我国的银行很多仍受制于非市场甚至是官僚式的行事方式、僵化组织结构、行政化的管理思维。面对快速变化的客户需求与市场环境,银行应以客户为中心,重构客户关系与产品管理部门,建立跨职能团队和以数据为基础的决策机制。充分借鉴科技公司以及美国银行业"敏捷转型"的成功经验,打造符合新时代竞争环境的组织机构。

美国银行战略转型及启示

美国的美国银行（Bank of America，以下简称美银）在国际金融危机后不仅没有放弃混业经营，反而通过收购美林公司，采用了全能银行模式，将投行、财富管理、证券经纪整合到商业银行业务板块，并采用交叉销售作为主要业务开发手段，拓展了业务广度、深度、整合度。其零售存款与投资结合的产品——美林优势（Merrill Edge）是这一战略转型的典型代表。新业务模式改善了美银的业务结构和业绩，也反映了大银行的发展趋势，具有一定生命力。中资大银行与美银的客户、业务结构可比性较高，可借鉴美银经验，进一步提升商业银行与投行、财富管理、证券经纪的协同整合优势，增加对单位客户的业务广度、深度、整合度，实现收入稳定性及可持续发展。

一、国际金融危机促成美国银行向全能银行战略转型

国际金融危机前美银基本上集中于传统业务，其优势是个人零售和卡业务。这种模式拉近了与客户距离，取得了良好成效。据波士顿咨询公司考察：2001—2008年，美银零售银行业务平均ROA高达3.5%，成本收入比则低于45%，两项均领先于全球同业。

2006年，美银收购美国信托公司（U.S.Trust）加强了其高端私人银行及财富管理市场地位，但其整体投行、财富管理及证券经纪业务仍不占优势且拖累集团发展，其资本市场部门在2007年严重亏损。国际金融危机发生后其卡

业务损失也逐步扩大,对集团核心业务构成威胁。危机不仅加强了美银拓展业务、改善业务结构的紧迫感,也带来了难得的机遇。2008 年,贝尔斯登和雷曼倒闭,美林公司(Merrill Lynch)股价也暴跌,美林股东们为了避免倒闭开始寻求与大银行合并。而美银则认为收购美林这家以公司和大众投资者为对象的著名投行、财富管理与证券经纪公司,可拓展美银在这些领域的业务覆盖面,增强对大通、花旗、富国等主要对手的竞争力,并有利于集团长期发展。同年 9 月美银与美林达成收购意向,美林资产和业务并入美银控股公司,美林退市,但仍作为美银全资子公司并维持其品牌。美银以往的历次并购主要是增加新的业务板块,而并购美林则是有机整合集团业务的一次战略转型。

危机后许多大银行开始怀疑全能银行的合理性,但美银坚持认为:正确实施的全能银行将会成为金融业强大和有生命力的模式。面对新常态环境——更高的资本要求,更低的盈利空间,更动态化的市场及客户,更发达的科技手段——美银战略转型的基本目标也是使银行更简洁、透明,美银出售了私募股权、自营交易等业务,更集中银行核心业务。但与其他大银行相比,美银转型的特色在于:坚持全能银行、金融超市模式,力图涵盖客户价值链终端到终端以及全生命周期的核心需求,提供比其他任何机构都更广泛的服务;不强调核心客户,而是强调广泛客户的核心需求。过去几年美银的优先战略是从事转型。

二、美国银行的业务战略转型伴随着管理理念及发展模式转型

(一)注重企业社会责任,改善银行形象

美银的战略转型是基于其可持续的业务模式,而可持续模式是指通过与利益相关者:客户、业务伙伴、投资者、监管者、社区人、雇员建立广泛深入长久的关系来创造价值。美银的认识是:其一,对国家和社区有益的也会对企业有益;反之亦然。作为承担企业社会责任的盈利机构,美银将"开明的自我利益"而非赤裸裸的自私作为其企业文化基石。其二,不仅认为自己是银行更

认为自己是"社会建设者"和"客户的邻居、朋友",并强调其从事的工作不仅是与金钱打交道,更是帮助他人及社会实现更高目标。其三,美银认为做业务的正确方法是平衡承担对所有利益相关者的责任。

基于上述理念,美银认为:投资于自己服务的社区是一项好业务,因为在好年头,社区繁荣会带来更多业务,而在坏光景,支持困境中的利益相关者更重要。这一信念支持了美银的逆周期操作:在最近的经济复苏期银行业普遍对小企业惜贷,而美银则继续增加贷款,在2008年新发放了6000亿美元个人和企业信贷,帮助客户和社区走出困境。凭借这一定位美银树立起了良好的公益形象,打造了许多忠诚客户,在最艰难的2008年仍获得40亿美元净收入,在同业中算佼佼者。

美银还特别善于利用企业社会责任作为扩张海外市场,与当地银行竞争的手段,并特别注重采用该手段开发新兴市场。例如美银主动加入亚洲可持续与责任投资协会ASRIA,意在提升自己在亚洲的地位,开发新市场。

(二)通过提升客户满意度和忠诚度贯彻有机增长发展模式

21世纪初,美银为了避免并购增长方式的困境,即提出了内生有机增长的战略转型目标。美银认为有机增长的关键是保留和扩大客户基础。但当时美国银行业的客户忠诚度普遍不高。2002年美银分析原因后认为:这是因为客户通常将银行服务只是视为一种产品,所以没有必要与某家银行维持长期稳定关系。美银则从中发现了业务机会——通过提升客户满意度来提升忠诚度,建立长期客户关系,实现内生有机增长。美银将提升客户满意度确定为有机增长的核心要素,并采取了以下综合措施:

第一,将提高服务质量、改善客户满意度作为明确的长远战略目标,而非一次性短期运动。在此过程中,美银在全行实施了方针管理(hoshin kanri),成为成功采用这一管理模式的主要银行机构。其中的关键则是了解客户之声(VoC),并采取措施满足客户诉求,实现目标的突破。

第二,将全体员工的日常活动与该目标对齐。其中的关键则是将战略目标分解到各个层级,实施目标管理,并量化追踪实施进展,不断调整修改战略实施路径。

第三，贯彻六西格玛管理模式。六西格玛（σ）原本是制造业全面质量管理的工具，其目标是：每百万次业务处理只允许有3.4次失误/缺陷，这几乎是零缺陷质量管理目标。其重点是将所有的工作作为一种流程，采用量化的方法分析流程中影响质量的因素，找出最关键的因素加以改进，达到更高的客户满意度。美银于2001年正式采用该管理方法，将之迅速运用到整个银行价值链中，从销售到执行到服务，纠正业务中的误差，改善服务流程和质量，提升客户综合体验、满意度和忠诚度。美银由总行质量效率团队派驻方针管理者，负责年度计划制订和分解，在形成具体实施项目后，团队负责采用六西格玛工具落实。同时在每个月结合目标对工作进展作量化分析，找出和目标间的差距，并根据这种差距不断调整实施方案。六西格玛也从最初的一种质量控制程序，演变为一套系统的业务改进方法体系。六西格玛和对服务质量的承诺已然成为美银的企业文化和理念，而不仅是一种管理方式和项目。

美银在贯彻上述管理方法之后的2001—2005年，其客户满意度大幅改善，客户体验的最高水平——"愉悦"（delighted）级别的占比提升了近30%，在全部客户的占比达到45%；美银因此净增了大量新账户，其中支票账户增长了330%，其中原因除了并购Fleet Boston之外，客户满意度提升起着重要作用；截至2005年美银通过六西格玛项目，增加的收入和节省的成本共计20亿美元。

美银的战略管理体系历经了十多年实践，已逐步形成成熟、稳定的战略制定、分解、执行和管理全流程，一直延续到现在。

三、美国银行以商业银行与财富管理、证券经纪混合经营、交叉销售为中心，重组了组织和管理结构、业务组合、分支机构

（一）按混业经营模式重组组织结构

美国银行控股公司拥有四个主要子公司：美国银行，商业银行；卡公

司，信用卡；美国信托U.S.Trust，高端财富管理和私人银行；美林，投资银行、财富管理、证券经纪。

美银集团在组织结构上采取机构隔离、业务一体化方式，将美林业务分解到5大业务板块中的4个板块，以更好地配合集团的交叉销售战略。

板块1：个人和工商银行（CBB）。客户：投资资产25万美元以下个人和中小企业；业务：商业银行、投资经纪；提供者：美银、卡公司、美林。

板块2：消费者房地产服务（CRES）。客户：个人；业务：住房贷款；提供者：美银。

板块3：全球银行（GB）。客户：大公司；业务1：公司信贷、流动性/财务管理、贸易融资、商业房地产等；提供者：美银。业务2：证券承销、顾问；提供者：美林（市场开发采用美银美林品牌）。

板块4：全球市场（GM）。客户：金融机构；业务：金融资产交易和销售、衍生产品、证券托管清算、风险管理；提供者：美银、美林（市场开发采用美银美林品牌）。

板块5：全球财富与投资管理（GWIM）。客户：投资资产25万美元以上个人和金融机构；业务1：财富管理、私人银行；提供者：美银、美国信托。业务2：全球财富管理；提供者：美林。

（二）以覆盖全生命周期及交叉销售为重心规划业务理念和产品组合，进一步提升集团内生动力和有机增长

美银的个人客户已涵盖近半美国家庭，公司客户市场份额也大到难以靠增加新客户有机增长。因此美银在提升客户满意度的基础上，进一步利用业务多元化优势，延展对现有客户的产品系列，提升单位客户产品拥有率，增加销售量，加固有机增长。而美银并购美林则扩展了客户价值链覆盖，既可对商业银行客户推销财富管理和投资产品，也可对经纪客户推销商业银行产品。美银的业务战略强调：

第一，覆盖广泛的客户及服务。

第二，通过帮助客户获得财务平衡和健康，维持集团收入平衡和稳定。

第三，动用集团一切资源向客户服务和客户关系广度和深度开掘，涵盖客户全生命周期。包括：个人方面，从成长到成熟，从短期流动性需求到长期资产增值需求；企业方面，从小企业到成长为大企业，企业日常运作全部价值链—信贷、贸易融资、现金管理、资本市场投/融资、退休金管理。

第四，理财和经纪业务从过去的面对高端向中端及大众市场延伸，并根据客户资产大小细分客户群体，对不同层次客户提供不同的平台和服务：美国信托以高端客户为对象，而美林则以中端客户为目标。

第五，将银行账户与理财、证券经纪账户整合。

典型产品："美林优势"（Merrill Edge）。商业银行与投资混合账户，对象为投资资产低于25万美元的个人。客户可在单一平台无缝集中管理银行账户、信用卡、投资账户、退休金账户，在美林顾问指导下，自主或委托投资，并可通过互联网或ATM获得服务。美银将该产品整合在个人和工商银行CBB板块，面对居民和中小企业，并将美林的金融方案顾问部署在其遍布美国的零售银行分支机构，向其存款客户推销该产品，让尽量多的客户享受美林的优质投资产品，实现财务目标。

（三）分支机构从一般交易中心向客户服务中心升档

美银的战略是深化每一分支机构与客户的关系，将一般交易移到ATM、网络、手机上，减少普通柜员，增加房贷、财富管理、退休金专家，主要从事更复杂、特定产品的销售，成为全面金融和客服中心。目前访问美银分支机构的客户中需要ATM及柜员服务的仅占80%，寻求专家服务已达20%。美银并采取客户经理/产品经理矩阵模式涵盖客户多元需求。

四、美国银行战略转型的效果初显

第一，美银收购美林扩展了投行、财富管理和经纪业务系列，收入结构更加均衡。

第二，2013年美银全球财富和投资管理板块GWIM通过与商业银行板块合作，对现有机构客户新销售了750份退休计划，比上年增长280%，其中60%来自商业银行客户；2009—2013年GWIM每位财务顾问创造的年收入从90多万美元增长到130万美元，税前利润率也从16.8%上升到26.3%，远超过主要竞争对手；2013年美林贡献了该板块全部收入的83%，税前利润的77%。

2013年第四季度美银边缘的经纪资产同比增长了26%，全年同比增长了13%，从2011年的600亿美元增长到900多亿美元，其中大部分来自美银现有的个人客户。该产品在2013年获得投资界美誉和各种奖项。

新的业务结构使美银迅速弥补了其在财富、退休金管理方面与大通、富国的差距，财富管理及投资业务利润也大幅增长。

第三，随着客户关系深化，美银的客户忠诚度进一步提高，客户保有率和每单位客户创造的收入也成倍增加。美银成功地在各业务板块间转移客户资产，将客户的多元化业务需求维持在集团内部。例如2013年个人和工商银行板块有210亿美元净增存款是来自全球财富与投资管理板块。

第四，美林及其业务支持了美银。美银在2007年因为收购房贷机构全国金融公司（Countrywide Financial）造成了巨大损失，直接导致其业绩下降，落后于主要竞争对手。而收购美林最初也曾使美银遭受损失，但2009年金融市场V形反弹后情况逆转。当年第一季度美林即为美银创造了37亿美元利润，占当季集团利润的88%，部分抵消了全国金融公司带来的损失。目前美林业务及收入已占美国银行集团半壁江山。从股市表现看，美银股价虽低于花旗和大通，但其自2012年以来的升幅却领先于同业。美银美林因提供创造性解决方案满足客户复杂需求，而在2013年获《银行家》杂志"最具创造性的投资银行奖"。

五、新的业务模式将使美国银行未来发展前景更好

美银转型形成了美国大银行间的特色竞争格局：大通在投行和公司银行方面具有优势；花旗以零售、投行、另类投资和全球化见长；富国在社区银行、电子银行方面突出；美银则在个人零售及财富管理、证券经纪方面显示出

长远发展潜力。

美银预计：2011—2030年美国将每天平均有1万多"婴儿潮"时代出生者进入退休年龄，2011—2020年美国将有1500万家庭转移财富，金额达10万多亿美元，这些预示着巨大的财富及退休金管理机会。因此美银将继续通过混业交叉销售深化客户关系和服务系列。

美银既有大企业也有个人、中小企业客户基础以及遍布全国的分支网络，特别适合从事中端客户及中小企业理财、退休金服务，其财富管理特别是其中的退休金服务的对象从世界500强到邻里街坊。进而在银行存款利率几乎为零而资本市场上升的环境下，银行账户与投资账户整合模式更具吸引力。美银的以高端个人、大企业、金融机构为对象的全球财富与投资管理板块，和以中端个人、中小企业为对象的美林边缘产品都有发展前景。美银将继续整合美林业务，美林也将从单纯为美银创造收入，进展到两家协同发展，优化业务组合，更显示出长远发展前景。

美银2013年报的主题即是集团资源内部连接共享——其团队无论在何处运行，都会互相交流客户信息和机会，并且密切跟踪，以确保客户有机会在集团内满足其全部需求。随着这一业务模式的实施，美银业绩未来有望持续改善。

六、美国银行发展对中国银行业的借鉴

（一）将方针管理（hoshin kanri）和六西格玛模式用于战略管理

美银的战略目标也许不一定适合中国商业银行，但其方针管理的理念和方法确有值得中国银行业借鉴之处。

第一，银行要明确其一定时期内的核心问题所在，并树立一个确定、可实现的战略目标，例如美银在2001—2005年树立的通过提高客户满意度，实现内生有机增长目标，银行可在未来一定时期内树立承担社会责任，做最好的银行目标，通过与全部利益相关者建立广泛深入长久的关系来实现可持续

发展。

第二，让全体职工明确该目标，并将目标分解到各层级和时段，成为具体目标，将一切日常工作与之对齐。

第三，制订实施方案和措施，并定期衡量业绩，督察方案，校正目标和方案。

第四，六西格玛管理模式超大型金融集团的业务流程管理也具有必要性和价值。可将贯彻六西格玛方法与建设流程银行相结合，再造组织结构及运营模式，使业务流程围绕客户需求，而非客户围绕业务部门转。这样既可使流程简化、标准化，也可降低成本，提高操作效率和质量，提升客户满意度，巩固和扩大客户基础及收入。

（二）以商业银行为基础，充分利用多元化优势，通过混业经营，交叉销售扩大服务广度和深度，涵盖客户全生命周期

银行面对的环境与美银相似：企业对银行需求将经历商品流动—资金流动—资本/金融资产流动—跨国发展；居民对银行需求将经历从存款—贷款—资产增值—跨国发展；中产及富有者快速增长，人口老龄化严重；非银行机构与银行争夺客户。

银行状态也与危机前的美银相似：业务已涵盖商业银行、投行、证券及海外。但业务系列有限，且业务线分割，整合程度低，各机构和业务线难以有效动用集团资源围绕客户提供整体服务和交叉销售；商品、资金流动等传统服务发达，客户覆盖面广，资本和金融资产流动服务特别是海外业务滞后。所以美银业务转型有启示作用，主要有：

第一，充分利用集团的客户基础，提供涵盖信贷、资本市场及长中短期资产系列的产品链，按照客户全生命周期和价值链安排业务和流程，帮助客户实现财务平衡稳定，满足客户流动性、盈利性、安全性要求，抵御非银行竞争，达到收入平衡、稳定、可持续。

第二，充分利用集团的资源，在监管允许条件下将各子公司产品分解整合到集团相应业务板块，通过单一渠道交叉销售，扩展单位客户产品广度、深

度、整合度，使商业银行与投行、经纪，存款账户与投资账户互相支持，抵御银行竞争，获得内生增长动力。

第三，财富和退休金管理需超越高端客户，涵盖各层次，特别是中产大众和中小企业，通过普及教育帮助客户建立财富管理特别是退休金管理理念及能力。这样可充分利用存款客户基础扩展业务，并与普惠金融、服务社区等社会责任方向保持一致。

国际金融危机以来花旗集团战略转型的实践及启示

花旗集团（Citigroup）总部位于美国纽约市，是美国第三大银行控股公司（按资产计），起源于1812年成立的纽约城市银行。1998年4月，花旗公司宣布与旅行者集团合并正式成立花旗集团，成为美国历史上第一个真正意义上的跨国混业金融集团。花旗集团的自身定位是要为全球大型跨国企业和投资者提供领先的金融服务，在全球大型城市为高质量的消费者提供最好的消费金融银行服务。2008年的国际金融危机几乎击垮了雄踞全球银行之首的花旗集团，其股票价格一度跌穿1美元。危机结束后，花旗管理层在2009—2015年开启了架构重整以及战略转型的工作。2013年12月，花旗集团转型取得实质性进展，它被英国《银行家》评为"2013年度全球最佳银行"，并制定出"全球化、城市化、数字化"的核心战略。

一、战略转型的原因

（一）受国际金融危机冲击损失严重

在国际金融危机之前，花旗集团采取比同业其他银行更冒进的战略，从事了太多高收益/高风险业务，特别是与美国次贷市场相关的复杂结构化业务，导致在危机爆发后遭受严重损失。2008年，花旗集团净亏损277亿美元，主要原因一是由于市场下跌和流动性缺失导致资产减值320亿美元；二是由于信贷质量的恶化导致贷款拨备增加147亿美元。

在雷曼兄弟破产和美林集团被收购之后，投资者对金融机构的信心产生动摇，花旗集团的股票也受到重创，从危机前的最高价57美元大幅下跌，最低曾跌至0.97美元，最大跌幅达到98.25%。

为了挽救花旗集团，美国政府分别在2008年10月和2009年1月通过问题资产计划（TARP）向花旗集团注资250亿美元和200亿美元，并为其3010亿美元的资产提供担保。在美国政府的有力支持下，花旗集团才摆脱破产的命运。

花旗集团在时任CEO维克拉姆·潘迪特（Vikram Pandit）的领导下，开始了重新为股东创造价值的过程。这一过程分为三个阶段，它们分别是瘦身、重组和利润最大化，并试图重新回到长期增长的轨道之上。后来又在继任CEO迈克尔·考伯特（Michael Corbat）的继续执行下，花旗集团经历了浴火重生似的战略转型过程。

（二）回归"负责任的金融"核心

在国际金融危机之前，花旗集团推崇的是"一站式购买"的"金融超市"模式，一心追求最大的业务规模、范围和地域扩张战略，其通过全资、占股、合资等方式并购的机构达2000多家，形成过于庞大繁杂的组织结构，过于分散的业务线和组合，但没有采取有效的措施充分地予以整合。其结果是，集中了许多与银行核心业务无关的高风险资产，资源没有得到合理的分配，而且成本结构过于庞大，内部沟通存在障碍，严重地影响了规模和范围效率的正常发挥。这些问题在危机前即显露，如2004年花旗集团在伦敦发生的债券交易丑闻，同年在日本出现违规经营而被日本财政部禁止其继续从事国债拍卖业务。

危机之后，花旗集团痛定思痛，提出回归"负责任的金融"，做好银行这个本业。其核心就是摒弃过去无所不包、毫无重点的所谓一站式购买"金融超市"模式，而是要从一家真正的银行的基本功能出发，即接受存款、机构信贷、个人贷款、客户交易服务以及遵守最高的信任及诚信标准。

（三）寻求长期战略发展的基石

花旗集团的战略转型围绕两个主旋律展开：未来全球金融业的趋势和花旗集团客户的需求。花旗认为，全球化、城市化和数字化是全球金融业未来主要的发展趋势，长期战略应与这三个趋势相一致，并根据客户需求，寻求可持续的发展。

首先，曾经主要集中于发达地区的增长现已逐渐转移并集中至新兴市场。得益于拥有其他任何银行都无法企及的全球覆盖和经验，在向这些高速增长的市场转移方面，花旗集团领先于其他同行。花旗集团不仅拥有其他任何银行都无法比拟的最广阔的全球网络，还拥有在全球一些关键市场长达数十年的丰富经验。

其次，由于越来越多的人口汇聚到城市，使得以城市为中心的区域在国内生产总值中所占比重逐年递增。今天，世界GDP的80%都来自这些城市为中心的区域。花旗集团已经选定了适合其业务模式的150个城市，这些城市加起来占全球GDP的32%。花旗集团已经在这些城市中超过80%的地方建立了业务，其余的正在计划中。

最后，数字化不仅仅只是网页、应用程序和其他面向客户的组件。数字化将继续革新整个银行业，从营业厅到后台，并改变客户。就零售银行而言，花旗集团已经在智慧银行方面做得非常好，被公认为行业领跑者。同时，花旗集团还在为企业客户建立更好的平台。

二、战略转型的主要实践

（一）明确目标与规划

自2008年以来，花旗集团的转型分为四个阶段。

第一阶段是2008—2009年，目标是战略调整和再资本化，具体措施包括：识别核心业务和市场，建立花旗公司(Citicorp)；将非核心业务纳入新的花旗控股(Citi Holding)；将风险、财务等全球职能部门集中化管理；筹集新的资本金（即再资本化过程）。

第二阶段是2010—2011年，目标是再投资和瘦身，具体措施包括：对花旗公司进行再投资；缩小花旗控股的规模；针对《巴塞尔协议Ⅲ》和新的监管规定进行业务重组，例如出售少数权益、调整证券化产品等；继续增强资本金实力。

第三阶段是2012年，目标是增长，具体措施包括：获得收入和盈利的增长；继续缩小花旗控股的规模；出售少数权益（例如摩根士丹利美邦）；运营的流程化和简单化；继续增强资本。

第四阶段是2013—2015年，目标是执行，具体措施包括：持续高质量的盈利；提高回报率；满足《巴塞尔协议Ⅲ》核心一级资本充足率标准；提高责任感。

（二）确定资源配置标准

花旗集团通过市场、客户和产品三个维度来合理分配其资源。

1. 市场：将有限的资源分配至有更高回报机会的市场。考虑的因素包括市场吸引力和自身业务的优势，其中市场吸引力考虑GDP增长率、竞争性、监管环境；业务优势主要看运营效率和回报率。

根据上述标准，花旗集团将其全球100多个市场分为以下五个类别（根据2012年花旗公司财务数据划分）。

（1）以投资促增长（Invest to grow）：20个市场，新兴市场为主，具有业务优势，特别是墨西哥、新加坡、中国香港、印度和中国；收入占比为30%，成本收入比为49%，ROA为1.9%。

（2）维持现状（Stay the course）：48个市场，具有业务优势但是商机较少；收入占比为5%，成本收入比为43%，ROA为2.5%。

（3）先优化后增长（Optimize then grow）：18个市场，具有最大的改善空间，主要是大型发达国家，例如美国和英国；收入占比为55%，成本收入比为69%，ROA为0.7%。

（4）优化/重组（Optimize/Restructure）：21个市场，其中一半是消费者银行；收入占比10%，成本收入比为0.4%，ROA为0.4%。

（5）退出（Exit）：退出特定区域或业务线；例如，在乌拉圭、巴拉圭、土耳其、罗马尼亚和巴基斯坦的消费者业务。

根据上述分类，花旗集团市场导向的资源分配政策非常清晰：向"通过投资的增长"市场分配额外的资源，"最优化在先增长随后"市场的机遇在于提高运营效率和回报率，"维持现状"市场要保持良好的势头，"最优化/重组"市场则是缩减或退出未来无法达到合理回报的业务。

花旗在拥有18个市场的大型发达国家（即最优化增长）板块仍具有最大的改善空间，收益潜力也最大；而覆盖21个市场（即最优化/重组）的消费者银行是花旗集团的拖累者，需要进一步重组和最优化。

2. 客户：将有限的资源倾向于能提供更高盈利的客户。花旗集团的目标客户是那些看重花旗全球网络价值的客户。根据花旗集团的测算，以对公客户为例，在50个国家为一个客户提供服务与在20个国家为同一个客户提供服务相比，花旗集团在前一种情形下获得的钱包份额和回报将提高3倍，花旗集团所提供的产品也从3个上升至11个。

3. 产品：捕捉相邻性产品带来的有效收入增长。花旗集团还通过把投行业务（如并购和承销）、信贷、金融市场和交易服务整合在一起，通过高科技来促进跨产品的运用。例如，市场和交易服务是两个天然相邻的产品，花旗集团将前者的外汇交易平台与后者的资金平台整合在一起，使得公司客户可以在一个接入点同时享受到花旗集团的市场和交易服务，不仅为客户提供了便利，同时还可以提高花旗集团与客户交流的效率。

（三）开展重组与瘦身

2009年1月，花旗集团将旗下的业务拆分为花旗公司和花旗控股。花旗公司整合了花旗集团的核心业务，花旗控股则集中了花旗集团的非核心业务。

花旗公司分为全球消费者业务和机构客户集团两大事业部。其中，全球消费者业务分为四个区域性消费金融业务区，分别为北美、EMEA（欧洲、中东和非洲）、拉丁美洲和亚洲，各区域性消费金融业务均包含零售银行业务、本地商业银行业务和花旗品牌银行卡业务。机构客户集团又分为全球交易服务和证券与银行两大业务线，前者包括全球交易服务、资金管理和贸易解决方案，后者包括全球银行、全球市场、私人银行、理财咨询。

花旗控股包括经纪和资产管理业务（例如摩根士丹利美邦）、本地消费贷款（包括北美地区的住宅及商用地产贷款、汽车贷款、学生贷款和个人贷款、零售伙伴卡；西欧地区的消费金融业务和世界其他地方的消费金融业务机构）和特殊资产池。

在进行了上述业务架构重组之后，花旗集团对其核心业务进行进一步的投资，例如在2011年对北美的信用卡业务增加投资5亿美元，在亚洲和拉丁美洲为让客户总体运营增长而作出的投资也增加了约3亿美元。与此同时，花旗集团对其非核心业务进行了持续的瘦身，例如，出售摩根士丹利美邦的少数股权、剥离学生贷款银行（The Student Loan Corporation）和Primerica（主要从事寿险和共同基金销售）大部分业务的资产等，花旗控股的资产从2008年底的6500亿美元（占花旗集团资产总额的33.5%）下降至2013年底的1170亿美元（占花旗集团资产总额的6.2%）。此外，花旗集团还通过数次大幅裁员，将员工总数从2007年底的37.5万人下降至2013年底的25.1万人。

（四）将商机转化为业绩

在证券和金融方面，花旗集团的策略是利用在全球网络方面的优势，与遍及商业、公用事业和金融行业的约5000家全球重点客户建立深厚而持久的合作关系，因为这些客户最集中地代表了当前和未来的机会。花旗集团将资本投向与这些客户的合作，通过贸易、外汇、咨询和其他服务获取巨大的收入来源。

在全球交易服务方面，花旗集团利用其在全球网络、技术平台和行业专长方面的优势，通过"资金管理和贸易解决方案"和"证券和基金服务"两大主要业务，深化与重点客户的关系，以较低的资本投入带来稳定可观的收益。

在地区消费金融方面，花旗集团的策略是吸引全球150个国际大都市的富裕消费者，因为其消费金融收入中有将近一半来自新兴市场，那里的利润率更高，增长前景也更明朗。花旗集团将继续在重点市场中投资设立更多、更好的网点，同时通过创新性分销渠道、产品和数字银行平台，构建"感知规模"（Perceptual scale），努力成为具有全球视野的消费者的首选银行，以及谋求业务国际化的中小型企业的首选银行。

（五）转型成效及展望

经过5年多的努力，花旗集团的转型已初见成效，不仅在瘦身的同时更加合理地分配资源，而且财务上迅速扭亏为盈，重新实现了增长，股票市值也从2008年底的370亿美元上升至2013年底的1580亿美元。

根据花旗集团调整后的非GAAP财务数据，花旗集团的净收入从2011年的101亿美元增加至2013年的135亿美元，年复合增长率为16%。花旗集团的资产收益率（ROA）从2011年的0.52%上升至2013年的0.72%，主要原因是花旗公司盈利的增长和花旗控股亏损的减少：花旗公司的盈利从2011年的143亿美元上升至2013年的154亿美元，花旗控股的亏损从2011年的42亿美元下降至2013年的19亿美元。与此同时，花旗集团的资产总额也从2011年的1.953万亿美元下降至2013年的1.883万亿美元。

此外，从核心资产来看，花旗公司的成本收入比从2011年的63%下降至2013年的59%，主要原因是收入的小幅增长以及支出的减少。花旗公司的税前盈利从2011年的193亿美元上升至2013年的228亿美元。

花旗集团CEO考伯特在2013年3月提出了花旗集团2015年的三大财务目标。首先，花旗公司（核心业务）的成本收入比达到55%左右（2011—2013年分别为63%、61%和59%）。主要驱动因素为在全球消费者板块，推出统一的技术平台，并实现产品和流程的标准化；在机构客户集团板块，增加市场份额，增强运营效率，保持合理的人员和激励机制。

其次，花旗集团的有形普通股资本回报率至少为10%（2011—2013年分别为7.2%、7.9%和8.2%）。主要驱动因素为增加花旗公司的收入，改善花旗公司的运营效率，减少花旗控股的亏损，通过留存收益增加有形普通股资本。

最后，花旗集团的资产回报率在0.9%和1.1%之间（2011—2013年分别为0.52%、0.62%和0.72%）。主要驱动因素为增加花旗公司的收入，改善花旗公司的运营效率，减少花旗控股的亏损，缩减花旗控股的资产规模。

三、对中国银行业的启示与建议

第一，战略的制定。国际六行战略有相通之处，但也是独特的，必须结合业务所涉区域的长期发展趋势和自身优势特点制定。中国大型银行与花旗集团类似，在制定未来集团发展战略或实现重组的前提是要适应"全球化、城市化和数字化"的大趋势。与此同时，大型银行还必须紧紧抓住其重点客户的需求，认真地研究需求的内涵，调整其发展战略，使未来业务发展进入长期持续性发展的轨道。

第二，"有所为有所不为"也是我们从花旗战略变革过程中得出的结论之一。2008年以前，花旗集团一度盲目地强调大而全、无所不包的业务，实际上是迷失了花旗自身的优势和特点，经过几年的资产剥离，向核心业务重新靠拢，使得花旗在"瘦身"的过程中，形成了业务流程的简明化和良性循环。中国商业银行应当吸取花旗的教训，扬长避短，有所为有所不为，为自己的客户提供最优质的服务。

第三，战略的执行。必须依托自身核心竞争能力制订切实可行的行动计划，花旗在客户、市场和产品上对资源进行配置的机制、全球一体化的管控架构、处理非核心资产的方法（如成立花旗控股等）均有值得中国商业银行学习的地方。

第四，战略的宣传和与股东的沟通。花旗集团在其战略变革的开始时，把目标明确定位为股东增值。在其执行战略的过程中，花旗的管理层定期地与华尔街机构投资者不断沟通其战略执行的效果和业绩状况，使其战略思路更加具有透明度，大大增强了投资者的信心。

富国银行罚款案的分析及启示

因未经客户授权虚开账户等问题，富国银行被罚款1.85亿美元，2016年10月12日，其董事长兼CEO被迫提前退休。"富国案"引发了市场的高度关注，并对该行造成了一系列负面影响，美国银行业陷入新一轮的信任危机。为避免重蹈富国银行的覆辙，中资银行须从加强公司治理、提升客户满意度、做好员工疏导、强化价值观执行以及舆情及危机管理五方面入手持续优化内部管理。

一、富国银行概况

富国银行总部位于美国旧金山，其前身为1852年成立的富国公司。公司成立100多年来，经过并购整合，已成长为美国四大银行集团之一。截至2016年第二季度末，富国银行资产余额达1.89万亿美元，规模仅次于摩根大通和美国银行，为美国第三大银行，其在美国境内拥有最多的营业网点，在住房按揭贷款市场拥有最大的市场头寸。社区银行是富国的主要创收条线，2015年共创造收入493.4亿美元。

2008年国际金融危机以来，富国银行是美国大型银行中业绩最好的机构，股本收益率一直保持在两位数以上，净息差长期保持在3%以上，不良贷款率仅为0.7%（2016年第二季度末）。2015年末，富国银行市净率达1.3倍，列30家全球系统重要性银行（G-SIBs）首位，其也多年占据全球银行市值排名第一的宝座。

二、起因

（一）直接原因

根据美国消费者金融保护局（CFPB）提供的报告（2016-CFPB-0015），2011年5月至2015年7月，富国银行职员在销售中存在以下行为。

一是未经授权开立存款账户，并进行非法转账。调查显示，富国银行职员在未经客户授权的情况下开立存款账户153万个，其中8.5万个账户使客户发生费用支出，费用总计200余万美元。费用主要包括关联账户的透支行为，月均余额不足造成的罚金等。

二是未经授权开立信用卡。调查显示，富国银行职员在未经授权的情况下开立信用卡56.5万张，其中1.4万张卡发生了费用，共计金额40.3万美元，这些费用包括年费、透支保护费（Over-draft Protection Fee）以及一些利息费用。

三是未经授权开通网上银行服务。调查显示，富国银行员工使用不属于客户的电子邮件为其开通网上银行服务。

四是未经授权开立借记卡。调查显示，富国银行员工在未经客户授权的情况下申请借记卡并创造PIN码将借记卡激活。

（二）深层次原因

富国银行罚款案的发生是多方面因素共同作用的结果。

一是公司治理存在缺陷。富国银行权力过于集中，难以形成有效制衡机制：Stumpf兼任董事长和CEO两个职务，并在雪铁龙和标靶公司兼任董事；独立董事人数与其他大型银行相比相对较少；董事会一半以上董事任职时间超过10年。另外，高管薪酬激励"短视化"，当期薪酬奖励资金的比例非常高，缺乏足够的递延薪酬机制。

二是价值理念执行不到位。"客户为先"是富国银行的文化信条。富国银行的标志是六驾马车，奉行"永远不要把马车放到马前面"的信条。富国银行编制了详尽的价值观手册,但执行并不到位,上述销售欺诈行为正是对客户权益的肆意践踏,是对其价值理念的严重背离。

三是激励约束机制较为激进。富国银行在交叉销售领域是行业标杆,其曾提出"伟大的8"(Gr-eight)战略。为实现交叉销售,其给员工设定了较高的考核目标,如果员工不能按期完成,他们将面临被解雇的风险;同时,辅之以较为激进的激励机制。如富国银行实施的"刺激转账"(Funding Stimulation)措施,其对于引导客户开户、并在新开账户中形成流水的客户经理给予具有吸引力的激励政策,这是导致富国银行员工虚开账户并非法转账的直接原因。

四是外部监管"秋后算账"。"富国案"还暴露出监管当局的"失职"。国际金融危机以来,美国设立了CFPB,以加强金融消费者权益的保护,但投入资源有限,很难支持其功能发挥,富国银行自2011年以来就持续发生类似问题,直到2016年监管部门才有所行动,可见其监管存在明显的不足和滞后。

五是舆情管理及危机应对不到位。"富国案"曝出后,负面报道铺天盖地,再加上恰逢美国大选,两党为争取选票将富国案大肆渲染,使事态恶化;在此期间,富国银行没有采取及时、有力的补救措施,致使事态进一步升级,最终造成了较大的负面影响。客观地说,富国银行此次罚款金额并不多,且美国其他同业也有类似的违规事件,罚款事件本不应该产生过于严重的影响。

三、富国案的影响

(一)对富国银行的影响

对富国银行而言,此次案件产生的影响主要体现在以下四个方面。

一是罚款。富国银行须向三家机构缴付罚金,分别是:CFPB,罚金为1亿美元,且CFPB规定1亿美元不能记作费用进行抵税;洛杉矶检察院办公室,罚金为5000万美元;美国货币监理署(OCC),罚金为3500万美元,三项合计1.85亿美元。由于事态造成的负面影响有限,且消费者的经济损失较小，富国银行的罚款金额并不高，与前期其他国际大型银行动辄数十亿美元甚至百亿美元以上的罚单相比，微不足道。但富国银行面临的诉讼远未终止：首先，其将面临投资者要求补偿市值亏损的诉讼，案件发生以来，富国银行股票市值大幅缩水，如果普通股投资者向美国司法部起诉，赔偿金可能将远超过前期罚款的总和；其次，富国银行还面临员工和客户起诉补偿问题，美国劳工部也表示要对此次裁员事件进行调查。

二是股价下跌，评级展望下调。自2016年9月8日以来，富国银行股价大幅下挫，截至9月底，下跌幅度超过10%。富国银行市值缩水超过200亿美元。作为富国银行最大的股东，巴菲特旗下的伯克希尔·哈撒韦公司股价下跌超过2%。富国银行可能将因此调整2016年分红计划，市场投资者对于富国银行的信心有所波动。在股价下跌的同时，惠誉于2016年10月4日将富国银行的评级展望由"稳定"下调至"负面"。

三是丧失业务机会。案件发生对富国银行的声誉造成了较大的负面影响，也使其丧失一系列业务机会：许多私人银行客户正考虑将账户转至其他银行，他们认为账户问题可能只是违规操作的"冰山一角"，富国银行可能还存在其他违规行为；在与政府合作方面，案件发生后，加州政府终止了与富国银行的一切合作项目，并把锁定期定为1年，停止叙做的业务主要包括：为加州政府提供投资项目的经纪业务服务；为加州政府发债提供的投行业务服务；此外，加州政府不会购买富国银行发行的股票和债券。除加州政府外，伊利诺伊州政府也宣布停止与富国银行的业务，西雅图市政府宣布停止与富国银行一笔1亿美元的债券承销业务。

四是经营业绩受到影响。此次富国银行裁员绝大部分集中在零售条线，势必将对其主营业务收入产生负面影响。在丑闻爆发后不久，富国银行下调了其2016年的盈利目标，富国银行业绩出现下滑或将成为大概率事件。

五是问责。富国银行解雇了与虚假账户事件相关的5300名员工，这些员工相当于零售条线职工基数的1%，其中66%以上来自美国的西南地区（集中在加州、内华达州和亚利桑那州），且有10%以上是支行经理或更高层级的员工。在高管层面，富国银行首席执行官Stumpf辞去了在美联储联邦咨询委员会的职务；10月12日，Stumpf迫于压力，宣布提前退休；同时，此次事件将影响Stumpf继续在其他上市公司担任董事的资格，富国银行是美国仅有的两家董事会成员在其他上市公司董事会兼职的上市企业。

（二）宏观影响

从宏观层面看，"富国案"的影响主要体现在以下几个方面。

首先，成为两党获取政治筹码的"抓手"。共和党和民主党希望借助富国案争取更多的政治筹码。希拉里主导的民主党阵营希望加强对大型银行的监管，防止银行规模过度扩张造成的垄断，富国案正好说明现行的监管制度难以覆盖银行经营的各个层面，金融机构存在"太大而不能监管"的问题，这为其进行银行"分拆"政策改革提供了依据。特朗普主导的共和党希望通过富国案抨击当前的金融监管框架，即由民主党倡导的《多德—弗兰克法案》，同时恢复《格拉斯—斯蒂格尔法案》。

其次，促使金融监管改革。作为美国的"标杆"银行，富国案的发生引发了市场对金融监管的深度质疑，其将推动美国金融监管改革，如进一步完善高管薪酬与银行长期风险及业绩的挂钩法规，特别是高管薪酬追回（Clawback）方案。追回报酬条款在20世纪90年代便已产生，但一直基于企业自愿，很少真正执行。2002年安然丑闻发生后，美国证券交易委员会（SEC）对安然公司高管实施了追回报酬处罚。危机后，《多德—弗兰克法案》第954条针对所有上市公司规定了追回条款，然而即使如此，该条款仍然很少被真正实施，且SEC尚未就该条款形成正式规则。目前，只有摩根大通CEO戴蒙由于"伦敦鲸"事件遭受减薪处罚，但非真正的追回报酬。富国案发生后，Stumpf的股权激励奖金（4100万美元）和零售业务高管Tolstedt的股权激励奖金（1900万美元）已被追缴。富国对其高管的薪酬的追回不是基于SEC法律条款，而是银行的内部决定和外部的压力。未来，监管机构可能会实施更严格的追回条款，更重视银行高管的个人责任问题，并且会加速完成拖延已久的关于银行高管报酬的规则。

最后，美国银行业陷入新一轮信任危机，主要体现在以下三个方面。

一是更多针对富国银行诉讼和调查陆续展开。包括指控富国银行在知道股票估值存在高估的情况下,继续让员工用退休储蓄投资;调查银行是否存在强迫职员加班、为职员设定难以达到的销售目标以及找理由开除举报银行违规的员工等案件;此外,富国银行的小企业银行业务也遭到美国联邦中小企业局的调查等。

二是其他大型银行遭到调查。"富国案"发生之后,针对虚开账户问题,多家银行遭到了调查,如摩根士丹利因不道德的交叉销售行为遭到马萨诸塞州联邦部长的指控。

三是对交叉销售的经营模式产生深度质疑。"富国案"一经曝光,其激进的交叉销售模式受到市场的指责。虽然富国银行已经宣布停止其交叉销售指标,但民众对于交叉销售模式的存废仍存有质疑。

四、启示

作为美国的"标杆"银行,"富国案"的发生造成了不良的社会影响,其教训值得总结与深思。从中国银行业实际看,在"二代"身份证尚未普及时期,虚开账户现象在我国曾经多有发生,银行职员借用他人身份证虚开账户。随着二代身份证的广泛使用,虚开账户现象有所收敛,但其他违规行为仍时有发生。由于中资大型银行网点分布较广,内控和法律合规难度较大,如要避免重蹈富国银行覆辙,须从以下方面入手强化管理。

一是加强公司治理。一方面,要实施稳健的经营发展战略,制定符合当前市场环境的业绩增长目标,根据各地区的具体情况将业绩增长目标进行合理的分解,确保业绩增长目标保持在合理区间,实现银行风险和收益的平衡;另一方面,要不断完善激励约束机制,防止过度追求短期目标而忽视内控和风险的行为,绩效考核中,要重视"递延类"指标的作用,通过强化"事后"约束机制规范员工行为;此外,要进一步优化董事会结构,发挥"一层三会"在公司治理中的作用,提高风险管理水平。

二是提升客户满意度。将"以客户为中心"的理念落实到位。切实保护客户的合法权益，确保客户隐私不受侵犯，不违规向客户提供附加服务并收取费用；有针对性地加强对公、对私业务的部门联动，提升服务满意度，而非以推销产品为目的，切实解决客户面临的问题；加强金融产品创新，向客户提供更为广泛的金融服务，同时，注重渠道创新，如线上平台的开拓，向客户提供更便捷的服务。

三是做好员工关爱工作。当前，国内经济增速趋缓、同业竞争不断加剧，银行经营业绩有所下滑，员工绩效考核压力与日俱增。在此背景下，只有最大程度地关爱员工、提高员工专业能力，才能更有效地应对各项挑战。银行各级管理者及工会等组织应充分发挥作用，关爱员工家庭和生活，开展心理沟通和辅导，缓解工作压力，提升员工忠诚度；对业务完成存在困难的员工，应组织专业的技能培训，提升其业务技能，做到人岗匹配，人尽其才，才尽其用。

四是强化价值观执行。中资银行要高度重视价值观管理体系建设，强化职业道德理念教育，着力解决好价值理念的认识与落地相脱节、语言与行动相脱节、激励约束不及时、不到位等问题。各级管理者要带头宣讲、推广价值理念并以实际行动逐级带动员工将价值理念融入日常工作，将价值观执行融入员工绩效考核中。要充分发挥党组织优势，将银行价值理念塑造与党风建设有机结合，在企业文化建设中发挥党员模范带头作用。在关键绩效指标设计上，不仅要关注财务业绩等硬指标，还要兼顾社会责任和客户满意度等软指标。

五是提高舆情与危机管理能力。在当前复杂的国内外市场环境下，不排除别有用心的媒体或做空势力借机炒作，针对某家银行或中国银行业集中予以负面评价，造成市场波动和连锁反应。应未雨绸缪，配合监管机构做好舆情引导，做好风险事件预案，妥善应对声誉风险。

日本银行业新一轮海外扩张及对中国银行业"走出去"的启示

2008年国际金融危机以来,受国内经济下滑、货币政策宽松、欧美大型银行退出海外市场等因素影响,日本银行业海外扩张力度明显加强。与日资银行相比,中资银行的国际化水平存在一定差距。中国银行业应充分抓住历史机遇,通过练好内功、理性布局、量力而行、做出特色、国家统筹五个方面进一步推进银行国际化进程。

一、日本银行业新一轮海外扩张的主要特点

2008年国际金融危机以来,日本银行业的海外扩张力度明显加强。截至2015年第一季度末,日本银行业国外债权余额达3.53万亿美元,规模超过英国和美国,跃居全球第1位;在过去7年间,日本银行业国外债权余额增加1.12万亿美元,年化复合增长率为6.18%,增速仅低于美国和西班牙,列全球第3。

总体来看,日本银行业的新一轮海外扩张呈现出以下特点:

一是以北美和亚洲新兴市场为扩张重点。从日本银行业对国外债权存量的分布情况看,其国外债权主要集中在美国、欧洲和亚太地区。截至2015年第一季度末,三地区债权余额占比高于65%,其中美国就高达38.11%;从地区分布看,美国、亚太地区和拉丁美洲的增幅较为明显,分别较2008年第一季度提

高4.69个、4.01个和1.2个百分点，欧洲地区降幅明显，达12.95个百分点。

从国别分布看，截至2015年第一季度末，美国、英国、法国、澳大利亚和德国的规模占比位居前5位，分别达38.11%、5.06%、4.49%、3.10%和3.10%；从增速来看，泰国、墨西哥、土耳其、印度尼西亚和巴西靠前，2015年第一季度末的债权余额平均是2008年的3.75倍；从份额的变动情况来看，美国、泰国、中国、澳大利亚和印度尼西亚的份额占比增幅明显，平均达1.62个百分点。

二是并购与设点的方式平行推进。日本银行业海外扩张的过程中遵循并购与设点并行原则。以三菱日联金融集团、瑞穗金融集团和三井住友金融集团三家国际化程度最高的银行为例，2010年以来，三家银行通过并购在海外设立机构19家，通过新设网点建立分行和附属公司23家，两者数量较为均衡。除了并购和设点外，一些规模较小的地方性银行还通过建立金融联盟的方式共享彼此在海外的分支机构，以此来拓展客户基础和业务功能。

三是业务对象以当地企业为主，银团贷款和项目融资数量显著提高。与日本银行业前两次海外扩张浪潮不同，本次海外扩张中，日本银行业在服务本国"走出去"企业的基础上，更加关注海外当地企业的资金需求。2014年末，日本三大银行的海外机构服务当地客户的数量和贷款余额占比分别达45%和55%，均达到历史较高水平。

随着海外扩张程度的不断提高，日本银行在国际项目融资和银团贷款中的作用日益凸显。由于在亚洲地区分支机构的资产负债表较为健康且具有较丰富的借贷经验，三大银行的项目融资和银团贷款主要集中在这一地区，重点聚焦于东盟国家和澳大利亚；从贷款币种看，基本以当地货币为主；从行业看，主要在公共设施、交通通信和石油天然气行业。

四是以赚取息差收入为主，但非息收入占比不断提升。2014财年，三菱日联金融集团、三井住友金融集团和瑞穗金融集团海外利息收入对总收入的贡献分别达31.0%、17.3%和23.3%（见表2-7），在海外收入的比重分别达65.4%、72.4%和88.3%。2010财年以来，海外收入中利息收入的占比总体呈现下降趋势，三菱日联金融集团和三井住友金融集团分别较2010财年下降11个和12个百分点。

表 2-7　　　　　　　日本三大银行海外收入分解　　　　　单位：%

	项目	2010财年	2011财年	2012财年	2013财年	2014财年	2010—2014财年变动
三菱日联	海外收入/总收入	30.1	27.2	32.9	28.4	47.4	+17.3
	海外利息收入贡献	23.0	24.2	23.7	26.8	31.0	+8.0
	海外非息收入贡献	7.1	3.0	9.2	1.7	16.4	+9.3
三井住友	海外收入/总收入	10.2	11.8	17.9	21.7	23.9	+13.7
	海外利息收入贡献	8.7	10.5	11.6	14.5	17.3	+8.6
	海外非息收入贡献	1.5	1.3	6.3	7.2	6.6	+5.1
瑞穗	海外收入/总收入	22.2	22.2	23.5	28.8	26.4	+4.2
	海外利息收入贡献	16.5	18.4	18.4	22.6	23.3	+6.8
	海外非息收入贡献	5.7	3.9	5.1	6.2	3.1	-2.6

资料来源：银行年报。

五是大型银行为扩张主力，地方性银行步伐加快。日本三大银行是海外扩张的主力军，过去5年中，三大银行海外贷款增速平均达19.1%（见表2-8），较同期三大银行集团贷款增速高出15.1个百分点；海外贷款平均占比由2010财年的16.2%上升为2014财年的31.8%，升幅达15.6个百分点，海外贷款占比远高于日本国内银行业平均12.8%的平均水平。

近年来，日本区域性银行的海外扩张步伐不断加快，2014财年，区域性银行的海外贷款余额增速超过20%，增幅超过40亿美元，增速首次超过大型银行。

表 2-8　　　　　　日本三大银行海外贷款增速情况　　　　　单位：%

		2010财年	2011财年	2012财年	2013财年	2014财年	平均
三菱日联	贷款增速	-5.8	5.6	8.1	11.7	7.3	5.4
	海外贷款增速	-1.1	20.7	21.0	35.7	21.7	19.8
	海外贷款占比	21.5	24.5	28.2	33.6	37.8	29.1
三井住友	贷款增速	-2.2	2.2	4.6	4.0	7.1	3.1
	海外贷款增速	4.9	16.3	27.8	24.2	21.1	18.9
	海外贷款占比	14.6	17.2	21.0	25.0	28.9	21.3
瑞穗	贷款增速	1.0	1.6	5.9	2.6	5.9	3.4
	海外贷款增速	4.9	21.9	30.9	25.7	10.3	18.7
	海外贷款占比	12.6	15.1	18.7	22.9	28.7	19.6

资料来源：银行年报。

六是严控海外业务风险,风险指标表现良好。从不良贷款率看,2014财年末,日本三大银行海外资产不良贷款率平均不足1.2%,远低于国内2%以上的水平;从海外存贷比来看,2014财年末,日本银行业海外存贷比为88.1%,低于全球系统性重要银行100%以上的平均水平;从海外资金来源看,2014财年末,日本银行业海外负债中存款占比达59.5%,且期限分布较为合理,资金来源稳定。

日本银行业通过海外扩张有效应对了国内经济下行对经营业绩造成的不利影响,但是,经营业绩能否持续改善尚待观察。在海外业务的带动下,三大银行的盈利水平、资产质量和风险抵御能力均得到了改善,日资银行资产规模排名得到了提升(见表2-9),日本银行业的股价表现也领跑全球银行业(见表2-10)。但是2014年以来,日元贬值幅度加大,大型银行海外扩张的经营成本明显提高,对业绩产生了一定影响;与此同时,随着国际油价和大宗商品价格的下降,日本银行业海外与原油、大宗商品相关的资产质量面临较大压力。

表 2-9　　日本三大银行主要指标变动(2014年比2008年)　单位:%,名

	净利润增速	ROE	资本充足率	不良贷款率	全球排名
三菱日联	+124.33	+3.22	+0.66	-0.41	5(+3)
三井住友	+25.08	+1.37	+0.49	-0.97	16(+3)
瑞穗	+106.11	+2.93	+0.89	-0.63	19(-5)

资料来源:Bankscope.

表 2-10　　2009—2014年主要地区银行业股价整体表现　单位:%

	日本	欧洲	中东	北美	澳大利亚、新西兰	亚洲	拉丁美洲
当地货币计价	25	13	4	3	2	-2	-2
美元计价	20	6	2	1	-9	-3	-17

资料来源:Bloomberg.

二、日本银行业新一轮海外扩张的动因

日本银行业加大海外扩张力度的主要驱动因素来自国内经济的下滑、量化宽松政策的推出、海外投资机遇的涌现以及欧美大型银行海外战略的调整。

（一）国内经济下行，信贷增速放缓

受人口老龄化、内需不足等问题影响，日本经济持续疲弱、通货紧缩压力较大。2008年第三季度至2015年第一季度的GDP同比增速平均仅为-0.53%，远低于2007年1.25%的平均水平。在下行背景下，信贷资金的供需两方面均出现萎缩。从供给端看，出于风险管理的考虑，商业银行"惜贷"倾向明显，在授信过程中对抵押资产质量和借款人资质提出了更高要求；从需求端看，经济下行造成企业经营困难、居民收入水平下降，信贷需求下滑。受供需两方面因素影响，日本国内的信贷增速较为缓慢，2010财年至2014财年，三大银行国内贷款增速平均不足5%，远低于海外贷款19.1%的增速。

（二）货币政策宽松使银行业绩承压

为应对国内通货紧缩压力，日本推出了以"安倍经济学"为代表的量化宽松货币政策，量化宽松政策的推出对日本银行业造成了两大影响。

一是国内存贷利差收窄。以三菱日联金融集团、瑞穗金融集团和三井住友集团三家全球系统重要性银行为例，2012财年3家机构的国内存贷利差平均为1.27%，而到2014财年下降为1.09%，平均下降0.18个百分点。对于业务更加聚焦本土的银行而言，国内存贷利差下降带来的经营压力更为明显。Resona银行、SMTH银行和Aozora银行国内平均存贷利差水平由2012财年的1.42%下降为2014财年的1.16%，平均下降0.26个百分点。对于聚焦本土的银行，它们有更强的动机进行海外扩张，摆脱国内低息差环境。

表2-11　　　　　　　　日本主要银行国内存贷利差变化　　　　　　单位：%

	2012财年	2014财年	变化
三菱日联	1.25	1.02	-0.23
瑞穗	1.19	1.03	-0.16
三井住友	1.54	1.32	-0.22
Resona	1.62	1.39	-0.23
SMTH	1.09	0.93	-0.16
Aozora	1.66	1.15	-0.51

资料来源：银行年报。

二是日元汇率持续下跌。2013年,日元兑美元汇率进入下降通道。2015年6月,美元兑日元汇率一度攀升至1美元兑换125.58日元,较2011年11月的最低水平贬值达39.6%。日元贬值造成了以日元计价资产的缩水,为规避汇率风险,日本商业银行希望增持非日元资产进行保值增值。同时,国内日元的相对充裕为金融机构购买海外资产提供了充足的流动性,进一步推动了日本银行业的海外扩张。

(三)海外市场提供了有利的投资环境

日本银行业海外扩张的另外一个重要原因是其业务扩张关键区域的经济发展状况和银行业经营态势整体良好。国际金融危机后,日本银行业海外扩张的核心区域主要包括亚太、北美和拉美地区,这些地区在宏观经济增速(GDP增速)、银行业盈利能力(ROE)以及银行业资产质量(NPL)方面具有较强的吸引力。

对于北美地区而言,由于日本与美国长期的战略合作伙伴关系,日本银行业在美国市场的占有率较高,且其一直将美国市场业务视为本土业务。伴随着美国经济复苏以及美元的走强,日本银行业相应加大了对美国业务的投入。

对亚太地区而言,近年来,与日本经济关系密切的泰国、菲律宾、印度尼西亚等国家经济发展速度较快,在基础设施建设领域存在广阔的投资空间,据测算,亚洲新兴经济体共有约8万亿美元的基础设施投资需求。在日本政府的大力支持下,日本企业参与了多项海外基础设施投资项目,如泰国的曼谷—清迈高铁项目、连接新加坡和马来西亚的新马高铁项目以及印度尼西亚高铁项目等。这些项目的实施为日本企业和银行"走出去"创造了难得机遇,也是日本银行业海外投资数量激增的重要原因。

(四)欧美大型银行选择战略收缩

2008年国际金融危机后,欧美大型银行遭遇重创,无力继续延续危机前的海外扩张步伐;与此同时,《巴塞尔协议Ⅲ》监管规则的出台使全球大型银行面临更为严格的监管环境，欧美大型银行的去杠杆趋势明显，体现为：退出海外高风险业务条线，如瑞银集团缩减固定收益、大宗商品和外汇业务（FICC）、德意志银行缩减投行和资本市场业务、法国农业信贷银行压降股票及衍生品交易业务等；优化海外市场布局，选择性地从海外市场退出，如苏格兰皇家银行大规模压降海外业务，逐渐由跨国银行转变为区域性或当地银行，花旗集团和汇丰控股退出了低回报、高风险地区的海外市场，优化海外布局。

与欧美大型银行相比，日本银行业在金融危机中遭受的损失较小；国内推进《巴塞尔协议Ⅲ》的节奏较慢，力度也相对较弱。欧美银行业战略收缩为日本银行业进行海外扩张，改变全球银行业格局创造了历史机遇。

三、中日大型银行海外扩张的主要差距

2008年国际金融危机以来，中国和日本银行业均加大了海外扩张力度，大型银行的国际化水平得到了明显提高。然而，由于在历史积淀、本土市场的承载能力以及国家战略方针等方面的差异，与日本大型银行相比，中资银行的国际化程度还存在明显差距，主要体现在以下几个方面。

一是海外基础设施建设存在差距。日本银行业的国际化进程起步较早，自20世纪80年代以来，日本银行业已先后经历了三次海外扩张浪潮，日资银行在海外扩张过程中拓展了充足的网点，积累了较为雄厚的人力资本，基本完成了在全球主要国家和地区的设点，在重点市场形成了成熟的经营网络和客户基础，其海外扩张已由"织网"阶段进入"深耕"阶段。相比较而言，中资银行的国际化进程起步较晚，还处于海外布点、追随本土企业"走出去"的"织网"阶段，中资银行在海外员工数量、机构数量及设点国家数上存在明显差距（见表2-12）。

表2-12　　2014年底中资银行和日资银行海外员工、机构对比

单位：%，个

银行名称	海外员工占比	海外机构占比	设点国家数
中国工商银行	3.6	2.4	41
中国农业银行	0.1	0.0	10
中国银行	7.7	5.5	41
中国建设银行	0.2	0.2	15
交通银行	2.1	1.9	12
平均	2.7	2.0	24
三菱日联	65	51.2	49
瑞穗集团	—	8.5	37
三井住友	11	13	32
平均	38	24	39

资料来源：银行年报。

二是海外资产效能存在差距。与日资银行相比，中资银行在海外经营的效能上还存在一定的差距。2014年，中资五大行的海外税前利润占比/海外资产占比的平均比值为0.58，低于日资银行0.69的平均水平（见表2-13）。

表2-13　　2014年中资银行和日资银行海外税前利润和资产占比　　单位：%

银行名称	利润占比	资产占比	利润占比/资产占比
中国工商银行	6.4	9.3	0.69
中国农业银行	1.8	3.7	0.49
中国银行	23.0	29.9	0.77
中国建设银行	2.1	5.6	0.38
交通银行	5.5	9.9	0.55
三菱日联	18.5	37.4	0.49
瑞穗集团	22.3	22.9	0.97
三井住友	18.9	31.3	0.60

资料来源：银行年报。

三是收入结构、布点方式的多元性存在差距。在收入来源方面，两国银行业的海外收入主要来自息差。中资银行对息差收入的依赖程度更高，五大行

息差收入占比平均达90%以上，日资银行息差收入的贡献平均在70%~80%，收入来源更加多元化的三菱日联集团接近60%；中资银行海外息差收入主要来自公司业务，且服务对象以国内"走出去"企业为主，而日资银行在满足国内"走出去"企业的基础上，更加关注满足当地企业资金需求，并通过项目融资和银团贷款等方式整合信贷资源，赚取手续费等非息收入。

在网点扩张方式上，基于服务"走出去"企业业务特点和成本费用考虑，中资银行偏好于通过开设分支机构实现网点扩张。2010年以来，中资五大银行的通过并购形成的网点数仅为8家，而新设分行和附属机构50家，并购数与设点数的比值为16%，中国银行和中国农业银行在5年内未发生一笔并购；日资银行则强调网点扩张和并购扩张的综合发展，同期，日本三家银行通过并购新设机构19家，新设分行和附属公司23家，并购数与设点数的比值为82.6%，扩张方式相对均衡（见表2-14）。

值得关注的是，近年来日资银行已不仅仅局限于大型银行，一些中小型银行也积极迈开国际化步伐，并通过"组团"方式弥补自身在海外扩张中的"先天不足"。

表2-14　　　中资银行和日资银行海外扩张方式对比　　　单位：次，%

银行名称	并购或增持	新设分行或附属公司	并购/设点
中国工商银行	5	15	33.3
中国农业银行	0	8	0
中国银行	0	15	0
中国建设银行	2	8	25
交通银行	1	4	20
合计	8	50	16
三菱日联	7	6	116.7
三井住友	8	9	88.9
瑞穗集团	4	8	50
合计	19	23	82.6

资料来源：银行年报。

四是海外风险抵御能力存在差距。2014年，日本三家银行的海外存贷比平均为90.2%，且三家银行的存贷比水平较为接近；同期，中资五大行的海外存贷比平均为123.9%，但各行之间的差距较大，分别为162.0%（中国工商银行）、530.4%（中国农业银行）、95.4%（中国银行）、163.2%（中国建设银行）和94.2%（交通银行）。从资金来源来看，日本三大银行的海外负债中存款的占比能够达到近60%，而中国五大行的平均水平不足45%。

四、启示与建议

当前，在中国经济进入新常态，金融市场化改革、"一带一路"建设以及人民币国际化进程加快推进的背景下，中国银行业应充分抓住历史机遇，通过练好内功、理性布局、量力而行、做出特色、国家统筹五个方面进一步推进银行国际化进程。

第一，练好内功。本土市场与海外市场相互依托，如果本土经营出现问题，海外市场也将受到影响。日本第一次海外扩张浪潮就是因为本土市场资产泡沫破裂戛然而止。当前，中国经济正处于"三期叠加"、风险释放的关键时期，尽管如此，中国本土经济增长仍处于中高速阶段，银行业资产质量、息差水平仍具有较高的吸引力，中资银行要吸取日本银行业的经验教训，特别是在当前金融市场化改革可能造成中国银行业重新洗牌的背景下，更需着力提高经营效率和管理水平，立足本土市场，为海外扩张打下坚实基础。

第二，理性布局。在海外扩张过程中，中资银行应从业务和地域两个维度理性布局，稳步推进：在业务维度，应遵循银行海外扩张的一般规律，稳步实现由"织网"到"深耕"，逐渐由当前立足于服务"走出去"企业的业务模式向全球化经营、充分融入当地市场的综合化模式转变，通过业务模式转变实现收入来源的多元化；在空间方面，结合当前国家战略和全球银行业发展形势，优化海外布局，加大对经济增长前景较好、华人人口众多、与中国贸易往来频繁、银行业整体表现良好地区的海外扩张力度，如北美和东南亚地区；顺应国家战略部署，结合中资"走出去"企业金融需求，强化对"一带一路"沿线国家的网点覆盖。

第三，量力而行。国际化经营的银行一般都具有历史悠久、资产规模较大、履行国家汇兑和清算职能等特殊"基因"。无论是花旗集团、汇丰控股、德意志银行还是三菱日联金融集团，这些跨国银行都具有某些国际化"基因"。海外扩张的机遇与风险并存，由于扩张策略不当功败垂成的案例举不胜举，苏格兰皇家银行、德克夏银行等都是经典的反面教材，国际化并不是大型银行成功经营的必要条件，富国银行、美国银行都是专注本土成功经营的典范。商业银行不宜盲目进行海外扩张，而是应该充分论证，根据自身实力和业务特点审慎制定发展战略。

第四，做出特色。就银行主体而言，应结合自身特点在业务条线选择、服务客户资质、重点业务区域等方面形成鲜明的发展方向，避免低水平重复建设和恶性竞争。中小银行也可探寻国际化发展道路，通过资源共享等方式，拓展客户基础和业务范围。就扩张区域而言，也可有针对性地采取不同策略，对于西欧等经济形势疲弱和较为成熟的金融市场，应重点关注财富管理、金融资产交易等创新类业务；对于东南亚等经济发展前景较好、华侨分布密集的地区，可采取银行并购和设点并行的方式，对当地市场进行"深耕"，实现收入来源和网点扩张方式的多元化；对非洲和拉美等新兴市场国家，应积极跟随中资企业"走出去"步伐，通过设点方式实现海外扩张。

第五，国家统筹。银行业"走出去"是一项系统工程，需要国家的顶层设计和通盘考虑。与全球大型跨国银行相比，中国"走出去"银行大多为国有控股的大型银行，这是我国的独特优势。国家的统筹设计和安排，能避免盲目扩张带来的不利影响。国家应出台大型银行"走出去"发展指引，参考美国、法国、日本和英国银行业格局和大型银行的海外扩张程度及梯队分布情况，勾勒出符合中国国情的大型银行海外扩张的愿景图。

日本三大金融集团转型的实践经验

随着中国经济进入新常态、利率市场化和经济金融对外开放不断深化、新兴非银行类金融企业逐渐蚕食传统银行业务，中国银行业正面临着国际国内环境的深刻变化。中国银行业已经意识到，固守原来的增长方式和业务模式将难以为继。如何谋划未来的转型之路，有无可资借鉴的经验可循？在严峻市场环境下积极探索转型并取得突破性进展的日本三大金融集团给出了答案。

一、日本银行业经营环境概况

国内市场长期"低增长"。日本经济在20世纪90年代进入"失去的20年"，整体发展稳定，但增长疲弱。2009年至2016年，日本实际GDP平均增速仅0.88%，占GDP约60%的私人消费年均增长0.53%，投资年均增长0.24%，贸易出口年均增速1.93%。2016年，日本失业率降至22年来的最低水平，但日本总人口已连续6年减少，65岁以上老年人口的占比高达27.3%，且呈上升趋势，当年新生儿数连续10年低于死亡数，老龄少子化成为日本经济停滞的重要原因之一。日本经济的低迷导致企业和个人的贷款需求都不旺盛。2008年国际金融危机后，日本国内金融机构国内贷款规模从危机前的年均增幅4%迅速回落到负增长3%左右，2012年以来才逐渐恢复到目前约2%的增速。

"低利率、低息差"挤压收益空间。日本曾长期实行零利率政策，而2016年1月起实施的负利率政策，更使得银行业短期利率、中长期利率乃至长期和超长期利率都大幅下降，2016财年日本银行业长期和短期新发生贷款年化利率已分别降至0.68%和0.73%，日本大型银行平均利差则下降到1%以下。自2016年末起，面向日本中央和地方政府以及政府系独立行政法人的贷款中标利率已降为0，但仍有10倍以上的银行参与竞标。

"高强度竞争"压缩生存空间。日本金融机构密度高，呈现"过度银行化"特征。据统计，2015财年日本每万平方公里的金融机构网点数接近3000个，在主要发达国家中居首。造成日本银行业激烈竞争的原因主要有三：一是法律允许实体企业投资设立银行子公司（可全资控股）；二是日本对外资银行在日本经营基本给予国民待遇，对其经营范围和经营行为没有特殊限制；三是新兴非银行类金融企业也对传统商业银行业务带来一定的挤压。

二、日本三大金融集团的转型实践及成效

在较为严峻的外部环境下，日本三大金融集团逐渐探索出一条以国际化、综合化、数字化、集约化为主要特征的转型道路。

（一）国际化——拓展重点区域和非日资客户

2008年国际金融危机后，欧美大型银行海外业务收缩，日资银行则抓住机遇向海外拓展，其在全球银行业国际授信中的份额直线上升，至2016年已达16%，约为2009年的2倍。日本三大金融集团拓展海外业务主要有以下三大策略。

一是扩大重点区域覆盖。国际金融危机后，日资银行重点拓展了经济复苏较快的美国和增长潜力较大的亚太地区，至2016年已分别占到这两个地区国际授信的三成和二成。日资银行"走出去"的主力军是日本三大金融集团。截至2016财年末，三菱日联、三井住友和瑞穗覆盖国家和地区数已分别增至51个、39个和37个（8年前为47个、34个和31个）。其中，三菱日联的海外网点数（1200个）已超过国内（1100个），海外员工数占比达41%。

二是注重拓展非日资客户。例如，在三菱日联的贸易融资客户中，非

日资客户占比已超过2/3，其中，美国的这一比重高达80%，亚洲为78%，欧洲、中东和非洲均在70%左右；在中国，三菱日联的非日资客户占比约为45%。

三是拓展方式更加多元。除新设海外机构外，并购、参股、资产收购成为重要手段。危机以来，三菱日联、三井住友和瑞穗海外并购的投入总计超过200亿美元。例如，三菱日联于2008年收购摩根士丹利21%的股份，2013年收购泰国排名第五的大城银行75%的股份，2016年收购菲律宾信安银行20%的股份，近期又宣布将分阶段收购印度尼西亚金融银行73.8%的股份等。

在上述举措推动下，三大金融集团2016财年业务条线收入中海外业务平均贡献度已达31.84%，是2009年的2.1倍。

（二）综合化——以客户为中心创新商业模式

面对低息差环境和更高的资本监管压力，日本大型银行均将推行银证信融合、创新商业模式作为转型重点。三菱日联积极探索"完全不消耗资本的全新商业模式"，即利用自身多元化优势为客户量身定制组合化金融商品，而实际资金从他行或机构投资人筹集。三井住友着力推进"商业支援广场"建设，按照"客户本位"理念，对银行、证券等网点进行复合式、便利化整合，深度挖掘客户需求，大力推进产品的交叉销售，服务精益求精，提高非息收入水平。瑞穗践行"脱银行化"构想，即在控制贷款规模的基础上，增强集团证券和信托功能，构筑与客户的全面合作关系，把分散在集团内的投资顾问和智库功能培育成新的主要收益来源，将集团打造成综合金融咨询集团公司。

综合化业务的发展显著改变了集团收入结构和盈利结构。三大金融集团非利息收入占比不断提升，2016财年平均已高达57.66%，较2009财年提升18.47个百分点；非银行部门的资产占比由危机后的不足9%提高到18%，净利润贡献度由8%左右提高到25%（瑞穗和三菱日联已分别达到36%和35%）。

（三）数字化——探索未来银行发展前沿

日本大型银行高度重视金融科技，并积极布局。三菱日联强调借助数字科技推进业务转型，包括在客户端，简化移动金融服务界面，推广无现金交易，将按揭贷款等业务数字化；在内部运作上，将数字科技贯穿前中后台，全面优化业务流程，以期压缩相当于9500名员工（相当于其国内员工数的1/3）的工作量；在服务渠道上，无论是日本还是海外，均将推广"虚拟分行"模式，同时强化实体网点员工的咨询服务；在系统设计和开发方法上，既保持系统的稳定、强大和安全，也保持一定的灵活性，以适应客户和员工对系统UI（用户界面）和UX（用户体验）的新要求。此外，还就下一代国际结算技术、人工智能在外汇交易的应用等作了探索；并且计划推出可与日元1∶1兑换的虚拟货币三菱日联币（MUFG Coin），以提高结算和汇款的便捷度，削减用户手续费。

三井住友数字化转型的目的是"改善客户体验，创造新的业务，提升产出效率，升级管理基础设施"。主要进展包括上线语音识别、面部识别或指纹识别等生物识别平台；设立开放创新基地，与初创公司开展业务创新合作；举办"未来黑客马拉松"（Mirai Hackathon）活动，征集优秀金融应用创意；与日本雅虎设立合资公司，为客户提供增值金融服务；改造零售网点，实现营业柜台无纸化；与微软开展公有云和人工智能合作，以革新工作方式，提高工作效率。

瑞穗重视跨界合作以及机器人投顾业务。2016年11月，与软银合资成立J.Score公司，开发了融入人工智能和大数据技术的个人客户融资审核系统，并于2017年9月投产，客户只需通过手机录入有关信息，即可便利获悉融资额度和利率。另外，瑞穗于2015年10月投产了可在线提供机器人投资信托咨询服务的Smart Folio产品，并于2017年6月启动外汇投资咨询服务机器人的研发。瑞穗还与70余家区域性银行联合，研发基于区块链技术的J币虚拟货币交易系统（J币同样与日元1∶1兑换），计划于2020年投产。

（四）集约化——整合集团组织架构，提高管控效率

日本三大金融集团总部的架构突出了银、证、信、资管、研究咨询等全

方位金融业务资源的整合和协同,突出了战略规划导向、专业管理导向和集团管控导向。

三菱日联采取"业务群+集团中心"模式。集团总部设有零售、公司、信托资管、全球、金融市场五大业务群,每个业务群包括若干部门,主要承担集团相关业务的规划、开发、推广等管理职能;"集团中心"则包括了集团规划、财务计划、人力资源、风险、合规、系统运营等管理职能部门。三井住友采取"业务单元+管理单元"模式。集团总部设有零售、批发、国际、金融市场、金融解决方案五大业务单元,每个业务单元相当于一个大事业部,其中,业务规划部是每个业务单元的标准配置。五大职能单元分别为内部审计、集团参谋、风险管理、合规及运营服务单元。瑞穗采取"业务板块+职能集群"模式。集团总部设有零售及实业法人、大企业及机构法人、全球法人、全球市场以及资产管理五大业务板块,每个板块内部均设有业务协调部,横向协调集团内各子公司资源;职能集群共有八个,主要为战略规划、财务、风险、运营等常规职能部门;此外,还设有全球产品模块和研究咨询模块,为集团各业务板块和职能集群提供相关保障和支持工作。

日本三大金融集团下设的子行、子公司的大框架则与集团保持匹配,但在地区、业务、管理领域的安排更为细致、全面,体现了战略执行导向、客户中心导向和风险防控导向。

总体看,国际金融危机后日本三大金融集团的转型是有成效的。一是资产规模稳步增长。三大金融集团资产规模年均增速5.13%,均高于日本GDP年均增速。二是净利润仍处于较高水平。2009—2013财年,三大金融集团合计净利润年均增速30.83%,虽2014财年起业绩逐年下滑,但2016财年合计净利润为22364亿日元,仍维持在危机后较高水平。三是资产质量改善,风险抵补能力增强。日本三大金融集团的平均不良率从1.94%降至1.04%的低水平,平均一级资本充足率从10.29%升至13.58%的较高水平。但受日本央行大规模质化量化宽松政策和贷款有效需求不足等影响,日本三大金融集团仍面临贷款及有价证券占比下降、现金与存放央行和同业规模大幅攀升等资产负债结构性挑战,2016财年平均ROE和ROA水平较低,分别为7.86%和0.32%。

三、对中资银行的启示及思考

当前,中国银行业特别是大型商业银行的核心财务指标总体领先于全球同业,这与中国良好的市场环境和银行自身的改革是分不开的。但是,展望未来十年甚至更长的时间,中国银行业也可能会面临国内经济潜在增长率下行、人口老龄化加速演进、银行业市场集中度下降、行业竞争加剧和净息差进一步降低等逆境挑战。"远近相衡谋其远",中资银行需要未雨绸缪,借鉴日本大型银行等国际同业经验,将培育逆境生存能力作为重要考量,矢志不渝地提高金融服务的质量和效率,以更好地应对不确定未来的挑战。

(一)坚持稳健经营的价值理念,走基业长青之路

日本三大金融集团的使命与愿景描述中,均把提供更好的服务,促进日本、亚洲乃至世界的繁荣作为使命,把成为世界上最值得信赖或最好的金融集团作为目标追求。在这样的使命和目标指引下,稳健经营已成为日本三大金融集团可持续发展的基石。正因为如此,这几家日本大型银行在2008年国际金融危机中受冲击较小,能够把握危机后海外市场拓展及并购的战略机遇,目前的不良贷款率、资本充足率等指标要优于中国大型银行。

中资银行应坚持稳健经营的价值理念,走基业长青之路。在年度经营指标方面,要守住内控合规、资产质量、成本效率等经营底线,为转型发展打稳根基;在中长期战略规划方面,则要在"质量、效率、规模、结构、资本、市场"六个维度全方位明确自身战略定位,并围绕战略定位构建起适合自身发展的指标体系,以此指引全行、条线和辖内机构的战略规划、实施与经营评价;要把担当社会责任、服务实体经济作为全部工作的出发点和落脚点,把全方位满足客户有效金融需求,促进中国以及人类社会更高质量、更有效率、更加公平、更可持续的发展作为长远发展的使命。

(二)以综合化为依托,提升客户服务质量

为目标客户提供一站式、综合化服务,既是银行作为金融服务企业的天

职,也是顺应金融脱媒、息差收窄、客户服务需求多元化等行业趋势的需要。中资银行应结合自身实际,将逐年提高非利息收入占比纳入集团战略规划,并作为集团重点关注的项目来抓。借鉴日本大型银行经验,可在总行设立多元化金融业务协调团队,有关团队成员嵌入大公司、大零售条线和核心职能部门,统筹协调集团内商业银行与多元化金融平台的发展或管理。要建立并优化商业银行与多元化金融平台共同客户的识别平台、新客户互荐平台、目标客户群的综合化服务机制、风险隔离与防控机制以及相关的激励约束机制等,并通过引进战略投资者、管理架构优化、资源扶持等形式支持多元化金融平台的改革发展,增强多元化子公司服务能力,促进集团综合化服务质量的稳步提升。

(三)以数字化为保障,构建定制化商业模式

大数据、人工智能等金融科技日益广泛的应用,正在全面重塑银行的获客模式、业务推广模式、风控模式和管理方式。中国银行业在未来转型体系设计中,要将一体化的商业模式建设作为重中之重,将优质客户群、战略客户群的商业模式开发作为第一要务,集中重点资源予以保障。各业务条线部门需承担起全面改造战略客户群商业模式的第一责任,进一步细分目标客户,明确差异化的客户价值主张及盈利模式,从客户洞察、产品策略、定价策略、营销管理平台建设、组织管控、考核激励、流程重塑等多维度变革商业模式。相应的,中后台职能部门要紧密参与商业模式设计与革新,落实配套的资源、流程和制度安排,降低成本,保障服务质量和效率,前中后台紧密协同,为提供真正意义上的个性化、定制化解决方案保驾护航,切实提高金融服务效率。

(四)以集约化为指引,不断优化组织架构和体制机制

未来,中资银行的国际化拓展将对总部的跨区域经营管理提出新挑战,综合化发展将对总部的跨业经营管理提出新挑战,数字化发展将对总部的跨界经营管理提出新挑战,如果继续以商业银行思维管控多元化业务、以总部集权模式管控国际化业务、以部门银行架构应对客户数字化服务需求,可能将难以

适应新的时代变化和行业趋势。从长远发展考虑，应深入研究欧美金融集团或全能银行的组织架构及运作实践，结合中国实际，探索金融控股公司、事业部制等运营模式，提高综合经营服务和管控效率。与此同时，应不断改进产品研发机制、条块协同机制、选人用人机制、激励约束机制等，最大程度地激发、调动员工的积极性，增强集团一体化建设水平，提升组织内部的发展动力。

（五）优化客户和地区结构，合理配置战略资源

对中资银行而言，贡献全球经济增量约1/3的中国市场仍应是主战场。中国东中西部地区发展的梯度差异、日益扩大的全球第一大中等收入群体所构成的庞大市场将对此形成重要支撑。同时，中国与86个国家和国际组织签订"一带一路"合作文件所撬动的巨大机遇也将给中资银行创造足够大的战略纵深空间。在资本累积有限、全球监管趋严的现实条件下，持续优化国际国内客户群和地区组合，提高资源配置的质量和效率是中资银行决胜未来的关键。当前，中资银行在一些地区与同业竞争优质客户时可能存在能力差距或资源配置不到位等问题，因此有必要参考瑞穗、汇丰、花旗等国际大型银行通用的"吸引力—竞争力"集团业务组合管理模型，谋划面向未来3~5年的客户群和地区组合的资源配置标准和实施方案，与时俱进，适时调整。此外，应持续开展地区、行业、客户行为的综合研究，在明晰资源配置标准的基础上，集中优势资源开发适合自身发展的战略客户和战略地区，并适当借助战略并购实现重点领域的突破性发展。

逆势而上,实现国际化跨越
——三菱日联的国际化历程及启示

2005年,经过数次收购、并购活动后,三菱日联金融集团(以下简称三菱日联)成立,成为日本规模最大的金融集团,广泛从事银行、证券、信托、租赁等多个金融业务。其中,商业银行业务占主导地位,当前资产占比达到80%左右。2008年以来,欧美银行业普遍收缩国际业务,抛弃了亿万名的海外客户。而三菱日联重新开始国际化,特别是2013年随着"安倍经济学"的实施,其国际化实现"第二次跨越",迈上了新的台阶(2016财年其海外收入占比达到47%,处于历史最高水平),其经验值得借鉴。

一、三菱日联的国际化历程

(一)东京银行的国际化发展及衰落(1995年之前)

东京银行成立于1946年,前身是1880年成立的横滨正金银行。1954年,东京银行根据《外汇银行法》被政府指定为日本唯一的外汇专业银行,成为一家为日本企业进入国际市场、并以获取外汇为使命的"国策银行",具有半官方性质。由于国际部门健全、海外网点发达,东京银行也被喻为"海军",在国际金融市场上具有重要地位,几乎与世界上所有国家建立了联系。

虽然东京银行擅长海外业务,但是国内业务却少有建树,国内的分支机构不足40家,仅为当时三菱银行的1/10左右。1991年,日本房地产泡沫破裂,日本企业受到重创,与日资企业合作紧密的东京银行也难以幸免。同时,东京银行受拉美债务危机问题影响较重,发展前景堪忧。

1995年,三菱银行与东京银行合并,以加强两家银行在经营地域和业务上的互补。此次合并事实上是三菱银行收购东京银行,具有一定程度的"救济收购"的性质:第一,在法律手续方面,以三菱银行为母体,东京银行被解散;第二,在人员方面,原三菱银行行长担任董事长,原东京银行行长担任行长、不久后改任顾问。

(二)国际化收缩阶段(1995—2007年)

自1995年三菱银行和东京银行合并成立了东京三菱银行以来,东京三菱银行将重心放在了境内业务上,境外业务少有作为。2005年与日联控股合并后,集团更是将发展的天平倾向了日本国内,海外收入占比由2000财年的50.4%大幅下降到2007财年的23.4%。究其原因,主要有以下两个方面:第一,海外业务面临较大困境,由于1995年大和银行丑闻爆发,美国等国家对日本海外银行融资征收高达1%的保险费;第二,日本经济持续低迷,本土市场不牢固,需要集中资源、夯实发展基础。

通过反向国际化战略,东京三菱进一步巩固了国内的领先地位。2001年,东京三菱、三菱信托、日本信托银行合并成立三菱东京金融集团,经营能力得到显著提升,成为2001—2005年唯一一家累计盈利为正的金融集团(见表2-15),同时保证资本充足率大于10%、不良贷款率低于3%。2005年,三菱东京与日联控股合并成立三菱日联金融集团,进一步增强了实力,长期排名全日本第一的位置。

表2-15 2001—2005年日本四大金融集团税前利润 单位:亿美元

	2001年	2002年	2003年	2004年	2005年	合计
三菱东京	-8.70	-23.92	-28.36	81.96	61.06	82.04
瑞穗	38.53	-114.77	-118.26	57.80	87.85	-48.85
三井住友	10.60	-48.67	-49.18	41.39	-10.11	-55.97
日联控股	-14.49	-131.94	-51.51	-36.95	-21.85	-256.74

数据来源:各银行年报。

虽然经营业绩不断改善，但受东京银行国际化失败的影响，三菱日联对国际化经营十分谨慎。在2007年2月发布的经营战略中，国内业务仍作为发展重点，计划到2009财年，海外对公业务营业利润比2006财年增长20%，低于国内对公业务30%~40%、国内零售业务100%的目标。

二、再国际化阶段

随着2008年国际金融危机的爆发，全球经济金融形势发生深刻变革，三菱日联迅速调整战略，开始了再国际化进程，至今大体可分为两个阶段。

（一）国际金融危机爆发之后的第一次跨越（2008—2012年）

国际金融危机爆发，欧美银行业遭到重创，不得不收缩业务和区域。相对而言，日本银行业由于谨慎的业务策略损失较小，有实力抓住难得的机遇填补市场空白和获取相关资源。三菱日联此次跨越主要有以下三个特点。

第一，通过并购获取战略性资源，迅速提升国际化水平。2008年，三菱日联以90亿美元购买摩根士丹利22.4%的股份，成为后者的最大股东；11月，收购美国联合银行剩余32%的股份，将其变为全资子公司（见表2-16）。通过大规模并购，三菱日联的海外业务收入贡献度由2007财年的22.3%大幅提升5.6个百分点至2008财年的27.9%，其中美国业务的收入贡献度由3.7%迅速提升到14%。

表2-16　　2008—2012年三菱日联在海外的主要投资、收购

目标机构	业务类型	所在国家(地区)	时间
大新金融	商业银行	中国香港	2008
金英控股	投资银行	新加坡	2008
Nusantara Parahyangan 银行	商业银行	印度尼西亚	2008
摩根士丹利	投资银行	美国	2008
美国联合银行	商业银行	美国	2008
Tamalpais 银行	商业银行	美国	2010
Frontier 银行	商业银行	美国	2010

数据来源：作者整理。

第二，强化整合提升稳健经营能力，国际化业务贡献度保持在28%左右。2008年以后，三菱日联并没有进一步扩张国际化业务，而是采取相对稳健的战略，重点放在巩固市场、调整结构以及对投资并购对象的业务整合上，海外业务贡献度稳定在28%左右。比如，2010年5月，三菱UFJ证券与摩根士丹利的日本业务合并成三菱UFJ摩根士丹利证券公司，成为国内仅次于野村控股的第二大证券公司。

第三，审时度势，加大对重点地区的投入。国际金融危机爆发后，亚太地区、美国以及欧洲经济金融发展出现了显著差异，亚太地区经济增长一枝独秀。在此大背景下，三菱日联的海外业务贡献度虽然总体保持稳定，但亚太地区的重要性得到显著提升。亚太地区的收入占集团总收入的比例从2007年的7.2%稳步增长到2012年的13.0%，美国地区的占比由3.7%上升到9.5%，欧洲地区下降较快，由11.4%下降到5.7%。从2010财年起，亚太地区的收入就超过了美国和欧洲地区之和。

（二）"安倍经济学"背景下的第二次跨越（2013年至今）

安倍2012年底第二次上台后，开始大力推行"安倍经济学"，试图通过大规模量化宽松和增加财政支出，压低利率水平，促进日元贬值、刺激经济增长。在此大背景下，日本银行业国际化的动机不断增强，主要体现在以下三个方面。

一是资金供需不平衡导致银行资金在国内相对过剩。日本经济增长较慢，实体经济的融资需求较弱，但由于量化宽松政策推动日本货币供应量大幅上升，导致银行资金相对过剩，有效贷款需求不足，贷款规模从危机前的年增4%迅速回落到负3%，2012年以来才逐渐恢复到目前的约2%。

二是低利率和货币贬值环境促使银行大力发展海外业务。日本长期实行零利率政策，2016年1月起导入负利率政策，导致2016财年日本银行业长期和短期新发生贷款年化利率降至0.68%和0.73%，平均综合净息差已降为0.10%（2009年为0.25%）。

三是部分海外市场提供了较为有利的经营环境。美国一直是日本银行业重要的海外市场，可以占到全部海外收入的25%左右，随着美国经济的稳步复苏，市场空间有所增加。在亚太地区，与日本经济关系密切的泰国、菲律宾、印度尼西亚等国家经济发展速度较快，市场潜力较大。

三菱日联抓住这一机遇，及时调整集团部门设置，在2011年、2012年分别增设了国际业务部、全球市场部的基础上，于2012年发布了新的中期经营计划，提出强化在新兴市场的布局，并在3年内实现40%的利润增长，亚洲地区的增长目标更是达到了50%，并成为亚洲第一的金融服务提供商。

在此战略的指导下，三菱日联的国际化出现了第二次跨越：海外业务收入占比迅速增加，2016财年收入贡献度达到37%左右，较第一次跨越时期28%的平均水平大幅提升了9个百分点左右。其国际化发展呈现以下四个新的特点。

第一，区域布局"一快一慢"，东南亚并购快速发展，欧洲缓慢增长。转变上一次跨越的获取发达市场战略性资源的思路，并购更加重视在新兴市场的投入，以获取长期性的回报：一是强化客户服务网络，从快速发展的市场获取收益；二是增加在亚洲市场的品牌影响力；三是吸收当地成本比较低的存款，支持全球业务发展。2013年以来，三菱日联在东南亚地区进行了一系列投资、收购，比如2013年收购泰国第5大银行大城银行（Krungsri）70%股份，并于2015年推动曼谷分行与其合并，2013年收购越南第2大银行工商银行的20%股份，以及2016年收购菲律宾第7大银行信安银行20%的股份（见表2-17）。目前，亚洲地区业务收入已接近集团总收入的20%。

表2-17　　2013年以来三菱日联在海外的主要投资活动

目标机构	业务类型	所在国家（地区）	合作方式	时间
大城银行	商业银行	泰国	收购	2013年
越南工商银行	商业银行	越南	参股	2013年
UBS Fund Services	资产管理	瑞士	收购	2015年
HKL	商业银行	柬埔寨	收购	2016年
信安银行	商业银行	菲律宾	参股	2016年
元大投信	资产管理	中国台湾	参股	2016年

数据来源：作者整理。

第二，业务发展"一重一轻"，零售业务"重资产"投入，对公业务"轻量化"转型。一直以来，三菱日联的海外业务以对公业务为主，但2013年以后零售业务获得了较大的投入和较快的发展。比如，为了获取经济增长较快的亚洲的发展红利，三菱日联深度参与东南亚的零售市场，陆续收购和参股的泰国大城银行、越南工商银行、菲律宾信安银行的优势主要是零售业务和中小企业业务。其中，泰国大城银行作为区域发展重点，三菱日联加大资源投入，努力使其成为泰国的一流银行：一是大力增加经营网点；二是实现"资产增长"（Grow Assets）目标；三是实现"收费业务收入增长"（Increase Fee Income）目标。同时，三菱日联整合美国联合银行和三菱东京日联银行的北美业务，进一步巩固美国联合银行在零售和中小企业业务上的传统优势，在美国排名由第15名左右提高到第10名。

此外，三菱日联高度重视公司业务的"轻量化"发展。三菱日联甚至提出要形成完全不消耗资本的全新商业模式：针对有资金需求的企业组合并销售证券化商品，实际资金从他行或机构投资人筹集，在不占用自身资本的同时，满足企业资金需求并赚取手续费。比如，三菱日联过去一直重视国际项目融资业务，市场份额全球领先，2014年银团贷款在全美排名前5。为了降低资本消耗，近几年来三菱日联稳步向资产证券化业务转型，债券资本市场（DCM）业务稳步提升，目前在美排名已进入前15。

第三，客户拓展"一补一增"，积极补充非日资客户，增强客户服务能力。长期以来，日资企业是三菱日联国际化业务的主要客户，但是日资企业受限于本土的经济困境、发展潜力受限，如果过于依赖日资客户，海外业务发展到一定阶段以后必然会面临瓶颈。为了保持海外业务持续增加，三菱日联在巩固日资客户的基础上，一方面努力拓展处于日资企业供应链上的当地企业客户，另一方面推动分支机构的本土化水平获取相关客户资源。截至2015财年末，在美国非日资客户占80%，在欧洲、中东和非洲均占70%，在亚洲（日本以外）则可以占到78%。

第四，客户拓展"一补一增"，积极补充非日资客户，增强客户服务能力。长期以来，日资企业是三菱日联国际化业务的主要客户，但是日资企业受限于本土的经济困境、发展潜力受限，如果过于依赖日资客户，海外业务发展到一定阶段以后必然会面临瓶颈。为了保持海外业务持续增加，三菱日联在巩固日资客户的基础上,一方面努力拓展处于日资企业供应链上的当地企业客户,另一方面推动分支机构的本土化水平获取相关客户资源。目前,在美国非日资客户占80%,在欧洲、中东和非洲均占70%,在亚洲(日本以外)则可以占到80%。

同时,三菱日联致力于增强客户服务能力。一是充分利用摩根士丹利的平台,提升投资银行业务能力。二是提升针对中小企业的撮合服务能力,成立专门团队,深入挖掘具有潜在增长潜力的中小企业,除提供贷款外,还将其介绍给国内外大企业以及相关金融机构,通过撮合扶持企业发展。三是高度重视交易银行业务,总部专门成立相关条线,并不断完善业务系统以支持业务扩张。四是大力发展亚洲和美国的资产管理业务,一方面合并了三菱日联资产管理公司与Kokusai资产管理公司,组建日本第三大资产管理公司,辐射亚洲市场;另一方面通过一系列并购(2013年和2014年分别收购MFS和Meridian,资管规模由340亿美元上升到1280亿美元和1570亿美元,目前拟收购瑞士银行从事全球资产管理的子公司UBS Fund Services,资产管理将上升到2600亿美元,实现全球排名第7),成为欧美资产管理市场的领先银行。

第五,国际化管理"一强一紧",强化全球统一管理,紧抓风险管控。三菱日联成立了专门的全球业务部(Global Business Group),全面统筹国际化业务,其负责人进入了包括17名成员的执行委员会。国际化经营实行矩阵式管理,海外机构开展重大项目时,需要得到来自地区总裁以及全球业务部的两方面批准。在风险管理方面,一方面在集团内推行统一风险管理、形成统一规则;另一方面在重点地区成立专门的风险委员会,比如美国,监督流动性和其他风险暴露,检视风险政策和流程。

三、对中国银行业的几点启示和建议

第一,坚持本土市场的基础地位。本土市场始终是银行发展的基础,跨国银行的主要业务还是集中在本土市场,而且跨境业务的很大一部分也是本土业务和市场地位的延伸。当前,中国经济正处于"三期叠加"、风险释放的关键时期,但市场仍然巨大。建议在当前金融市场化改革可能造成行业深刻调整的背景下，着力提高经营效率和管理水平，紧紧抓住本土核心客户群，为海外扩张打下坚实基础。

第二，抓住时间窗口，有所作为。当前欧美银行业普遍收缩国际业务，三菱日联逆势而上，有针对性地发展海外业务，为其盈利稳定作出了巨大的贡献。同样的，在国内经济增速放缓制约本土业务空间、国际化进程加快带来巨大的跨境业务潜力的背景下，中国银行业应抓住这一难得的时间窗口，认真研究欧美银行业所放弃的客户和市场，一方面学习其筛选市场的方法，优化市场选择和资源配置策略；另一方面挖掘具有潜力以及与战略契合的市场，以较低成本进入，实现国际化跨越。

第三，发展重点区域，成为东道国主流银行。三菱日联海外布局的重点是东亚、东南亚以及美国等与日本经济有着千丝万缕关系的地区，并努力成为当地的主流银行。建议中国银行业继续采取有重点的全球化均衡发展模式，密切关注中国企业和个人"走出去"的主要区域，比如"一带一路"支点国家以及部分发达经济体加大投入、深入挖潜、扩大市场份额、树立当地品牌。同时，适时进行并购，加快国际化步伐。

第四，合理布局业务结构，降低资本消耗。三菱日联的国际化业务重点是"轻资本"的公司业务、资产管理业务、部分区域的零售业务以及交易银行业务。建议中国银行业发展公司业务时高度关注资本消耗，加强商业银行与多元化平台的联动，完善以适量贷款资源为引导、以综合化金融安排为核心的经营模式，显著提高资本利用效率。在部分区域建立一定的市场地位以及品牌之后，适时采取各种方式构建当地零售业务网络。同时，完善全球平台和核心系统建设、加大资源投入，大力发展资产管理业务、交易银行业务。

第五，积极创新，努力实现客户多元化。三菱日联国际化实现跨越的一个重要原因就是发展非日资客户。建议中国银行业有针对性地发展非中资客户，一方面依托"走出去"中资企业的供应链核心地位，发展当地上下游企业；另一方面通过并购东道国银行或加强与东道国银行的战略合作，发展非中资客户，实现客户多元化以及内生增长。

第三篇
欧洲银行业转型篇

英国四大银行发展转型对我国银行业的启示

在国际金融危机和英国"脱欧"双重挑战下,英国银行业的整体发展状况值得研究。相关文献侧重分析金融危机对银行业务实践和监管的影响,对银行的核心战略执行效果分析不足。本文选取了代表英国银行业的四家本土大型银行,通过对比研究法,集中分析了四大行近期业绩表现的个性原因和共性原因,评估四大行战略转型的特点及执行效果,为中国银行业海外战略布局提供参考。"脱欧"背景下,英国银行业未来的战略调整对中国银行业提升海外竞争力有一定的启示。

一、四大银行业绩分析

(一)业绩表现

2016年,英国四大银行业绩总体不佳,主要表现在以下三个方面。

1. 增长乏力。2016年,英国四大银行总资产为5.87万亿美元,同比下降4.6%。其中,苏格兰皇家银行(以下简称RBS)的资产缩水规模最大,由2015年的1.22万亿美元下降至2016年的1.05万亿美元,同比下降16.1%。巴克莱银行(以下简称巴克莱)2016年资产为1.59万亿美元,同比下降7.3%。汇丰银行(以下简称汇丰)和渣打银行(以下简称渣打)的资产规模则小幅上涨,涨幅分别为0.9%和3.3%。

2. 利润不佳。税前利润方面，汇丰为68.6亿美元，较2015年大幅减少了118亿美元，为四大银行中跌幅之首。RBS亏损额扩大到49.2亿美元。巴克莱2016年利润较2015年增长了3倍，为39.36亿美元（2015年缴纳罚金54.12亿美元，如剔除罚款因素，2016年利润为负增长）。渣打实现扭亏为盈，2015年亏损15.2亿美元，2016年则实现了4.1亿美元的盈利。

3. 前景不稳。由于英国公投"脱欧"导致的不确定性增加，三大评级机构对英国四大银行的信用评级出现分化（见表3-1）。为应对不确定的未来，四大银行不得不选择较为保守的风险偏好（见表3-2），维持较高资本充足率和流动性水平（见表3-3）。

表 3–1　　　　2016年三大评级机构对四大银行评级

银行名称	评级机构 期限	惠誉 评级	惠誉 展望	穆迪 评级	穆迪 展望	标普 评级	标普 展望
汇丰	长期	AA-	稳定	A1	消极	A	消极
汇丰	短期	F1+	稳定	P-1	消极	A-1	消极
巴克莱	长期	A	稳定	A1	消极	BBB	消极
巴克莱	短期	F1	稳定	P-1	消极	A-2	消极
RBS	长期	BBB+	稳定	Ba1	积极	BBB-	稳定
RBS	短期	F2	稳定	NP	积极	A-3	稳定
渣打	长期	A+	消极	A1	消极	A-	积极
渣打	短期	F1	消极	P-1	消极	A-2	积极

数据来源：四大银行官方网站。

表 3–2　　　　　　　四大银行风险偏好　　　　　　　单位：%

银行名称	有形资产/普通股东权益回报率	一级资本充足率	成本收入比
汇丰	≥ 10.0	≥ 11.0	—
巴克莱	—	11.4~12.4	≤ 60
RBS	≥ 12.0	13.0	< 50
渣打	—	12~13	55

数据来源：四大银行年报。

表 3-3　　四大银行 2013 年至 2016 年流动性覆盖率　　单位：%

银行名称	2013 年	2014 年	2015 年	2016 年
汇丰	—	—	116	136
巴克莱	96	124	133	131
RBS	112	102	136	123
渣打	110	98	100	100

数据来源：四大银行年报。

（二）业绩下滑原因分析

1. 共性原因。银行业重组，资产规模缩水。"脱欧"对于英国金融业的负面影响显著。英国退出欧盟，与欧元相关的银行和外汇业务（如以欧元计价的批发银行业务、跨境贷款业务和欧元外汇交易等）以及英国作为欧洲桥头堡的功能将受较大影响，英国四大银行被迫重新调整战略，通过压缩高风险及低回报资产来维持一定的资本水平。例如，巴克莱出售了葡萄牙的零售银行、财富管理业务及部分子公司的银行业务和保险业务，并计划于2017年中期完成非洲业务的出售；汇丰计划在2017年底实现风险加权资产缩减2900亿美元的目标；RBS、渣打也削减了风险加权资产。

合规成本上涨。为避免银行"大而不倒"，英国金融业的监管进一步收紧，四大银行因不当行为缴纳的罚款数额重大，直接降低了盈利水平。2016年，RBS因法律合规方面的问题而缴纳的罚款达72.44亿美元，同比上涨72.3%。渣打2016年的罚款额较2015年有小幅度增长，达17.22亿美元。与2015年相比，巴克莱缴纳的罚金从54.12亿美元降至17.22亿美元，但依然对其利润产生了不小的负面影响。与其他三大行相比，汇丰在合规方面的花费相对较小，但也达10.33亿美元，较2015年有所上升。

金融科技投资增加，短期成本上涨。为提高银行经营效率以及有效打击金融网络犯罪活动，四大银行加大了金融科技、数字化移动功能及信息安全方面的投资，但研发成本一定程度上抵减了银行的利润。例如，汇丰从2015年到2020年预计投入21亿美元来实现科技创新在零售银行、财富管理、工商金融等业务中的应用；巴克莱则聘用了运营和技术部门的新主管；RBS主要针对金融市场业务进行了大量的技术投资，以提升客户体验；渣打计划在2015—2017年投资30亿美元用于技术革新。

2. 个性原因。四大银行中，RBS 2016年的业绩表现最差，主要原因在于各项监管罚款超过70亿美元，为三年以来最高。另外，内部重组带来了27.06亿美元的成本。尽管RBS在核心业务上获得了较高的经营利润，但上述罚款和重组成本导致其税前利润继2015年亏损31.98亿美元后，进一步扩大到亏损49.2亿美元。

汇丰在全球范围的经营业绩表现不佳。欧洲地区亏损68亿美元，其中32亿美元亏损来自欧洲私人银行业务。亚洲业务盈利跌至138亿美元，同比下降12.5%。此外，受到香港离岸人民币市场流动性降低等因素影响，汇丰人民币业务收入比2015年下降25%，仅为12.5亿美元。

巴克莱2016年尽管实现核心业务利润41.82亿美元，但非核心业务的损失达23.37亿美元，一定程度上抵消了利润增长。此外，巴克莱还需进一步面对由于不当行为导致的罚款。

渣打2016年实现了利润扭亏为盈，一方面得益于其推进的成本节约项目，另一方面在于增加了对亚洲、中东和非洲市场的投资，这些市场2015年为渣打贡献了87.8%的营业收入。

二、四大银行的转型实践及展望

（一）汇丰银行

1. 强化条线化管理模式。近年来，汇丰由"全球的本地银行"向"领先的国际化银行"转型，战略调整核心由全面铺点转向效率提升。条线化管理是汇丰实现战略目标的重要一环。

汇丰对其业务和区域的条块矩阵式管理进行了改革。具体改革措施包括将全球各个分行的同一业务部门进行梳理，从之前的三大业务条线，整合扩展成四大业务条线；区域和网点经过整合优化，按地理位置划分为中国香港、亚太其他地区、欧洲、中东及北非、北美洲、拉丁美洲六大全球区域；集团层面的职能部门从21个精简到11个，精简了管理层级，缩短了汇报链条，节约了管理成本。

汇丰以条线管理为主、区域管理为辅的模式在全球市场业务方面体现得较为典型。在风险管理上，总部全球市场业务部在市场风险、信用风险、清算风险等方面有明确的风险限额审批、授权和监管制度，通过层层授权将风险限额分配到全球每个交易员身上；在内部控制上，通过治理结构、职责分工、会计控制减少操作风险。在全球市场业务条线，汇丰采取减少高级职务、整合资本融资及相关业务、改革奖金分配机制和扩大奖金浮动等措施来提高员工的积极性。汇丰还计划在接下来两年内重新调整伦敦和巴黎1000多个岗位，进一步优化管理架构。

2. 强化风险控制。为应对低利率及"脱欧"等外部环境的不确定性，汇丰在欧洲部署了全面的运营牌照和较为完善的办公设施，可以保证客户服务的连续性。2017年初，汇丰已基本完成资本重组，充足的资本将有效地抵御外部风险。

2017年汇丰将继续推进《巴塞尔协定Ⅲ》的实施，缩小资产负债表规模，调整全球业务范围，将原先覆盖73个国家和地区的全球经营网络缩减为70个国家和地区。在英国，汇丰还将根据"围栏"政策的要求，将英国零售业务总部迁往伯明翰。

3. 建设"领先的国际化银行"。2016年，汇丰继续执行"领先的国际化银行"的战略，对区域和网络布局进行调整，主要体现在以下两个方面。

第一，调整规模和精简集团架构。汇丰大幅缩减其全球四大业务之一的全球银行和市场业务中的风险加权资产，计划2017年底将其缩减至集团总风险加权资产的1/3以下。优化全球区域网络布局，于2016年7月1日出售了位于巴西的业务，同时继续对墨西哥业务进行整顿。预计2017年底，汇丰的业务精简和区域调整完成率将达97%。

第二，重新部署资本及投资。为把握"未来经济强大的发展潜力"，汇丰在全球六大区域中，优先加快对亚洲市场的投资，以提升亚洲市场的占有率。例如，强化电子网络平台建设，提高对跨境付款的服务效率；把握"一带一路"建设带来的机遇，参与中国与马来西亚和埃及能源方面的合作；强化人民币业务发展，实现增收20亿美元以上。此外，汇丰还缩减了共计1432亿美元风险加权资产，实现了22亿美元的成本节约。

2017年，汇丰战略重点主要在以下两个方面。

第一，在全球布局上，实施差异化发展策略。在欧洲，仍将伦敦作为全球银行和市场业务的策略中心。在亚洲，继续强化布局，包括推动珠江三角洲及东盟地区的业务增长；抢抓人民币国际化机遇，巩固优势。在中东及北非地区，全面推动贸易金融业务增长。在拉丁美洲，提升零售银行与财富管理业务在墨西哥的市场占有率。在美国，提供国际化服务，推动全球银行与市场业务和财富管理业务收入继续上涨。

第二，借助科技力量，强化服务与风险管控。研发生物识别技术，逐步在全球各地应用声音及指纹识别。改进网上理财等服务平台，使银行对全球客户的服务更快捷、更简易、更安全。在全球各地设立创新实验室，研究人工智能、数据管理及提升网络安全的应用。推行全球标准，搭建新的风险模型，防范金融犯罪。

（二）巴克莱银行

1. 持续发展有竞争力的投行业务。2016年，巴克莱投行业务表现抢眼，业务主要集中在美英市场的并购、股权和债务资本市场交易以及银团贷款交易。从2015年至今，巴克莱的投行业务收入不断增加，市场份额不断扩大。仅2017年第一季度的投行收入就达到5.11亿美元，同比上涨7.8%；全球投行业务市场份额也从2016年第一季度的4.4%上升至4.6%，排名第7。随着企业对于直接投资和兼并收购需求的增大，其投行业务量也会持续增长。

巴克莱正加快收缩非核心业务，以支持投行业务的发展。2016年，巴克莱完成了葡萄牙零售银行、财富和投资管理业务、部分公司银行业务以及保险业务的出售；计划2017年底之前出售巴克莱非洲有限公司的62.3%的股份。虽然缩减风险加权资产有利于提升巴克莱的资本回报率，但巴克莱宁愿通过加快出售非核心业务，也不愿意大幅削减投行业务的成本及风险加权资产规模，足见其继续扩张投行业务的决心。

为强化投行业务，巴克莱2016年初增加了华尔街投行背景的高管人员数量，而在其董事会成员中，有4人拥有在投行长期从业的经验和背景。2016年，巴克莱并未对投行部门进行大规模裁员，尽管员工奖金同比下降了7%，但是总体工资水平保持稳定，为继续扩张投行业务提供了保障。

2. 投资金融科技。巴克莱将金融技术的投资作为战略发展的重点之一，将继续开发数字技术，应用于升级系统，推广手机银行应用，加强信息安全，检测并防范金融犯罪。另外，巴克莱联合创业公司Wave共同开发区块链技术在全球交易中的应用，以大幅提高交易效率，有效防范合同欺诈风险。

3. 建设"泛大西洋的领先多元化银行"。2016年，巴克莱首席执行官Jes Staley制定了新的发展战略，即建设"泛大西洋的领先多元化银行"。2017年，这一战略将继续执行：区域发展方面，将重新侧重英国和美国市场业务；业务结构方面，将继续简化核心业务以及缩减非核心业务，推进业务多元化，以降低外部环境变化对银行业绩的影响。

为落实"围栏"政策等监管要求，巴克莱分别建立了巴克莱英国和巴克莱国际，其中，巴克莱英国的业务包括当地零售客户、小微型企业，英国财富管理和信用卡服务，巴克莱国际的业务包括投资银行、公司业务和国际客户。巴克莱已于2016年11月完成了第三次全面压力测试，并将于2018年上半年按照"围栏"政策完成业务调整。巴克莱在2017年和2018年的监管及合规成本值得关注。

（三）RBS

1. 深耕英国本土市场。从2014年起，RBS陆续出售其在美国和亚洲的资产，将战略重心调整回英国和爱尔兰市场，取得明显成效。2016年，RBS的按揭和商业贷款市场份额有所增长，运营成本削减12.12亿美元，实现了51.66亿美元的税前利润，较同期上涨4%，核心一级资本充足率达13.4%，为长期安全发展提供坚实基础。尽管"脱欧"对英国经济造成负面影响，英镑大幅贬值，但英国国内消费需求强劲，并持续增长，这也为RBS的发展提供了机遇。RBS预计到2020年之前有望实现12%的有形资产回报率。

2. 建设"英国最受客户信赖的银行"。RBS提出到2020年要成为"英国最受客户信赖的银行"，核心内容包括以下四个方面。

第一，高效的客户服务。RBS注重新兴技术的开发以配合战略目标的实施。RBS零售银行客户可以通过移动应用程序申办个人贷款、信用卡和透支业务。RBS将推出一个金融服务更加全面完善的电子平台，平台除个人和公司基本业务外，还包括证券交易和外汇服务。RBS还注重优化运营管理，以方便客户使用网上银行以及在家使用网络银行服务。预计到2020年，使用RBS手机银行和网络服务的个人和工商金融客户将达95%。

第二，全面优质的客户体验。RBS希望通过采取综合措施来显著提高客户"净推荐值"（NPS）。例如，整合人力资源，将银行最好的业务人员安排在各分支机构，为客户提供开户和贷款等服务；缩减近一半的理财产品，以实现客户利益最大化；简化客户收费说明，使之通俗易懂；确保客户享受同等优惠的待遇；等等。

第三，积极承担社会责任，树立品牌形象。RBS将积极开展公益活动作为一项重要战略。例如，RBS率先在英国银行为盲人开发手机应用，并推出青少年金融教育项目Money Sense，至2016年已有30万名英国青少年加入，预计到2018年底，这个数字将达到100万。RBS还投资12.3亿美元扶持中小型企业以促进英国的发展。这些公益活动的开展，为RBS提升了品牌形象，同时，也为其拓展客户基础创造空间。

第四，落实重点转型安排。包括将英国本土业务作为主战场（收入贡献度要达90%），将零售及工商金融业务作为主营业务（要占风险资产的85%），发展贷款业务，特别是住房按揭贷款以及特定行业工商企业贷款；降低成本，5年内压缩27.5亿英镑的营运成本，使成本收入比低于50%；压缩风险资产，5年内压缩200亿英镑，使核心一级资本充足率达13%；提高员工敬业度，使其达到国际同业领先水平。

2017年，RBS仍面临巨大的监管及转型成本。因违规销售美国垃圾债券，

RBS在支付罚金方面花费38.13亿美元。另外，RBS计划在2019年1月1日前落实"围栏"政策，预计将计提较大的重组和合规成本。

（四）渣打银行

1. 重视中国市场，抢抓人民币国际化和"一带一路"建设带来的机遇。渣打致力于成为人民币国际化和中国资本市场开放的领导者。早在2015年，渣打在中国启动了跨境银行间支付系统用于连接离岸人民币中心。2016年5月，渣打协助中国财政部在英国市场发行了30亿元人民币国债，这是中国首次在中国香港以外的离岸市场发行人民币计价国债。2016年，渣打人民币国际化业务实现收入12.25亿美元。

渣打十分重视抢抓"一带一路"机遇。借助其在中国以及东南亚的渠道，渣打在中国与马来西亚和印度的能源项目中发挥桥梁作用。渣打还继续建立全球客户经理网络，以支持客户扩展其国际贸易网络和海外投资。渣打还在肯尼亚、坦桑尼亚和乌干达专门建立为中国客户提供支持服务的客户经理团队，帮助他们在东非和非洲其他国家进行贸易和投资。2016年，渣打在亚洲市场的资产管理项目的资产达1430亿美元，较2015年增长11%。

2. 保护核心业务，重点发展亚洲市场。渣打继续将亚洲、非洲以及中东地区的批发和零售业务作为核心业务发展。为保护其核心业务，渣打严控业务风险，主要体现在以下两个方面。

第一，防范内部风险。2016年，渣打在缩减风险敞口上取得了重大进展，对于列入清算处置业务组合的风险加权资产，渣打完成了80%以上的削减指标。渣打还将通过逐步简化业务来调整2017年资产负债表对资本融资业务的风险敞口。此外，渣打还注重加强管理团队的风险纪律，处理了PT Bank Permata（一家印度尼西亚的合资企业，渣打持有其44.6%的股份）的信贷问题。

第二，应对地缘政治导致的不确定性。针对美国的贸易保护主义以及英国"脱欧"对其核心业务造成的风险，渣打集团风险控制委员会强化了对风险的日常监控，制订并落实了风险评估和控制计划。另外，渣打还加强了潜在风险的评估工作，防止集团层面的风险传染。

2017年，渣打强化亚洲市场拓展，特别是与人民币相关业务的发展，主要原因有两个：第一，渣打视经济飞速发展的亚洲市场为其业绩增长的动力之源。石油和钢铁价格在2017年第四季度上涨，进一步促进亚洲新兴经济体周期性复苏。第二，人民币国际化可以为渣打的业务发展提供动力。渣打一直将人民币国际化视作一个巨大的机遇。渣打预计，到2020年，全球国际性支付的5%将用人民币结算。渣打将继续扩展人民币相关业务。

为强化监管风险防范，渣打开展了大量工作。一是强化相关系统和基础设施建设，包括在其官网上创建打击金融犯罪平台，以发现和打击金融犯罪。二是强化行为、价值观和原则管理。渣打实行全员一致的风险偏好，以确保全员作出正确的决定及良好的判断。管理层对战略目标的理解会受到定期审查，以保证在执行层面的合规。三是从金融市场行为监管局聘任高管，利用其深厚的行业知识和银行监管及政策方面的专长，强化英国金融服务的监管风险管理。

三、启示及建议

借鉴英国四大银行发展的经验教训以及战略转型举措，建议我国银行业从以下四个方面入手，提高我国银行业海外业务的竞争力。

（一）把握中国经济国际化趋势，做大做强重点业务

中国经济的强大和日益国际化，给了我国银行与西方主流银行进行竞争和比拼的历史机遇。中资银行广泛的海外布局及运作专长，对"走出去"的中国企业和个人具有天然的吸引力。人民币国际化、人民币相关产品的使用逐渐普及，有利于中资银行将人民币相关产品向外币产品拓展，获得更广泛的海外业务机会。

中资银行海外业务发展应抓住时机，构建可持续发展的产品和客户服务基础，各取所长，做大做强重点业务。保持与欧洲市场上大量财富500强、富

时250强和行业领军客户在银团贷款、项目融资、地产融资、杠杆并购、结构化融资等方面的业务合作；高度重视产品多样化发展，借助人民币国际化的趋势，让海外客户了解人民币相关产品以及产品背后的中国经济。与"走出去"过程中中资企业保持密切合作，更好地把握客户的需求及偏好，提供专业化的融资服务，积极推动人民币国际化进程。构建完善的清算网络服务，积极发挥多元化平台的协同效应，为企业和个人提供全面而优质的金融服务。

（二）加强条线化矩阵管理模式，提升海外业务管理能力

中资银行海外机构规模逐步扩大，专业分工日趋复杂，区域整合正当其时。中资银行可借鉴汇丰集约化经营的思想，适度强化条线化矩阵管理模式，进一步推动海外业务的区域逻辑整合和产品线集中管理。条件成熟的地区、业务性质具备全球化性质和特点的产品线可以先行先试，加快业务条线和职能中心的区域集中，提升产品研发效率，加强风险管控，降低运营和管理成本，更加专业、统一地维护好客户，形成集团合力。可选择金融市场条线作为全球条线化管理试点。金融市场业务天然具有全球条线化属性，本着"先易后难"的原则，考虑先以"区域交易中心"为试点，适当地衍生出"总行职能在当地"的全球业务条线。这种模式可缩短总行管理半径，撬动当地优势。充分发挥发达国家国际金融中心的区位和资源禀赋优势，加强公司金融业务海外区域发展。建议将海外公司业务统筹到海外区域总部的层面进行管理，这样既可以照顾到业务本身的地域性，又可避免地域内分行间的恶性竞争。

（三）持续发展有竞争力的产品与客户服务体系

1. 持续扩大有效客户基础。海外机构公司金融的目标客户仍以大型客户为主。在巩固现有客户的基础上，要进一步拓展本地500强、行业领先企业，以及在海外当地进行投资的大型中资企业及其合作伙伴，并优先发展评级较高的企业。针对东道国当地金融机构客户，要重点发展资金拆放、外汇、人民币交易、贸易融资二级市场买卖等业务。针对中资金融机构客户，要大力拓展海

外代付、福费廷等贸易融资业务，以及海外当地货币清算等业务。针对非银行金融机构客户，包括交易所、资产管理公司、主权投资资金、中央银行等，大力拓展与人民币国际化相关的外汇及人民币交易、我国资本账户开放相关产品（例如国内银行间债券市场）、DCM等资本市场产品、交易所产品等。

在海外市场试点引入客户净推荐值（NPS）评价指标，对标国际领先同业，提升客户口碑和服务竞争力。

2. 把重点突破类产品摆在关键位置。投入资源，丰富产品种类，搭建专业平台，建立专业化的产品管理体系。重点发展项目融资、特定资产融资、并购贷款、结构化贸易融资等收益率较高的专业贷款；加大对存款产品的创新力度，积极发展通知存款、债券回购等多元化负债产品；大力发展依托高科技手段的支付结算类交易银行产品，特别是基于金融科技技术的互联网金融、现金管理等高端交易银行产品。

（四）加强IT基础设施建设

建议中资大型银行海外机构继续完善IT治理结构，强化海外信息系统建设。银行自身业务发展与当地市场客户需求结合，优先支持重点产品和业务的发展，例如现金管理和企业网银业务、交易所业务、托管业务等；支持重点内部管理项目的实施，例如新的监管报表、更加有效的利润贡献度分析、更加有效的绩效管理等抓住人民币国际化以及"一带一路"倡议的历史机遇，加大金融科技投入，持续加强与跨境电子商务有关的运营能力建设，支持外汇交易、贸易融资、贸易结算等传统产品实现线上交付。

汇丰银行在中东及北非地区的发展实践及启示

汇丰银行（以下简称汇丰）是中东及北非地区最具影响力的跨国银行，经过近六十年发展，中东及北非地区已成为汇丰五大重点区域之一。借鉴汇丰布局中东及北非成功做法，有利于中资银行稳步推进中东地区总体布局，逐步提升中资银行在中东及北非地区差异化竞争优势。

一、汇丰在中东及北非的发展现状

20世纪50年代，汇丰银行逐渐从第二次世界大战的冲击中恢复过来，盈利状况出现明显改善，但业务高度集中于中国香港地区，发展空间大受限制。为打破发展困境，汇丰在向亚洲等地区扩展的同时，也开始将目光转向中东及北非地区。汇丰在中东及北非的发展历经起步（1959—1977年）、扩张（1978—2008年）、优化（2009年至今）三个阶段，最终发展成为中东及北非地区最具影响力的跨国银行。截至2016年末，汇丰在11个中东国家设立分行及代表处。中东及北非地区对汇丰集团的重要性不断上升，表现在以下几个方面。

第一，资产规模位于地区跨国银行首位。依据2016年总资产规模排名，中东及北非前十大跨国银行中，中东汇丰银行、埃及汇丰银行和阿曼汇丰银行分别列第一位、第四位、第五位，三家银行总资产在前十大跨国银行总资产中占比达52.1%。

第二，营业收入列集团第四位。中东及北非地区2016年的营业收入为29.7亿美元，在集团营业收入中占比达5.8%；营业收入较2010年末累计增长23.2%，增幅较集团平均水平高52.4个百分点。相比2010年，该地区是集团内营业收入唯一正增长的地区。

第三，经营效率列集团第二位。截至2016年末，汇丰中东及北非地区的资产规模为605亿美元，较2010年增长14.6%，较集团平均增速高18.2个百分点。尽管如此，中东及北非地区仍保持了较低的成本收入比。2016年，汇丰中东及北非成本收入比为53.4%，仅次于亚洲地区的46.2%，且较集团平均水平低29.6个百分点。

二、汇丰银行经营中东及北非的五大实践

近年来，汇丰在中东及北非发展态势整体良好，主要得益于以下五大实践。

（一）明确战略布局标准，有进有退

2011年下半年，汇丰启动了"统一业务模式，再造营运流程，优化信息科技运作，重组全球职能部门"四大项目，以适应全球一体化经营的需要。依据流动性、经济发展势头、联动性、盈利性、效率、金融犯罪风险六项指标，汇丰提出了六大"过滤器"概念。依据此标准，汇丰将全球市场划分为重点增长市场、网络市场和小市场。在中东及北非地区，阿联酋、沙特阿拉伯、埃及被划分为重点增长市场；巴林、黎巴嫩、阿曼、卡塔尔、以色列、科威特、阿尔及利亚被划分为网络市场；伊朗、伊拉克、巴基斯坦、利比亚、巴勒斯坦等被划分为小市场。

此后，汇丰进一步对中东及北非地区发展进行战略评估，并作出增加战略投资或进行战略退出的决定。例如，对于经济强劲增长的摩洛哥（2011—2015年GDP年均增长率为4%），汇丰于2015年开设代表处。相反，因战略相

关度低，汇丰先后退出科威特、巴勒斯坦、阿联酋的零售银行业务；因预期经营前景不佳，汇丰出售了约旦、巴基斯坦业务；因地缘政治风险上升，汇丰先后退出伊朗、伊拉克、利比亚。

此外，对于沙特阿拉伯、阿联酋和埃及这三个区域重点市场，汇丰分别通过沙特英国银行、中东汇丰银行以及埃及汇丰银行三个主体经营，以尽量避免集团在重点区域的业务交叉和重复建设。

（二）股权管理为本，条线管理为主

早期，汇丰主要依托股权关系来管理中东及北非地区的附属公司，地区自主权较大。2011年重新划分四大条线后，汇丰条线管理的重要性日益凸显，集团对全球五大重点区域内的协同高度重视。汇丰对中东及北非地区的治理架构主要有以下两大特点。

一是股权管理为本。在布局中东及北非过程中，汇丰筹设了一系列子公司，其中，通过集团直接控股的有中东汇丰银行（1959年）、埃及汇丰银行（1982年）和以色列汇丰银行（2001年）；通过联营银行或子行来实现间接控股的主要有沙特汇丰银行（2005年，由集团和沙特英国银行联合持股）。地处阿联酋的中东汇丰银行承担区域"旗舰"机构的职能，辐射卡塔尔等六个中东国家。作为汇丰在中东及北非最大的经营实体，汇丰中东银行2016年末总资产规模为386.7亿美元，占汇丰在中东及北非总资产规模的比重为63.9%，除对科威特、黎巴嫩、卡塔尔、巴林、阿联酋、阿尔及利亚和摩洛哥等国的汇丰银行完全控股外，还被集团授权管理阿曼中东汇丰银行（见图3-1）。

二是条线管理为主。2011年后，随着全球业务模式的逐渐统一，汇丰进一步明确了中东及北非四大业务条线的发展定位：零售银行及财富管理条线在完善金融产品服务的同时，通过把握中东及北非地区个人、企业的财富流动来加强与全球私人银行条线的联动；工商金融条线借助集团网络捕捉与地区性公司的合作商机，抓住贸易、对外直接投资趋势成为区域领先的国际性银行；全球银行及资本市场条线专注于盈利来源稳定的市场，通过建立区域性的股权及债权资本市场部门，为跨国客户提供投融资便利；全球私人银行条线以满足客户理财需求为己任，借助各条线提高获客能力。2016年，环球银行及资本市场条线、工商金融条线的税前利润分别为6.5亿美元、2.9亿美元，在汇丰中东及北非地区税前利润中占比分别为43.3%、19.3%，是汇丰在中东及北非地区主营业务和盈利的主要来源（见图3-2）。

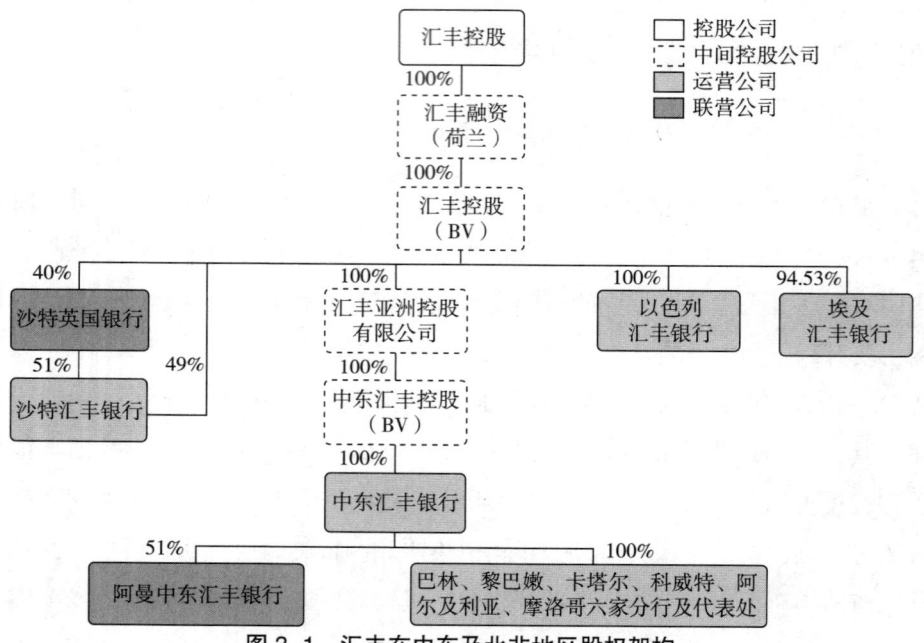

图 3-1　汇丰在中东及北非地区股权架构

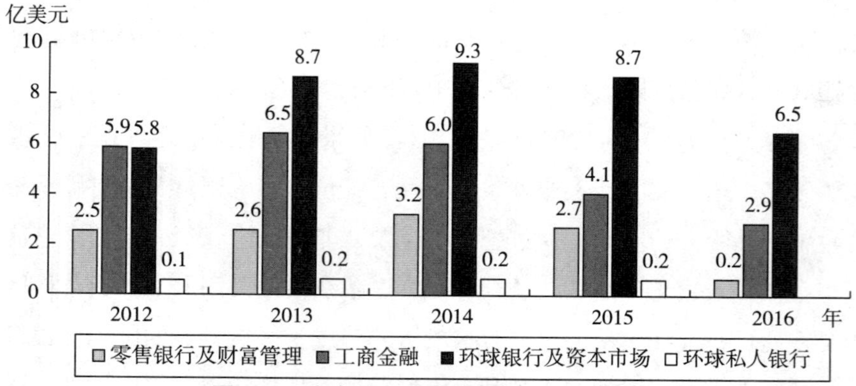

图 3-2　中东及北非地区各条线税前利润

（三）综合化经营，强化多元化合作

汇丰注重发挥集团的综合化优势，加强条线间的合作，来为客户提供多元化服务。一是多数子公司开展综合化经营。汇丰在中东及北非的各子行及联营银行自主化经营程度较高，根据业务发展需要，各子行及联营银行除经营传统商业银行业务外，旗下还设有证券公司、保险公司、信托公司、融资租赁公司等金融机构。综合化经营有利于汇丰为中东及北非客户提供更优质的服务，通过交叉销售扩展盈利来源。二是强化多元化合作。汇丰在中东及北非的多元化子公司与集团四大条线紧密合作，通过区域内的客户互荐和交叉销售来提升子行及联营银行的服务水平。

（四）注重本土化服务，紧扣市场需求

本土化作为汇丰经营中东及北非的重要抓手，有效迎合了市场需求，体现在以下几个方面。

一是开展伊斯兰金融服务。汇丰在中东及北非的经营区域多为伊斯兰国家。早在1998年，汇丰成立阿玛纳金融部门（Amanah Finance），主要提供符合伊斯兰教义的批发银行融资服务，开启了外资银行在该地区开办伊斯兰金融业务的先河。2011年，汇丰将阿玛纳金融部门由伦敦迁至迪拜，并着力拓展零售银行业务，先后推出个人银行账户、签账单、符合伊斯兰教义金融产品的全球指数基金等业务等。根据差异化的全球国别与业务组合管理策略，汇丰于2012年先后将阿联酋、巴林等国伊斯兰金融服务业务统一划归马来西亚汇丰银行和沙特英国银行，集团伊斯兰金融服务能力显著增强。截至2015年末，两家银行符合伊斯兰教义的金融产品资产规模分别为264.1亿美元和45.1亿美元，同比分别增长9.9%、18%；平均总资产收益率分别为0.7%、1.7%，均高于集团平均水平（0.6%）。

二是强化区域内贸易金融业务。2000—2010年，中东及北非内双边贸易总额由380亿美元上升至1950亿美元，年均复合增长率为17.6%，明显高于该地区与亚洲（17.4%）、撒哈拉以南非洲（11.5%）、欧洲（11.2%）、北美洲

(10.4%)双边贸易总额的年均复合增长率。汇丰抓住有利时机,凭借其环球网络优势,为中东及北非客户提供全球化的贸易金融业务,屡次被《贸易金融》授予中东及北非"最佳贸易顾问""最佳贸易银行"荣誉称号。

三是抓住本地区的特色需求。根据中东及北非本地市场环境,汇丰尽可能提供特色服务。例如,在零售业务及财富管理领域,埃及汇丰银行推出电子账单支付业务,阿曼汇丰银行推出家庭教育基金;在工商金融领域,沙特英国银行结合油品贸易推出供应链金融业务。此外,随着人民币国际化及"一带一路"倡议的不断推进,中国与中东及北非的双边贸易规模逐年扩大,汇丰自2011年以来先后在阿联酋、沙特阿拉伯、卡塔尔、巴林、科威特和黎巴嫩推出人民币跨境贸易结算以及定期存款业务,屡次荣获《亚洲风险》"年度最佳人民币服务机构奖"。

(五)稳健运营,优化经营效率

趋于稳健的风险偏好,以及多样化的资本、资金储备渠道,保证了汇丰在中东及北非的稳健经营。

一是降低风险偏好。汇丰在中东及北非地区主要利润来源于工商金融、环球银行及资本市场条线,2013年,中东及北非单位资产风险度(风险加权资产/总资产)高达102.8%,较集团平均水平高65个百分点,业务风险较高。根据国际金融危机后所制订风险加权资产规模缩减计划,汇丰在中东及北非地区降低重资本业务信贷投向。2013—2016年,中东及北非单位资产风险度由102.8%持续下降至97.7%。

二是多渠道补充资本金。汇丰在中东及北非地区补充资本金主要有四条渠道:第一,集团划拨。如以色列汇丰银行由集团直接管辖,资本金由集团直接划拨。第二,留存收益。中东汇丰银行承担区域旗舰职能,通过降低对集团的利润上缴比例来补充资本金。第三,上市融资。沙特英国银行在沙特证券交易所上市,以发行新股方式补充资本金;阿曼汇丰银行在马斯喀特证券市场上市,通过发行累积可赎回优先股补充资本金。第四,剥离非核心业务。2011年以来,汇丰先后通过出售在约旦、巴基斯坦等国与集团战略相关度低的业务来回笼资本金。得益于以上措施，汇丰在中东及北非的主要附属机构及联营银行的资本指标明显改善（见表3-4）。

表3-4　　　　　　　中东及北非附属机构及联营银行资本指标

单位：%，个百分点

银行名称	一级资本充足率			总资本充足率		
	2012年	2016年	变化	2012年	2016年	变化
埃及汇丰银行	11.1	12.5	1.4	12.2	14.4	2.2
中东汇丰银行	11.3	13.2	1.9	15.3	16.7	1.4
沙特英国银行	12.0	17.6	5.6	15.7	19.6	3.9
阿曼汇丰银行	15.1	17.6	2.5	16	18.7	2.7
集团	13.4	16.1	2.7	16.1	20.1	4.0

三是优化资金配置效率。汇丰凭借广泛客户基础，多渠道吸纳客户存款。截至2016年末，中东及北非的客户存款余额为347.7亿美元，较2009年累计增长11.9%，增幅较集团平均水平高2.1个百分点。存贷比也上升至88.4%，位于五大区域首位，较集团平均水平高20.7个百分点。此外，各子行和联营银行资产均保持较高流动性。截至2016年末，中东汇丰银行、沙特英国银行的流动性覆盖率分别为241%、191%，分别比集团平均水平高105个、55个百分点。

三、启示及建议

中东及北非地区地处"一带一路"的中线，和我国经贸往来紧密，战略地位日益突出。中资银行在布局中东的过程中，有必要站在国家战略高度谋篇布局，借鉴汇丰在中东及北非的发展实践及经验，推进以下几项工作：

第一，深入研判地缘政治和经济格局变化，通盘考虑地区布局。当前，中东及北非地区政治经济发展正处于新变局中，特朗普上台后美国在中东地区的战略正在重构，以沙特阿拉伯为首的多个国家宣布与卡塔尔断交，俄罗斯、土耳其、伊朗则趁势强化与卡塔尔的联系，中东国家内部掀起新的纷争，地区发展增添新的不确定性。对中国而言，中东地区关乎我国能源安全，是我国重要出口市场，也是我国和平发展必须重视的政治资源。在此背景下，中资银行有必要加强对中东地区政治、经济发展的趋势性、热点性问题展开深入研究，适时布局，优化资源配置。同时，也要为中国在中东的金融布局提供咨询，使中资银行在中东及北非等地区的国别布局与时俱进，进退有度。

第二，努力吸收同业实践经验，实现区域内附属机构协同发展。近年来，中国银行、中国工商银行等中资银行已逐渐在中东的阿联酋、沙特阿拉伯、卡塔尔、巴林和科威特等国设有机构，有的已初具规模，但总体看，与汇丰在机构数量、资产与盈利规模方面差距较大。中东地区国别差异大，监管环境复杂，中资银行宜进一步研究国际同业在中东综合化拓展、集约化管理的实践经验，务实探索区域"旗舰"平台的建设路径和统筹协调机制，真正将区域内附属机构的协同发展落到实处。

第三，加大综合化业务渗透力度，努力发掘当地市场潜力。在"一带一路"倡议框架下，中东地区基建投资、大宗商品、贸易金融、银团贷款、跨境电子商务、人民币国际化业务等发展潜力巨大，中资银行可借助集团的多元化业务联动优势，积极发掘中东地区中高端企业客户、金融机构（如主权投资机构）等业务需求，借助多元化子公司加强在中东地区的业务渗透，努力拓展适合本土客户的新业务领域。近年来，伊斯兰金融发展迅速，业务发展潜力巨大。中资银行可以适当在中东地区探索推出伊斯兰金融服务，待成熟后再推广至其他海外市场。

第四，坚持稳健运营，防范区域风险。中东地区的风险有其特殊性，中资银行在中东的日常经营应强化反恐安全风险、战争风险的评估，与我国驻外使领馆保持密切联系，前瞻性地落实工作预案。针对敏感地区和交易对手可能带来的反洗钱风险，集团总部和海外当地机构需及时把握有关监管政策变化，做好反洗钱培训，强化反洗钱检查监督，提升反洗钱风险防控能力。在防控传统信用风险的同时，要多渠道吸纳客户存款，强化市场融资能力，提高资金利用效率，有效降低流动性风险。

巴克莱银行全球战略调整及启示

英国巴克莱银行国际金融危机之后摒弃了盲目扩张战略,向"GO-TO"战略转型,获得一定成效。本文选取巴克莱银行为研究对象基于两点考量:第一,深入研究国际化银行应对负面声誉影响的措施。巴克莱银行"百年老店"的金字招牌危机之际,银行作出了相应调整,转危为安。第二,巴克莱银行"GO-TO"战略的核心对中国银行业企业文化构建和综合化经营发展模式具有参考价值。本文以个案研究法,深入分析巴克莱银行战略实施每个阶段的进展及执行计划,为中国银行业未来经营模式提出相关建议。

一、战略调整的主要原因

2008年国际金融危机之后,巴克莱银行作为老牌英国银行,一改迟缓和保守的姿态,在华尔街投行背景高管领导下,采取高收入高回报战略,逆市高歌猛进。2012年新董事长和CEO上任后,巴克莱银行开始进行反思,并于当年提出打造"GO-TO"银行的战略三年(2012—2015)战略规划,核心思想是通过企业文化的彻底改变,打造可持续发展的百年老店,主要原因如下。

一是丑闻曝光,声誉受损。2012年6月英国和美国监管局当局对巴克莱银行操纵伦敦银行间同业拆借利率(LIBOR)决定罚款4.5亿美元。巴克莱银行为提高自身盈利水平和粉饰自身财务状况,通过向英国银行家协会(BBA)报送故意压低的LIBOR数据,人为操纵LIBOR利率。时至今日,仍有大量客户向巴克莱银行索赔。这一丑闻对巴克莱银行的影响不仅仅停留在财务上，更严重的是对其声誉也造成极大的负面影响。此外，巴克莱银行激进的投行业务也备受争议，比如税收筹划业务（Tax structuring）帮助其本身和客户不择手段地"逃税"，正因如此这一业务在巅峰时期曾为巴克莱银行贡献大部分的投行收入。巴克莱集团面临巨大的公众压力，急需通过彻底的文化变革，重塑道德价值观，挽回声誉损失。

二是短期高利润不可持续。国际金融危机后，巴克莱银行并没有像其他大型银行那样进行收缩。相反在2010年上任的CEO Bob Diamond和他的前任John Varley的共同带领下，力排众议，通过收购雷曼兄弟资产一举跻身全球顶级投行之列。凡事都有代价，华尔街投行出身的Bob Diamond说服股东收购雷曼的最大筹码便是高额的短期利润。因此，Bob Diamond为巴克莱设定COE达到13%~15%的激进目标。这一明显高出行业平均和巴克莱银行现实能力的目标只能是短期目标，必须由非正常手段才能实现，比如操纵LIBOR和超高风险投行业务等。不可持续的业务模式和手段，失败只是时间问题。在此背景下，巴克莱银行必须调整战略，从关注短期高回报回归现实的而且长期的可持续发展。

三是投行业务挤占传统商业银行发展空间。在Bob Diamond的推动下，巴克莱银行的投行业务实现跨越式发展。投行资产规模从2007年的8398亿英镑到2008年几乎翻了一番达到16291亿英镑。巴克莱银行从一家老牌传统的商业银行快速转型成为具备上万投行员工，投行业务对集团贡献超过1/3的偏重投行的银行集团。巴克莱银行在短短几年间成为全球排名前10的投资银行。跨越式发展需要非常规的手段和方式，巴克莱银行的投行业务以大胆激进闻名，而且部分业务大量消耗资本金。以2008年为例，当年巴克莱银行的投行部分——巴克莱资本（Barclays Capital）的风险资产规模达到2274亿英镑，英国零售银行风险资产仅为304亿英镑，完成税前收入分别为13.02亿英镑和13.69亿英镑。巴克莱资本占用的风险资产为英国零售业务的7倍，但税前收入却少于英国零售业务。尽管2008年之后，巴克莱银行受监管资本充足要求，对投行业务进行一定规模的瘦身，截至2013年底，巴克莱银行投行业务的资产规模仍然占到集团总资产的65.7%。巴克莱银行将宝贵的资本金资源向投行业务倾斜的同时，挤占了其他商业银行业务发展的空间。

2008年国际金融危机以后，随着《巴塞尔协议Ⅲ》的实施，银行资本充足率和流动性覆盖率要求显著提高，全球监管机构对投行业务的监管也更加严格，使得投行业务的运营成本进一步大幅上升，盈利水平下降。与此同时，英国和全球发达国家经济的复苏，使传统银行业务的发展前景看好。因此巴克莱银行需适应运营环境变化，调整各业务条线摆布。

二、战略调整的进展及未来展望

（一）2012—2015年规划及执行进展

根据打造"GO-TO银行"目标要求，巴克莱银行制定了2012—2015年三年改革规划，该规划主要由"三大阶段性"任务构成，其核心要点及进展情况如下。

第一阶段（2012—2013年）："转向"。从2012年起，为挽回LIBOR等丑闻的不良影响，巴克莱银行开始转向。巴克莱银行提出了与之前完全不同的企业文化，包括新目标：以正确的方式帮助客户实现梦想；新的核心价值观：（1）尊重员工和合伙人，重建信任和加强合作；（2）以公平、道德和诚实为原则，规范行为，勇于担当，扭转过去利润不择手段的文化；（3）以服务客户为先，高标准严要求；（4）为股东创造长期可持续价值，因而将以牺牲短期利润为代价，比如2012年巴克莱银行整体亏损3.8亿英镑；（5）追求卓越，提高品牌形象。

截至2013年，巴克莱银行的文化改革已经基本完成。巴克莱银行的主要措施包括对全行13.6万名员工进行有关巴克莱银行新的目标、原则和价值观的培训；更换中高级管理层，新管理层将主要关注巴克莱银行的改革；出台新"Barclays Way"行为规范。目前经历2012年以后丑闻缠身后谣言四起的巴克莱银行已趋于稳定，并已开始第二阶段的工作。

第二阶段（2012—2015年）：回归合理数字。巴克莱银行通过财务和声誉两大视角对其全球75个业务单元进行严谨的业务分析，按照两大标准：市场吸引力和前景；预期ROE与COE的比较，将所有单元分为四类：加大投入和增长（39个）；重新调整和改善（15个）；过渡（17个）；退出（4个）。其中"过渡"部分资产主要是欧洲自营投行业务等对巴克莱银行声誉造成巨大负面影响的业务，"退出"部分主要是资本效率低下的遗留资产，其风险资产规模达到900亿英镑，收入仅为5亿英镑，巴克莱银行计划将这部分资产降至400亿英镑。对上述业务进行重组之后，巴克莱银行希望在2012—2015年实现17亿英镑的成本节约，处置风险加权资产750亿英镑，一级核心资本充足率提高至10.5%。值得注意的是，巴克莱银行的目标并非瘦身，而是希望用资本节约型资产替换消耗型资产，在"规模效益"和"大银行病"之间找到平衡点，保持巴克莱银行处于最佳规模。因此，2015年巴克莱银行风险加权资产的规模仅降低280亿英镑。

巴克莱银行新任管理层均无投行业务经历，但都具有深厚的商业银行背景。这反映出巴克莱银行未来业务发展的方向。巴克莱银行对其投行业务的定位相应发生变化，巴克莱银行拟将现有投行业务打造成为集团全能银行服务的小型投行部门。立足于主要为客户提供服务的巴克莱银行拟关闭大部分自营投行业务，同时拟每年减少成本3亿英镑，将收入成本比控制在35%左右。

截至2013年，巴克莱银行已处置400亿英镑的"退出"风险资产，完成全部"退出"类资产的80%。同时巴克莱银行将集团存贷比降至101%。另外，巴克莱银行总共获得79亿英镑新资本。

第三阶段（2012—2017年）："可持续未来发展"。打造"GO-TO"银行的最终目标是保持巴克莱银行未来可持续发展。为防止走回过去着眼于短期利润的老路，巴克莱银行提出在四个重要方面提出具体要求：文化、奖励、控制和成本。

文化：巴克莱银行希望将新的文化落实到日常业务活动，融入巴克莱银行人的血液中。除了进行宣传和培训之外，巴克莱银行还对招聘、目标设定、绩效考核、奖励和纪律等方面进行调整，更好地引导员工认识新文化。最核心的措施是巴克莱银行实施平衡计分卡的绩效考核模式,通过客户、公司、行为、同事等综合评价,对员工进行考核。

奖励:巴克莱银行将继续向高层次人才提供具有竞争力的薪酬,但总体薪酬水平将有所降低,同时员工的绩效将不仅与其贡献的利润有关,还很大程度与其对巴克莱价值观的认同和贡献有关。为保持未来可持续发展,巴克莱银行已将收入成本比从2012年的42%降至2013年的38%,未来收入成本比定在35%左右。

控制:巴克莱银行强调合规经营,避免同样的错误再次发生。巴克莱银行强化法律合规条线的权威,同时将全球法律合规条线的汇报路线从地区和集团双线汇报改为向集团条线单线汇报,法律合规部门独立于地区和业务条线主管领导。

成本:巴克莱银行认为未来银行业的主要竞争将在于成本控制。巴克莱银行在历史上首次将成本控制提高到战略高度。巴克莱银行降低成本的主要方向是通过IT技术,提高自动化运营水平和降低雇员数量。同时相似业务的整合也是有效的手段,比如巴克莱银行拟整合其在亚洲所有国家和地区的中后台以及未来整合公司业务条线与投行业务条线。

2013年,Anthony Salz爵士受巴克莱银行董事会委托对巴克莱银行的企业文化进行深入调研,并提出文化改革的有关建议。巴克莱银行已开始就有关意见制订相应的实施方案。有些措施已经实施到位,比如巴克莱银行所有控制功能都已经开始向CEO实线汇报,不再向业务条线领导汇报。

(二)2014年工作重点

2014年巴克莱银行按照继续推进改革计划,主要工作包括:(1)完成有关财务目标,尤其是成本控制;(2)继续对中高级管理进行调整,确保由合适的人选执行集团新战略;(3)应对LIBOR的善后工作;(4)继续完善法律合规体系,适应新监管规则;(5)继续重建客户信任,通过提高透明度等方式开展业务;(6)继续削减投行业务规模,发展公司业务和英国零售和中小企业业务。

三、对我国银行业的启示与建议

适当企业文化对大型银行至关重要。 巴克莱银行提出"GO-TO"银行新战略,是对此前高收入高回报战略的颠覆。此前的战略导向使得巴克莱银行不断追求高收益,同时必然承担高风险,包括对银行最重要的声誉风险。巴克莱银行的操纵LIBOR等丑闻的根本原因在于其不择手段盈利的文化。西方国家尤其是美国的投行文化使得巴克莱银行的投行业务在很短时间内高歌猛进,排名全球前列。然而如同酿酒,急功近利的文化不可能酿出好酒,巴克莱银行的教训告诉我们应以百年老店的心态设定银行战略,坚持合规经营,这更应融合在企业文化之中。

关注长期可持续发展而非短期利润。 2012年巴克莱银行的新任管理层认为前任管理层设定的未来盈利预期和回报水平不切实际,主动加以调整,这体现出新管理层的务实和勇气,毕竟股东对回报水平最为关心。巴克莱银行过去几年的经历说明,仅仅关注股东要求的短期利润终将导致失去长期可持续发展的机会。随着经济周期、监管环境以及全球流动性的变化,短期的高盈利可能蕴含和积累着巨大的风险。巴克莱银行的转向虽然为时未晚,但早知今日,便不该当初。

探索具有银行自身特色的多元化平台。 值得关注的是,过去几年巴克莱银行最大的变化是从一家传统商业银行向投行业务为主的转变。可以说,这样的变化并不成功,其中有投行背景的CEO的关系,也有市场环境变化的原因,但最关键的是巴克莱银行忽略了作为一家传统商业银行,其战略应以商业银行为核心,其他业务条线为商业银行服务的基本原则。实际上,传统商业银行与投资银行从本质上并非相同的金融业务模式。若以中短期快速盈利为目标,投资银行模式无疑是上选;若以百年老店为目标,商业银行模式则更为适合。其实当时汇丰银行与巴克莱银行一样可以选择做大做强其投行业务,汇丰并没有这样做。我国银行需结合自身特点,有选择地综合化经营的发展模式。坚持以商业银行为基础,充分探索各平台的客户资源,根据不同客户需求提供多层次、多角度的金融服务,同时积极探索和发展包括投行在内的其他多元化平台。

苏格兰皇家银行经营战略调整及启示

苏格兰皇家银行（Royal Bank of Scotland, RBS）在过去20年内，从一家默默无闻的英国苏格兰地区小银行一跃成为全球资产规模最大的银行，而后又在2008年国际金融危机中轰然坍塌，被迫接受政府援助并不断瘦身。目前，RBS的战略定位已经退缩到主要服务于英国本土客户为主的中型银行。RBS在短时期内过山车式的发展巨变堪称现代金融史的一个经典案例，对各国金融机构的发展战略启示良多。本文简要回顾RBS经营发展的主要历程，重点综述其在国际金融危机前后的战略变化，并总结对中资银行的启示和借鉴意义。

一、RBS发展历史简况

RBS最早成立于1727年，总部位于苏格兰爱丁堡，此后100多年都仅在苏格兰发展。随着19世纪后期伦敦逐渐成为世界重要的金融中心，RBS开始向英格兰地区发展业务，1874年在伦敦设立其苏格兰境外的第一家分行。1960年，RBS在美国纽约开设了英国境外的第一家分行。1969年，RBS通过收购苏格兰商业银行，成为苏格兰地区最大的商业银行。20世纪80年代，RBS先后创建了汽车保险公司、电话银行和网上银行，逐步成长为英国最有活力的银行之一。在1999年全球1000家大银行排名中，RBS的总资产达到1312亿美元，一级资本53.3亿美元，排名全球第73位。

总体上，直到20世纪末，RBS在国际银行业仍属于一家名不见经传的英国地区性银行,真正使其名声大噪的是2000年对英国西敏寺银行的"蛇吞象"并购案。同年2月,RBS以210亿英镑的代价,收购了3倍于自己资本规模的国民西敏寺银行(NatWest),创英国银行收购史的最高金额纪录。借助西敏寺银行公司和零售业务的客户与品牌,RBS迅速扩大在英国的市场份额,全球排名在2001年跃升至第16位。尝到并购战略甜头的RBS在此后6年间先后开展了数十个并购项目,特别是2007年与富通银行、西班牙桑坦德银行联手并购荷兰银行(ABN Amro),创下全球银行史规模最大的敌意收购案,被誉为"世纪并购"。此举将RBS推上发展巅峰:2008年《银行家》排名中,RBS以889亿美元一级资本居于全球第三位;总资产3.81万亿美元,居全球第一位,比第二位德意志银行(2.97万亿美元)多大约28%。

在国际金融危机中RBS遭受重创,当年税前亏损593亿美元,创下英国企业和全球金融机构发展史上的最大年度亏损额。根据RBS的披露信息,由于信贷市场恶化造成的减记亏损为77.8亿英镑,商誉和其他无形资产减记亏损325.8亿英镑,仅因并购荷兰银行带来的商誉减记就占其亏损额的62%。为确保持续经营和避免系统性风险,RBS被迫国有化,接受英国政府注资458亿英镑,加入资产保护计划。同时,RBS承诺按欧盟要求重组,通过资产处置和结构调整,降低整体规模和风险。到2013年末RBS总资产已瘦身到1.7万亿美元(见图3-3)。未来,RBS将继续重组进程,目标是在2020年前建成英国最受客户信赖的银行。

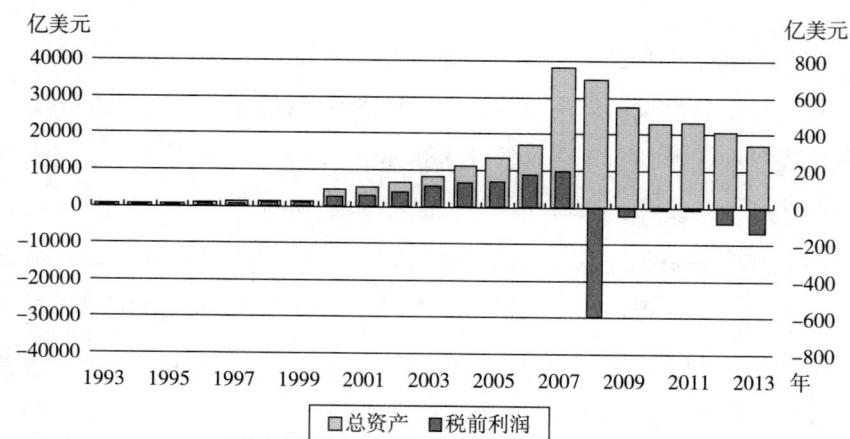

资料来源:The Banker,RBS年报。

图3-3 1993—2013年RBS总资产与税前利润变化(根据汇率换算)

纵观其发展简史，RBS戏剧般地经历了从英国地区性银行到全国性银行、全球性银行，再退缩到英国本土为主的银行。过去十多年的发展相对其287年的历史长河而言虽然只是弹指一挥间，却给国际银行业的发展带来相当深刻的教训和鲜活的案例。

二、国际金融危机前后RBS的战略发展变迁

过去三十多年是经济与金融全球化发展、金融监管从自由放任到加强监管的巨大变革期，RBS走过了从无序、过度的扩张发展战略到重组收缩的过程，具有强烈的个人主义、戏剧性色彩。从1980年到2014年，RBS的发展战略主要经历了如下几大阶段的调整。

（一）第一阶段（20世纪八九十年代）：依托英国市场，多元化发展

从20世纪80年代开始，随着信息技术创新、金融监管放松，RBS先后创建了直销式汽车保险公司Direct Line（1985）、电话银行Direct Bank（1994）和英国第一家综合网上银行（1997），以及其他金融业务（如1997年与Virgin和Tesco合作提供支付金融服务）等，主要在英国市场提供多元化的金融服务。

（二）第二阶段（2000—2007年）：大肆兼并收购，国际化经营

随着21世纪以来经济金融全球化新一波浪潮的发展，RBS在具有鲜明个人色彩的CEO弗雷德·古德温的领导下，通过内生增长和兼并收购两种方式，大举开拓欧洲、美国和亚洲市场，走上国际化扩张的战略发展道路。

在欧洲市场，以2000年并购西敏寺银行、站稳国内市场脚跟为起点，RBS先后于2003年7月并购Santander Direct，扩大了在德国的信用卡和个人贷款业务；2003年9月并购Churchill Insurance，扩大了在英国和欧洲的保险业务；2003年11月收购Bank von Ernst，扩大了在全球的私人银行业务；2004年1月收购爱尔兰第三大银行Ulster Bank，扩大在爱尔兰的商业银行业务。2007年10月，RBS以272亿欧元的代价收购荷兰银行投行业务和亚洲的分支机构，国际

化兼并收购达到了"最后的疯狂"。

在美国市场,尽管RBS早在1960年就设立了纽约分行,但真正的市场扩张是在进入21世纪以后。RBS在美国的兼并活动主要通过其1988年收购的子公司Citizens金融集团开展,1988—2007年,Citizens先后并购了30家美国当地银行,其中规模最大的两笔是2001年收购Mellon银行(资产规模达164亿美元,分支机构345个)、2004年收购Charter One银行(资产规模413亿美元,分支机构616个)。通过这些并购,RBS Citizens在美国拥有了约1400家分行,3500多台ATM和18000多名员工,覆盖12个州,跃升为美国前15大商业银行之列。

在亚洲,除了并购荷兰银行的亚洲业务之外,RBS还通过开设分支机构、入股中国银行(2005)等方式拓展市场,业务遍及中国大陆、中国香港、中国台湾、印度、印度尼西亚、新加坡、巴基斯坦和马来西亚等16个国家和地区。

(三)第三阶段(2008—2013年):从危机走向战略整改与重组

随着美国次贷危机和雷曼引发的国际金融危机的爆发,RBS超常规并购扩张规模的风险隐患旋即集中爆发。2008年4月,由于在信贷市场50亿英镑的巨额减记和并购荷兰银行消耗了大量储备,RBS宣布需要融资120亿英镑的融资;2008年10月,在雷曼危机破产后全球流动性高度紧缩,RBS陷入极度的资金紧张状态,股价暴跌90%。随后英国政府宣布银行拯救计划,其中将对RBS注资200亿英镑,RBS成为被政府控股58%的国有银行。

2009年,RBS公布了五年战略整改与重组计划,旨在纠正脆弱问题并调整业务经营,以适应高度紧张的市场环境。计划提出三个目标:尽心服务客户;恢复银行独立生存能力;为股东重建可持续价值,使英国政府可出售其持有的股份并获利。重组任务主要包括两个方面:减少对特定资产和风险的敞口,加强核心业务。为此,RBS在集团范围内进行了大规模结构重组,设立非核心部门,负责管理对于集团的战略和持续发展而言属于非核心、计划关闭或出售的资产,90%是全球银行及市场部的业务和资产组合,包括大宗商品业务、自营交易业务、高风险资产组合及其他非流动资产组合等。

2011年,面对困难的经济环境以及监管变化形成的挑战,RBS对战略目标进行了中期调整。2012年10月，由于资本水平已经比较充足，RBS在与英国政府协商后，宣布正式退出资产救助计划。2013年11月，RBS决定在集团内设立"坏账银行"资本处置部门继续执行资本计划，包括退出坏账资产、进行Citizens和Williams & Glynbow等子银行的IPO、优化船运业务等。"坏账银行"从2014年1月1日开始运作，初始管理资产290亿英镑，将加快处置这些资产为集团释放更多资本。

2013年，虽然由于大额监管及诉讼赔偿支出，以及设立坏账银行的相关减值损失，RBS全年税前亏损达82亿英镑，但相比2008年，RBS在实施新战略以来的5年中已经取得了很大的进步。资产负债表大幅瘦身，总资产削减达11910亿英镑，资本水平大幅提升，核心一级资本充足率达到10.9%。流动性状况大大改善，短期批发融资从2008年最高时的3430亿英镑降至320亿英镑（见表3-5）。

表3-5　　RBS 五年战略重组核心目标及其变化

核心指标	最坏时	2009年	2010年	2011年	2012年	2013年	初始目标	中期目标
ROE	-31%	13%	13%	10.40%	9.80%	—	核心 >15%	核心 >12%
成本—收入比	97%	53%	56%	60%	59%	—	核心 <50%	核心 <55%
核心一级资本充足率	4%	11.00%	10.70%	10.60%	10.30%	10.90%	>8%	>10%
贷存比	154%	135%	117%	108%	100%		100%	100%
短期批发融资（英镑）	3430亿	2500亿	1570亿	1020亿	420亿	320亿	<1500亿	<10%第三方资产
流动性组合（英镑）	900亿	1710亿	1550亿	1550亿	1470亿		1500亿	>1.5X 短期批发融资
杠杆比率	28.7X	17.0X	16.9X	16.9X	15.0X	—	<20X	<18X

资料来源：RBS业绩披露报告。

（四）第四阶段（2014—2020年）：专注服务英国及西欧市场的战略转型

2013年11月，RBS对其客户业务、IT及运营，以及组织和决策架构进行了全面审查。根据审查结果，在2014年业绩报告中，RBS宣布了新的战略方向。

未来发展目标定位为：到2020年建设成为英国最受客户信赖的银行。为了实现这一目标，RBS将根据顾客的需求进行重组，将需求相似的客户群体整合到相应的业务模块以提供综合性的服务。现存的七大经营部门将被重新划分为三大业务领域（见表3-6）。

表 3-6 RBS 2014—2020 年战略转型的业务结构及经营目标

占比	个人及 小型企业业务	中型企业及 私人银行业务	公司及 金融机构业务
加权风险资产①	35%	30%	35%
运营利润①	50%	30%	20%
目标 ROE①	15%+	15%+	10%②

注：① 所有业务指标基于 2018—2020 年稳定的经济表现。
② 中期达到 7%~8%。

——个人及小型企业业务（Personal & Business Banking）：主要服务英国个人客户及小型企业（收入最高达200万英镑）。在分行设置更多小型企业银行家。

——中型企业及私人银行业务（Commercial & Private Banking）：主要服务商业、中型企业客户和高净值个人客户。加强与商业客户的关系，通过市场领先的贸易及外汇业务在海外运营，为成功企业家提供更有效的私人银行服务。

——公司及金融机构业务（Corporate & Institutional Banking）：主要服务英国和西欧地区的公司客户、机构客户和在这些地区有大量贸易及投资往来的美国和亚洲跨国企业。专注于与客户最相关的核心产品，主要包括债务融资、风险管理、贸易服务等。

除了调整业务结构，新战略的重要任务还包括大幅降低RBS的成本和简化经营模式。具体措施包括减少技术平台数、银行系统数、支付系统数、房地产组合等。RBS将维持相似的投资支出水平，但主要用于改善面向客户的流程，而非维护低效的原有基础设施。这一简化方案预计将在中期内使RBS的成本从2013年的133亿英镑降至80亿英镑，成本—收入比降至55%左右，长期内接近50%。

三、RBS战略变迁对中资银行的启示

RBS在过去十多年的战略发展变迁，对正在寻求通过兼并重组或网点扩张推动国际化发展的中资银行，有着许多值得警醒的教训与启示。

第一，建立良好的公司治理机制，提高战略决策的科学性。在1998年到2008年的十年并购扩张期间，也正是RBS的首席执行官弗雷德·古德温在任的十年，许多兼并收购都有着强烈的个人英雄主义色彩。此前一路高歌猛进的成功案例让其赢得了投资者和管理层的过度信任和绝对权威，从而也是导致最终走上失败的因素。市场曾经一度评价其为"过于追求规模而不顾股东利益的狂妄家伙"。当然，董事会也负有很大责任，未能有效制约而是集体跟随古德温的激进战略。因此，RBS案例一个重要的教训与启示是，银行的经营管理事关重大，应当提高战略决策科学性，增强民主性，董事会应建立和维护良好的公司治理机制。避免以过往的业绩过度崇拜个人行为，防范个人英雄主义的泛滥，杜绝好大喜功的战略目标。

第二，银行经营的战略扩张应符合审慎和可持续发展的要求。2001年RBS"蛇吞象"的成功在当时有着一些特殊和偶然的因素，这种不计代价盲目贪大扩张的做法最终在并购荷兰银行时撞墙。基于大银行在经济和金融体系中的重要性，银行的发展始终应坚持审慎经营的原则，要始终坚持资本约束、风险可控和长期的可持续发展，不应把盲目做大、满足股东过分追求利润的要求、超过竞争对手等作为经营目标，并购应当符合具有真正的核心资本支持、有效整合与管控能力等要求。当然，随着国际社会对银行监管标准不断提高，特别是对"系统性重要银行"以及资本充足率等提出了更高的监管标准，RBS通过并购盲目扩张的类似现象应不会重演。

第三，国际化发展应始终以客户为中心，而非单纯追求规模增长。在过去几年间，RBS由于过度追求自身利润的增长，陷入了LIBOR操纵丑闻、不当销售付款保护保险和不当销售利率掉期合约给小企业等案件，备受舆论和公众指责，声誉受到极大破坏，更重要的是失去了客户的信任。在总结和反思这几年的发展经验后，RBS新战略的核心终于确定为以客户为本。这也给银行经营

敲响警钟。银行的经营，持续的利润增长固然重要，但一切应以客户的需求、客户的成长为基石，抛弃这些理念，一味通过投机、欺诈、操纵等行为追求规模增长和盈利目标，必将被客户与市场抛弃。

第四，注重提高成本效率，提供专业而优质的金融服务。RBS的新战略转型开始强调削减成本和简化经营模式，专注于向客户提供最关心的优势核心产品，力争在五六年内重塑其最受客户信赖的银行。无论其战略最终是否能够实现，这终究代表了金融危机后各大银行经营转型的重要方向，即重点发展核心优势业务，而非求大求全。提供最有效率的服务、最受客户欢迎的产品，夯实银行可持续发展的根基。

德意志银行经营战略调整及启示

在2008年国际金融危机中,美国五大独立投行倒闭或转型,而德意志银行却表现相对稳定,似乎意味着德国模式的"全能银行"更具优势。不过,随着金融监管环境的变化,一些欧美大银行又走上"去杠杆化"、隔离投行与传统商业银行业务、专注核心业务的道路,表明"最优银行模式"并无定论。在最近的战略调整中,德意志银行继续坚持建设"领先的、以客户为中心的全球性全能银行"的定位。本文对德意志银行的战略变迁与经营变革进行简要回顾,并重点介绍德意志银行最新制定的"2015+战略"及其实施成效,以期对新时代背景下中资银行的发展战略有所启示。

一、德意志银行基本情况

德意志银行(Deutsche Bank AG,以下简称德银)最早成立于1870年。到2013年末,德银集团总资产约2.2万亿美元,较2008年顶峰时期的3.1万亿美元缩水28%,总资产在全球排名从2008年的第2位下降到第9位。目前,德银在全球71个国家和地区拥有2907家分行,员工9.8万名,提供全功能金融服务,业务范围涵盖投资银行、个人与中小企业银行、全球交易银行、资产与财富管理等(见表3-7)。

表 3-7　　　　　2013 年德银五大业务条线的资产、收入与利润

单位：亿欧元，%

	总资产	占比	经营净收入	占比	税前利润	占比
CB&S	11116	69.0	136	42.6	31	204.0
GTB	972	6.0	41	12.8	11	73.8
AWM	726	4.5	47	14.8	8	52.1
PBC	2654	16.5	96	29.9	16	103.7
NCOU	542	3.4	9	2.7	-33	-220.4
合并调整	104	0.6	-9	-2.8	-17	-116.3
集团合并	16114	100	319	100	15	100

资料来源：德银年报。

CB&S（公司金融与证券）：负责债券、股票、衍生品、外汇、货币市场工具、证券化工具和大宗商品的销售、交易和组合管理；企业并购、债务和股票发行与顾问。

GTB（全球交易银行）：为全球公司客户和金融机构客户提供国内和跨境支付、风险缓释、国际贸易融资服务，此外还提供信托、代理、托管、存款等相关服务。

AWM（资产与财富管理）：帮助全球机构与个人实现财富保值增值。为高净值客户和家庭提供传统和可选投资工具组合，以及量体裁衣的财富管理方案和私人银行服务。

PBC（个人与中小企业客户）：为德国和全球个人、个体户和中小企业提供支付与账户服务、投资管理和养老计划、证券、存贷款等金融服务。

NCOU（非核心单元）：2012年底组建，负责销售资本密集型、对德银新战略属非核心的业务，以削减风险和资本占用。同时管理层专注战略性核心业务，提高透明度。

在德国国内，德银为第一大银行，拥有绝对领先的市场地位；在欧洲、北美洲和新兴市场（特别是亚洲），德银都享有强大的竞争力而声誉卓著。2013 年 10 月被英国《银行家》连续第二年授予"西欧最具创新投资银行奖"；2013 年 5 月被《欧洲货币》连续第 9 年授予"最佳外汇交易商"；此外，在风险管理、结构性融资、私人银行、基金管理、IT 系统和市场研究等

诸多方面表现突出,每年获得权威评奖达到上百个(见表3-8)。

表 3-8　　　　德银在主要优势业务领域的全球地位

		2013 年	2012 年	2011 年
CB&S(公司金融与证券业务)	国际财经评论奖 IFR Awards(获奖数量)	7	9	8
	风险管理奖 Risk Awards(获奖数量)	3	3	3
	《欧洲货币》卓越奖(获奖数量)	19	27	20
	《欧洲货币》外汇交易调查(全球排名)	1	1	1
GTB(全球交易银行)	托管资产规模(万亿欧元)	1.78	1.55	1.52
	贸易金融业务簿记规模(10 亿欧元)	72.7	61.2	57.3
	网点数量(含代表处)	47	46	45
	分支机构获顶级评级数量	17	11	16
AWM(资产与财富管理)	零售基金管理(欧洲基金表现奖数量)	56	77	69
	保险资产管理(最佳全球保险资产管理奖)	1	1	1
PBC(个人与中小企业客户)	客户业务规模——存款(10 亿欧元)	220	235	229
	德国以外的国际性分行数量	879	886	866
	德国贷款申请数量(百万)	11.2	9.7	8.9

资料来源:德银年报。

二、德意志银行发展战略变迁简况

上述成就与德意志银行全能银行的经营模式和发展战略变迁有很大关系。从其发展历史看,德银主要经历了如下六大阶段:

(一)第一阶段(1870—1945):以德国为主的贸易金融与信贷银行

德银在成立早期主营贸易金融业务;1876 年收购柏林银行协会和德意志联合银行,主要业务包括为德国提供贸易融资、存贷款、政府债券发售等,在规模上成为德国最大银行。经过近半个世纪迅速成长,到1914 年成为全球规模最大的银行,达到阶段性顶峰。第一次世界大战后受战争清算影响,德银失去很多国外分支机构;20世纪30年代金融危机和第二次世界大战也带来很大冲击。

(二)第二阶段(1945—20世纪70年代):进入零售银行业务领域

由于在纳粹统治时期积极参与了"雅利安化"活动(没收及强制出售犹

太人的财产和企业），1948年德银被分拆为10个地区性银行；1952年被整合成三家，1957年再次合并为德意志银行。直到20世纪70年代上半叶，德意志银行都主要在德国境内开展业务，并利用在地区性银行期间的客户资源进入零售银行业务领域。

（三）第三阶段（1976—1988）：向国际化发展阶段

20世纪70年代以后，德银先后在一些国际性交易所上市，1974年在巴黎、1976年在伦敦、1978年在布鲁塞尔、1989年在东京、2001年在纽约。借在伦敦上市时机和金融自由化浪潮的发展，1976年德银在伦敦开设了战后的第一家海外分行，开启了国际化经营的步伐。此后分支机构进一步拓展到美国、意大利等美欧国家。

（四）第四阶段（1989—2001）：向全能银行发展阶段

1989—1999年，德银先后收购了英国摩根建富、日本信托银行、澳大利亚基金管理公司、美国信孚银行等一系列金融机构，业务全面扩张，实力大幅增强。通过全球化并购，德银从主要基于德国本土的商业和零售银行转型为综合全方位金融服务的全球性全能金融机构。

（五）第五阶段（2002—2011）：从规模扩张向精细化方向转型

2002年，瑞士出生的阿克曼（Josef Ackermann）担任德银董事会主席，提出了"打造扁平化集团、专注核心业务"的战略，领导德银进行组织结构转型，将此前德银的"零售及私人客户""公司及机构银行"和"投资银行"三大板块打散，重新组合为"公司与投资银行""私人客户与资产管理"和"集团投资"三大业务板块。在这一时期，德银的战略又经历了四个分阶段管理计划：（1）2002—2003年，重新调整业务重点；（2）2004—2005年，提高增长速度达到25%的股本回报率；（3）2006—2008年，利用德银的全球平台实现加速增长；（4）2009—2011年，在后危机时代维持相对强劲的增长。

（六）第六阶段（2012—2015）：建设领先的以客户为中心的全能银行

2012年6月，为适应后危机时代经济环境和监管变革环境，新上任的董事会联席主席菲茨臣（Jurgen Fitschen）和贾恩（Anshu Jian）推出新的经营战略转型，命名"2015+战略"，2012年9月正式实施，旨在使德银成为长远的胜出者，战略目标界定为"领先的、以客户为中心的全球性全能银行"（The leading client-centric global universal bank）。

总体看，德银通过不断的战略调整，成长为投资银行主导的全球性全能银行，这种模式具有很强的均衡性和抗周期性风险能力，从而使其保持了持续增长和竞争力。特别是阿克曼任董事会主席的十年间，德银的战略较为成功，既抓住了2003—2007年全球增长大周期的机遇，也有效应对了2008年国际金融危机和2011—2012年欧债危机的挑战。德银的战略变化过程可以很好地从德银资产结构和收入结构得到最直接的体现。从1970年到2013年，客户贷款占德银总资产从80%以上降至20%左右，非利息收入占经营总收入的比重从20%左右最高上升到2000年的80%，国际金融危机后稳定在50%左右（见图3-4）。从国际化程度看，2013年德银来自德国境内的拨备前收入占比为36.6%，在其他欧洲国家收入占30.7%，美国占23.7%，亚太地区占12.1%，具有相当的分散性和均衡性。

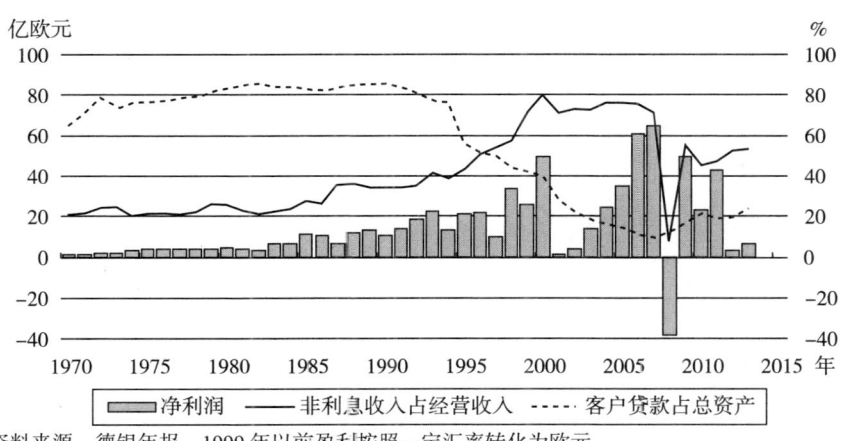

资料来源：德银年报，1999年以前盈利按照一定汇率转化为欧元。

图3-4　1970年以来德银资产、收入结构与战略调整周期

三、"2015+战略"的最新调整及实施进展

随着后危机时代全球经济、金融市场环境与金融监管、市场竞争形势都发生了巨大变化,德银又面临新的战略调整需要,以应对挑战、维护持久的竞争力,以在后危机时期继续取得相对强劲的业绩表现,并在长远的发展中不断胜出。

(一)"2015+战略"的主要背景因素

第一,金融监管标准的全球性变革。德银认为,危机后金融业发展的最大挑战在于全球金融监管的加强,特别是《巴塞尔协议Ⅲ》的实施,银行业面临更高的资本要求和更频繁的监管检查,经营成本在大幅上升。为适应监管环境的变化,德银首要的任务之一是大力提升资本充足水平,为此必须作出经营战略的调整。

第二,全球经济与宏观政策环境的变迁。德银认为,金融危机极大地改变了全球经济、金融市场和银行业的面貌。危机后全球经济增速长期性的低增长导致银行业务增长面临巨大压力,长期性接近于零的低利率和更加激烈的市场竞争也在很大程度压低了利差水平,要适应这种环境必须在核心业务能力上更为强大,并抓住相对增长较好的发展区域。

第三,德银自身经营成本居高不下的压力。尽管在过去的发展中德银保持了很强的业务竞争力,但由于内部管理的原因,德银自身的成本收入比居高不下,为确保长期持续的经营能力,德银需要压缩成本、减少重复建设、解决机构臃肿以提升经营绩效。

(二)"2015+战略"的调整要点

德银"2015+战略"目标界定为"成为领先的、以客户为中心的全球性全能银行",这总体上并未改变此前的定位,但更强调"领先""以客户为中心",表明德银要进一步强化其全能银行的竞争优势,并引领银行业的文化变革。该战略主要强调资本增长的内生机制、更大程度降低风险、更高的经营业

绩表现，提出了五大关键实施要点，即"5C"。

第一，资本（capital）。为满足监管要求，需提升内生资本增长能力，削减加权风险资产，目标是2015年第一季度核心一级资本充足率达10%以上。

第二，成本（costs）。为降低成本收入比，计划通过初始投资40亿欧元，目标是使2015年以后每年节约45亿欧元。

第三，核心业务能力（competencies）。新战略成功的根基是拥有业务优势，满足日益复杂的客户需求，提高盈利能力。为此，需要进一步推动核心业务部门发展，加强业务部门与中后条线部门间的协调合作取得协同效应。

第四，客户（clients）。要明确区分客户群，提升服务能力，为客户创造价值。战略重点是德国国内、繁荣的亚太地区和美洲三大市场。

第五，文化（culture）。需要深刻的文化变革，并以客户关系为变革核心，这终将促进员工和股东利益最大化。文化变革要点包括风险与回报的统一；吸引和发展优秀人才；提倡团队合作精神；对经营环境高度敏感。

（三）"2015+战略"的实施进展

2012年第四季度以来，德银大刀阔斧推动各项改革，"2015+战略"实施进度总体上超过计划目标，沿着德银既定战略目标推进。

1. 强化资本基础，进度超过预定目标。为实现资本充足率达标的战略要点，德银采取两大措施：通过盈利增长，增强内生资本补充机制；加快资产销售和加强管理，削减风险资本占用水平。从2012年6月起，通过销售非核心业务和对冲衍生品资产，并与监管机构咨询改善风险模型和管理流程，降低《巴塞尔协议Ⅲ》监管的加权风险资产。2012年第四季度德银成立非核心经营单元（NCOU），将与核心战略无关、资本占用大的资产与负债（主要包括证券与衍生品资产和因业务、经济或监管条件变化而受到冲击的资产）整合起来，强化资产出售与处置协调、加快去风险化进程；这还有利于管理层聚焦战略性业务，提升外部报告透明度。

从实施效果看，2012年德银成功地通过内生增长机制，将《巴塞尔协议Ⅲ》核心一级资本充足率从6%提高到7.8%，超过了同业和德银的战略目标进度。2013年末，核心以及资本充足率进一步提高到9.7%，接近战略目标水平，同期杠杆暴露水平（基于欧洲CRD Ⅳ的资本要求）也大幅下降，其中NCOU通过全球性的资产处置和销售，对削减资本占用和去杠杆化工作贡献最大。

2.加大内部投资力度，提升成本效率。为建立长效的成本削减机制，德银制订了"卓越经营计划"（Operational Excellence Program，OpEx），通过初始投资40亿欧元，到2015年后每年节约45亿欧元经营成本。初始投资在3年内完成，主要用于建设一流的基础设施，包括IT、优化区域后台活动、集中流程管理等，以减少不必要的重复性和复杂度。通过OpEx，德银建立起现代而高效的平台：提升了产品与服务质量，强化了授权的灵活性，加强了控制和培育成本效率的企业文化。从实施结果看，德银2012年投资了5亿欧元、节省了4亿欧元；2013年累计节约的成本进一步提高到21亿欧元。资金的节约主要来自更高的效率，购买更聪明（smart）的工作系统，以及技术升级和流程优化整合。

3.开展机构重组，核心业务能力取得进展。为强化核心业务能力，德银开展新一轮机构重组，将此前的公司与投资银行（CIB）、个人客户与资产管理（PCAM）和集团投资（CI）三大板块重组为五大业务板块："公司银行与证券"（CB&S）、"全球交易银行"（GTB）、"资产与财务管理"（AWM）、"私人与商业客户"（PBC）和"非核心经营单元"（NCOU）。德银认为，四大核心业务部门将满足日益复杂的、全球化的客户需求，更加平衡收益与客户之间的关系。此外，德银将其他支持部门统称为"中央基础设施部门"，包括财务、法律合规、审计、税务、风险、投资者关系、司库、信息沟通与社会责任、人力资源、集团战略、企业年金和研究等部门，大力加强业务部门与支持部门的协调和合作。

2013年各业务板块核心业务取得长足进展，扣除特殊因素后的经营净收入接近历史最佳水平（见表3-9）。其中，PBC板块成功应对低利率、经济下滑、并购邮政银行等多项挑战，国内借贷份额提升，国际业务强劲增长；CB&S板块巩固了作为全球领先服务商的优势（固定收益连续三年全球第一，公司金融保持全球前五）；GTB也取得了良好表现。唯有AWM板块面临较大的重组挑战，净收入下滑明显，但新整合的管理团队引入了全球客户集团和投资平台，自2012年下半年以来人均节约成本10%。

表3-9　德银"2015+战略"调整前后业务板块的业务规模对比

单位：亿欧元

	2011年			2013年	
	总资产	净收入		总资产	净收入
CIB	17970	184.93	GB&S	11116	136.23
CB&S	17272	148.85	GTB	972	40.69
GTB	964	36.08	AWM	726	47.35
PCAM	3941	143.79	PBC	2654	95.5
AWM	586	37.62	NCOU	542	8.67
PBC	3355	106.17			
CI	252	3.94			
集团合并	21641	332.28	集团合并	161110	319.15

资料来源：德银年报。

4. 以客户为中心，提供完善金融服务。德银相信，以客户利益为先必将使股东受益。自启动"2015+战略"以来，德银对一切改革都使其服务更加贴近于客户。在新战略指引下，德银将客户战略重心转移到三大地区：德国国内、亚太和美洲市场。

国内市场是德银最熟悉和赖以生存的根基。通过并购德国邮政银行、荷兰银行部分业务和Sal. Oppenheim／BHF后，德国本土服务能力进一步提升，专门为中小企业设立服务平台，增强各地网点覆盖力度，强化部门间协调与合作。令德银引以为豪的是，2012年德银帮助30万个人客户搬入新家；服务6万个小企业开业；帮助180个公司与机构客户首次获得市场融资；提供560亿欧元贸易融资；帮助8000个机构客户应对货币波动的风险。

在海外市场，德银重点抓住增长最快的两大地区：亚太和美洲。德银认为，这两个市场经济持续快速增长，必将对真正拥有全球化网络和专家队伍的少数银行受益，德银便是其中之一；由于这些重要市场的人口老龄化趋势正在形成，储蓄和退休金融服务日趋重要，德银作为真正全球化和一体化的资产与财富管理银行，更具有独特的竞争优势，能够为客户提供贴心服务。

以客户为中心的战略模式取得显著成效。2013年，德银在德国国内、亚太和美洲市场的拨备前净收入占比分别达36.6%、12.1%和23.7%，合计为集团业绩贡献了72.3%，明显高出2009年的57.6%（见表3-10）。

表3-10　德银战略调整前后各地区拨备前净收入的对比

单位：亿欧元，%

	2009年		2011年		2013年	
	拨备前收入	占比	拨备前收入	占比	拨备前收入	占比
德国	7122	25.5	12785	38.5	11673	36.6
欧洲、中东与非洲	10964	39.2	10468	31.5	9793	30.7
英国	6578	23.5	5559	16.7	5250	16.4
美洲	6020	21.5	6402	19.3	7561	23.7
亚太	2961	10.6	3611	10.9	3854	12.1
合并调整	885	3.2	−39	−0.1	−929	−2.9
集团合并	27952	100	33228	100	31915	100

资料来源：德银年报。

（四）建设以变革为导向的企业文化

将德银置于文化变革的前线，也是"2015+战略"的核心要点。2013年，德银奠定了文化变革的基础，定义了新的价值观和企业信念；强化了公司治理和内部控制；改革了补偿机制；建立了推动可持续文化变革的项目。

通过广泛收集5万多名职工的意见和期望，开展热烈讨论，最终定义了六个核心的价值观并于2013年7月公开发布：诚信（Integrity）、可持续业绩（Sustainable Performance）、以客户为中心（Client Centricity）、创新（Innovation）、纪律（Discipline）和团队精神（Partnership）。德银于2013年11月的内部调查显示，新的价值观得到了94%的员工认同。

2013年德银对大部分高级管理层的退休奖金递延了3～5年，辅以严格的弥补条款，这将使这些人的经营行为更注重长远而非眼前利益；2014年，还结合新的价值观和理念，改革评估员工奖金和提职的方法。此外，德银还强化了内控文化，在合规上采用了更多系统，雇用更多员工，设立首席控制官（CCO）和首席公司治理官（CCO），直接向董事会汇报。

总体上，德银认为，坚持其世界领先的、以客户为中心的全球性全能银行模式，与同业开展竞争，对客户的服务是最高效、满足需求的，符合客户、金融体系和欧洲经济的利益。"2015+战略"寻求强化德银的全球化平台和在母国的市场地位，进一步提升全能银行模式的经营绩效，夯实资本基础，追求卓越经营和成本效率，使德银在银行业变革中保持"领头羊"地位。

四、对中资银行的启示

德银适应环境变化而不断作出的战略变革，对中资银行努力建设百年长青大银行、好银行有诸多启示。

第一，全能银行的德银模式值得借鉴。

德银继续坚持"全能银行"的战略定位，但进行了"以客户为中心"的更为精准的界定。德银作为一家以投资银行业务为主导的全能银行，国际金融危机后，各国金融监管的一个重要导向是通过提升资本要求，特别是系统性重要金融机构附加更严格的资本标准，限制银行"大而不能倒"的风险，以及要求将投资银行业务与零售银行业务隔离。德银对此进行了有效的应对，即界定自身必须"以客户为中心"。事实上，投行业务并非洪水猛兽，只有那些以盈利为主要目标的自营性投行业务，才是容易引发金融风险的地方。德银通过改革，保留服务于客户的核心投行业务，主动压缩自营性的证券与衍生品金融资产头寸，既释放了资本占用，强化了核心业务，又适应了监管变革的要求。

第二，战略目标要高度精练概括并一以贯之。

德银建设"领先的全球性全能银行"的新战略高度概括为"5C"要点，易于理解、传播和执行。这些都为中资银行带来一定的借鉴价值。当前，各主

253

要中资银行都在新一轮的管理层换届中展开了新的战略布局和职能定位，通过明确各自的战略目标，以抓住新一轮国际、国内大环境变革中的机遇，应对可能出现的种种挑战。

尽管战略的制定和执行与管理层任职周期有很大的关系，但战略目标不应多重表述或过于复杂，而且应可执行、可评估。在一定经营周期内，一旦战略目标确定，应当每年不断地在银行内部反复强调，强化员工的认同感，必须坚定不移地推行，提高战略执行力。如果旧的战略不再适应市场发展形势，则应果断抛弃，重新定位。

第三，强化核心业务能力与竞争优势。

尽管德银战略定位为全球性全能银行，但在战略中仍然坚持有所为有所不为，对非核心业务，坚决处置和抛弃；任何一家银行都不能在所有业务领域全面领先，应坚持将最具有竞争优势的业务推向客户。德银的战略坚持巩固和扩大在投资银行、外汇交易、资产管理和全球交易银行等诸多方面的核心优势，值得借鉴和学习。

对中资银行而言，经过过去十多年的改革与发展，核心竞争力得到了很大的提高。但是，中国经济与金融仍未经历重大经营周期调整的检验。各银行在财务实力、产品创新、风险管理、文化变革、成本效率、人力资源等方面的核心竞争优势，尚待进一步巩固和提高。在新一轮的战略调整中，应始终围绕强化核心业务能力和竞争优势做文章，力争在下一个十年内，中资大银行在国际社会的地位得到全方面的提高和广泛的认同。例如，中资国际化大银行就应当大力巩固和发挥在人民币国际化业务、国际贸易金融和银团贷款等方面的优势，特别是人民币外汇交易方面，需要借鉴德银的经验，致力于打造主要的人民币外汇交易商角色。

第四，重视客户导向的企业文化建设。

客户始终是银行赖以生存的根基，德银业务架构调整、充实资本和节约成本、企业文化建设始终坚持"以客户为中心"的原则。随着市场不断发展变化，中资银行需要尽快地转变文化导向，坚持把服务效率、客户体验、客户满意度置为经营的首要原则。

特别值得一提的是，德银企业文化建设中，始终强调纪律（Discipline）和团队精神（Partnership），这可能与德国人勤恳合作的工作作风与民族个性有很大联系。此外，针对企业文化建设，专门推出了特别的实施计划和项目，将其与员工的考核和提职挂钩，中资银行也可予以借鉴。文化建设不只是口号，更应是行动。应当通过适当的制度设计，将"勤俭节约""团队精神""客户至上"等具有传统中华文化的特点自觉融入企业文化建设中；通过激励约束机制，提高员工服务意识，为建设最好的银行而奋发努力。

桑坦德银行和毕尔巴鄂比斯开银行的经营模式在拉美地区扩张中的应用

与银行最初为追随本国公司客户的对外直接投资而选择在发达国家设立分支机构的一般做法不同,桑坦德银行(Santander)和毕尔巴鄂比斯开银行(Banco Bilbao Vizcaya Argentaria,BBVA)对拉美地区的扩张是一种对新兴市场经济体的扩张。Santander和BBVA的经营模式以规模增长和短期利润为目标,以提高运营效率为核心。它们在拉美扩张中所取得的成功经验在于,在运用多元化地区平衡的战略思维中充分利用发达国家和新兴市场国家之间的经济周期不同步;在收购兼并当地银行过程中充分发掘自身在语言、文化和信息技术方面的比较优势;在实行分权化的子行模式的同时充分发挥集团总部在促进海外机构合作、提高海外机构风险管理能力和运营效率以及交流海外机构最佳商业实践等方面的独特作用。

一、基本背景

从20世纪80年代初到90年代末这短短20年间,西班牙银行业从一个在欧洲受监管最严和效率最低的系统蜕变成全球竞争力最强且盈利最多的系统之一。毋庸置疑,1986年西班牙加入欧洲经济共同体以及1992年加入经济货币联盟所引发的金融系统监管框架转型和国内经济政策的改变是导致上述转变的根

第三篇　欧洲银行业转型篇
桑坦德银行和毕尔巴鄂比斯开银行的经营模式在拉美地区扩张中的应用

本原因，正是这些监管和政策变化为西班牙银行业带来了机会和挑战。自90年代中期开始，西班牙所经历的长时期经济繁荣对该国银行业提供的有力支持也是其成功的重要因素。除了上述外在的宏观因素以外，西班牙银行业所采取的以客户为中心的经营战略以及偏重零售银行业务和注重改善运营效率的经营模式在转型过程中发挥了关键作用。西班牙银行业的成功之处尤其体现在其海外业务的迅速拓展，后者既体现在其海外资产在银行集团资产负债表中所占的份额，也反映在其海外实体机构的增长。Santander和BBVA这两家西班牙最大的跨国银行在拉美地区的业务扩张及其成功经验正是本文所要讨论的重点。

西班牙和中国虽分属于发达国家和发展中国家，但两国的银行体系具有许多相似之处。首先，银行在国内的各类金融中介中扮演了主要角色。2016年，西班牙银行资产占国内金融机构全部资产的比重达68.1%，超过其他主要发达国家；同期中国的银行资产比重达到75%左右。其次，两国银行资产占各自GDP的比重较高，2016年分别达到246%和310%，意味着银行的经营如发生严重亏损将会对国民经济造成重大的负面影响。最后，银行体系的集中度极高。目前由欧洲央行监管的西班牙13家系统重要性银行在该国银行系统全部资产中占据90%的比重，其中Santander和BBVA这两家银行的资产占比就达到57%。中国的银行业在经历了21世纪初的国有银行股份制改革之后，其集中度逐步下降，但目前四大行的资产占比仍达到33%。

西班牙和中国银行业之间存在的一个重大差别是海外业务的扩张程度。中国的银行绝大部分以国内业务为主，而西班牙银行业的海外资产在其资产总额中占了近一半的比重，这些海外资产主要分布在拉美地区和英国（见表3–11），且在墨西哥（37.7%）、智利（25.3%）和葡萄牙（14.3%）等国的银行系统资产中占有重要的份额。不仅如此，西班牙银行的子行也都成为这些国家的系统重要性银行。2016年Santander和BBVA这两家西班牙最大的跨国银行海外利润在集团全部收入中的比重分别高达88%和92.6%。与此相比，中国四大国有银行的海外资产和盈利均只占各自集团的不到10%。纵然中国和西班牙银行业的海外拓展在战略目标、投资方向和实施手段等方面不尽相同，但西班牙银行业的对外业务扩张，尤其是Santander和BBVA两大跨国银行在拉美地区迅速拓展中所积累的经验仍值得我们借鉴。

表 3-11 西班牙银行业海外资产的区域分布（截至 2016 年第二季度）

单位：%

国别	在西班牙银行海外总资产中所占比重	西班牙银行资产在东道国银行总资产中所占比重
英国	26.8	3.9
美国	15.9	1.8
墨西哥	8.9	37.7
巴西	10.2	10.3
法国	3.8	0.8
葡萄牙	3.5	14.3
智利	4.2	25.3
德国	3.8	0.8
土耳其	5.3	11.5
意大利	2.9	1.7
其他国家和地区	14.7	—

资料来源：Spain, Financial System Stability Assessment, IMF Country Report, No.17/321, October 2017, p.10.

与国际银行业务（International banking）这种以银行的跨境业务为标志的经营模式不同，从事跨国银行业务（Multinational banking）的银行通常采取的是在多个国家和地区设立分支机构并利用东道国当地资金经营的一种模式。跨国银行业务这一经营模式是西班牙银行体系区别于任何发达国家的一个重要特征，该国银行业在海外的当地债权（即不包括跨境债权）占整个对外债权的比重高达60%以上。

一国银行体系的跨国银行化可以基于不同的原因，而这些原因也并不适合所有的场合。20世纪70年代最早提出"跨国银行一般理论"的加拿大经济学家Herbert Grubel曾经从比较利益的角度把银行从事跨国业务的原因归纳为三个方面，或归结为银行具有的三种不同职能。第一，跨国零售银行职能（Multinational retail banking），即为了与东道国当地银行竞争，通过在当地收购或设立机构的方式为当地客户提供差异性零售产品。第二，跨国服务银行职能（Multinational service banking），即为了满足本国企业在其对外直接投资过程中对银行服务的需要，利用银行与企业母公司之间业已存在的客户关系，与当地银行竞争这类企业的子公司业务。第三，跨国批发银行职能（Multinational wholesale banking），即利用批发银行相对于零售银行的成本优势，在外汇和货币市场以较窄的汇差和利差与当地银行竞争当地客户。在某种意义上，跨国批发银行网络可以类比为美国联邦基金市场在全球范围内的一种运用，它有效地促进了资本在国际间的流动。

近几十年来，西方金融理论界在跨国银行业务方面做了大量实证分析，这一领域的研究成果有了新的进展。实践证明，银行对外扩张所采取的战略可以依据其对目标市场的选择而有所不同，而这种对投资目标的选择反过来又将取决于银行对外扩张的战略决定本身。例如银行在发达国家设立机构的目的通常是为了追随其公司客户的对外扩张，但由于公司业务的利差要低于零售业务，使得外国银行在发达国家的利差收入和利润一般都低于当地银行。相反在一些新兴市场国家，外国银行则有可能因其在信贷配置、信息技术和企业管理方面存在的优势而获得高于当地银行的利差。从下文的分析可以看到，西班牙银行业在拉美地区设立机构是一种对新兴市场经济体的扩张，它与前述跨国银行一般理论所提出的跟随公司客户对外直接投资的扩张战略并没有必然的联系。对西班牙银行业而言，多元化战略是一个重要因素。尽管Santander和BBVA两家银行在拉美地区扩张所采取的经营策略有所差异，但其主要都是为了在具有较大经济增长潜力的国家寻求更多的投资机会，以增加其客户基础。除此之外，所谓的"声望因素"也是原因之一，即西班牙银行业对拉美地区的扩张是为了将它们在国内市场已取得的竞争地位延伸到国外。类似的观点认为，西班牙银行业对拉美地区的扩张（尤其在扩张的早期阶段）大多由上述两家银行所主导，因而是寡头垄断行为的一个典型，也就是银行在对其他国家进行扩张时会追随其国内竞争对手的足迹。

二、Santander和BBVA对外扩张历史的简要回顾

西班牙银行业对拉美地区的扩张是过去几十年银行全球化和金融市场一

体化程度不断提高的一个范例，它们在该地区以建立机构网点为特征的跨国银行活动极大地丰富了关于银行国际化的传统概念。

20世纪七八十年代，西班牙银行业在拉美地区仅占有很小的市场份额，其主要业务仍集中在国内，但从90年代初开始加快了对该地区的扩张，其中的关键因素是1992年2月西班牙完成的资本流动自由化。1996—1999年，西班牙银行业对拉美地区投放的信贷规模相对于其总体资产规模而言迅速提高，与此同时，它们通过收购和兼并当地大银行积极参与当地零售市场的竞争，其在该地区的子行数急剧增加。在此期间，西班牙银行体系的合并资产增长了62%。截至1999年底，西班牙银行业的对外融资有1/4以上流向拉美地区，其中仅阿根廷一个国家就占据拉美融资的41%，其余依次为墨西哥（15%）、秘鲁（10%）和巴西（10%），这四个国家占据西班牙对拉美地区融资的3/4。另外，西班牙银行业的海外扩展大多采取独立的子行模式，这与欧洲其他主要银行的经营模式存在显著的差别，后者的跨境业务在很大程度上是由母行或通过分行运作，即便是采用子行的形式，其资金也主要由母行提供。1994—1999年，西班牙银行业在国外设立的子行由53家增至72家，其中在拉美地区的子行多达38家。而在这些子行中有16家是通过收购当地大银行的方式设立的。换句话说，在这一时期西班牙银行体系通过设立法人机构从事的对外扩张活动几乎全部集中在拉美地区，而其中的主要收购者就是该国两家最大的跨国银行——Santander和BBVA。

先以Santander为例。该行于1978年首次进入智利，1982年便收购了智利Banco Espanol Chile，到1995年时Santander已在智利银行业中排名第六。1996年进一步收购Banco Osorno y La Union之后，排名升至第二。1997年是Santander在拉美从事收购兼并最活跃的一年。它先是收购了委内瑞拉的Banco de Venezuela，随后又收购了墨西哥的Banco Mexicano，并改名为Banco Santander Mexicano。在哥伦比亚，它购买了Banco Comercical Antioqueno 55%的股份以及该国一家主要的消费信贷财务公司。在阿根廷购买了该国当时的第五大银行Banco Rio de la Plata 35%的股份，随后又将其在该国的全部资产合并在新的Santander Rio名下。在巴西，它通过收购Banco Gerd do Comercio进入拉美人口最多的市场，并改名为Banco Santander Brasil。经过这一年的收购兼并，Santander在拉美地区所有西班牙银行的总资产中占比达24%，成为该地区市场份额最大的银行。

再以BBVA为例。与Santander采取收购大部分股权并迅速将收购对象冠以自身名称这一较为激进的收购策略不同，BBVA对拟收购的金融机构倾向采取收购小部分股权并在大多数场合保留当地银行名称这一较为保守的方法，通过先与当地银行建立伙伴关系并逐渐增大持股比例来达到最终控制这些机构的目的。例如BBVA的前身BBV于20世纪90年代中期决定加大对阿根廷金融机构的投资，先于1996年收购了具有百年历史的Banco Frances del Rio de la Plata 30%的股份，后又分别于1997年和1999年兼并了Banco de Credito Argentino银行和Grupo Consolidar Argentina保险公司，从而成为阿根廷第三大商业银行。在哥伦比亚，它先后于1995年和1998年购买了Banco Ganadero 40%和15%的股份。在秘鲁，它于1995—1998年分三次对Banco Continental进行收购，直到最后拥有该行全部控制权。它在委内瑞拉、智利和巴西等国对当地银行的收购也是采取了类似的逐步收购对方股权的方法。到1998年底，BBV在拉美地区的金融资产已占其全部资产的19.8%。

1987—1999年，西班牙银行业在国内经历的兼并风潮最终产生了Santander和BBVA这两家全国最大的商业银行。1999年，当Santander银行以小鱼吃大鱼的手法兼并了西班牙另一家大银行Banco Central Hispano并改名BSCH（2003年又恢复为Santander，以避免与英国的汇丰银行HSBC相混淆），以及BBV银行兼并了当时刚完成私有化过程的西班牙国有银行Argentina（2001年12月改名为BBVA）时，该国银行业的集中度也随之达到顶峰。二者在西班牙商业银行存贷款中所占的市场份额合计均超过了90%。而且，这两家银行在拉美地区所从事的各项收购兼并活动，也使西班牙银行业就此进入全球跨国银行的版图。经过这次收购兼并高潮之后，Santander在阿根廷、智利、墨西哥和秘鲁等国已成为当地最大的商业银行；BBVA则在委内瑞拉和哥伦比亚的银行业中占据首位。到1999年底，这两家银行在拉美地区的资产已分别达854亿美元和680亿美元，均超出美国、英国和荷兰的银行而成为在该地区规模最大的银行。

21世纪初以来，Santander和BBVA继续在拉美地区尤其是墨西哥和巴西从事收购兼并活动以扩大各自的资产规模。2002年Santander先增加对智利银行Banco Santiago的控股权达到79%，随后又将该银行与Banco Santander Chile合并而成立Santander Santiago，后者一举成为智利最大的商业银行，其在该国的市场份额高达25%。2007年Santander通过收购Banco Real而使其在巴西的资产迅速翻番，分行数达3600多家，客户数也增至2190万人，其存贷款在该国分别居于第三位和第二位。在阿根廷，该行持有的Banco Frances Rio股份进一步增加到80%，并因此而兼并了Banco Tornquist。BBVA在拉美地区的发展重点一直是墨西哥。美国的花旗银行曾经是唯一一家在该国经营的外国银行，1994年墨西哥加入《北美自由贸易协定》之后，它先是允许北美地区的银行进入，后又进一步扩大到所有OECD成员国。BBVA是进入该国的第一家西班牙银行，到20世纪90年代末它已经在墨西哥拥有335家分行。2000年，它先是购买了在拉美地区资产规模和客户数量均居首位的墨西哥最大的金融机构Bancomer 54%的股权，随后又将它与原先由Bancomer控股的Banco Promex合并，使其主要业务在墨西哥的市场份额占到近30%，机构数达2300家，客户数超过900万人。90年代末BBVA已经在拉美地区的养老金市场占有重要份额，2004年它又成功收购了墨西哥的养老金公司Hipotecaria Nacional。

西班牙这两家跨国银行在拉美地区的收购兼并活动一直持续到2012年西班牙爆发主权债务危机，即使在2008年国际金融危机期间也从未停止。在上述期间，Santander继续向巴西和智利拓展，并将其投资进一步延伸到英国、波兰和美国。BBVA也继续在墨西哥和其他一些拉美国家和地区设立分支机构，并将其海外扩张延伸到土耳其和美国。由于这两家跨国银行的盈利不再仅仅依赖其国内市场，因此当2012年因西班牙经济严重紧缩而导致该国30%的银行系统发生倒闭时，多元化资产组合不仅使它们得以继续生存，而且还在弥补了其国内抵押贷款的大量亏损之后仍能获利，可以说在某种程度上挽救了西班牙的整个银行系统。到目前为止，这两家银行都已结束了对拉美地区的投资过程，它们在该地区的主要国家都已取得了银行业的主导地位。Santander在拉美地区拥有的子行数在外国银行中居于首位，BBVA居次；前者的主要业务集中在智利、阿根廷、墨西哥和巴西，后者的业务则在墨西哥居首位，在秘鲁、委内瑞拉、乌拉圭和阿根廷也都居于领先地位。这两家银行不仅成为拉美地区零售银行中最大的外国机构，也在当地积极从事养老金、资产管理、保险和投资银行活动。经过几年的经营，BBVA已经成为拉美地区最大的养老基金管理者，并通过其分行网络交叉销售其保险产品。Santander虽然也在当地养老金市场占有相当的份额，它和BBVA总共控制了当地约45%的养老金业务，但与BBVA相比它更侧重于投资银行领域。

Santander和BBVA在拉美地区的扩张彻底改变了该地区银行、保险、养老金以及投资银行的面貌。从盈利来看，它们在拉美地区的投资在总体上都取得了较好的回报。如图3-5所示，2016年在Santander和BBVA的集团利润中拉美地区所占的份额均超过了它们在任何国家的份额，其中Santander在巴西的盈利占比（近21%）和BBVA在墨西哥的盈利占比（46.3%）都显著超出了西班牙本国的盈利占比（分别为12%和7.4%）。另外，由于它们在拉美地区子行的财务业绩优于该地区的其他银行，尤其是净利息收入在总资产中所占比率较高，这两家银行的资产回报率（分别为0.56%和0.64%）远高于欧洲地区银行业的平均水平（0.25%）。Santander和BBVA对拉美地区的扩张也带动了该地区金融业的发展，它一方面增强了拉美地区金融市场的竞争，缩小了拉美地区银行利用金融中介而获取的存贷利差，另一方面也促进了当地银行技术和管理的现代化。

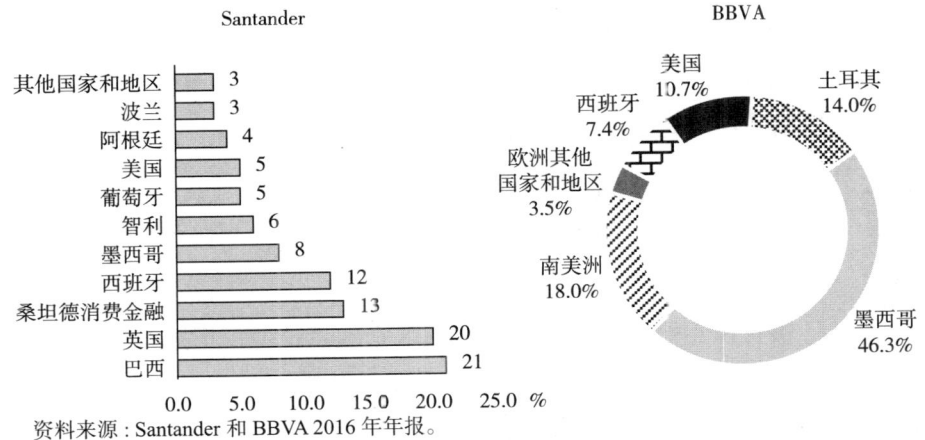

资料来源：Santander和BBVA 2016年年报。

图3-5 2016年Santander和BBVA在全球各地的利润占各自集团的比重

三、为什么西班牙银行业选择拉美地区作为扩张目标

20世纪90年代，拉美地区一些国家，如阿根廷和委内瑞拉，国有银行的私有化过程以及美国银行业从拉美市场的撤离，为西班牙银行业通过收购方式实行对拉美地区的金融扩张提供了良机。通过收购当地银行迅速获得广泛的分行网络也为西班牙银行业创造了在拉美地区拓展零售业务的有利条件。不仅如此，对Santander和BBVA来说，它们的目的不仅是以收购股份的方式来扩大自身的规模，更重要的是寻求对收购银行的管理权控制，通过收购将其已在西班牙取得成功的全能银行模式复制到这些拉美银行，以便将其在当地的业务扩展到其他金融领域。

总体而言，20世纪90年代开始在拉美地区国家实行的金融自由化、监管放松和经济开放为外国企业进入该地区银行、通信和公用事业等关键部门创造了有利条件。但西班牙银行业为何选择拉美地区作为其海外扩张的目标，还涉及以下重要原因。

第一，经济周期的不同步。西班牙和欧元区国家经济周期之间的相关程度很高，且随着20世纪90年代欧洲货币联盟成员国经济名义趋同过程的推进，该相关系数已提高到0.8。90年代后半期，随着成员国实际趋同过程的进展，西班牙和欧元区之间在经济增长和劳动生产率水平方面的差距也在缩小。相反，自80年代中期开始，西班牙和拉美地区经济周期之间的相关系数却一直为负，1985—1999年该系数平均为-0.7。在西班牙和欧元区国家经济周期正趋于一致的情况下，西班牙和拉美地区之间经济周期的不同步表明它可以从对拉美地区的扩张中获得好处。除了作为整体的拉美地区与西班牙之间的这种周期不同步之外，拉美地区各国之间经济周期的相关性也不高，这就使得西班牙银行业可以进一步通过其投资的多元化来避免因地区性的扩张战略而导致的集中风险。

第二，银行体系的成熟性差异。无论从金融系统的规模还是从银行业的市场渗透性来衡量，欧洲的银行体系要比拉美地区成熟得多。如果以货币供应量M_3占GDP的比重来比较它们的金融系统规模，欧元区达77%，而拉美地区仅

为28%。再从银行业的市场渗透程度来说，20世纪90年代初拉美地区仅有40%的成人居民持有银行账户，而西班牙这一比例在当时就已达95%。其中的部分原因是由于拉美地区银行拥有的分行数量极其有限，导致每家分行的客户平均数在一些拉美国家如秘鲁、巴西和墨西哥要比西班牙高出几十倍。因此对西班牙银行业而言，它们在拉美地区拓展零售分行网络的潜力巨大。

第三，人口年龄结构的差异。拉美地区人口的平均年龄水平相对较低，14岁或以下的人口比例占34%，欧元区仅17%。这样的人口结构意味着拉美地区对金融服务的需求会不断增加。这一方面是因为这部分未成年人口未来可以成为银行业的服务对象，另一方面是因为随着社会上中年人比例的增大，收入的消费倾向降低，从而导致储蓄增加。这后一种基于生命周期假说的效应对西班牙银行业开拓拉美地区养老金业务具有重要意义。

第四，银行收购成本的差异。相对于欧洲发达国家金融机构的收购交易价格而言，拉美地区银行的价格显然较低，这使得西班牙银行业可以在一个相对较短的时间内以较低的成本在该地区占有一定的市场份额。按照BBVA的测算结果，如果比较1999年各国大型银行的市值及其在存款市场中所占的份额，德国主要上市银行每1%的存款的市场份额购买价格大约为22.85亿美元，而同样的存款份额在阿根廷或墨西哥这些拉美国家的市场价格仅为1.96亿美元或2.05亿美元。

第五，银行业盈利的差异。除了拉美地区银行业务具有较高的增长潜力之外，该地区银行业也为西班牙银行业的进入创造了良好的收入增长前景。拉美地区银行业的净利差收入大大高于西班牙本国以及其他欧美发达国家的水平。1990—1994年，拉美地区银行业的净利差在其资产总额中的平均占比超过5%，其中有些国家如阿根廷已接近10%；而在西班牙和美国该比率仅为3.1%和3.7%。这种差异既反映了银行监管上的差别，也是由于拉美国家作为新兴经济体利率平均水平较高。此外，拉美地区银行业的运营成本较高，大部分国家的运营成本占银行资产的比重均超过5%，而在西班牙该比重还不到3%。当然对西班牙银行业而言，在市场渗透的最初阶段，包括建立分行网络和引进先进技术等在内的初始运营成本会较高，因而在短期内这些措施所产生的效率很难在收益上得到反映，但从长期来看，因效率提高而带来的潜在收益将会很高。

以上这些原因解释了为什么拉美地区对西班牙银行业来说是一个理想的对外投资目标。剩下的问题是，拉美地区具有的这种增长潜力为什么长期以来并没有被那些与西班牙经济环境相仿的发达国家金融机构所发掘？对这一问题的回答是，一国银行的海外扩张除了需要选择理想的投资目标，银行本身还需要具备某些不同于国内其他银行的比较优势。例如它们对本国的银行监管和金融市场必须有更多的了解，也不会太在乎因建立海外机构而需要承担的额外成本。而且，只有那些能以较低成本提供金融服务的银行才能在拓展其他市场的过程中成功占有一席之地。这种比较优势既可以来自一家银行具有的某些特征，也可以存在于某个国家的银行。这两种比较优势在西班牙银行业对拉美地区的扩张中都能得到充分的体现。

第一，西班牙银行业较高的股本充足率对其实行对外金融扩张特别是在拉美地区的扩张尤其具有竞争优势。一方面，较高的偿付能力有助于拉美地区金融系统的稳定，使西班牙银行更易获得当地监管机构的营业许可。另一方面，维持较高水平的资本充足率也有助于取得当地存款者的信任。

第二，20世纪90年代以来国内发生的一系列金融变革使得西班牙银行业已完全适应在一个高度竞争的环境下从事经营活动，也使西班牙银行的管理层更易适应新市场的开拓。这些变革包括70年代中期开始并持续20年之久的金融自由化过程，包括1969—1987年的利率自由化、1992年初取消对资本流动的限制以及允许外国银行在西班牙境内任意设立机构，等等。

第三，西班牙银行业面临的相对不利的经济环境也加快了其对外扩张。一方面，家庭储蓄由存款向共同基金等其他金融产品的转移增加了银行融资成本，欧元的使用又造成银行某些收入（如外汇交易和汇兑手续费）的减少甚至亏损，从而影响银行的经营利润；另一方面，西班牙与欧元区一些经济更为稳定国家的名义趋同过程所导致的利率下降对银行的传统存贷利差收入也造成负面影响。

第四，Santander和BBVA这样的大型银行在西班牙对拉美地区的扩张中扮演了关键角色。如果以全球范围内一些大银行的海外资产在其总资产中的占比来看，银行的规模与它们的国际化程度之间并不存在明显的关联。但在西班牙，只有上述两家银行选择了拉美地区作为其战略投资目标。这其中的原因主要是欧元的出现改变了西班牙银行业面临的金融环境，使得Santander和 BBVA 不得不调整其原先的发展战略，此时银行的规模对于它们今后能否在欧洲银行业发挥主导作用就变得至关重要。它有助于Santander和BBVA在拉美地区建立强大的零售网点，以便在应对欧元和欧洲金融一体化的挑战中，以及在与欧洲银行未来的战略伙伴关系谈判中处于有利地位。因此，银行的规模以及对规模增长的追求是西班牙银行业对拉美地区扩张的一个重要因素。

第五，除了上述规模因素外，Santander和BBVA两家大型银行在西班牙银行业对拉美地区的扩张（尤其在扩张的早期阶段）中所扮演的主导作用，也是寡头垄断行为的一个突出表现。寡头垄断在这里表现为银行在对其他国家进行扩张时会追随其国内竞争对手的足迹，尽管这种行为在西班牙国内银行业的竞争环境中并不存在。

当然，除了以上这些与西班牙银行业或银行本身有关的特定因素之外，拉美国家与西班牙在地理位置上的接近、在前殖民地时期的特殊关系以及语言和文化上的相同等非经济或银行因素，都有助于解释为何西班牙银行业愿意在拉美地区这样的海外市场拓展业务。这些因素使得西班牙银行业可以充分发挥它们的比较优势，不仅帮助其在拉美市场使用相同的营销技术推广国内的同类产品，促进两地间的技术转让甚至使用相同的技术平台，而且还有助于银行母行和子分行之间的员工交流，从而可以加速银行集团内部的一体化过程和企业文化的传播。因此，正是这些地理、移民、语言和文化等方面的原因，使得以上各种促使拉美地区成为理想的投资目标的因素，与各种促使西班牙银行业对拉美地区扩张的因素能够有机地结合在一起。

四、从Santander和BBVA的经营模式看西班牙银行业对拉美地区的扩张

（一）西班牙银行业的一般经营模式

西班牙银行业深信规模以及由规模带来的增长是决定银行成功的驱动因

素，因为大型银行可以将技术尤其是信息技术开发的成本分摊到众多运营单位，从而带来规模节约。这种规模促进增长的理念也决定了西班牙银行业的管理方式。在这一点上，Santander继承了西班牙银行业的传统。从它1994年开始收购国内银行到1996年开始的拉美收购兼并再到2000年起向欧洲大陆以及美国市场的扩张，无不证明了Santander对追求规模增长的一种内在嗜好。

以规模和增长为中心的管理理念实践是在银行的集团层面进行的，因此它属于公司战略的范畴。就一般意义来说，公司战略与经营策略（或称竞争策略）的不同之处在于，前者涉及的是一家公司对业务范围的选择，后者则是根据公司的既定业务范围制定的操作原则。由于在许多情况下，西班牙银行业的规模增长都是通过在国内外的收购兼并实现的，但凡涉及银行收购的对象、银行在有机增长或外部收购这两种方式之间的取舍以及银行股东的价值创造等重大问题，都需要银行在集团层面做出决定。反之，因20世纪80年代末西班牙开始实行利率完全自由化，作为零售银行主要收入来源的净利差逐步缩小，银行必须不断降低经营成本而非贷款利率来应对市场的竞争，通过信息技术的开发实现成本节约便成为该国银行业普遍采取的一种经营策略。

西班牙银行业的一般经营模式可以归纳为三个要素。一是偏重规模的增长，并注重公司战略和经营策略的结合。银行能否成功地向其他地区扩张在一定程度上取决于它能否通过承受不同国家的风险来达到其资产组合多元化和资产增长潜力增加的目的。由于收购和兼并当地银行是公司战略的核心内容，它不仅需要银行具备一个有效的竞争策略，还要求银行设计出能够在竞争中获胜的公司战略。二是在外部的业务领域和内部的成本管理方面运用各种手段提高运营效率，前者包括提高客户忠诚度和机构网络的专业化以及提高劳动生产率，后者则包括产品结构的调整、服务的外包以及操作方法的不断完善。三是实行开放式的模块化核心系统而不是封闭的集成式系统架构，以便在不同的区域市场通过商业化手段推广其相同或类似的金融产品和服务，减少对当地技术员工的依赖，以充分发挥信息科技在管理成本和人工方面的优势。

与公司战略涉及的问题不同，经营策略关心的并不是银行的规模或增长，而是如何通过提高运营效率来实现银行利润的最大化。但由于对那些以经营国内市场为目标的银行来说,运营成本的降低存在一定的极限,通过对外扩张实现收入来源的多样化就成为银行重要的发展战略。从这个意义上说,西班牙银行业的经营策略必须要由其公司战略来补充。这就是西班牙银行业一般经营模式强调公司战略和经营策略这种双层战略架构的根本原因,而Santander和BBVA的经营模式正是对西班牙一般经营模式的具体应用。下文对它们所做的比较分析将表明,尽管这两家银行在运用西班牙银行业的一般经营模式过程中各有侧重(前者更偏重规模增长,后者更偏重运营效率),但它们都是通过将海外收购作为规模增长手段的公司战略,与信息技术提高作为效率增长手段的经营策略结合在一起,最终成为西班牙乃至欧洲规模最大和效率最高的两家跨国银行。

(二)Santander的经营模式

到20世纪80年代末为止,Santander一直都是以追求利润而非规模增长为经营目标,其资产规模的增长也是采取传统的内部有机增长和外部收购兼并相结合的方式。1986年它的资产规模在西班牙仅排名第6位,在全球则排名第152位。由注重效率向注重规模增长过渡的转折点是1988年Santander与英国的RBS结成战略伙伴关系,其战略措施是通过短期内的利润实现来达到足够的资产规模以便与国内外其他银行竞争。自此Santander改变了它原来的内涵式增长(有机增长)和外延式增长(收购兼并)并重的经营方式,改为以后者为主要增长手段,先在西班牙国内从事银行收购并很快将收购活动扩张到拉美地区。到1999年,它在短短10年左右的时间内发展成西班牙和欧元区最大的银行,在拉美地区的市场份额也占据首位。目前Santander已是全球系统重要性银行之一,2016年在全球的排名已跃居第18位,在拉美地区的盈利已占到集团的近40%,成为一家在当地零售业务和全球批发业务方面实力超强的跨国金融集团。

在继承西班牙银行业一般经营模式的基础上,Santander将它的经营模式进一步发展为以下五个基本要素:(1)追求高市场份额和多元化战略(包括纵向、横向和跨地域的发展);(2)充满活力的产品销售文化,旨在促进收入的增长;(3)以效率为目标的成本管理方法;(4)以提高信贷质量为宗旨的风险管理;(5)资本的实力和资本的管理要保证规模增长的潜力。可以看出,这五个要素都是围绕成本效率和收入增长这一核心理念,且它们之间形成一种有效的循环:银行市场占有率的提高和多元化战略最终将因规模节约而导致经营成本的下降;以收入增长为中心的销售文化又将通过单位产品销售成本的降低来达到规模节约和成本效率;雄厚的资本基础则能满足银行对规模增长的需要,后者又能反过来进一步增强银行在金融市场的竞争能力。

Santander的经营模式在它对拉美地区的扩张过程中得到充分的体现。大量的银行收购一方面为它带来广泛的客户基础,另一方面也为它管理庞大的零售机构网络提供了丰富的实践经验。拉美地区的收购也使Santander能够利用其原有的先进信息科技对当地银行的零售网络进行重组。Santander非常强调将它的经营模式在拉美地区收购的银行中进行复制,因为在它看来,这种经营模式已经在西班牙国内市场经过检验并得以完善,而且将同一种经营模式运用于广泛的银行网络一方面有利于产品的标准化,另一方面也由于信息技术系统的集中使用而带来成本效益。

(三)BBVA的经营模式

面临相同的经济环境,大多数的西班牙银行都倾向于以短期的现金流即利润的产出作为经营的指导思想。在这一点上,BBVA和Santander也不例外。因此它们都十分强调股东的价值创造,只是在具体的做法上有所区别:BBVA比较偏重客户和盈利,Santander则更关注产品和增长。

银行市值的增长将会增加银行的单股盈利,从而为股东创造更多的价值。在BBVA,股东价值的创造是集团管理层的基本目标,它由三个互为因果的关键业绩指标(KPI)来衡量:增长、盈利和效率。股东价值的创造在该银行又是通过管理层制定的三大战略目标来实现的:一是由银行的比较优势决定并能确保增长的公司定位;二是可以产生较高股本回报率的经营模式;三是能够带来具有财务成本竞争力的核心资本充足率水平。

上述三个关键业绩指标在BBVA的经营模式中得到了充分的体现。该银行的经营模式包含三方面内容:(1)提高运营效率,加强风险管理。BBVA的管理层认为，运营效率的高低和风险管理的好坏是反映银行管理技术的核心标志，前者是由银行的营业支出占营业收入的百分比，即效率比的高低来衡量，后者则以贷款的不良率和贷款拨备覆盖率的多少来表示；（2）寻求利润最大化，以确保股东的分红以及依靠银行的自有资金获得规模的增长；（3）追求规模和增长。尽管BBVA一直以来均以海外收购兼并作为其扩大经营范围的一种手段，但它却始终以盈利为主要目标并以核心业务为重心，在此前提下，倾向于通过内涵式的有机增长而非外延式的收购兼并方式实现规模的扩张。因此，与Santander将经营活动集中于零售业务不同，BBVA是在有机增长和全球增长相结合的基础上，试图在零售和批发银行业务之间取得一种平衡。在零售业务方面除了西班牙本国市场外，墨西哥和美国的西语裔集中地是BBVA的两个主要海外市场；而在批发业务方面它采取的是全球布点的战略，例如拉美国家对中国出口的迅速增长不仅为BBVA在拉美的扩张提供了增长潜力，也促使该银行进一步关注其在中国的业务发展，尤其在贸易融资和项目融资方面。

需要强调的是，信息科技系统在BBVA经营模式的具体运用中一直扮演着重要角色。信息科技系统对BBVA的价值创造具有三个基本功能。第一，通过自动化和在线操作代替数据输入的批处理，提高了银行的运营效率，从而大大降低了经营成本。第二，利用应用软件来处理银行产品和服务的网点销售，增强了银行的可供产品和客户需求之间的协同性，由此带来的规模节约促进了银行的有机增长。第三，和其他银行相比，BBVA自身信息科技系统存在的比较优势还可以刺激银行的外延式增长。BBVA的规模增长在相当程度上依靠的是收购和兼并其他银行，但在许多情况下，该银行在信息科技系统方面具有的先进性以及由此可以带来的被兼并银行运营效率的提高，是导致其作出收购兼并决定的一个重要经济原因。例如在对拉美地区的银行收购过程中，BBVA正是将其现有的先进技术平台应用到当地被收购的银行，并将因自动化而节约出来的人员充实到银行的营销部门。

（四）Santander和BBVA经营模式的共同点

可以看出，Santander和BBVA的经营模式存在一些差异，但这些差异与它们各自不同的公司价值观和公司历史背景不无关系。比较这两种经营模式可以发现，由于它们都根源于西班牙银行业的一般经营模式，两者之间还具有若干相同的特点。

第一，Santander和BBVA的经营模式均以实现短期利润为目标，以提高运营效率为中心。由于成本的下降存在一定限制，经营模式的选择必须确保银行能够通过规模的增长提高其收入水平。因此具有经济增长和盈利潜力的海外市场就自然成为它们共同的战略投资目标。

第二，Santander和BBVA在海外地区的组织架构都采取了非集权式的子行化模式。各地区子行负责管理辖内的分行和其他经营机构，它们在财务上相互独立，在资本金和流动性方面实行自主管理，且不允许地区间的跨境融资。各地区业务单位的资金来源绝大部分依靠当地存款，其余则通过当地批发市场获取。这两家银行都认为子行化模式更适合于以零售业务为主的银行，其优越性主要在于可以减少集团内部各机构在母国和东道国之间的风险传染，同时也有助于开发当地的资本市场。但它们也意识到子行化模式很难使集团的流动性管理达到最优化，在融资活动方面也很少能取得规模节约的效果。

第三，Santander和BBVA均充分利用了西班牙自20世纪90年代初即具备的信息科技现代化的比较优势，将信息科技作为提高运营效率和促进海外扩张的一个重要渠道。和为数不多的几家全球性大型零售银行如汇丰、花旗和渣打相比，这两家西班牙银行在拉美地区的成功扩张一方面固然是由于它们在管理当地零售业务方面积累了大量的经验，另一方面则是因为充分利用了各自母行的公司中心职能，在信息科技和风险管理方面通过系统的移植为当地零售业务带来规模节约。

第四，为了减少与海外收购兼并活动相关的国别风险，Santander和BBVA在其全球扩张过程中均注重利用文化和语言上的比较优势，从拉美市场入手，再进入语言不同但文化相似的欧洲市场，以逐步积累国际化经营的经验。在此过程中，它们的海外业务及其盈利水平也在具有高增长潜力的新兴市场和以低增长和高竞争为特征的成熟市场之间建立起一种良性平衡。

正是由于经营模式中的这些共同之处，使得Santander和BBVA无论在规模增长、资本实力、价值创造、运营效率和风险管理等各个方面都取得了显著的成绩。从表3-12可以看出,过去两年这两家银行的各项关键财务指标并没有呈现明显的差别,说明它们中没有任何一方的经营模式要优异于另一方。这也意味着在可预见的未来,它们在落实集团的总体和海外发展战略方面,将会延续各自的经营模式。

表 3-12　2015—2016 年 Santander 和 BBVA 主要财务指标的比较

	2016 年		2015 年	
	Santander	BBVA	Santander	BBVA
股本回报率(%)	10.38	8.2	9.99	6.4
资产回报率(%)	0.56	0.64	0.54	0.46
一级资本比(%)	12.53	12.2	12.55	12.1
效率比(%)	48.1	51.9	47.6	52.0
不良贷款率(%)	3.93	4.9	4.36	5.4
拨备覆盖率(%)	73.8	70	73.1	74
单股盈利(欧元)	0.41	0.50	0.40	0.37

资料来源:根据 Santander 和 BBVA 2016 年年报整理。

五、从Santander和BBVA的拉美地区扩张经验中得到的启示

Santander和BBVA自20世纪90年代初开始对拉美地区扩张的国内历史背景,与中国国有商业银行当初开拓海外业务的背景有着显著的差别。西班牙当时的竞争环境决定了这两家大型银行不能再完全依赖国内市场,海外扩张便成为其扩大客户基础和寻找规模增长潜力的必由之路,目前它们的海外盈利已占到各自集团的绝大部分比重。与之相比,中国国有商业银行的大部分利润均来自国内业务,其跨境业务活动最初也主要是为了追随国内大型企业客户开拓海外市场特别是进入发达国家市场的需要,银行为这类企业提供的境外服务也大多集中在公司业务、贸易融资和支付清算等传统业务方面。即使到目前为止,它们的海外利润在集团中的占比仍极其有限。随着近年来国内企业向新兴市场和发展中国家投资的增加,中国国有商业银行的跨境金融服务网络也逐渐覆盖

到中东、非洲和拉美地区，产品和服务的范围也开始由传统的商业银行业务扩展到资产管理和投资银行等领域，服务的对象也在由本国公司客户逐步向当地企业和寻求全球投资机会的高净值个人客户延伸。因此，随着跨境业务不断向广度和深度发展，中国国有商业银行有必要重新评估其海外发展战略，在必要的情况下对现行的经营模式做出相应的调整。在这方面，我们认为Santander和BBVA的经营模式虽不应照搬但确有可取之处，它们在拉美地区扩张过程中积累的经验也值得我们借鉴。

第一，实行多元化地区结构的海外发展战略。要注意挖掘具有经济增长和盈利潜力的新兴市场，充分利用发达国家和新兴市场国家之间的经济周期不同步，减少因海外机构所在国家的周期性经济波动带来的风险。

Santander和BBVA的特点是它们的海外业务均以零售为主，加之其实行的资金来源当地化和流动性管理自主的子行化模式，因而与全球金融市场的关联性很小。例如巴西和英国是Santander集团在全球范围盈利最高的两个国家，其2016年利润分别占到集团的21%和20%，超过了在西班牙本国的盈利。虽然近年来这些国家也面临着各种问题，如巴西的长期经济衰退、英国的"脱欧"和西班牙的持续低利率环境，但由于问题的性质不一，发生的时期也不同，相互间风险传染的可能性很小。BBVA也重视地区间的平衡，但它更为强调全球范围内零售业务和批发业务之间的平衡。因此它的零售网点除了西班牙本国之外，主要集中在墨西哥以及美国的西语裔地区，2016年仅墨西哥一国的利润就占集团的46.3%，远超过美国的10.7%和西班牙的7.4%。中国国有商业银行的海外经营区域主要集中在美国、德国和英国等发达国家，业务范围以公司业务和批发业务为主，组织架构基本采取分行模式，这些都是与Santander和BBVA海外经营模式的不同之处，但这并不影响借鉴其多元化地区平衡的战略思维。从短期看，这种多元化结构可能会限制一国银行在某一具有高增长潜力市场的盈利增长速度，但从长期看，由于银行因此提高了防范国别风险的能力，这方面的损失能够得到弥补。

第二，在海外扩张过程中，要注意利用自身的比较优势积极为中国的国有企业和私营企业以及个人提供公司和零售业务方面的服务，同时要及时抓住人民币国际化带来的各种业务机会。此外，还要充分发挥集团总部在促进海外机构相互合作、提高海外机构运营效率和交流海外机构最佳商业实践等方面的指导作用，以最大限度地增强海外机构的竞争能力。

Santander和BBVA在其海外扩张尤其是收购兼并的过程中，除了实行多元化地区结构的发展战略，还注意根据自身在语言、文化和信息科技等方面的比较优势，在地区目标的选择上采取循序渐进的做法，即由拉美逐步扩展到欧洲和美国等市场，以在提高运营效率和实现短期盈利的同时不断积累海外经营的经验。另外，这两家银行还在子行化模式的架构下注重发挥集团总部在提高地区子行竞争能力方面的作用。2016年Santander公司中心（即集团总部）的运营成本仅占集团总成本的2.1%，但在它看来，公司中心的存在使该集团所创造的价值要大大高于由各当地子行单独创造的价值总和。Santander和BBVA这两家西班牙银行的家族企业或私营企业背景决定了它们的经营决策主要基于短期的利润创造。与此相比，中国国有商业银行则更注重中长期的经济效益，因而其经营决策主要是基于企业形象以及集团文化的传承。但经营理念上的这种差异并不妨碍我们在发挥自身的比较优势方面借鉴它们的成功经验。

第三，要在目前以集权化的分行模式为主的海外组织框架下，充分利用现成的封闭和集成式的信息系统架构，加速实现海外网上银行服务的全球一体化以及海外移动金融服务的拓展。

Santander和BBVA的海外扩张主要采取的是在分权化的子行架构下的收购兼并。它们在开始将国内的经营活动向拉美地区延伸时，充分利用了西班牙银行在信息科技领域的优势地位，将其国内已发展成熟的开放的模块式核心信息系统移植到该地区，显著加快了其收购兼并当地银行的过程。中国各大国有商业银行都十分重视海外业务的发展，但在海外各地区的组织架构选择上却不同于Santander和BBVA，基本上采取分行的形式，且在跨境经营模式上各有侧重。例如中国银行主要通过在海外设立分行这种有机增长途径发展国内企业在当地的业务，工商银行则倾向采取收购兼并的外延式增长手段竞争当地客户的业务。但这种组织架构和经营模式的差异并不妨碍我们在海内外机构信息科技一体化的过程中从Santander和BBVA的成功经验中获得启发。中国国有商业银行目前实行的总分行组织架构更便于集团总部利用现成的封闭和集成式的信息系统架构加速核心系统在海外的推广，以进一步扩大海外电子渠道服务的地区覆盖范围。这与Santander和BBVA将其开放的模块式系统架构复制到拉美地区被收购的当地银行恰好形成鲜明的对照，表明中国国有商业银行也可以像上述两家西班牙银行一样，在既定的海外组织框架下充分发挥传统信息科技系统在海外业务拓展中的作用。

桑坦德银行可持续发展管理实践及启示

西班牙桑坦德银行是全球系统重要性银行之一，按一级资本排名列欧洲银行业第四位。该行约有19万名员工，1.22万家网点，服务全球1.25亿客户，2016年集团税前利润的89%来自海外，其中，新兴市场贡献了海外税前利润的一半以上。作为一家国际化百年大行，桑坦德银行十分重视可持续发展，在2016年道琼斯可持续发展指数银行业排名中，桑坦德银行位列欧洲第一。本文重点介绍该行可持续发展的战略框架、管理架构、政策体系及重点工作举措，并对中资银行构建绿色金融等可持续发展战略体系提出参考建议。

一、"四位一体"的可持续发展战略

桑坦德银行认为，可持续发展不仅意味着银行要发展业务、为其所在地区的经济发展和社会进步作出贡献，还需充分考虑对环境的影响，并与主要利益相关者保持稳定关系。桑坦德银行的可持续发展战略包括以下四个方面的内容。

（一）坚持可持续的商业模式

桑坦德银行的商业模式注重以客户为中心，以稳定、可持续的盈利为导向，不但要考虑经济回报，还要达到较高的道德、社会和环境标准。这一商业模式立足长远，使得桑坦德银行能够在不断变动的国际环境中发现潜在的风险和机遇，保持国际领先地位。

（二）担当对利益相关者的责任

桑坦德银行与各类利益相关者保持稳定和长期的关系，以便更好地了解他们的期望，并借助创新的解决方案来满足利益相关者的需求，形成长期的信任关系。

（三）卓越的公司治理

坚持高效透明的公司治理策略，以维护股东权益为本。董事会负责审核银行的政策和社会责任战略，并拥有最高决定权。

（四）促进地区经济和社会进步

致力于提高银行服务的可获得性，在保护自然环境的同时，促进所在地区社会和金融的包容性发展。将投资高等教育作为银行的一项中心工作。

二、三个层次可持续发展管理架构

桑坦德银行建立了总部、工作组以及地区三个层次的可持续发展管理架构（见图3-6），其中，总部负责可持续发展顶层设计，地区层面也有相应的管理架构安排，专设的工作组或委员会负责推动特定领域的可持续发展倡议。

在总部层面，董事会负责批准有关可持续发展的政策和战略，审核可持续发展报告。董事会设有风险监管与合规委员会，负责监督企业的社会责任政策，确保相关政策得到执行，为银行创造价值，同时，还负责监督可持续发展报告中非财务信息的宣传过程。执行委员会定期审议可持续性方面的工作进展报告。桑坦德银行设有可持续发展委员会，由首席执行官任委员会主席，总行相关业务和职能部门负责人参与，由可持续发展部的负责人担任委员会秘书。该委员会每年至少召开一次会议，提出并协调推动银行可持续发展的相关倡议。内部审计作为第三道防线，负责定期评估集团的可持续发展职能。

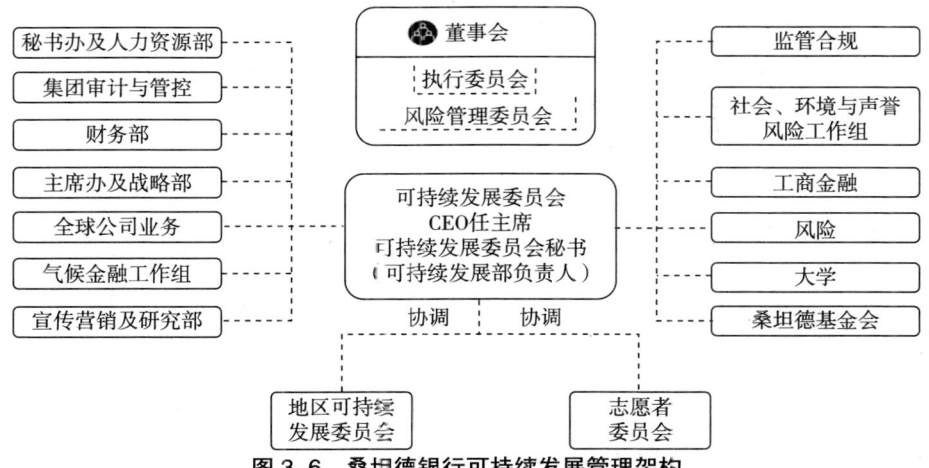

图 3-6　桑坦德银行可持续发展管理架构

为应对可持续发展领域的专业问题或新课题，桑坦德银行设有两个专项工作组。一个是"社会、环境与声誉风险工作组"，主要负责评估任何有社会或环境影响的金融交易所产生的声誉风险，并根据集团可持续发展总方针及行业政策，向相关决策机构提出工作建议。该工作组由集团首席合规官主持，由合规、风险、可持续发展、法律咨询、宣传等职能部门以及相关业务部门的成员组成。另一个是"气候金融工作组"，由集团全球公司业务总监任组长，其主要目标包括：确定集团在气候变化方面的战略和立场，识别和分析由于向低碳经济转型而可能出现的商机和风险，根据新的监管动向调整业务流程和信息系统等。该工作组由全球公司业务、风险、合规、工商金融、创新、战略、财务管理、公共政策和可持续发展部门的成员组成。

桑坦德银行还设有志愿者委员会，主要任务是寻找志愿者服务机会，在集团内推广桑坦德银行志愿者活动计划。该委员会由总部人力资源部门牵头，由宣传、营销与研究、工商金融和全球公司业务等部门以及子公司的代表组成，向集团可持续发展委员会汇报。委员会成员负责根据集团志愿服务政策，在各自的部门和公司范围内推广志愿者活动。

在地区层面，桑坦德银行同时设有可持续发展委员会，一般由桑坦德银行在该国（地区）的负责人担任主席，向集团可持续发展委员会汇报。委员

279

根据集团的总体战略，推动落实符合当地要求的可持续发展措施，相关措施要符合集团可持续发展的总体方针和行业政策。自2016年起，地区层面也开始设立社会、环境与声誉风险工作组。

三、综合化的可持续发展政策体系

综合化的政策体系是桑坦德银行可持续发展管理模式的重要支撑。为确保叙做业务时满足道德、社会和环境的各类标准，桑坦德银行及时跟进国际公约和议定书、行为准则及指引，以及行业最佳实践等，不断更新调整内部政策及规定，形成了综合化的政策体系。

（一）可持续发展总方针

该政策明确了桑坦德银行可持续发展的基本原则，以及为主要利益相关者创造价值的承诺。该政策采纳了西班牙国家证券市场委员会（CNMV）的"公司治理准则"在这方面的主要建议，并指出了银行在为敏感行业以及敏感业务活动提供融资时应管理好的各类社会及环境风险。

（二）行业政策

该政策规定了与国防、能源和大宗商品等行业相关金融活动的标准。由于为某些公司提供金融服务可能存在一定程度的社会影响和环境影响，此项政策禁止向特定活动提供融资服务，并明确了一些行业的限制条件。该行业政策适用于桑坦德银行提供的所有金融服务，包括贷款、股权融资、咨询服务、保险以及资产管理等。

（三）人权政策

该政策是根据2011年《联合国工商业与人权指导原则》、国际劳工组织《关于工作中的基本原则和权利宣言》、经合组织《跨国公司准则》等约十项国际原则、宣言或标准制定的，阐明了桑坦德银行在业务活动中保护人权的立场、原则和承诺，明确了有关风险评估、防控和处理的程序要求，适用于员工、客户、股东、供应商等利益相关者。根据不同国家和地区的法律条例，人权政策会作出相应的调整。

（四）气候变化政策

该政策阐明了为保护环境和缓解气候变化的影响所采取的行动框架和具体措施，包括减少银行自身造成的环境污染，推广与环境保护有关的金融产品与服务，评估融资项目对环境的影响并采取相应措施，提高员工环保意识等。该政策还列明了桑坦德银行所遵循的可持续发展国际准则和标准，明确了该行气候变化办公室的职责。

（五）志愿者政策

该政策鼓励员工参与志愿者活动，并确定了以儿童和青年教育为重点的优先行动领域，明确了集团内志愿者活动的分工、流程、评价指标以及报告要求等，目的是服务社区，增加员工的归属感、自豪感、创造性和工作积极性。

（六）行为规范

该规范汇集了所有桑坦德银行员工都应遵守的道德准则和行为守则，重点明确了在利益冲突、信息保密、产品销售、证券市场行为等14个特定情境下的行为规范要求，阐明了有关部门及人员的职责要求。根据该规范，员工可以通过银行的保密渠道举报可能违反行为规范的行为。桑坦德银行还设有预防犯罪风险管理系统，该系统获得了西班牙标准化和认证协会（AENOR）认证。

（七）税务工作行为原则

该原则要求采取一切合适的措施以防范和降低税收和声誉风险，保证机构及其股东的法律和经济安全。桑坦德银行一直遵守西班牙"良好税收规范"和英国"银行业税收业务守则"，积极参与由不同税务管理机构开发的税务合作合规项目,并按要求披露税务信息。

(八)遵循国际准则

为使业务活动达到国际标准,桑坦德银行已加入十大国际社会和环境组织或倡议,并遵守相关国际准则,包括联合国全球契约、银行业环境倡议(BEI)、世界可持续发展工商理事会(WBCSD)、联合国环境署金融倡议、沃尔夫斯堡集团、赤道原则、负责任大豆圆桌协会、责任投资原则(PRI)、碳信息披露项目(CDP)、可持续牲畜问题工作组等。

四、多样化的可持续发展举措

桑坦德银行的可持续发展战略体现在日常业务活动中,形成了一些具有自身特色的可持续发展举措。

(一)提高客户服务质量与满意度

客户是桑坦德银行业务模式的中心。桑坦德银行将提高忠诚客户的数量作为其重要的战略目标。所谓忠诚客户,是指那些至少使用桑坦德银行3个产品,并每月至少在该行办理一次货币交易的客户群体。

为实现这一目标,桑坦德银行将了解客户的需求并相应提供创新的解决方案作为维持客户关系的根本。为了解客户的期望和自身的不足,该行在零售银行业务所覆盖的12个国家进行了100多万人次调查,着力为客户提供个性化、数字化的解决方案,通过线上线下相结合的方式提供高水平的服务。

近年来,桑坦德银行忠诚客户的数量保持了年均两位数的增速,由2015年的1.38亿户增长至2017年中的1.63亿户,同期,手续费收入的增速由4.3%增至11%。桑坦德银行在其八大核心市场均名列服务质量前三名。

(二)融资业务充分考虑社会和环境问题

桑坦德银行认为,社会和环境问题是其融资业务风险分析和决策过程的关键。桑坦德银行从优化融资政策标准和强化内部组织两方面着手，着力降低社会和环境领域的风险。

在融资政策标准方面，桑坦德银行于2009年加入厄瓜多尔原则，并在集团信贷政策和流程中贯彻了有关规定要求。2014年，在赤道原则Ⅲ出台后，银行根据新的要求将公司信贷管理政策作了更新，重新定义了交易的内部检测和分析流程。此外，桑坦德银行作为创始成员，于2010年启动了银行业环境倡议（BEI）。2014年，桑坦德银行加入了软商品契约，对自身可持续发展政策进行了审查和部分修改。

为了实施这些政策，桑坦德银行全球营业所在地建立了由不同领域专家组成的社会、环境和信用风险工作组。这些工作组将当地知识在集团内分享，为银行创造了附加价值。

（三）向供应链推广可持续发展原则

桑坦德银行有7500多家供应商。桑坦德银行从自身的采购模式和供应商标准两方面入手，在银行供应链中全面推广可持续发展战略。

在采购模式方面，桑坦德银行设有专门负责采购的子公司，负责推进透明、客观和高效节省的采购模式。整个采购过程可以在线进行，谈判过程电子化且有记录、可追踪，以确保供应商之间的公平竞争。桑坦德银行还对供应商进行分类分析，评估供应商产品和服务对银行各地区业务的潜在影响。

在供应商标准方面，桑坦德银行始终坚持负责任采购的原则，同时将可持续发展标准纳入供应商准入流程。桑坦德银行不仅自身遵循联合国全球契约十项原则，还要求其供应商同样尊重和遵守有关原则。

（四）开展大学公益投资，促进社会繁荣

桑坦德银行对社会投资的一大重点就是大学教育，已坚持了20年，惠及全球21个国家和地区、1182所大学和研究机构。据统计，桑坦德银行是全球500强中在教育相关领域公益性投资最多的银行。自2002年以来，桑坦德银行已投入超过15亿欧元支持高等教育,其中2016年投入达1.57亿欧元,支持约3000个大学项目。

桑坦德银行大学项目主要包括六个方面。(1)桑坦德助学计划:旨在资助学生开展国际交流和学术研究,为学生提供实习机会、学习项目等。例如,2016年桑坦德银行为10224名学生提供了美国、英国等13个国家的实习机会。(2)创业:支持学校和学生开展创新活动,帮助学生进行创新创业以及科研成果的转化。(3)桑坦德大学奖:奖励创新、创业、优秀学生和优秀研究成果。(4)数字化:利用自身的数字化技术为学生、教师和学校提供了各类服务和帮助,包括为900多万名大学生定制智能卡,推动教学过程、教育培训和高校图书馆的数字化等。(5)全球项目:与高校合作开展多个全球性项目,如网上西班牙语文学库项目等,其中不少已经成为相关领域的标杆。(6)其他:为弱势群体和社区提供教育支持等。

(五)推动所在社区的可持续发展

桑坦德银行与非政府组织、非营利机构等紧密联系,支持社会的实际需要,主要包括六个方面的举措。

(1)弱势社区儿童教育计划:该计划专注于儿童和青少年,旨在普及教育、实现教育机会均等化和鼓励社区可持续发展,目前已在6个国家开展。(2)小额信贷:旨在帮助低收入家庭创业,以创造就业。超过70%的无担保贷款被发放给了规模仅为5~6人的小企业,户均贷款约700欧元,已累计为25.3万名企业主提供了资金。(3)金融教育计划:开发各种金融普及教育或培训项目,形成互动的、多元化的知识分享和培训平台。(4)艺术和文化:借助桑坦德银行基金会进行艺术品收藏,开展相关展览和会议活动,以保护、传播艺术和文化。以艺术品收藏为例,目前藏品已达1000多件。(5)志愿者服务:鼓励员工参与各类志愿者活动。(6)生物多样性:通过基金会开展生态保护计划,以保护濒危物种,恢复退化的生态环境。

五、对中资银行的启示与建议

当前,中国银行业的资产规模已居全球第一位,在全球1000家大银行中的数量与日俱增。中国工商银行、中国农业银行、中国银行、中国建设银行四家大型银行已是全球系统重要性银行,在一级资本、税后利润、市值等规模指标上领先全球同业。在绿色发展理念和绿色金融一系列政策的推动下,2016年中国一跃成为全球最大的绿色债券市场,银行业对绿色发展、自身社会责任空前重视。在中国对外开放度日益提高、绿色金融标准化工程加快推进、银行业竞争加剧的背景下,中资银行有必要借鉴国际领先同业经验,站在全球和长远战略高度谋划可持续发展的顶层设计。

(一)制定EESG相协同的可持续发展战略

坚持可持续经济效益为本的价值理念,按照"规模平稳增长、业务结构稳健、经营效率领先、资产质量安全、资本水平充裕、市场口碑优良"六大标准建设中资最佳银行,走基业长青之路,不再以资产规模论英雄。以目标客户为中心,借助金融科技全面革新商业模式,构建新的客户价值主张、赢利模式、关键资源和关键流程一体化管理模式,将服务实体经济、促进包容性发展落实到经营管理细节中。将遵从最高的道德、社会、环境和监管标准作为战略基石,构建有中国特色、与国际公认现代企业制度相匹配的公司治理体系,保持与各类利益相关者的沟通与联系,形成长期的信任关系。

(二)构建可持续发展管理架构

中资银行要对标国际领先同业构建全行可持续发展管理架构。在集团层面,董事会要统筹考虑全行可持续发展的政策和战略,审核本行的可持续发展报告或社会责任报告,确保有关政策和战略能够得到执行。必要时可设立可持续发展专门委员会。银行管理层要将可持续发展事宜列入执行委员会常规议程,协调推动银行可持续发展的相关倡议。规模较大且国际化多元化特色较为突出的大型银行可考虑设立可持续发展部门,统筹集团可持续发展问题管理,专业化运作，更好地对接国际惯例。绿色金融目前发展较快，各中资银行宜设立专门的工作组，系统研究国际国内绿色金融发展战略、业务模式、产品体系、环境风险评估工具和相关规则标准，前瞻性地参与中国乃至国际绿色金融领域的游戏规则制定，并结合监管动向调整内部流程和管理制度，以更好地抓住商机、防范风险。

（三）以开放促改革，积极参与国际合作和国际倡议

中国开放的大门将越开越大。可以预计，将有更多的外资金融机构凭借其熟悉国际惯例、在环境及社会风险方面管理经验较为丰富的优势加速抢滩中国及全球市场；同时，监管机构对银行环境、社会和治理方面的披露和监管要求将越来越严，投资机构、各种金融市场指数将可能越来越多地把可持续发展能力作为全球资本配置的重要标准，这些将很可能对中资银行的估值和市场评价产生越来越大的影响。中资银行特别是大型银行需要加快行动，系统化地梳理评估联合国、世界银行、各类气候组织、跨国银行联盟等提出的可持续发展倡议和规则，了解各类可持续发展指数的构成与导向，结合本行实际，明确与国际规则与倡议接轨的目标、时间表和路线图，以此来重塑内部的环境与社会风险管理体系，建设全方位对标国际领先水平的可持续发展政策体系，在实践中不断完善，并在对外合作与竞争中逐步推广中国方案、中国智慧、中国标准。

瑞银集团创新推出DCCP激励机制的实践及启示

为满足资本监管要求,适应战略调整需要,加强内控、防止道德风险,2015年1月23日,瑞银集团(UBS)宣布继续推出第三期递延或有资本计划(DCCP)。DCCP实施以来,瑞银集团的资本充足率不断提升,公司治理改善,风险案件减少。当前,中国宏观经济增速趋缓,各类案件抬头,推出DCCP对加强银行业公司治理,防范各类风险案件,拓宽资本筹集渠道具有重要意义。

一、DCCP的推出原因

DCCP是一项具有递延、或有和资本特征的薪酬激励机制。递延是指将员工当期绩效奖金以附加票息的方式进行延迟支付;或有是指递延支付的奖金及票息依赖于锁定期内银行相关指标的表现(如利润、资本充足率),只有当相关条件满足时,激励才能兑现;资本是指在锁定期内,递延支付的绩效奖金可计入银行资本。

2012年,UBS对薪酬激励机制进行了修改,提出了DCCP和股权激励计划并行的方案,主要基于以下考虑:

首先,适应更高资本监管要求的需要。2012年,欧元区实施《巴塞尔协议Ⅲ》，银行业面临较大的资本压力；与此同时，监管当局对银行经营的信息披露和风险偏好都提出了更为严格的要求，作为G-SIBs，UBS需要额外承担1%的一级核心资本充足率要求。面对监管环境的变化，UBS需要采取稳健的经营策略，并把风险预防和吸收（资本金）作为经营中的重点。

其次，适应战略调整的需要。2012年，适逢UBS成立150周年，这家百年老店对其经营历史进行了回顾与总结，UBS希望通过增强资本实力、降低各类成本费用形成稳健的经营风格。管理层希望通过改革使员工薪酬与公司中长期经营表现挂钩，营造更具激励色彩的薪酬文化，同时，也可在一定程度上避免较为激进的短期经营策略。

最后，加强内控管理，防止道德风险的需要。2012年，UBS税前利润为-17.74亿瑞士法郎，较2011年下降70.81亿瑞士法郎。造成瑞银集团利润下降的最主要原因是诉讼费用和罚款的提高，这其中包括LIBOR操纵案的罚款。诉讼费和罚款的提高反映出高管和员工在经营过程中对自身的行为缺乏有效约束，道德风险问题突出。UBS希望通过加强内控管理，防止道德风险发生，从而起到成本控制的目的。

二、DCCP的运作机制

与股权激励计划相比，DCCP存在一些共性和差异（见表3-13）。

从相同点上看，两者均为递延激励计划；都以管理层、主要风险承担者和年薪收入在25万瑞士法郎或美元以上的员工作为受益人；并且计划资金均来自UBS集团利润。

从不同点上看，股权激励计划递延时间为1~2年，而DCCP的递延时间为5年；股权激励计划以UBS股票或名义股票作为支付参考，DCCP则参考名义附息债券的本金和利息。

表 3-13　　　　2012 年股权激励计划和 DCCP 的特征比较

	股权激励计划	DCCP
受益人	管理层，主要风险承担者，年薪 25 万瑞士法郎或美元以上的职工	管理层，主要风险承担者，年薪 25 万瑞士法郎或美元以上的职工
延迟支付周期	管理层成员从第 3 年至第 5 年分期获得激励（2016—2018 年）；其他员工从第 2 年至第 3 年（2015—2016 年）分期获得奖励	整 5 年后（2018 年）
影响支付的触发因素	1. 股票价格；2. 无条件停止条款；3. 从事对公司有害的行为；4. 公司业绩	1. 无条件停止条款；2. 从事对公司有害的行为；3. 公司业绩
是否利润支付	是	是
偿付工具	股票或名义股票	名义债券及利息

数据来源：UBS 年报，作者整理。

总的来看，股权激励对利润指标变动较为敏感，其更加注重对员工绩效的激励；DCCP对利润指标变动的敏感性弱于股权激励，但其对一级核心资本充足率有额外要求，更加注重资本充足和风险的防控。具体来看，DCCP的运作机制具有以下特点。

第一，薪酬激励以固定票息的形式发放。参与DCCP的员工，根据其递延奖金的大小，其每年可获得一定比例的本金和票息（在业绩达标和停止条款没有触发时），但在锁定期内，本金和票息不能兑付，所有激励都将在锁定期结束后统一发放。DCCP的票息率由其发行临近日UBS同一层级资本工具的到期收益率决定。以2013年3月1日发行的DCCP为例，其票息率由2013年2月1日至15日UBS集团的二级资本债的到期收益率决定，分别为6.25%（美元计价）和5.4%（瑞士法郎计价）。

第二，现金支付与公司绩效挂钩。DCCP主要通过以下机制将薪酬激励和公司绩效挂钩。

首先，每年的本金和利息支付必须以集团税前利润达标为前提。对一般员工而言，如果税前利润未能达标，当年的本金和利息都将不能获得，对高管层来说，一年未达标，整个DCCP计划都将终止。

其次，DCCP具有停止支付条款，一旦该条款触发，DCCP计划将无条件中止。这些条款包括：(1)对普通员工，集团一级核心资本充足率低于7%，对管理层，集团一级资本充足率低于10%；(2)当集团面临破产清算风险时，所有员工的DCCP计划都将停止；(3)管理层和员工违背职业操守或出现严重的操作风险，相关责任人的DCCP计划将无条件中止。

第三，可补充监管和损失吸收资本。根据《巴塞尔协议Ⅲ》要求，DCCP在递延期内可补充银行的监管资本，UBS也成为全球第一家利用DCCP补充资本金的金融机构。在推出的3期DCCP中，前两期DCCP可计入二级资本，2014年推出的DCCP由于加入了利息支付非累积和无固定赎回期限的条款，使其风险吸收能力更强，因此升格为一级其他资本（见表3-14）。

DCCP可充当损失吸收资本，满足FSB推出的总损失吸收能力（Total Loss-Absorbance Capacity，TLAC）要求。损失吸收资本是从风险吸收角度界定的资本金，其主要特征是在触发条件发生时，具有转股和减记条款。损失吸收资本的范围要大于监管资本，一些偿还顺序较为靠前的债券也可作为损失吸收资本，如高级债等。TLAC要求目前只针对总部位于发达国家的G-SIBs，作为G-SIBs成员，UBS将面临16%~20%的损失吸收资本充足率要求。DCCP在UBS一级核心资本充足率低于7%时将自动减记，可作为损失吸收资本。

表3-14　　　　UBS集团3期DCCP特征比较

时间	资本层级	金额	期限	支付	利息	偿付顺序
2012年底	二级	4.959亿瑞士法郎	5年(2018年3月)	累积	瑞士法郎5.40%；美元6.25%	落后于存款、一般债权人
2013年底	二级	4.504亿瑞士法郎	5年(2019年3月)	累积	瑞士法郎3.5%；美元5.125%	落后于存款、一般债权人
2014年底	一级其他	4.67亿瑞士法郎	无限期，第一次执行日为2020年3月1日，由集团决定是否执行	非累积	未决定	落后于存款、一般债权人、非次级债权人、次级债权人

资料来源：作者整理。

第四，对管理层采取差异化激励方式。对管理层而言，DCCP的停止条款更为苛刻，主要体现在以下两个方面：其一，最低一级核心资本充足率门槛为10%，而普通员工仅为7%，这意味着在资本充足率出现下滑时，管理层的DCCP计划将首先面临被无条件中止的可能；其二，对一般员工而言，如果当年税前利润未达到预期目标，只扣除当年的奖金本金和票息，而对高管层而言，5年锁定期的本金和票息都将予以取消。

三、实施DCCP的初步效果

目前，股权激励和DCCP两项计划已成为UBS（特别是高管层）薪酬结构中最重要的组成部分。2012年，UBS高管层薪酬结构中股权激励和DCCP的薪酬数额共达5200万瑞士法郎，占薪酬总额的75%，其中股权激励计划占比为45%，DCCP计划占比为30%。股权激励计划和DCCP的实施，实现了公司股东、债权人、管理层以及员工利益的捆绑，对UBS集团的经营发展产生了积极影响。

首先，资本金水平稳步提高。DCCP推出以来，分别为UBS筹集二级资本和一级其他资本9.46亿瑞士法郎和4.67亿瑞士法郎。如果以锁定期5年计算，UBS通过2014—2018年的滚动发行机制可使集团一级其他资本提高约25亿瑞士法郎，约占2014年末集团总资本的6.1%，可提高集团资本充足率1.15个百分点。

其次，公司经营绩效稳步提高，道德风险案件显著减少。2013年，UBS税前利润32.72亿瑞士法郎，较2012年提高50.66亿瑞士法郎，净资产收益率由2012年的-5.1%上升为6.7%；2014年，UBS净资产收益率为7.2%，较2013年提高0.5个百分点。2013年，UBS营运费用减少9.38亿瑞士法郎，其中，来自监管罚款和诉讼费用减少的贡献达8.48亿瑞士法郎，占比为90.4%。

四、我国银行业推出DCCP的意义

当前，中国经济步入新常态，银行体系风险不断释放，各类违规案件成攀升态势。在此背景下，推进金融机构混合所有制改革，实施员工持股计划，逐步建立具有长效激励与约束并存的薪酬体系已成为银行改革的重要趋势，推出DCCP将从以下几个方面促进银行业的发展。

第一，拓宽资本渠道，丰富资本工具。随着"中国版"《巴塞尔协议Ⅲ》的实施，银行体系的资本要求显著提高。截至2014年第三季度，五大行平均一级核心资本、一级资本以及资本充足率分别为10.79%、10.79%和13.60%，与全球G-SIBs相比存在明显差距。此外，对中国3家G-SIBs而言，今后还可能面临TLAC监管要求。

除资本金数量压力外，我国银行业资本金结构也存在明显缺陷，一级其他资本长期处于空白状态。根据《巴塞尔协议Ⅲ》公布的各级资本充足率最低要求，银行理想的资本结构应是：一级核心资本、一级资本在总资本中的占比应分别为73.91%和82.61%，对应一级其他资本的占比应在8%～9%。2014年第三季度，五大行一级其他资本的占比不足0.1%，远低于G-SIBs平均水平和《巴塞尔协议Ⅲ》的理想水平。

DCCP既可作为监管资本也可作为高层级损失吸收资本，执行该计划能够在一定程度上缓解商业体系的资本金压力；同时，推出DCCP可有效补充一级其他资本，完善银行资本金结构；此外，相较于股票、优先股、二级资本债等市场化工具，DCCP来源于职工薪酬，筹集成本更低、时间周期较短。

第二，抑制银行短期行为，建立长效机制。目前，国内商业银行的绩效奖金主要以"当期+现金"的形式为主，在该考核机制下，容易促使员工和管理层通过短期非理性行为获得高绩效，而忽视了银行风险的累积和长期盈利能力的提高；与此同时，这些短期激进行为往往是顺周期的，极易产生系统性风险。DCCP有利于平滑银行在经济周期波动中的行为选择，特别是在当前经济下行、银行业风险集中释放的关键期，DCCP有利于强化风险管控、抑制操作风险、案件的频繁发生。

第三，优化公司治理机制，丰富薪酬激励工具。DCCP将员工、管理层和主要风险承担者绩效与公司利润、资本充足率等关键指标挂钩，有利于实现员工、经理人与股东间的激励相容，缓解委托代理问题。

与国外大型银行相比，国内商业银行的薪酬激励无论从数量还是工具上都存在较大差距。从数量上看，以中行和UBS为例，目前中行员工奖金在薪酬中的占比大约为40%，而UBS高达80%；从工具上看，国内银行奖金基本以

"当期+现金"的形式发放，其他形式的激励工具极为匮乏；此外，除对少数高管进行递延奖金机制外，大部分员工奖金均在当期发放。纵观国际大型领先银行，员工持股、股票期权等延迟支付奖金占比较高，2013年，UBS职工薪酬中以非现金形式发放的薪酬占比达50%，递延支付占比达28%。

第四，绕开股权激励面临的股价破净瓶颈。根据相关规定，股东赠予和认购非公开发行股票的基本条件是公司股价高于每股净资产。尽管2014年中国股市经历了一波上涨行情，但银行业整体估值水平与全球同业相比仍处于较低水平，从市净率来看，截至2015年3月4日，仍有中国银行、交通银行和中信银行三家银行处于破净状态（考虑A股和H股总体），其他银行市净率最高也未超过1.4倍。

DCCP对银行二级市场的股价并没有特殊要求，在股权激励计划实施由于股价"破净"面临困难的情况下，银行业可考虑将DCCP计划作为员工激励的重要选择。

五、DCCP计划对中资大型银行的启示

随着国内宏观经济增速趋缓，各类案件有所抬头，中资大型银行需加强内控约束机制。2016年，中国工商银行、中国农业银行、中国银行、中国建设银行均是G-SIBs成员，面临较大的资本补充压力，需通过资本工具创新不断拓宽资本渠道、优化资本金结构。推出DCCP对加强中资大型银行公司治理，防范各类风险案件，拓宽资本筹集渠道具有重要意义。未来，在推进混合所有制改革和员工持股计划的过程中，中资大型银行可考虑搭配推出DCCP。DCCP在中国的"落地"需要在以下三个方面持续推进：

第一，监管审批。2010年，银监会出台的《商业银行稳健薪酬监管指引》（以下简称《指引》）指出，在薪酬体系构建过程中应注意短期激励和长期激励相协调。该《指引》为银行业推出DCCP提供了制度基础。目前，大型银行已对中高层领导实施了递延薪酬计划，但相关法律法规对DCCP并未进行明确界定，可以预期的是，DCCP的实施涉及投资者利益，如发行银行已在国

内上市，必须经过证监会许可；与此同时，DCCP作为一种资本创新工具，其发行和资本层级的认定需经过银监会的审批；此外，如果推行DCCP的银行具有国有背景，还需有财政部的审批。从总体上看，由于其发行不涉及资本市场，其整体审批难度应低于优先股、二级资本债等资本工具。

第二，制定合适的"游戏"规则。首先，确定发行对象标准，UBS发行的DCCP的对象门槛是年薪收入在25万（2013年调至30万）瑞士法郎或美元以上的全体员工，2012年和2013年，UBS分别有6317人和5286人参与DCCP计划，分别占员工总数的10.1%和8.8%；其次，制定合理的递延期限和利率水平，递延期限的制定应满足资本工具的最低要求，二级资本工具应不低于5年，一级其他资本应无固定期限，利率制定应参考同一层级资本工具的到期收益率；再次，制定稳健的利润和资本指标最低门槛，DCCP的核心是将本金和利息的支付与税前利润、资本充足率的最低门槛指标挂钩，在国内经济增速下滑、银行业竞争日益激烈的背景下，制定既具有激励性又符合客观情况的利润和资本充足率指标对于DCCP的推进至关重要；最后，针对高管层采取差异化激励政策，可在停止支付条款和挂钩指标上进行机制设置，加强对银行主要管理者的激励与约束。

第三，商业银行配套改革。适当提高奖金在薪酬体系中的占比，DCCP来自员工奖金，该机制的实施需要一定的奖金数量作为操作空间，目前国内上市银行薪酬结构中，基本工资的占比依然偏高，可考虑参考国际领先银行的标准，适当提高奖金在薪酬体系中的占比；此外，发行市场化程度较高的资本工具，UBS推出的DCCP的支付利率主要参考其发行的损失吸收债券（类似于二级资本工具）的同期到期收益率，对于国内的商业银行而言，需要发行市场化程度较高的具有减记和转股条款的资本工具，为DCCP定价提供基准。

俄罗斯联邦储蓄银行的转型策略及启示

俄罗斯联邦储蓄银行是俄罗斯第一大银行。2008年国际金融危机以来，储蓄银行的经营业绩表现良好，明显优于同业。储蓄银行的优异表现与其转型措施密不可分。从规模和全球影响力看，储蓄银行与中资大型银行相比存在一定差距。但其国有背景、所处银行主导的融资环境以及以存贷款为主的业务模式，与中资银行颇为类似。对中资银行而言，储蓄银行经营发展中的成功经验值得借鉴。

一、储蓄银行股价表现优异

储蓄银行成立于1841年，总部位于莫斯科，是俄罗斯第一大银行。2016年末，储蓄银行在中国、美国等全球22个国家和地区设有网点，员工总数达32.5万人。在2017年英国《银行家》杂志最新公布的1000家银行一级资本排名中，储蓄银行列第36位。危机以来，储蓄银行股价表现平稳，好于俄罗斯主要同业。2015年以来，储蓄银行股价一路"走牛"，2016年末，其股价攀升至173.25卢布/股，较2015年初上涨207.34%。

同期，欧洲主要银行股价收益率仅为-2.04%。2016年末，储蓄银行市净率为1.37倍，高出欧洲主要大型银行的平均水平0.57倍（见表3-15）。

表 3–15　　　　　　股价收益率及市净率情况　　　　　　单位：%

银行名称	股价收益率（2015年初至2016年底）	2016年底市净率
储蓄银行	207.34	1.37
北欧联合银行	110.09	1.32
法国兴业银行	32.20	0.50
荷兰国际银行	23.23	1.04
法国巴黎银行	22.50	1.20
法国农业信贷银行	8.07	0.60
汇丰控股	7.34	0.93
瑞银集团	−4.72	1.20
巴克莱银行	−8.10	0.73
渣打集团	−27.54	0.56
桑坦德银行	−29.47	0.79
德意志银行	−31.64	0.50
瑞士信贷集团	−38.47	0.91
苏格兰皇家银行	−42.28	0.54
意大利裕信银行	−49.71	0.43
平均（除去储蓄银行）	−2.04	0.80

数据来源：Bloomberg，作者计算。

二、国际金融危机以来储蓄银行的经营表现

储蓄银行优异的股价表现与其2008年以来的经营业绩表现密切相关，具体呈现出以下几方面特点：

第一，规模高速增长，结构不断优化。截至2016年末，储蓄银行资产规模达3796亿美元，是2009年末的3.57倍。8年间，储蓄银行年均资产增速约为19%，分别高于国内主要同业外贸银行和天然气工业银行近0.2个百分点和6.0个百分点（见表3–16）。

表 3-16　资产规模增速　　　　　　　　　　　　　　　单位：%

银行名称	2009年	2010年	2011年	2012年	2013年	2014年	2015年	2016年	平均
储蓄银行	5.48	21.44	25.58	39.34	20.61	38.59	8.47	-7.19	19.02
外贸银行	-2.34	18.84	58.24	14.65	18.24	39.02	11.90	-7.74	18.85
天然气工业银行	-5.99	12.06	27.01	9.22	28.37	30.74	7.42	-4.74	13.01

数据来源：银行年报，作者计算。

在资产规模快速扩张的同时，储蓄银行不断优化资产结构，降低单位资产风险度。通过提高债券和同业投资占比，储蓄银行2016年末的风险加权资产/总资产比值为87.8%，较2011年的高点下降了6.5个百分点，降幅分别高出外贸银行和天然气工业银行1.6个百分点和5.5个百分点（见表3-17）。

表 3-17　风险加权资产/总资产变动情况　　　　　　　单位：%

银行名称	2011年	2012年	2013年	2014年	2015年	2016年	变动
储蓄银行	94.3	93.7	93.1	92.7	91.4	87.8	-6.5
外贸银行	83.3	83.7	84.7	83.5	77.9	78.4	-4.9
天然气工业银行	94.9	101.3	97.7	90.4	94.8	93.9	-1.0

数据来源：银行年报，作者计算。

第二，资产盈利能力强，权益杠杆较低。2009—2016年，储蓄银行平均ROE水平为17.9%。如果用杜邦分析模型将储蓄银行的ROE进行分解，可以发现：2009年以来，储蓄银行平均ROA为1.9%，分别高于外贸银行（0.5%）和天然气工业银行（0.9%）1.4个百分点和1个百分点；平均权益乘数为9.5倍，分别低于天然气工业银行（10.7倍）和全球系统重要性银行的平均水平（11.5倍）。从杜邦分析的结果不难看出，储蓄银行的高ROE是基于单位资产的高收益率得到的，其杠杆水平相对较低（见表3-18）。

表 3-18　　　　　　　　　ROE 变动的杜邦分解

银行名称	指标	2009年	2010年	2011年	2012年	2013年	2014年	2015年	2016年	平均
储蓄银行	ROE	3.2	20.7	28.2	24.2	20.8	14.9	10.2	20.8	17.9
	ROA	0.4	2.3	3.2	2.7	2.2	1.4	0.9	2.1	1.9
	权益乘数	8.0	9.0	8.8	9.0	9.5	10.6	11.3	9.9	9.5
外贸银行	ROE	-14.2	11.1	15.4	13.2	12.4	-0.4	0.2	3.6	5.2
	ROA	-1.7	1.5	1.6	1.2	1.3	-0.1	0.1	0.4	0.5
	权益乘数	8.4	7.4	9.6	11.0	9.5	4.0	2.0	9.0	7.6
天然气工业银行	ROE	45.2	10.9	19.5	10.5	8.5	-4.3	-15.7	5.6	10.0
	ROA	3.1	1.1	1.9	1.2	1.0	-0.4	-1.2	0.6	0.9
	权益乘数	14.6	9.9	10.3	8.8	8.5	10.8	13.1	9.3	10.7

数据来源：Bloomberg，作者计算。

第三，资产质量保持总体稳定。2009年以来，俄罗斯银行业经历了两次资产质量恶化的过程。2008—2010年，受国际金融危机影响，储蓄银行不良贷款率一度达到8.4%。后经资产剥离和政府注资，储蓄银行的不良贷款率稳步下降，2013年降至2.9%。2014—2015年，受西方国家经济制裁、油价暴跌和卢布大幅贬值等负面影响，俄罗斯银行业资产质量再次出现恶化，但储蓄银行通过采取包括提升小企业客户风险管理系统，要求各支行网点对小企业贷款采取符合自身情况的风险管理措施；提高对问题贷款的拨备计提力度，2016年的逾期贷款拨备覆盖率达到260%，高于俄罗斯银行业的平均水平100个百分点；完善对贷款重组和抵押物处置的系统管理，提升"问题"贷款的回收效率等一系列措施，使其不良贷款率增速控制在较低水平，并在2016年率先下降。

第四，资本较为充足。2016年末，储蓄银行资本充足率为15.7%（见表3-19），虽较2009年高点下降3.2个百分点，但仍高于外贸银行和天然气工业银行1.1个百分点和2.2个百分点。特别是2014年以来，储蓄银行的资本充足率呈现稳步上升态势，升幅达3.6个百分点，损失吸收能力不断夯实。此外，储蓄银行的资本质量较高，2016年，其核心一级资本在总资本中的占比为

78.04%，高于《巴塞尔协议Ⅲ》内嵌的最优资本结构比例（73%）。

表 3-19　　　　　　　　　资本充足率变动　　　　　　　　单位：%

银行名称	2009年	2010年	2011年	2012年	2013年	2014年	2015年	2016年
储蓄银行	18.1	16.8	15.2	13.7	13.4	12.1	12.6	15.7
外贸银行	20.7	16.8	13	14.4	14.7	12	14.3	14.6
天然气工业银行	14.8	16.7	14.6	13.9	14.2	12.4	14.2	13.5

数据来源：储蓄银行、外贸银行和天然气工业银行年报。

三、储蓄银行的转型实践

储蓄银行稳健的经营表现，离不开2008年以来经营策略的转型，主要体现在以下几个方面。

一是顺应国家逆周期调控政策，实现业务的跨越式发展。2008年，受国际金融危机影响，俄罗斯国内贷款质量下滑，银行"惜贷"情绪较为严重，实体经济面临增长"失速"的风险。俄罗斯政府需要采取"救市"措施。在这样的背景下，储蓄银行坚持发放贷款并购买公司债，其在俄罗斯住房按揭市场和债券市场的份额迅速上升。2014—2015年，俄罗斯面临经济制裁、油价和卢布汇率暴跌的不利环境，储蓄银行顺应国家政策，恢复宽松信贷政策，并降低贷款利率，在实现刺激经济的同时，使零售贷款的业务和占比得到了进一步提升，并建立了在汽车消费贷款市场的龙头地位。

二是面对降息周期，优化资产负债管理。为应对危机带来的不利影响，2009年以来俄罗斯中央银行开启降息周期。受利率下行的影响，俄罗斯银行业的净息差水平出现下降。储蓄银行通过优化资产负债管理，使净息差总体保持在较高水平，其采取的策略主要包括以下方面。

增加零售贷款占比。2016年，储蓄银行公司贷款收益率为9.8%，较2008年下降了1.6个百分点。同期，储蓄银行零售贷款的收益率为14.9%，与2008年基本保持相同水平。2008年以来，储蓄银行显著增加了利率较高的零售贷款，2016年末，零售贷款规模为746.5亿美元，较2008年增长2.96倍，显著高于公司贷款增速。

增加证券投资和同业拆出占比。与2008年相比，2016年储蓄银行的贷款收益率下降了1.3个百分点，同业拆出利率下降了0.7个百分点，证券投资利率仅下降0.1个百分点。为规避利率波动对生息资产收益率造成的不利影响，2008年以来，储蓄银行加大了证券投资和同业拆出资产的配置比例。2016年末，其同业拆出和证券投资在生息资产中占比之和达19.2%，较2008年提高7.8个百分点。

优化存款结构。国际金融危机以来，俄罗斯银行业的金融脱媒进程提速，银行负债中存款占比显著下降。储蓄银行的存款占比由2008年的90.1%下降至2016年的85.8%。面对存款占比下降的压力，储蓄银行不断优化存款结构以降低负债成本。具体策略包括：一方面，提升活期存款占比，2016年储蓄银行活期存款规模为667.5亿美元，较2010年提高370.4亿美元，增幅达124.7%，同期，定期存款规模为2128.2亿美元，较2008年提高1133亿美元，增幅达113.8%，活期存款的增速高于定期存款10.9个百分点；另一方面，优化定期存款结构，增加低成本公司定期存款，2016年末，公司定期存款占总存款的比例为22.8%，较2010年上升13.5个百分点；个人定期存款占比为53.3%，较2010年下降7.6个百分点。

通过采取以上策略，储蓄银行使2010年以来的年均净息差水平保持在6.10%的水平，2016年的净息差为5.92%，较2015年的低点提高了1.51个百分点。

三是拓展清算和结算业务，提升非利息收入占比。2008年以来，面对净息差不断收窄的态势，储蓄银行通过大力拓展结算和清算收入提升非利息收入。储蓄银行拥有强大的支付结算系统，对其开展国内和跨境的贸易结算和清算业务提供了坚实基础。支付结算手续费和佣金收入是其非利息收入的主要来源。2015年，储蓄银行该项业务净收入达47.7亿美元，较2008年提高34.8亿美元，增幅达270%。在该业务的带动下，2015年储蓄银行的非利息收入占比达46.3%，较2008年上升24.1个百分点。

四是通过设点和并购，稳步提升国际化水平。2008年以来，储蓄银行先后在英国、美国、中国等地区设立分支机构，形成了以俄罗斯本土为中心，辐射周边邻国（如白俄罗斯、土耳其、哈萨克斯坦和中国）和主要发达地区（美国、英国、欧元区）的国际化布局。在增设网点的同时，储蓄银行还不断通过兼并和收购拓展海外业务，2012年1月，储蓄银行收购了俄罗斯Troika Dialog投资公司，为其拓展公司和投资银行条线业务打下坚实基础。2012年9月，储蓄银行收购土耳其DenizBank，利用该行网点优势拓展在土耳其和部分东欧国家零售和私人客户业务。2012年，储蓄银行海外资产占比达到11.4%，随后其海外资产规模不断上升，2016年升至14%。海外营业收入也出现快速上升态势，占比由2008年的0.66%升至2016年的15%。

五是发展数字信息技术，提升经营管理效率。储蓄银行高度重视数字信息技术建设，2008年以来，取得了以下进展。

制定科技发展的顶层设计。2013年，储蓄银行制定了数字技术发展规划，致力于通过5年时间打造科技信息技术平台，并将储蓄银行转变为一家可以通过系统对接任何业务的科技型公司。其本质上就是要在储蓄银行内部建立电子化的"生态系统"，以适应目前日益模糊的行业边界。通过建立一套完备的科技生态系统，其可覆盖储蓄银行的所有业务，从而提升集团层面的经营效率。

拓展互联网和移动互联渠道。储蓄银行通过各种方式大力拓展互联网和移动互联渠道。如储蓄银行通过引入云平台技术服务中小企业客户，极大地提升了这些客户互联网金融服务的用户体验。储蓄银行建立了SBERBANK-TELECOM，其是一个虚拟的电信移动运营商，通过该运营商，储蓄银行的移动互联渠道得到了较大幅度的拓展。2016年，储蓄银行入股Uber和Gett两家网上约车公司，希望通过拓展网上租车等业务拓展网上客户渠道。此外，储蓄银行还大力发展金融科技公司，其通过入股等方式培育了俄罗斯境内电子钱包"Yandex Money"以及订餐和支付平台"Plazius"等，这些都有助于提升互联网渠道。截至2016年末，储蓄银行的移动手机服务用户超过2710万人，较2010年增加2571万人，增幅达18.5倍。同期，储蓄银行网上银行使用客户超过4740万人，较2010年提升4669万人，增幅达65.8倍。

提高基础数据处理能力，推进办公系统升级。2012年，储蓄银行建立了欧洲最大的数据中心，该数据中心的建立大大提升了储蓄银行数据运行的稳定性，系统每年的停机时间下降77%，数据分析和处理能力得到显著增强。2014年，储蓄银行建立银行信息技术平台，大幅提升行内公文运行流程。2014年，储蓄银行创建信用风险管理系统，整合信贷审核、发放和贷后管理流程；2015年，建立银行间电子支票管理程序，将行内电子支票的使用比率提升至85%；强化货币结算过程中的反洗钱管理，将反洗钱管理整合至银行结算系统。

六是进行网点"瘦身"，加强员工培训。2016年末，储蓄银行的员工人数为32.5万人，较2014年下降4.5万人，降幅达12.2%，同期，储蓄银行物理网点数为15109家，较2014年下降2031家，降幅为11.8%。"瘦身"使储蓄银行员工费用在营业费用中的占比显著下降，由2008年的近60%降至2016年的56.7%。考虑到资产规模和盈利状况，储蓄银行认为目前的人员设置臃肿，并计划在2017年将员工人数缩减8%，将物理网点数量从15109个减少到11000个至12000个。

重视员工培训。储蓄银行制订了创新人才培养计划，对全行16余万名员工进行素质培训，提升员工的专业技能；同时，搭建自主教育和研发平台，使员工享受在线培训服务；设立企业大学，建立307家培训机构，覆盖俄罗斯境内137个城市。

七是完善公司治理。在完善公司治理方面，储蓄银行采取的具体措施包括以下方面。

优化股权结构。2012年，储蓄银行完成增资扩股，俄罗斯中央银行的持股比例由2011年的57.6%降至50%，投票权比例由60.3%降至52.2%。外资和机构投资者的持股比例和投票话语权有所上升。

建立少数股东委员会。少数股东委员会负责收集和分析投资者建议，参与银行资本计划编制，对管理层和监事会涉及少数股东权益的决议提出建议。通过设立少数股东委员会，储蓄银行加强了外部股东对大股东行为决策的约束。

提高独立董事比例。2016年，储蓄银行董事中独立董事的比例为42.9%，较2008年提升19.4个百分点。通过引入更多具有不同专业背景的独立董事，储蓄银行强化了董事会决策的科学性和客观性。

对高级管理人员实施持股计划。2012年，根据董事会相关决议，储蓄银行开始实施员工持股计划。2016年末，储蓄银行高管的员工持股比例已达总股本的0.008%。员工持股计划的实施实现了将管理层利益和公司利益的绑定，有利于实现激励相容，促进企业业绩增长。

四、对中资大型银行的启示

从规模和全球影响力来看，储蓄银行与中资大型银行相比仍存在一定差距。但其国有背景、所处银行主导的融资环境以及以存贷款为主的业务模式，与中资银行颇为类似。对于中资银行而言，储蓄银行经营发展中的成功经验值得借鉴。

一是顺应国家发展战略。中资大型银行从国家的大政方针中寻找新的业务增长点。具体来看，中资银行应抓住国家"一带一路"倡议，增强海外业务的盈利能力，力争打造成为具有国际竞争力的金融集团；与此同时，中资银行也应抓住国家大力发展普惠金融和绿色金融的机遇，加快机构改革进程，探索业务模式创新，推进数字化渠道建设，丰富业务收入来源；顺应人口老龄化趋势，加大养老金融领域资源投入，提高商业保险和企业年金投资业务收入。

二是稳步推进国际化进程。中资大型银行应根据自身情况制定明确的海外业务战略规划。对国际化程度相对较高的银行，应注重扩张节奏和质量，不断优化海外资产结构，提升海外业务的盈利能力；对于国际化程度较低的银行而言，可采取设点和并购相结合的方式，适当加快海外网点建设，寻求海外业务跨越式发展。

三是优化资产负债管理。中资大型银行应根据市场环境变化，优化资产负债管理：着力提升海外资产收益率，根据不同市场利率水平调整资产区域配置，加大高息差、低风险地区资产配置力度；拉长生息资产久期，特别是信贷和证券资产，加大期限溢价较高的信用债和金融债的配置比例。采用信贷转让、资产证券化等方式腾挪存量低收益资产；确保存款特别是活期存款来源的稳定，通过拓展手机、互联网等数字化渠道扩大零售业务的覆盖范围，增加核心存款数量。

四是拓展非利息收入。加强佣金和手续费业务的成本管理，包括缩减费用开支和加大增值税抵扣力度，降低佣金和手续费业务的成本收入比。根据市场变化，调整业务发展重心。近期监管政策趋严，理财和保险产品代销量会受到影响，应调整代理业务发展方向，避免收入较大幅度地波动。借助普惠金融优惠政策，发展农村地区银行卡业务，重点推进借记卡业务，信用卡业务应谨慎。顺应资本市场和职业年金市场快速发展趋势，提升托管和养老金业务收入。借助全球贸易环境回暖，提升清算和结算业务收入。

五是加强信息科技研发。中资大型银行应高度重视数字化建设，强化对数字信息的分析和处理能力，突出数据和软件中心在推进信息科技发展方面的作用；加大区块链和人工智能等新技术的研发，通过新技术提高业务叙做过程的自动化程度，降低人力成本和操作风险；加强跨界合作，拓展互联网和移动客户渠道。

六是优化公司治理。中资大型银行应根据自身公司治理的特点，充分发挥党委会机制；稳步推进所有制改革，优化股权结构，适当引入境外和民间投资者；增加独立董事比例，优化独立董事知识结构，优化独立董事任职周期；加大员工培训力度，提高员工专业技能和对企业的认同度。

七是加强成本控制。中资大型银行应优化网点结构、加强电子渠道建设，通过网点"瘦身"，降低费用。加强对"营改增"政策的研究，加大税收抵扣力度，降低税务负担。增持避税资产，如铁路债、国债，降低所得税税负。提升海外业务收入，充分利用海外市场（如欧洲、日本以及部分东南亚国家和地区）的低税率优势。根据缴税压力，通过企业年金和拨备计提等税收递延政策，平滑税负负担。

第四篇
中国银行业转型篇

我国银行业对外开放回顾与展望

2003年以来，外资银行在中国经营较为稳健，通过投资入股中资银行获得了收益，并在特定区域和业务领域形成了较强竞争优势。在新一轮对外开放背景下，我国应适度把控对外开放节奏，不断完善监管制度建设；引导外资银行更好地支持实体经济发展，加强中、外资银行合作交流，并充分利用对等原则，为我国企业"走出去"创造有利的营商环境。

一、2003年以来外资银行在中国发展特点

外资银行大规模进入中国市场是在2001年中国加入世界贸易组织以后，外资银行在中国发展主要分为自设机构扩张和投资入股中资银行两种策略。

（一）外资银行自设机构情况

外资银行自设机构的发展主要有以下几个特征。

1. 资产规模波动上升。2003—2017年，在中国外资银行资产由4159亿元增至3.24万亿元，年均增长17%。其中，2003—2007年年均增速达30%，这与我国加入世界贸易组织后实施的对外开放政策有关，如放开外资银行外汇业务、放宽外资银行从事人民币业务的客户和地域范围等；2008年和2009年，受国际金融危机影响，在中国外资银行资产增速明显下滑，分别降至7.4%和0.3%；2010—2011年，随着市场环境逐渐恢复，外资银行增速恢复至29.1%和

23.6%；2012年以来，资产增速趋于平稳，年均保持在7%左右（见图4-1）。

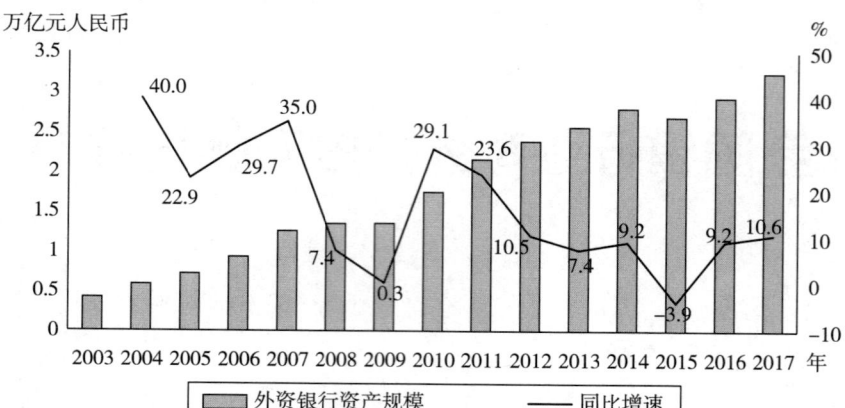

资料来源：中国银保监会，作者计算。

图4-1　2003—2017年外资银行资产规模及增速

2. 机构数量稳步增加。外资银行营业性机构数量（不含支行）由2007年的271家增至2016年的475家（见图4-2）。其中，外资法人银行数量由29家增至39家，外资法人银行分行数量由125家升至315家，外国银行分行数量由117家升至121家。10年来，各类机构数量整体保持增长态势，出现波动主要有两个时间段：一是2007—2010年，恰逢我国推进外资银行法人化转制，外国分行数量快速下降，法人银行数量快速上升；二是2015—2016年，苏格兰皇家银行、香港协和银行等退出中国市场，法人银行数量小幅下降。

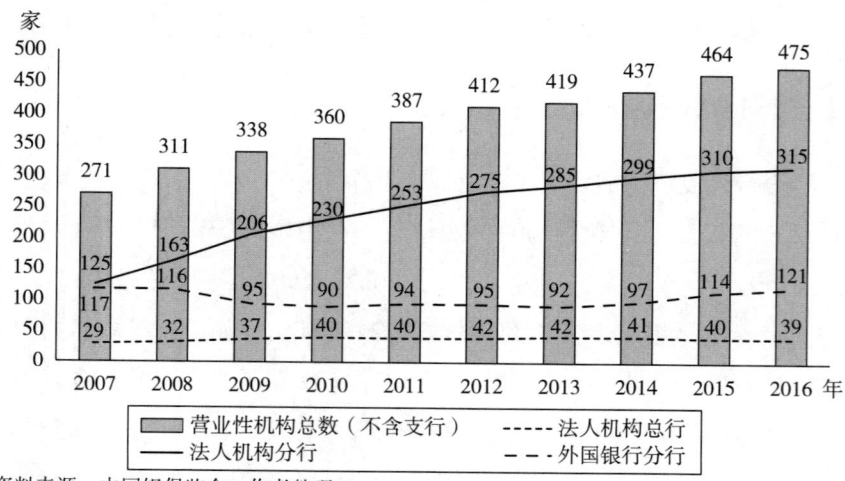

资料来源：中国银保监会，作者整理。

图4-2　2007—2016年在中国外资银行营业机构数量分布

3. 资产占银行业总资产比重较低，且持续下降。尽管外资银行的机构数量和资产规模成上升态势，但外资银行资产占银行业金融机构资产比重（以下简称资产占比）却一直较低，且成下降趋势。2003—2017年，资产占比平均水平为1.80%。其中，2003—2007年，资产占比由1.50%升至2.38%；2007—2017年，资产占比由2.38%降至1.28%（见图4-3）。

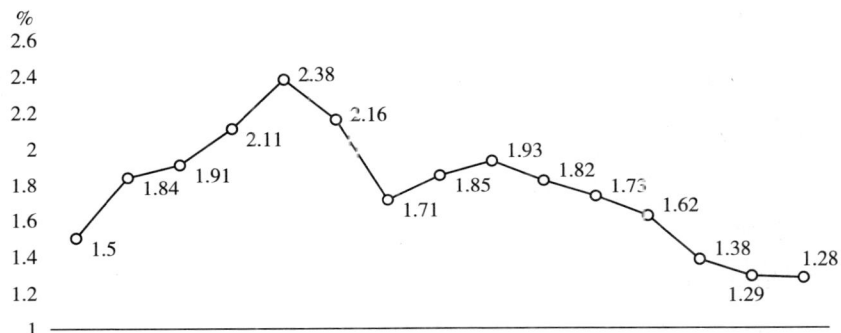

图4-3 2003—2017年外资银行资产占比变化情况

资料来源：中国银保监会。

外资银行资产占比下降的主要原因包括以下方面。

第一，中小银行规模扩张较快。2007—2017年，我国股份制商业银行和城市商业银行资产规模分别由7.2万亿元和3.3万亿元增至45.0万亿元和31.7万亿元，增幅分别达到525%和861%，而同期在中国外资银行资产增速仅为159%。

第二，外资银行集团层面战略收缩。国际金融危机以来，外资银行集团总部受到较大冲击，需通过业务调整应对危机造成的不利影响，再加上全球金融监管环境趋严，外资银行集团的资产增速显著下降。国际金融危机前（2000—2008年），在中国前5大外资银行所属集团平均资产增速为15.4%，国际金融危机后（2009—2017年）降至3.6%，降幅达11.8个百分点（见表4-1）。

表4-1 国际金融危机前后前五大外资银行的集团资产增速　单位：%，个百分点

银行名称	危机前（2000—2008年）	危机后（2009—2017年）	差距
汇丰控股	18.4	0.1	−18.3
东亚银行	12.9	8.0	−4.9

续表

银行名称	危机前（2000—2008年）	危机后（2009—2017年）	差距
花旗集团	10.9	−0.5	−11.4
标准渣打银行	20.2	5.1	−15.1
三菱日联金融集团	14.6	5.2	−9.4
平均	15.4	3.6	−11.8

资料来源：银行年报，作者计算。

第三，外资银行风险偏好稳健，不盲目追求规模扩张。外资银行大多历经百年沉淀，形成了稳健的风险文化，对中国特定行业授信非常审慎，如地方政府融资平台以及产能过剩行业。另外，外资银行认为可持续性是决定业务叙做与否的重要因素，对于曾经盛行的同业、理财和表外业务，虽然能带来可观收益，但外资银行认为这些业务存在合规风险，不可持续，均未涉足，而这些业务恰恰是危机以来国内中小银行大量叙做的业务领域。

第四，外资银行间的竞争不断加剧。随着外资法人银行数量的不断增加，在中国的外资银行之间的竞争程度不断提升。前五大外资法人银行资产之和占在中国外资银行总资产比例明显下降，由2008年的42.6%降至2017年的38.6%（见图4-4）。

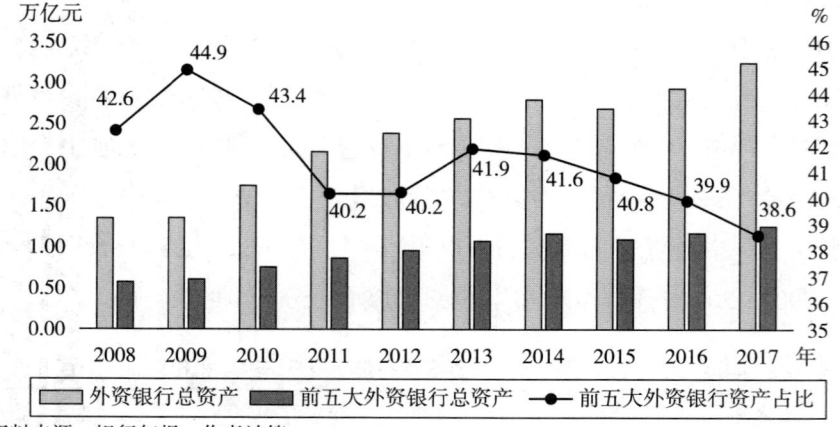

资料来源：银行年报，作者计算。

图4-4 2008—2017年外资银行资产规模集中度

（二）外资银行对中资银行的投资入股情况

2003年以前，外资银行入股中资银行都是采取个案报批制度，如1996年亚洲开发银行投资光大银行、1998年国际金融公司（IFC）投资上海银行，且入股比例较低，均在5%以内。2003年，《境外金融机构投资入股中资金融机构管理办法》颁布。2004年8月，汇丰入股交通银行，拉开了外资银行入股中资银行的序幕。截至2007年末，共有25家中资银行引入33家境外机构投资者，投资总额212.5亿美元。

2008年以来，外资银行入股行为发生变化，主要体现在以下几个方面。

1. 对中小银行持股显著增加。外资银行在撤资大型银行的同时，逐渐将持股目标锁定在一些中小银行。2008—2017年，外资银行撤资的中资银行至少有10家，均为规模较大的国有银行或股份制银行，减持银行资产平均规模为8.1万亿元；同期，外资银行新投资入股的中资银行有15家，投资入股银行的资产规模平均为2288亿元。

2. 外资银行的股权控制度提高。从外资持股银行类型的变化可以发现：一方面，持股比例显著提升。2008—2017年，撤资外资银行持股比例平均为5.9%；而新入股的外资银行平均持股比例为11.9%（见表4-2）。另一方面，股东地位较高，且入股银行的股权制衡度和集中度较低。2017年末，前十大股东中包含外资股东的中资银行有22家，其中外资为第一大股东的银行有7家，为第二大股东的有8家（见表4-2）。外资最大股东平均持股比例仅低于中资最大股东平均持股比例3.36个百分点，而国内26家上市银行第一大股东和第二大股东的持股比例差高达8.6%。除了股权制衡度较低以外，22家被外资持股的中资银行的股权集中度也较低，前五大股东的股权集中度平均为56.3%，而上市银行高达71%，其中五大国有银行则为90.8%。

表 4-2　　2017 年末外资银行对中资银行的持股情况　　单位：%

银行名称	外资股东	持股比例	入股时间	排名	差距	集中度
交通银行	汇丰银行	18.7	2005	2	6.39	73.03
四川天府银行	德国 DEG 集团	—	2005	5	—	—

续表

银行名称	外资股东	持股比例	入股时间	排名	差距	集中度
杭州银行	澳洲联邦银行	18	2006	1	-7.14	47.95
渤海银行	渣打银行	19.99	2006	2	5.01	82
南京银行	巴黎银行	14.87	2007	1	-2.46	44.58
北京银行	ING集团	13.03	2007	1	-4.4	43.05
宁波银行	华侨银行	18.58	2007	2	1.42	60.24
厦门银行	富邦华一银行	15.78	2008	2	4.43	60.53
西安银行	加拿大丰业银行	19.99	2009	1	-4.84	69.98
烟台银行	恒生银行	15.09	2009	2	19.74	60.13
恒丰银行	大华银行	—	2009	2	—	—
烟台银行	永隆银行	3.77	2009	3	19.74	60.13
厦门国际银行	亚洲开发银行	2.55	2009	8	10.73	39.96
吉林银行	韩亚银行	—	2010	1	—	—
天津滨海农商行	国际金融公司	7.64	2010	8	2.29	49.65
成都银行	丰隆银行	19.99	2011	2	0.08	56.18
齐鲁银行	澳洲联邦银行	17.88	2012	1	-7.63	49.28
重庆银行	大新银行	14.66	2013	1	-1.64	73.3
重庆农商行	美国黑岩集团	3.38	2013	6	6.6	33.87
上海银行	桑坦德银行	6.48	2014	2	6.82	36.09
青岛银行	联合圣保罗银行	15.37	2015	2	4.64	70.29
天津银行	澳新银行	11.95	2016	3	3.97	59.91

资料来源：银行年报，作者整理。

3.外资银行持股中资银行的资产回报率较高。2017年，有9家外资银行既设立了法人机构，又投资入股中资银行。这些外资银行所持股的中资银行平均ROA为0.76%，而它们在中国的法人机构平均ROA仅为0.46%，集团层面平均ROA为0.73%，略低于所持股的中资银行水平（见表4-3）。

表 4-3　　2017年外资银行在中国设点和持股经营效率对比　　单位：%

外资银行	ROA		外资持股银行	ROA
	在中国的法人	集团		
汇丰银行	0.86	0.47	交通银行	0.83
渣打银行	0.69	0.19	渤海银行	0.71
法国巴黎银行	0.96	0.39	南京银行	0.87
华侨银行	0.17	0.7	宁波银行	0.88
大华银行	0.23	0.96	恒丰银行	—
恒生银行	0.27	0.98	烟台银行	0.59
富邦华一银行	0.32	1.4	厦门银行	0.61
韩亚银行	0.40	0.67	吉林银行	0.73
澳新银行	0.28	0.70	天津银行	0.58
平均	0.46	0.73	平均	0.76

资料来源：银行年报，作者整理。

（三）外资银行难以与中资银行展开正面竞争

在中国外资银行的体量较小，难以与中资银行展开正面竞争，主要表现有以下几个方面。

1. 注册资本有限。2017年末，39家外资法人银行平均注册资本为44.6亿元。同期，26家A股上市银行为621.5亿元，五大国有银行平均为2600亿元（见图4-5）。注册资本限制了外资银行在中国的业务发展，难以为贷款需求较大的客户提供服务。

外资银行在中国资本金规模较小，受母国监管影响加大，如美国对银行海外增资实行严格监管。在中国的4家美资银行，即花旗银行（中国）、摩根大通银行（中国）、摩根士丹利银行（中国）、华美银行（中国）的注册资本金均未超过100亿元。

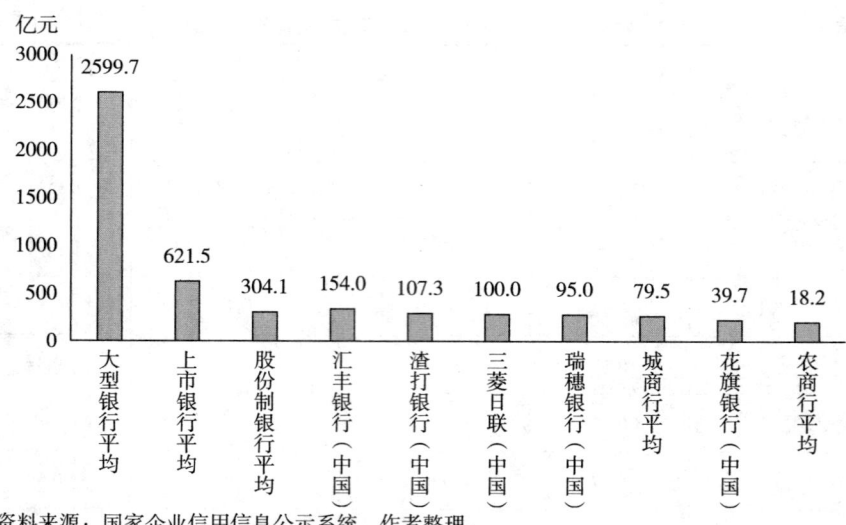

图4-5 2017年外资法人银行与A股上市银行注册资本金对比

2. 机构网点有限。2017年末,在中国的外资银行营业性机构(含支行)共有1013家,而我国银行业金融机构营业网点数已达22.87万个;外资法人银行有39家,而我国银行业金融机构共计4549家。此外,外资银行在中西部地区布局有限。以资产规模最大的5家外资银行为例,2017年末5家银行在中部和西部地区的网点覆盖城市数分别为7个和8个,分别仅占其覆盖城市总数的13%和15%。相比较而言,全国性股份制银行设点更为均衡(见表4-4)。近年来,随着互联网金融的快速发展,外资银行在中西部地区的物理网点数量继续呈现收缩态势。

表4-4　　2017年外资银行与中资银行网点覆盖城市数量　　单位:个

银行名称	东部	中部	西部	合计
汇丰银行(中国)	37(79%)	6(13%)	4(9%)	47
东亚银行(中国)	18(60%)	6(20%)	6(20%)	30
渣打银行(中国)	17(61%)	6(21%)	5(18%)	28
花旗银行(中国)	10(69.2%)	1(7.7%)	3(23.1%)	14
三菱日联(中国)	11(85%)	1(8%)	1(8%)	13
总数	40(73%)	7(13%)	8(15%)	55

续表

银行名称	东部	中部	西部	合计
光大银行	86（59%）	37（25%）	24（16%）	147
兴业银行	24（56%）	8（19%）	11（26%）	43
浦发银行	71（50%）	43（30%）	28（20%）	142
总数	106（54%）	55（28%）	37（19%）	198

资料来源：银行官网、银行2017年年报，作者整理。

3. 传统存贷业务上缺乏优势。首先，外资银行贷款占总资产比重较低。2017年末，其贷款占总资产比重为40%，低于A股上市银行12个百分点。受风险偏好和资本金约束影响，外资银行现金和存放央行资产比重较高，2017年，前五大外资银行的平均占比达到15%，而A股上市银行为12%，部分外资银行甚至达到20%以上的水平。其次，外资银行存款规模较小，2017年末前五大外资法人银行平均存款余额为1596.3亿元，同期A股上市银行的平均规模达3.8万亿元（见图4-6）。最后，存款高度依赖对公客户、零售存款来源有限。2017年末，汇丰银行（中国）、渣打银行（中国）、东亚银行（中国）、花旗银行（中国）和三菱日联（中国）零售存款占存款余额的比分别是22%、12%、11%和0，而A股上市银行平均为37.7%。

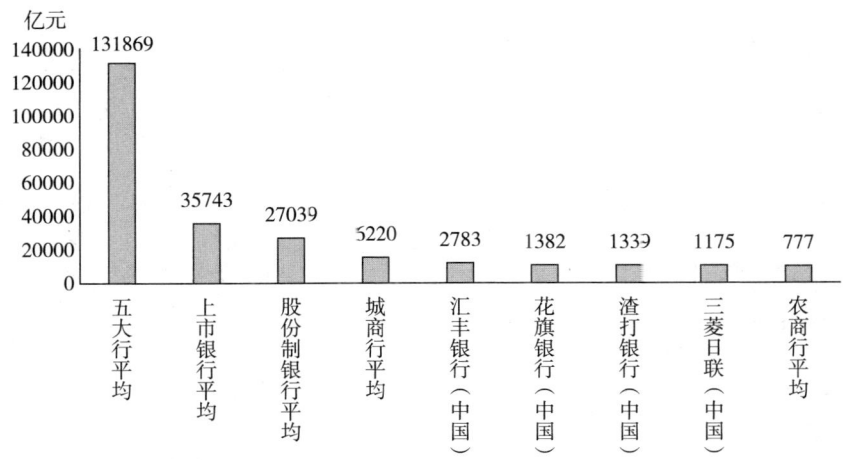

资料来源：Wind，作者整理。

图4-6　2017年外资银行与中资银行存款规模对比

4. 盈利效率不高。2017年末，前五大外资法人银行平均ROE为5.53%，低于A股上市银行平均水平12.88%。通过对2009—2017年前五大外资法人银行和16家上市银行进行杜邦分析比较发现，外资银行ROE偏低的原因有三（见表4-5）。

表4-5　　2009—2017年中外资银行盈利效率杜邦分析　　单位：%

指标名称		2009年	2010年	2011年	2012年	2013年	2014年	2015年	2016年	2017年	各年平均
1 ROE	前五大外资银行	8.00	7.64	12.52	11.52	8.75	8.90	6.87	4.78	5.53	8.28
	16家上市银行	18.75	19.91	20.67	20.47	19.73	18.56	16.07	14.16	13.39	17.97
1.1 权益乘数	前五大外资银行	12.16	13.81	12.7	12.22	12.15	11.31	9.69	9.8	10.23	11.56
	16家上市银行	18.86	16.93	16.47	15.95	15.41	14.27	13.66	13.79	14.24	15.51
1.2 ROA	前五大外资银行	0.66	0.50	0.94	0.92	0.72	0.76	0.66	0.49	0.54	0.69
	16家上市银行	0.99	1.10	1.24	1.22	1.19	1.16	1.06	0.96	0.92	1.09
1.2.1 利息净收入/平均资产	前五大外资银行	1.62	1.73	2.29	2.17	2.05	2.07	1.90	1.53	1.59	1.88
	16家上市银行	2.27	2.38	2.53	2.54	2.47	2.52	2.40	2.02	1.93	2.34
1.2.2 非利息净收入/平均资产	前五大外资银行	0.92	0.90	0.91	0.97	0.72	0.92	1.01	1.01	0.68	0.89
	16家上市银行	0.59	0.59	0.68	0.68	0.72	0.75	0.78	0.79	0.69	0.70
1.2.2.1 手续费佣金净收入/平均资产	前五大外资银行	0.32	0.40	0.40	0.40	0.40	0.41	0.40	0.35	0.35	0.38
	16家上市银行	0.46	0.51	0.60	0.58	0.63	0.64	0.66	0.63	0.58	0.59
1.2.2.2 交易收入/平均资产	前五大外资银行	0.50	0.40	0.44	0.51	0.27	0.47	0.58	0.57	0.28	0.45
	16家上市银行	0.08	0.04	0.04	0.05	0.03	0.07	0.07	0.07	0.06	0.05
1.2.3 管理费用/平均资产	前五大外资银行	1.77	1.88	1.85	1.79	1.70	1.64	1.66	1.58	1.47	1.70
	16家上市银行	1.22	1.20	1.25	1.26	1.23	1.21	1.12	0.90	0.81	1.13
1.2.3.1 员工薪酬/平均资产	前五大外资银行	0.87	0.90	0.88	0.88	0.84	0.80	0.80	0.79	0.77	0.84
	16家上市银行	0.59	0.58	0.61	0.59	0.58	0.57	0.53	0.48	0.46	0.55
1.2.4 所得税/平均资产	前五大外资银行	0.12	0.15	0.27	0.25	0.17	0.13	0.13	0.08	0.08	0.15
	16家上市银行	0.29	0.34	0.38	0.39	0.38	0.38	0.34	0.27	0.23	0.33

资料来源：银行年报，作者整理。

第一，利息和手续费佣金创收能力不高。2009—2017年，外资银行利息收入/平均资产为1.88%，低于16家上市银行0.46个百分点；手续费佣金收入/

平均资产为0.38%，低于16家上市银行0.21个百分点。但是，外资银行在交易收入方面具有一定的优势，其交易收入/平均资产为0.45%，比16家上市银行高0.39个百分点。

第二，管理费用较高。2009—2017年，外资银行管理费用/平均资产为1.70%，较16家上市银行高0.57个百分点，其中员工费用/平均资产达0.84%，高于16家上市银行0.28个百分点，是管理费用较高的主要原因。但是，外资银行的税负成本较低，其所得税/平均资产为0.15%，低于16家上市银行0.18个百分点。

第三，杠杆使用不充分。受资本金约束和集团战略影响，外资银行对财务杠杆的使用较为谨慎。从2009—2017年的平均水平来看，外资银行的平均权益乘数为11.56倍，远低于16家上市银行的15.51倍。

尽管从财务报表上来看，外资银行在中国的盈利效率整体不高，但以下因素是评估外资银行盈利效率中不得不考虑的。

第一，盈利效率差距不断缩小。2017年末，前五大外资银行与16家上市银行ROE差距为7.86%，较2010年末下降了4.41个百分点；ROA水平差距也由2010年末的0.6%下降至0.38%。随着我国银行业市场的不断转型，传统业务对于银行盈利的贡献会不断下降，外资银行当前呈现出的业务劣势也会不断减小。而外资银行的优势业务很多都是未来银行转型的重点业务。

第二，在中国的外资银行的部分盈利反映在海外机构。近年来，不少在中国的外资银行借助其海外网点和业务优势争夺现有中资"走出去"客户。在这种情况下，服务中资客户所产生的利润并不会完全体现到在中国的法人机构的财务报表中，而是反映在该集团其他海外机构报表上。据调研，部分在中国的外资银行服务"走出去"企业创造的利润，有50%反映在中国以外机构的报表上。

（四）外资银行在特定区域和特定业务有竞争优势

1. 在东部沿海地区打造竞争力。东部沿海地区是外资银行设点和资源投入的重点地区，外资银行在部分重点区域具有一定的竞争力。

（1）上海。上海是国际金融中心，金融市场较发达，同时当地拥有大量的外资企业，这里是外资银行进入中国市场的"前沿阵地"。2017年末，上海地区外资银行资产规模达1.5万亿元，占同期上海银行业总资产的10.6%。在全国39家外资法人银行中，21家以上海为总部，辐射南京、苏州、宁波、杭州等城市。

（2）珠三角。珠三角地区经济体量大，对外开放程度较高，地理位置上与香港毗邻，两地语言和文化高度相似，内地与香港《关于建立更紧密经贸关系的安排》（CEPA）的实施带动了外资银行在珠三角地区的发展，部分外资银行通过香港辐射珠三角地区业务，在当地市场取得了较快的发展。例如，汇丰控股的亚洲总部设在香港，10余年来汇丰银行（中国）一直将珠三角作为在中国的业务重点，并设有专门负责广东地区业务的行政总裁。在汇丰178家分支机构中，有64家分支机构在广东地区。2016年末，汇丰银行（中国）在广东地区信贷余额占公司总贷款余额的25%左右，且2017年广东地区的贷款增速保持在20%以上。

2. 在服务"走出去"客户方面具有竞争力。外资银行来中国发展的最初动机多为"客户跟随型"，即服务本国来中国的客户。随着在中国业务不断发展，不少外资银行，特别是来自欧美日等发达市场的外资银行逐渐将发展战略向"市场寻求"转变，即开始拓展在中国客户资源，其中，最为主要的战略就是拓展在中国的跨国和中资"走出去"企业客户。目前，部分外资银行客户结构中有40%以上都是中资企业和大型跨国企业。外资银行在服务"走出去"客户方面的竞争优势体现在以下几个方面。

（1）海外网点布局更广。截至2017年末，汇丰控股、花旗集团、渣打银行分别在全球61个、97个和67个国家和地区拥有网点，其中分别在"一带一路"沿线地区的29个、35个和28个国家和地区设有分行。同时，外资银行借助丰富的海外业务拓展经验，能更好地熟悉和适应当地的监管规则和市场环境。

（2）产品更丰富、服务水平更高。外资银行能够在海外市场向"走出去"客户提供一揽子金融服务，包括银团贷款、并购贷款、贸易融资、托管、投资银行、跨境资金池等。外资银行可根据客户需求，提供定制化服务，并建立了一系列配套制度。汇丰、花旗、渣打等都在"一带一路"沿线网点设立"中国柜台"（China Desk），专门服务中资"走出去"企业；实施全球客户经理机制，实现多种产品跨地区联动，以快速调配全球资源满足客户需求；采取以"客户为中心"的考核机制，一笔业务创造的利润，在不同区域相关业务条线的绩效考核中均有体现，充分调动了机构内部业务联动的积极性。

3. 在特定业务领域具有竞争优势。

（1）中小企业业务。由于不具备中资银行的规模，汇丰、渣打、花旗等外资银行都积极探索中小企业业务，为中小企业提供更多服务。与中资银行的"信贷工厂""批量授信"不同，外资银行主要以精品模式为主，即更看重中小企业是否具备长远发展的潜力，希望通过后期业务的增长来弥补前期较高的成本投入。部分外资银行中小企业贷款中的信用贷款占比达70%以上，但不良率不足1%。

（2）高端财富管理业务。外资银行在高端财富管理业务领域的竞争优势主要依托于：①实现对客户全球单一账户管理，客户在全球的各类业务信息均可统一在同一账户；②跨境投资产品更为丰富，由于在海外市场面临的监管约束相对较少，外资银行能够提供更为丰富的跨境投资产品，如针对高净值大客户提供权益或期权类定制产品，外币产品的币种更加多元化等；③培训考核机制更加完善，外资银行对客户经理有严格的培训机制，客户经理对复杂产品较为熟悉，专业能力普遍较强。

（3）现金管理平台。外资银行在现金管理上具有很强的竞争优势，包括实现全球统一的现金管理系统平台，投资类和流动性管理类等各类产品体系功能齐全、品种多样，甚至还能为客户提供定制化的个性服务。部分外资银行凭借现金管理业务上的竞争优势，一直保持充裕的资金来源，并在关键时点能形成可观的资金沉淀。

（4）交易业务。外资银行在离岸人民币交易和衍生品交易上具有优势，优势主要体现在交易报价和交易市场份额。优势的建立主要基于外资银行的长期从业经验和专业人才储备。虽然部分外资银行在国内不具有衍生品交易牌照，但其充分利用在境外的机构网点，为客户牵线搭桥，在海外市场叙做交易业务。

4. 风险管控机制具有优势。外资银行能够将集团历史的经验教训植入公司发展战略，并坚决执行。这些理念不随管理人员变动而改变，成为百年老店的积淀和传承，从基因里回避高风险和不可长期持续的业务。此外，外资银行建立了全球统一授信机制，针对同一集团客户在不同地区的授信需求，能够在集团层面进行统一管理，显著提升了风险管理效率。

（五）外资银行进入对中国银行业的影响

总的来看，我国银行业对外开放取得了一定成绩，对我国银行业发展产生了积极影响。一方面，通过引入境外投资者，中资银行相继完成股份制改造，不断完善公司治理架构；另一方面，外资银行通过自设机构，进一步丰富了中国银行业的市场结构，为外资在中国的企业、中资"走出去"企业以及国内高端客户提供了优质的金融服务，在推动实体经济发展的同时，在特色地域和业务领域形成了独具特色的竞争优势。我国针对外资银行的监管采取了先试点再逐步放开、先区别中外资监管再逐步实现监管内外一致等方式，有效避免了外资银行大量涌入引发的资本外流、恶性竞争等风险，外资银行发展整体稳健。

二、新一轮银行业对外开放对外资银行的影响

（一）银行业对外开放政策的新变化

为进一步激发在中国外资银行的活力，促进外资银行在中国的发展，2017年以来，《关于外资银行开展部分业务有关事项的通知》《商业银行股权管理暂行办法》《外资银行行政许可事项实施办法（修订）》《关于进一步放宽外资银行市场准入有关事项的通知》等一系列开放政策相继出台，这些政策变化主要体现在以下两个方面（见表4-6）。

1. 放开外资持股比例限制。2003年颁布的《境外金融机构投资入股中资金融机构管理办法》规定，外资金融机构入股中资银行单一持股不超过20%、合

计持股不超过25%。2018年6月8日，银保监会宣布废止《境外金融机构投资入股中资金融机构管理办法》，并取消其他办法文件中对外资入股比例的限制。

2. 放松审批流程要求。主要包括取消对外资银行从事托管业务、代客境外理财业务、财务顾问、政府债券承销等的审批要求，简化支行审批、发行资本补充工具、高管资格审核等审批要求；有多家分行的外国银行可由管理行授权其他分行使用其拥有的人民币业务牌照和衍生品交易牌照；对外国银行向中国境内分行拨付的营运资金最低限额要求采取合并计算；允许外资银行从事政府债券承销业务，允许外资法人银行投资入股中资金融机构等。

下一步，我国将允许外资银行同时设立子行和分行，取消外资银行申请人民币牌照1年等待期，将外国银行分行吸收单笔人民币定期零售存款门槛由100万元降至50万元。从银行主营业务看，目前外资银行仅在信用卡业务和衍生品交易业务上还需要向监管机构申请业务牌照，我国在其他主要业务上已实现放开或部分放开。

表4-6 　　2017年以来银行业对外开放政策变化梳理

主要项目		变化	政策具体内容	相关文件
设立机构	设立分行/子行	原规定	不得同时设立子行和分行，外国银行分行可改制为外资法人银行	2014年《外资银行行政许可事项实施办法（修订）》
		新规定	将允许外国银行同时设立子行和分行	待出台
	设立支行	原规定	设立支行要先提交筹建申请，再提交开业申请	2015年《外资银行行政许可事项实施办法（修订）》
		新规定	合并支行筹建和开业审批程序，仅保留支行开业审批	2018年2月24日《外资银行行政许可事项实施办法（修订）》
投资入股	境外机构入股	原规定	外资入股中资银行的单一、合计持股比例分别不超过20%、25%	2003年《境外金融机构投资入股中资金融机构管理办法》
		新规定	无持股比例限制，但增持5%以上需报监管部门审批	2018年6月8日《关于废止和修改部分规章的决定（征求意见稿）》 2018年1月5日《商业银行股权管理暂行办法》
	外资法人银行入股	原规定	在中国的外资法人银行、中外合资银行不得投资入股中资金融机构	2003年《境外金融机构投资入股中资金融机构管理办法》
		新规定	在中国的外资法人银行、合资银行可投资入股中资金融机构	2018年2月24日《外资银行行政许可事项实施办法（修订）》

续表

主要项目		变化	政策具体内容	相关文件
投资入股	入股证券公司	原规定	外资持股比例累计不得超过49%，CEPA10框架下可达51%；对于上市证券公司，外资单一和合计持股比例分别不得超过20%、25%；外资参股的证券公司境内股东必须有1名内资证券公司	2012年《外商参股证券公司设立规则》
		新规定	删除股东要求，外资持股比例不得超过我国证券业对外开放所作承诺（即目前为51%，3年后不设限）	2018年4月28日《外商投资证券公司管理办法》
	入股保险公司	原规定	合资寿险公司中外资持股比例不得超过50%	2004年《外资保险公司管理条例细则》
		新规定	将合资寿险公司中外资持股比例放宽至51%（预计3年后不设限）	2018年5月30日《外资保险公司管理条例细则（征求意见稿）》
业务开办	人民币业务	原规定	外资银行申请人民币业务需开业满1年	2018年2月24日《外资银行行政许可事项实施办法（修订）》
		新规定	取消人民币业务等待期	待出台
	零售存款业务	原规定	外国银行分行可以吸收中国境内公民每笔不少于100万元人民币的定期存款	2014年《外资银行管理条例（修订）》
		新规定	将100万元门槛放松至50万元	待出台
	债券承销业务	原规定	外资银行不得开办政府债券承销业务	2014年《外资银行管理条例（修订）》
		新规定	外国银行分行可代理发行、兑付、承销政府债券业务，且无须申请	2018年4月27日《关于进一步放宽外资银行市场准入有关事项的通知》
审批流程	业务申请	原规定	开办政府债券承销、财务顾问、被清算后提取生息资产、代客境外理财、代客境外理财托管、证券投资基金托管等业务前要提交申请材料	2015年《外资银行行政许可事项实施办法（修订）》
		新规定	以上业务无须额外申请，开展业务后5日内向监管部门报告即可	2017年3月10日《关于外资银行开展部分业务有关事项的通知》2018年4月27日《关于进一步放宽外资银行市场准入有关事项的通知》

续表

	主要项目	变化	政策具体内容	相关文件
审批流程	发行债务、资本补充工具	原规定	最近3年无严重违法违规行为；申请材料要出具在中国境内依法设立的律师事务所出具的法律意见书	2015年《外资银行行政许可事项实施办法（修订）》
		新规定	取消上述两项要求	2018年2月24日《外资银行行政许可事项实施办法（修订）》
	高管资格审核	原规定	同质同类外资银行之间平级调动或改任较低职务需事前核准	2015年《外资银行行政许可事项实施办法（修订）》
		新规定	平级调动或改任不需重新申请	2018年2月24日《外资银行行政许可事项实施办法（修订）》

资料来源：作者整理。

（二）对外开放政策对外资银行的影响

此次对外开放政策变化，正值全球经济复苏、银行业经营业绩不断修复之际。外资银行普遍看好中国市场未来发展前景，对外开放政策的出台将提升它们在中国发展的信心，具体来看，外资银行可能会采取如下策略：

1. 加大重点地区布局。随着上海自贸区的建设与推进以及长江经济带战略的实施，上海及周边的长三角地区将是此轮开放后外资银行加大业务投入的重点区域。此外，《粤港澳大湾区战略部署》出台，给当地经济带来了新动力，考虑到珠三角地区的经济体量和经济活跃程度，该地区也将成为外资银行关注的重点。近两年，汇丰银行（中国）在粤港澳地区新增员工2000人，完成了在广东省内主要城市网点铺设。通过持有前海证券51%股份、开立汇丰人寿（中国），形成了在该地区良好的经营发展态势。同时，外资银行将加大在科技金融领域的投入，通过加大网上银行建设、开通手机银行弥补物理网点的不足。

2. 加大重点业务布局。外资银行将继续开拓"一带一路"沿线业务机遇，挖掘"走出去"客户，借助在网点、产品和服务领域优势，加大与母行集团业务协作的力度，为客户在境外发债、上市、并购等活动提供综合金融服务。其中，具有"走出去"基因的"独角兽"企业将是外资银行关注的重点。外资银行将利用系统、产品以及服务领域优势，加大对客户资源的争夺。此轮政策放开了代客境外理财业务审批要求，将促进外资银行在高端客户财富管理领域挖掘新的业务机会。此外，随着银行业开放进程的加快，外资银行在交易银行业务相关领域的竞争优势将不断凸显。

3. 增持中资机构股份。此次对外开放政策最大的亮点就是股权持有比例的放开。政策落地后，外资银行会考虑增持中资机构股份。一方面，增资可使外资股东获得更多的财务收益，相较于增加法人机构注册资本，增持国内银行能获得更高收益；另一方面，外资股东持股银行集中度普遍较低，通过增资外资股东可不断夯实控制权，甚至获得绝对控股地位。从目前情况看，在外资银行已经入股且持股比例较高的银行中，一些估值偏低、成长性较好的城商行或农商行将成为外资增资重点关注的目标。不排除个别外资银行通过增资实现绝对控股。

从机构类型看，外资银行对参股控股证券、保险等非银机构兴趣更大。外资银行普遍认为，国内银行体系竞争充分，增资大型银行的资金占用太多，多数小银行的估值水平较高。相比较而言，中国的证券、保险、信托、资管等子行业的发展时间较短，竞争程度相对较低，具有较大的业务增长空间。参股或控股这些非银机构，可实现在中国业务的综合化经营，从而更好地发挥其在机构协同、交叉销售方面的竞争优势，这也预示着未来我国可能会出现外资金融控股公司。

4. 外资银行扩张节奏不会太快。首先，外资银行不盲目追求规模扩张，十分注重投资回报率。近年来，在中国的外资银行资产规模一直实现稳步增长，并不盲目追求规模扩张。外资银行十分重视投资回报率，重视业务发展的可持续性。相比于传统存贷款业务等重资产业务，外资银行更注重投资银行、现金管理、资产管理和交易银行业务等轻资产业务的发展，强调作为金融服务中介而不是资金来源的竞争优势。对于加大海外市场的投资决策，外资银行往往会反复考量业务风险和当地监管机构立场，全面评估成本收益，在确保风险加权资产回报率高于自身设定的水平后，才会加大业务投入。同时，对于投入后在一段时间内不能产生收益的业务，会选择退出。对外开放政策推出后，外资银行会加强对中国市场的研究，对介入中国市场的时机和方式进行整体评估，短期不会大规模涌入。

其次，我国银行业的竞争力不断提升，外资银行面临更强劲的竞争对手。当前，我国银行业金融机构资产总额位居全球第一，30家全球系统重要性银行有4家来自中国，《银行家》全球1000家银行排行榜中有17家中资银行跻身前100名。2018年第一季度末，我国商业银行资产规模同比增长7.4%，净利润同比增速5.86%，ROA、ROE分别为1.05%和14.0%，不良贷款率为1.75%。在我国不断健全的多层次、广覆盖、有差异的银行业金融机构体系下，外资银行争夺资源、抢占市场份额的难度不断加大。

最后，强监管常态化下，外资银行面临与中资银行一样的强监管压力。当前，在国内金融"去杠杆"、监管环境趋严的背景下，外资银行在市场准入方面虽有了更多的放松，但是与中资银行一样，面临着较为严格的监管要求。2017年以来，银保监会针对银行业的监管文件出台频率大幅提高，内容涵盖委托贷款、债券业务、风险暴露、资产管理业务、同业负债等多个领域。强监管将步入常态化，外资银行在中国的发展也难以放松警惕，并且将进一步提升风险管理体系和合规能力建设。

三、主要经济体外资银行发展的经验与教训

与全球主要国家银行业相比，我国外资银行的进入程度并不算高（见图4-7），如果算上持股中资银行的资产规模（按持股比例乘以被持股银行的资产总额计算），2016年末，外资银行总资产规模为6.17万亿元（其中法人资产2.93万亿元，持股中资银行3.24万亿元），占银行业总资产的2.7%。通过对全球主要经济体外资银行发展情况进行梳理，可以得到以下几方面的经验教训。

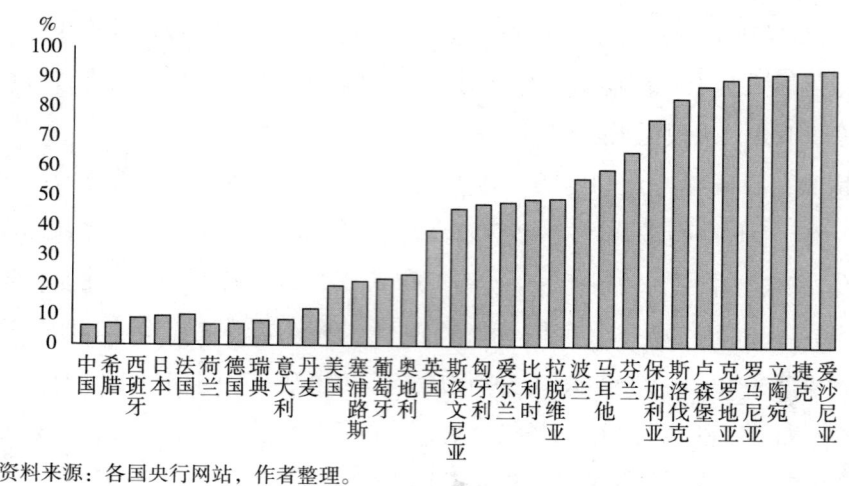

资料来源：各国央行网站，作者整理。

图4-7 各国外资银行资产占比情况

（一）适度引入外资可提升金融体系效率和稳定性

案例1：美国

20世纪六七十年代，随着美元离岸市场的快速发展，美国的银行业对外开放程度也逐步扩大。起初，外资银行在美国境内开设网点能够享受优惠待遇。随着外资银行规模不断壮大，美国推出了《国际银行法案》和《雷吉尼尔法案》（International Banking Act，Riegle-Neal Act），推进对外资银行的"国民待遇"。2008年以来，美国不断提高对外资银行监管力度，推出了更高监管标准（Heightened Standard）、强化审慎标准要求（Enhanced Prudential Standard），同时加大了对反洗钱和恐怖主义融资的监管力度，外资银行的合规压力明显加大，扩张速度放缓。

尽管如此，美国外资银行资产占比一直较为稳定。截至2016年底，美国外资银行资产规模为3.53万亿美元，占银行业总资产的20.1%。在美外资银行主要由分支机构和法人组成。美国对分支机构和法人实施差异化监管，法人在资本、流动性和组织架构上要满足更严格的监管要求，但在业务范围和网点扩张的便利度上具有优势。2016年，在美外资分行资产规模为2.26万亿美元，占在美外资银行总资产的64.06%；而子行规模为1.27万亿美元，占35.9%。在美外资分行大多分布在纽约，主要以服务本国在美国的客户和全球大型跨国公司为主，部分分行承担着美元清算职能，拥有较大的贸易融资、清算和结算业务规模。美国外资子行大多通过并购方式发展壮大，业务覆盖范围较广，服务对象既包括本国在美客户，也有大量美国本土客户。美国大型外资子行的综合化经营程度较高，大多成立了金融控股或间接控股公司，综合化程度较高。

外资银行在美国经济发展中发挥了重要作用，以分行从事传统业务为主的架构模式，较好地发挥了服务实体经济的作用，体现在为本国与美国双边贸易提供融资、结算和清算服务；为跨国大型企业、美国本土企业和个人提供一体化金融服务；带动美国就业，向美国政府缴纳了可观的税金等。

案例2：巴西

巴西银行业于1962年向外资开放，起初的开放程度较低，外国资本在巴西金融机构中的股份比例不能超过50%，有表决权的资本不能超过1/3；同时，严格限制外资银行开展储蓄和贷款业务。在这些政策的影响下，巴西银行业的对外开放有限。1995年11月，巴西财政部宣布允许外资100%持股国内银行，废除外资银行资本充足率须两倍于国内银行的监管要求，这一政策对引入外资发挥了积极作用。1999年底，巴西共有外资银行40家，资产规模占同期巴西银行业的30.8%，较1994年底上升了4个百分点。

放开外资持股管制，对巴西银行业产生了积极影响。巴西银行业的盈利能力显著改善，ROA由1997年的0.42%升至2001年的0.72%。同时，银行体系的不良贷款被快速消化，不良贷款率由1998年10.2%的高点降至2005年的2.9%。引入外资并没有撼动巴西国内银行的市场主体地位，外资银行最高市场占比一直未超过35%。

（二）过于依赖外资银行的金融体系脆弱性较高

历史上，大量引入外资导致本国金融体系出现系统性风险的案例很多，风险传导的渠道可归纳为以下两类。

渠道1：外资涌入加剧本国银行体系竞争，使资产结构偏离支持实体经济发展需要，信贷资源过剩，坏账大幅提升。

案例3：韩国

1997年亚洲金融危机后，为了更好地应对危机带来的不利影响，韩国银行业加大了吸引外资的力度，逐步取消对外资银行单一持股7%、合计持股26%的限制，允许外国投资者收购韩国国内银行。政策出台后，大量外资涌入并主导韩国银行业。1999年12月，美国新桥资本收购韩国第一银行，并于2005年将其转手给渣打银行，渣打韩国第一银行成立。2000年11月，美国投资基金Carlyle购买韩美银行，并于2004年卖给花旗集团，花旗银行（韩国）正式成立。2003年9月，美国Lone Star投资基金收购了韩国外汇银行。2005年末，韩国7家全国性银行中，有6家银行的外国股权比率超过50%，外资平均持股比例高达66%，外资控股银行资产已占韩国银行业总资产的70%以上。外资涌入对韩国银行业带来了负面冲击。

第一，使信贷结构过度向个人消费领域倾斜，对制造业等实体行业的支持力度显著下降。外资银行进入韩国市场后，针对制造业等实体经济行业不良贷款突出的问题，建立了严格的贷款审批标准，企业贷款占比呈快速下降趋势。2000—2004年，在韩外资银行企业贷款占总贷款的比例由56.7%降至41.6%，降幅达15.1个百分点。在缩减企业贷款的同时，外资银行加大了零售贷款的投放力度，家庭零售贷款占比由32.8%上升至56.6%。结构切换的主要原因在于，外资银行在个人零售贷款方面能够较好地发挥在信用风险管理领域的优势，而传统制造业企业贷款大多是关系型贷款，外资银行对当地的情况缺乏深入了解，不愿意从事这类业务。由于资金支持力度不足，韩国电讯、半导体等行业重要企业的经营状况不能得到改善，拖累了韩国经济复苏。

第二，竞争加剧信贷泡沫，坏账问题突出。韩国外资银行将信贷转向消费贷款领域后，加剧了该领域的竞争，部分银行通过降低放贷标准维持业务增长，使坏账不断积累。如美国新桥资本收购韩国第一银行后，其消费贷款占比由1999年的不足20%提升至2001年末的60%。2003年，韩国爆发信用卡危机，拖欠债务超过90天的持卡人高达劳动人口的16%，给银行业和实体经济造成了巨大冲击。

外资银行的逐利性本质使银行体系对实体经济的支持力度显著下降，特别是在经济面临困境的时期，银行资金在关键性基础行业抽逃，加剧了经济下行；部分领域的竞争过度，外资引入不仅难以起到优化银行业结构的作用，反而加剧了"顺周期"行为，使金融风险不断累积，对经济金融系统稳定产生了不利影响。

渠道2：由于缺乏足够的监管，外部金融风险以外资银行为纽带将传导至本国金融体系，造成系统性风险。

案例4：东欧

20世纪90年代末至21世纪初，东欧主要国家银行体系相继完成市场化改造。自匈牙利布达佩斯银行（Budapest Bank）被GE资本收购开启外资银行进入东欧市场的先河后，捷克、匈牙利、波兰、保加利亚、克罗地亚等国银行业均完成了对外资的开放。2005年，绝大部分东欧国家的外资银行资产占国内银行业资产的比重都达到80%以上。

长期以来，受制于国内居民收入水平不高，东欧银行业面临本土存款不足、规模扩张受限的问题。外资银行进入东欧市场后，通过跨境融资及母行拆借的方式，较好地解决了东欧地区存款来源不足的问题。在外资银行的推动下，东欧国家信贷增速呈现快速拉升态势，匈牙利、波兰和捷克三国的信贷/GDP由1999年末的平均93.6%升至2007年末的124.1%。东欧地区也成为2008年国际金融危机前全球经济增速较快的地区。

外资银行进入东欧市场后，东欧银行业市场结构发生了两方面变化：一是零售贷款大规模上升，外资银行在零售贷款评分技术上具有优势，这些银行的集团总部从战略上更倾向于开展零售和中小企业业务，而对于给当地盈利状况欠佳的国有企业贷款的意愿较低；二是外币资产和负债规模显著提升，考虑到东欧国家货币的汇率波动幅度较大，且货币的国际认可度不高，外资银行更倾向于利用国际主流货币在东欧市场开展业务。2008年，东欧部分国家50%以上的信贷余额都是外币计价。

2008年国际金融危机中，东欧国家外资银行总部受到重创，东欧地区外资银行资金筹措能力显著下降，当地市场明显感觉到由外部市场环境紧张而造成的信贷紧缩，外资银行的信贷紧缩幅度要显著地大于东欧本土银行。国际金融危机以外资银行为载体不断向东欧国家扩散，并对当地经济产生了较为明显的负面冲击。另外，东欧国家外资银行大多以分行为主，主要受母行所在国监管规则约束；再加上东欧国家的资本项目管制并不严格，容易在东欧市场形成监管套利；由于主要业务都是外币计价的，当地外资银行对央行货币政策调整并不敏感，这些都加大了东欧国家监管机构和货币当局对当地外资银行的管理难度。

（三）监管政策不是影响外资银行经营发展的决定性因素

案例5：日本

日本对外资银行开放始于1952年。起初，日本政府对随着日本经济腾飞和资本自由化推进，日本逐渐放宽外资银行准入。1984年，日本向外资银行开放信托和证券业务。20世纪80年代后期不动产和资本市场价格上涨吸引了大批外资银行涌入，外资银行数量攀升至64家。90年代以来，日本经济长期停滞，金融机构破产频发，在日本的外资银行数在1995年攀升至94家顶峰后持续下降。

在日本的外资银行的设立形态包括分行和子行，且以分行为主。无论是外资分行还是子行，其经营范围与本土银行并无差别，法律上享受国民待遇。然而，即使是在如此优厚的监管环境下，在日本的外资银行发展缓慢，截至2017年3月，日本共有外资银行55家，资产规模仅占日本银行业的4%。外资银行在日本发展缓慢的原因包括以下两个方面。

第一，受日本的制度和文化影响。日本的银企关系密切，且银行和企业通过交叉持股结成了坚实纽带，外资银行很难介入。另外，日本偏安一岛，当地民众心态整体保守，对于外资银行存在较为明显的排斥心理，这大大增加了外资银行深入本地市场业务的难度。

第二，日本经济长期低迷，利率低迷。日本经济长期面临低增长、低通胀、人口老龄化和产业空洞化等困境，实体经济对信贷的需求不高。同时，由于日本长期实施低（负）利率政策，银行体系的息差非常低，极大地压缩了银行业生存空间。

虽然日本较早实现了银行业对外全面开放，但由于其历史文化以及国内经济、政策等原因，外资银行并没有对当地经济发展产生明显的推动作用，相反由于生存空间不断被压缩，部分外资银行已经考虑撤出日本市场。

（四）监管机构对不同国家外资银行的监管力度存在显著差别

案例6：美国

虽然在银行业对外开放领域有着详细的监管规则，但在实际操作过程中，监管机构对不同国家的外资机构实施了截然不同的监管标准，美国就是一个很好的例子。外资银行在美国一直处于从属地位，其中的佼佼者大部分来自美国的"友邦"加拿大、日本、英国等。

美国监管机构对中资银行在美开设网点监管非常严格。举例来说，以中国银行为代表的中资银行早在1981年就进入美国市场，远远先于美国的银行进入中国。但迄今为止，中国银行在美国仅有4家分行，工行因为收购东亚银行在北美业务才有十几家网点。中资银行在美的网点数要少于美国在中国的网点数。另外，美国监管机构在金融控股公司牌照发放上对中资机构采取了"歧视性"原则,其对绝大多数发达国家外资银行都予以了FHC牌照,但迄今为止没有批准一家中资银行升格成为金融控股公司,这严重影响了中资银行在美开展非银行业务的可能。

四、政策建议

我国新一轮对外开放政策的出台将吸引更多外资进入银行业市场,国内金融市场格局将发生新变化。监管机构应全面评估开放政策背景下外资银行的策略选择,出台配套措施,引导外资银行更好地在中国开展业务。

(一)稳步推进对外开放,优化我国银行业市场结构

参考国际经验,适度的对外开放有助于提升金融体系效率和稳定性。我国应继续推进已承诺实施的对外开放措施,坚持执行相关的对外开放政策法规,创造公平、有序的市场环境;加强与外资银行的监管沟通,引导外资银行加大在中国的业务投入。总体上看,外资银行在中国的发展将继续保持稳健增长,并在特定业务和区域上继续保持较强的竞争优势。

(二)要守住风险底线,完善监管政策

借鉴国际教训,高度依赖外资的银行体系存在较大的脆弱性,易造成同业恶性竞争、外部金融风险渗透等问题。当前,我国可通过调节审批节奏和建立中长期规划方式整体把控对外开放节奏。此外,要全面评估外资银行进入中国市场程度,除外资法人机构的资产规模外,还应考虑外资银行通过持股间接控制的资产规模,以及外资银行通过中国市场机会在境外获得的收益等,对于外资银行在中国的份额的快速增长应持审慎态度。对外资向中资银行的大额增持股份或并购行为持谨慎态度,厘清外资子行、外国银行分行、外资控股后相关银行的特许权价值,采取差异化的监管措施。把握资本项目开放和银行业开放的顺序和节奏,银行业领域对外开放,并不意味着资本项目的开放,我国

要加强对外资银行跨境资金运作的监管，防止跨境资金频繁运作造成的金融风险，稳妥推进资本项目和人民币可自由兑换。要不断完善反洗钱和恐怖主义融资的监管制度建设，加大对违法犯罪的打击力度，使监管规则逐步与国际接轨。强化外资母行与子行的风险隔离，确保金融体系的稳定发展。随着银行、证券、保险业相继对外开放，我国还应探索外资机构在中国的混业经营的监管制度建设。

（三）引导外资银行更好地支持实体经济发展

充分发挥外资银行在"一带一路"沿线网点和金融服务能力上的优势，鼓励它们服务"走出去"企业和"一带一路"沿线重大项目。要引导外资银行在重点分布地区加强对当地重点战略项目的支持力度，如粤港澳大湾区、长江经济带、京津冀经济带等，支持科技创新性和绿色环保企业的发展。引导外资银行加大在上海地区投入，为打造上海国际金融中心地位发挥积极作用。要鼓励外资银行开展对实体经济增长拉动效应明显的简单业务，加强对外资银行从事复杂业务的监管。

（四）促进中外资银行的合作

与中资银行相比，外资银行对国内市场和当地企业的熟悉程度还不够，而且缺乏足够的客户基础，但是在海外拓展经验、产品创新、业务综合化发展、风险管控、组织管理等方面拥有丰富的发展经验和较强的竞争优势。在持续推动银行业对外开放的同时，应积极鼓励中资银行与外资银行相互合作、交流，实现"境内中资帮外资，境外外资帮中资"，实现优势互补、收益共享。鼓励中资银行通过外资，引进新的管理经验、产品体系和风险管控技术，提升我国银行业的竞争优势；引导外资增持或收购部分规模适中、业务结构简单、股权分散的中小型银行，帮助它们提升公司治理、改善经营效率；鼓励部分经营困难、资产质量不高的中资银行引入外资，夯实风险吸收能力。

(五)遵循对等开放原则

我国应通过对外开放为中资机构海外发展赢得更大空间。对外开放不应是无条件的,我国应根据中资机构在外资银行母国面临的监管环境,确定相应的政策执行标准:对开放态度友好国家的外资银行,应适当放宽业务准入,加大支持力度;对监管较严苛国家外资银行可参考采取类似标准予以回击。对外开放不仅是我国对世界的承诺,更是我国在全球范围内争取有利营商环境的重要筹码。

表4-7　　　　　　　2016年外资在中国的资产和持股情况一览

外资银行	在中国法人机构		持股银行		在中国经营情况	
	资产(亿元)	ROA(%)	持股资产(亿元)	ROA(%)	资产(亿元)	ROA(%)
汇丰银行	4217	1.03	15714	0.87	19931	0.90
渣打银行	1961	0.30	1711	0.80	3672	0.53
华侨银行	530	0.25	1644	0.98	2175	0.80
大华银行	524	0.09	1593	0.81	2117	0.63
恒生银行	890	0.17	106	0.76	996	0.23
富邦华一银行	682	0.58	378	0.59	1059	0.58
澳新银行	470	0.72	785	0.40	1255	0.52
韩亚银行	458	0.21	734	0.74	1191	0.54
法国巴黎银行	404	0.71	1582	0.89	1986	0.85
东亚银行	2129	0.08			2129	0.08
花旗银行	1731	0.64			1731	0.64
三菱东京日联银行	1647	0.39			1647	0.39
华商银行	1246	0.82			1246	0.82
南洋商业银行	1216	0.45			1216	0.45
瑞穗银行	1084	0.77			1085	0.77
三井住友银行	1051	0.67			1058	0.67
星展银行	967	0.12			967	0.12

续表

外资银行	在中国法人机构		持股银行		在中国经营情况	
	资产(亿元)	ROA(%)	持股资产(亿元)	ROA(%)	资产(亿元)	ROA(%)
德意志银行	627	0.97			627	0.97
华侨永亨银行	530	0.25			530	0.25
摩根大通银行	497	0.25			497	0.25
新韩银行	336	0.20			336	0.20
友利银行	267	0.23			267	0.23
企业银行	197	0.32			197	0.32
正信银行	191	0.22			191	0.22
法国兴业银行	172	0.11			172	0.11
盘古银行	156	0.59			156	0.59
中信银行国际	148	—			148	—
东方汇理银行	145	0.88			145	0.88
国民银行	105	0.21			105	0.21
首都银行	72	0.08			72	0.08
华美银行	68	0.56			69	0.56
永丰银行	55	−1.10			55	−1.10
玉山银行	48	—			48	—
浦发硅谷银行	44	0.37			44	0.37
开泰银行	30	—			30	—
瑞士银行	28	−0.80			28	−0.80
摩根士丹利银行	26	1.87			26	1.87
荷兰ING集团			2886.69	0.90	2886.69	0.90
澳洲联邦银行			1296.76	0.63	1711.1	0.70
			414.34	0.92		
桑坦德银行			1137.48	0.89	1137.48	0.89
丰隆银行			721.53	0.76	721.53	0.76

续表

外资银行	在中国法人机构		持股银行		在中国经营情况	
	资产（亿元）	ROA（%）	持股资产（亿元）	ROA（%）	资产（亿元）	ROA（%）
大新银行			546.97	0.84	546.97	0.84
加拿大丰业银行			435.72	0.94	435.72	0.94
联合圣保罗银行			426.16	0.46	426.16	0.46
联昌银行			185.93	0.53	185.93	0.53
永隆银行			105.89	0.76	105.89	0.76
合计	24951.76	0.39	32405.04	0.76	57356.8	0.49

资料来源：银行年报，作者整理。

表 4-8　《外资银行行政许可事项实施办法》演变

主要章节	主要项目	2006年	2014年	2015年	2018年
1. 设立独资、合资银行	注册资本	3亿元人民币	10亿元人民币	10亿元人民币	10亿元人民币
	是否要设代表处	独资银行：设代表机构2年以上；合资银行：设代表机构即可，港澳银行不要求	独资银行：设代表机构2年以上，港澳银行设1年以上；合资银行：设代表机构即可，港澳银行不要求	无	无
	股东总资产	申请前一会计年度末的总资产不少于100亿美元，港澳银行股东不少于60亿美元	申请前一会计年度末的总资产不少于100亿美元，港澳银行股东不少于60亿美元	申请前一会计年度末的总资产不少于100亿美元，港澳银行股东不少于60亿美元	申请前一会计年度末的总资产不少于100亿美元，港澳银行股东不少于60亿美元
	资本充足率	>8%	符合所在国家或者地区金融监管当局以及银监会的规定	符合所在国家或者地区金融监管当局以及银监会的规定	符合所在国家或者地区金融监管当局以及银监会的规定
	股东要求	必须是商业银行	必须是商业银行	必须是商业银行	必须是商业银行

续表

主要章节	主要项目	2006年	2014年	2015年	2018年
2. 设立外国银行分行	营运资金	1亿元人民币	2亿元人民币	2亿元人民币	2亿元人民币
	股东总资产	申请前一会计年度末的总资产不少于200亿美元，港澳银行股东不少于60亿美元	申请前一会计年度末的总资产不少于200亿美元，港澳银行股东不少于60亿美元	申请前一会计年度末的总资产不少于200亿美元，港澳银行股东不少于60亿美元	申请前一会计年度末的总资产不少于200亿美元，港澳银行股东不少于60亿美元
	资本充足率	>8%	符合所在国家或者地区金融监管当局以及银监会的规定	符合所在国家或者地区金融监管当局以及银监会的规定	符合所在国家或者地区金融监管当局以及银监会的规定
	是否要设代表处	设代表机构2年以上	设代表机构2年以上，港澳银行设1年以上	无	无
3. 外商独资银行、合资银行设立分行	营运资金	每个分行1亿元人民币，分行累计拨付营运资金总额不得超过其注册资本的60%	每个分行1亿元人民币，分行累计拨付营运资金总额不得超过其注册资本的60%	分行累计拨付营运资金总额不得超过其注册资本的60%	分行累计拨付营运资金总额不得超过其注册资本的60%
	其他要求	开业3年以上，提出申请前两个会计年度连续盈利	无	无	无
4. 设立支行	营运资金	1000万元人民币以上	无	无	无
	其他要求	要有分行，且经营1年以上	要有分行，且经营1年以上	要有分行，且经营1年以上	要有分行，且经营1年以上
	设立限制	无	在中国境内已设立营业性机构的，不得增设代表处；在同一城市不得同时设有营业性机构和代表处	在中国境内已设立营业性机构的，不得增设代表处；在同一城市不得同时设有营业性机构和代表处	在中国境内已设立营业性机构的，不得增设代表处；在同一城市不得同时设有营业性机构和代表处

续表

主要章节	主要项目	2006年	2014年	2015年	2018年
5. 业务开办	开办人民币业务	开业3年以上，港澳银行2年以上；连续2年盈利	外资银行：开业3年以上，连续2年盈利；港澳银行：开业2年以上，连续1年盈利；港澳台银行为港澳台企业在大陆服务：开业1年以上，连续1年盈利	开业1年以上	开业1年以上
	扩大人民币业务	连续2年盈利	无	无	无
	电子银行业务	开办、增加或变更都需要审批	无	无	无
	发行债务、资本补充工具	无	增加关于外资银行发行债务、资本补充工具的内容	与2014年一致	银监会直接监管的独资银行、合资银行由银监会监管，其他由当地银监局监管审批；将条件中的"最近3年无严重违法违规行为和因内部管理问题导致的重大案件"改为"拨备覆盖率达标，贷款损失准备计提充足"
	发行债务、资本补充工具	无	增加关于外资银行发行债务、资本补充工具的内容	与2014年一致	删除申请材料要求"在中国境内依法设立的律师事务所出具的法律意见书"
	衍生产品交易业务	所在地银监局审批	所在地银监局审批	银监会直接监管的独资银行、合资银行由银监会监管，其他由当地银监局监管审批	银监会直接监管的独资银行、合资银行由银监会监管，其他由当地银监管局审批

续表

主要章节	主要项目	2006年	2014年	2015年	2018年
5. 业务开办	信用卡业务	无	增加关于信用卡业务一节内容；所在地银监局受理	银监会直接监管的独资银行、合资银行由银监会监管，其他由当地银监局监管审批	银监会直接监管的独资银行、合资银行由银监会监管，其他由当地银监局监管审批
	证券投资基金托管业务	无	增加关于证券投资基金托管业务一节内容；国务院证券监督管理机构受理	银监会直接监管的独资银行、合资银行由银监会监管，其他由当地银监局监管审批	取消本节内容，审批制改为报告制
	代客境外理财业务	无	增加关于代客境外理财业务一节内容；所在地银监局受理	银监会直接监管的独资银行、合资银行由银监会监管，其他由当地银监局监管审批	取消本节内容，审批制改为报告制
	代客境外理财托管业务	无	增加关于代客境外理财托管业务一节内容；所在地银监局受理	银监会直接监管的独资银行、合资银行由银监会监管，其他由当地银监局监管审批	取消本节内容，审批制改为报告制
6. 高管资格审核		无	无	银监会直接监管的独资银行、合资银行由银监会监管，其他由当地银监局监管审批	同一机构内平级调动或改任较低职务的不需要重新申请，改为"具有高级管理人员任职资格且未连续中断任职1年以上的拟任人在同质同类外资银行间平级调动职务（平级兼任）或改任（兼任）较低职务的，不需要重新申请核准任职资格"

中国银行业转型升级需摒弃"鼯鼠情结"
——以大型商业银行为例

鼯鼠形似松鼠,除了会行走、爬树、打洞、游泳外,甚至还能飞,故也称飞鼠。鼯鼠的本领堪称全能,但并不样样精通,自古留下了"五技而穷"的名声。随着中国金融改革开放的深化,包括大型银行在内的各类金融机构经营范围迅速扩大,业态日益丰富,同时,一些银行求多求全的"鼯鼠情结"开始显现,长远看,会影响银行经营效率和竞争力,需要引起警惕。

一、"鼯鼠情结"的五大表现

近年来,大型银行的发展呈现出一些新的特点,可以概括为五个"求全"。

(一)业务"求全"

由传统商业银行领域持续向多元化金融领域拓展,多数已持有证券、保险、基金、租赁等牌照,有的还持有期货、信托、直接投资、财务公司等牌照(见图4-8)。拥有多元化的业务牌照已成为许多银行的共识。

第四篇　中国银行业转型篇
中国银行业转型升级需摒弃"鼹鼠情结"

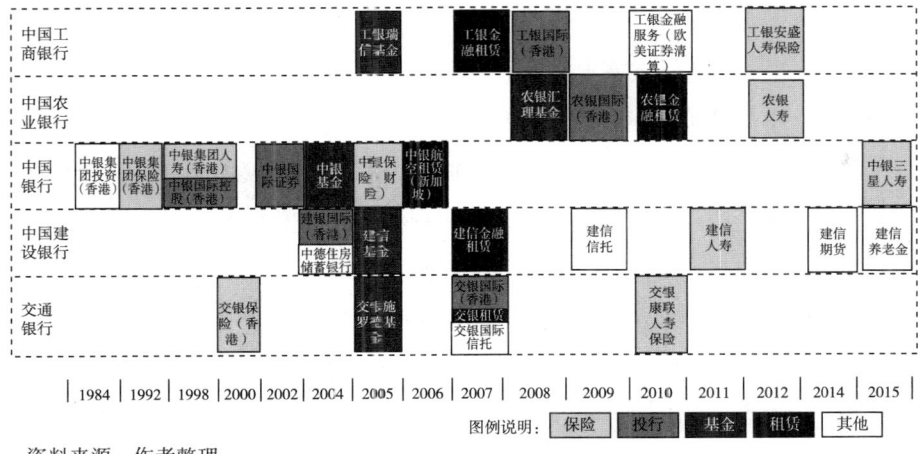

资料来源：作者整理。

图 4-8　中国大型银行多元化布局历程

（二）客户"求全"

由国有大中型企业向民营和小微企业客户拓展，由服务单一企业向产业链上下游企业延伸，由本土客户向海外客户延伸，客户范围力求覆盖各行各业、各个阶层，客户总数日益庞大。

2015年末，中国工商银行所服务的公司客户数达532万户，是2005年末的2.1倍；个人客户数近5亿户，是2005年末的3.3倍。中国农业银行公司客户数达364万户，比2010年末增加约100万户；个人客户数超过4.7亿户，比2010年末增加约1.2亿户。中国银行和中国建设银行的公司客户数分别接近300万户和400万户，个人客户数均约2亿户。

（三）地域"求全"

从境内看，广泛覆盖中心城市以及城镇、乡村，从长江三角洲、珠江三角洲和环渤海等发达地区向中西部延伸；从境外看，由港澳向亚太区拓展、由欧美发达市场向非洲、拉美等新兴市场延伸，国际化程度逐步提高。

从信贷增长的区域特点看，在各地区信贷均保持增长的背景下，2010年至2015年，工、农、建三大行在长三角、珠三角和环渤海地区的贷款余额

341

占集团的比重有所下降，分别由56.2%、59.4%和56.2%降至48.9%、53.6%和49.7%，境内其他地区的占比上升；中国银行境内除西部地区的贷款余额占比有所上升外，其他地区的占比均有所下降，其中华东地区的降幅最大，由34.4%降至30.9%。工、农、中、建四家银行的境外贷款占集团的比重均有所提高，分别由2010年末的5%、1.5%、15.9%和3.2%提升至2015年末的8.8%、5%、21.2%和6.5%。

从海内外布局的新动向看，工、建两行海外扩张速度领先同业，"十二五"期间所覆盖的海外国家和地区数量各新增了14个，总数分别达到42个和25个，逐步接近中国银行（46个）的水平。农业银行实施重点城市行优先发展战略，城市金融业务对营业收入的贡献度由2009年末的61.9%上升至2015年末的63.2%。中国银行着力推进村镇银行建设，业务进一步向县域和乡镇渗透，"十二五"期间共设立了76家村镇银行，其中78%在中西部，33%是国家级贫困县，村镇银行的机构数量、覆盖范围列同业第一。

（四）渠道"求全"

由物理网点、电话及电脑终端向自助设备（包括自助银行、自动柜员机、自助终端等）、手机、平板电脑、可穿戴设备延伸，由银行渠道向电商平台等非银行渠道延伸，线下线上互动频繁，打破时空限制。

2010—2015年，工、农、中、建四家银行的境内外机构数均有所增长，总量已分别达1.7万家、2.3万家、1.1万家和1.4万家，年均分别增加214家、37家、115家和304家。2015年末，四家银行的自助设备总量分别达12.8万个、17.1万个、9.1万个和11.6万个，分别为2010年末的2.2倍、2.4倍、2.3倍和2.1倍。

通过电子银行渠道拓展客户已成常态，业务规模巨大，发展迅速。2015年末，工商银行电子银行客户数突破5亿户，其中网上银行客户超过2亿户，手机银行客户达1.7亿户；电子银行交易额达到560万亿元，是2010年的2.2倍。农、中、建三家银行的企业网银客户数分别达到377万户、285万户和402万户，分别是2010年末的4.8倍、6.8倍和4.3倍；个人网银客户数分别达到1.5亿户、1.2亿户和2亿户，分别是2010年末的3.7倍、4.9倍和3.7倍。农、中、建三家银行的企业网银交易量分别达到100万亿元、129万亿元和177万亿元,分别是2010年末的2.9倍、3.2倍和3.2倍;个人网银交易量分别达到84万亿元、19万亿元和44万亿元,分别是2010年末的2.2倍、4.9倍和5.1倍。

(五)扩张方式"求全"

从自设到合资,从接受战略投资、开展战略合作,到对外股权投资直至兼并收购,扩张步伐显著加快。2010—2015年,五家大型银行共完成了12个对外股权投资或并购项目,累计出资约40亿美元(见表4-9)。

表4-9 近年来大型银行完成对外收购项目概览 单位:亿美元,%

完成时间	出资方	入股/收购对象	出资	购股比例
2010年	中国工商银行	加拿大东亚银行	0.7	70.0
	中国工商银行	泰国ACL银行	5.5	97.2
	中国工商银行	富通北美证券清算部门	0.0	
2011年	中国建设银行	太平洋安泰保险	1.5	50.0
2012年	中国工商银行	美国东亚银行	1.4	80.0
	中国工商银行	阿根廷标准银行	6.5	80.0
	中国工商银行	金盛人寿保险有限公司	1.8	60.0
	中国建设银行	建信金融租赁有限公司	1.8	24.9
2014年	中国建设银行	巴西BIC银行	7.1	72.0
2015年	中国工商银行	标准银行公众有限公司	7.7	60.0
	中国工商银行	土耳其Tekstilbank	3.4	92.8
	中国银行	中航三星人寿保险有限公司	2.0	51.0

资料来源:银行公告、公开信息,作者估算。

二、"鼯鼠情结"的潜在危害

中国银行业正在迎来转型发展的转折点。以大型银行为例,2015年度净利润平均增速已从上市以来百分之二三十的高点降至1%以下的最低点,2016年可能迎来业绩增速的拐点。在资本、资源有限的情况下,各银行有必要重检求多求全的发展模式,特别是要认清以下五大潜在问题的苗头及危害。

(一)业务求全但不强大,投入产出效率不高,损害股东价值

业务求全的一个潜在问题是分散资源与精力,难以做到各方面都精、都强。例如,大型银行向多元化金融领域拓展时间已有二三十年时间,但与国际领先同业比,竞争力还有待提高。尤其是在投资银行一些核心业务领域,尚没有一家中资银行进入全球前十强(见表4–10)。与国内市场领先者相比,大型银行的多元化子公司在服务覆盖面、产品研发能力以及服务水平等方面也存在一定差距。有的大型银行习惯以传统商业银行思维管理多元化子公司,对子公司的管控多于投入。有的子公司自身发展动力或能力不足,规模小、成长慢、竞争力弱的局面难以打开。

表 4–10　　　　2015 年全球投行主要业务排名

排名	证券承销	债券承销	并购财务顾问
1	高盛	摩根大通	高盛
2	摩根士丹利	美国银行	摩根士丹利
3	摩根大通	巴克莱银行	摩根大通
4	瑞士银行	花旗银行	美国银行
5	花旗银行	高盛	瑞士信贷
6	美国银行	摩根士丹利	花旗银行
7	瑞士信贷	汇丰银行	Lazard Ltd
8	德意志银行	富国银行	巴克莱银行
9	巴克莱银行	德意志银行	德意志银行
10	加拿大皇家银行	多伦多道明证券	瑞士银行

资料来源:Bloomberg。

从投资回报角度看,除了基金类子公司外,大型银行多数多元化子公司的股本回报率、资产回报率低于集团总体水平。以各行披露的2015年底数据为例,工、农、中、建四大行18家非基金类子公司中的16家ROE低于集团水平、9家ROA低于集团水平(见图4–9)。如果子公司ROE持续得不到改善,势必

拉低集团财务回报率，损害股东价值。在集团内部，银行、证券和保险业务之间的风险有时很难彻底隔绝，"烙饼卷手指头，自己吃自己"的现象并不鲜见，造成风险的内部传染和风险成本的叠加。当经济下行，商业银行业务的利润增速一般会落后于资产增长速度，而投资银行等非商业银行业务回报通常波幅较大，可能进一步压低集团股本回报效率，假以时日，银行将不得不处置资产、剥离非核心业务。

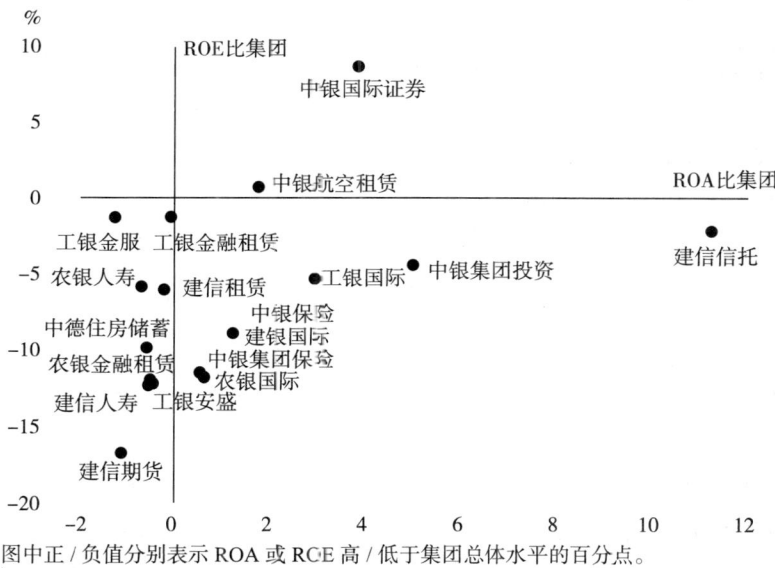

注：图中正/负值分别表示ROA或RCE高/低于集团总体水平的百分点。
资料来源：Wind，各行年报，作者计算，下同。

图4-9　多元化子公司RCA、ROE与集团水平的比较（2015年）

（二）客户求全但不精准，规模效应和协同效用不高

笼而统之地扩大客户规模并不一定带来边际效益的增加。"二八定律"表明，往往总是少数的客户带来绝大部分的业务，而其他大部分的客户产出偏低，由于维护成本或信贷违约率偏高等原因，有些客户甚至带来负利润。

与国内同业比，大型银行在某些业务领域的客户选择精准度不高，客户获取能力和服务竞争力有待提高，例如，在私人银行业务领域，大型银行尽管占尽网点数量和客户数量优势，但各行的私人银行客户资产规模全体落后于客

户数量相对较少的招商银行（见表4-11）。银行为扩大客户基础以及提供全面服务所做的种种投入，如果面广量大地被"次级"客户占用，则很难实现长期盈亏平衡，而且，"次级"客户规模扩得越大，给银行带来的损害越大。尽管互联网金融为银行掘金长尾客户提供了新的选择，但如果客户回报不足以覆盖前期投入和相关成本，也将难以实现规模效应。

表4-11　　　　　2015年末私人银行业务统计　　　单位：亿元，万人

银行名称	资产管理规模	客户数	户均资产
中国工商银行	10600	6.2	1699
中国农业银行	8077	6.9	1171
中国银行	8100	8.7	936
交通银行	4073	3.0	1358
招商银行	12521	4.9	2555
总计	43371	29.7	1461

资料来源：作者整理。

抢抓同业的现有客户往往付出的代价更高。为吸引同业客户，最常见、最简单的办法是降低贷款利率、提高存款利率，以量的扩展弥补价差的收窄。然而，如果长此以往，一旦形成路径依赖，往往会造成净息差持续走低。如果综合回报不能覆盖潜在风险或成本，特别是在接盘其他银行"甩出"的次优客户后，不仅难以取得预期的规模效应，还可能遭受巨大的潜在损失。随着中国利率市场化改革的全面推开，大型银行的净息差开始全面下滑，在不良贷款率上升的背景下，净息差与不良贷款率之间的差距日益缩小，2015年底仅有0.5~0.8个百分点，个别银行的这一差额甚至已接近于零（见图4-10）。大型银行的拨备覆盖率持续下降，已接近甚至暂时低于150%的监管红线，如果资产质量进一步恶化而非利息等收入增长乏力，在维持较高拨备覆盖率的情况下，很可能出现盈利的负增长。

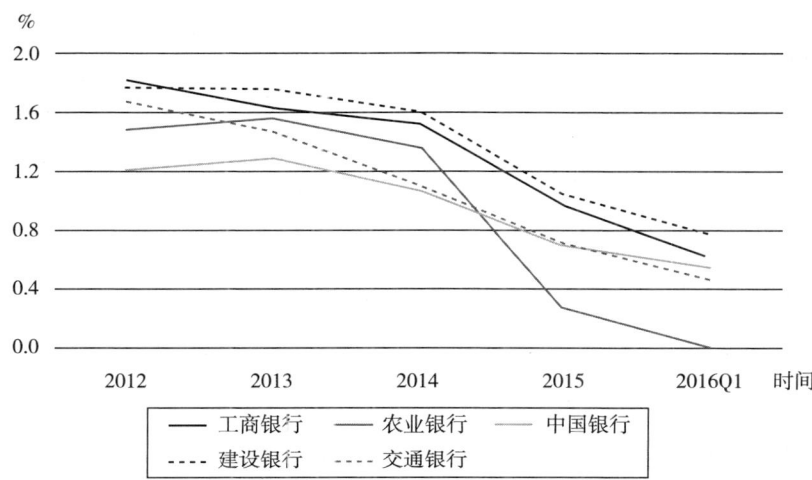

资料来源：作者整理。

图 4-10　大型银行的净息差与不良率的差额

为客户提供"一站式服务"知易行难。由于商业银行与投行、保险、基金等的行业文化、发展重点和人员薪酬差异大，集团内部合作的成本和壁垒有时甚至会超过与同业的合作，多头营销、内部争利、重复授信的情况并不少见，协同效应很难发挥。如果集团内部没有强大的协同文化、精准的管理信息技术、一体化的快速响应机制和合理的利益分配机制作支撑，"一站式服务"将很难落实到位。大型银行的公司客户、个人客户所使用的产品种类一般不超过3个，多元化金融产品的交叉销售远未普及。

（三）地域求全但不审慎，风险集中化、同步化，分散难度大

近年来，国内各省（区、市）的经济环境发生了较大变化，区域不良贷款率变动呈现出先分化、后趋同的态势。自2011年起，东部地区不良率持续上升，由全国不良率的最低区域变为最高区域，而从2013年起，不良贷款从东部向中西部等地区蔓延，各区域不良率同步上升（见图4-11），呈现从单一产业向相关产业蔓延、从产业链的某个环节向全产业链蔓延的态势，区域风险、行业风险集中爆发，分散难度大。

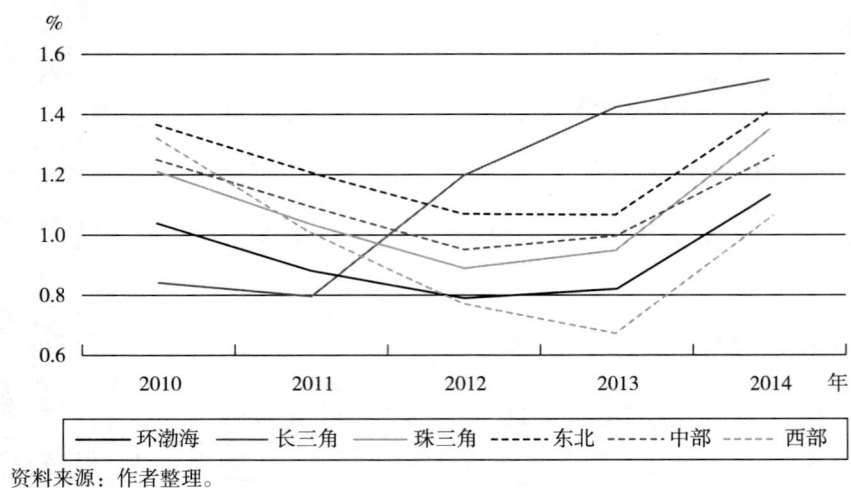

资料来源：作者整理。

图 4-11　中国各区域不良率

新的外部环境给银行信贷业务的区域布局带来了巨大挑战。如果银行信贷资源配置失衡，风险政策的调整不够审慎或前瞻性不足，势必造成某个或某几个区域不良率的集中上升、同步上升。例如，中国建设银行在长三角地区的贷款不良率相对偏高，2011年起不良率由1.31%升至2.5%；而在中、西部地区，2013年起中国农业银行的不良率上升幅度较高，不良率已分别接近2.5%和3.5%。

从海外看，尽管目前大型银行的海外贷款不良率总体低于境内水平，但不良率单年上升0.5个百分点以上的情况并不鲜见（见图4-12），制约了海外业务的稳步发展。就国别风险而言，发达经济体和新兴经济体的发展日益分化，地缘政治风险此起彼伏，市场风险的波动和转移特征日益明显，国与国之间宏观政策的互溢效应日益加强，很难有谁在国际金融危机中独善其身，即使是小范围、局部性的金融危机，在"蝴蝶效应""羊群效应""黑天鹅事件"的作用下，也可能扩大为区域性、系统性金融风险，加之国际监管趋严趋紧，大额罚单已成为常态，国别风险的分散化难度预计越来越大。

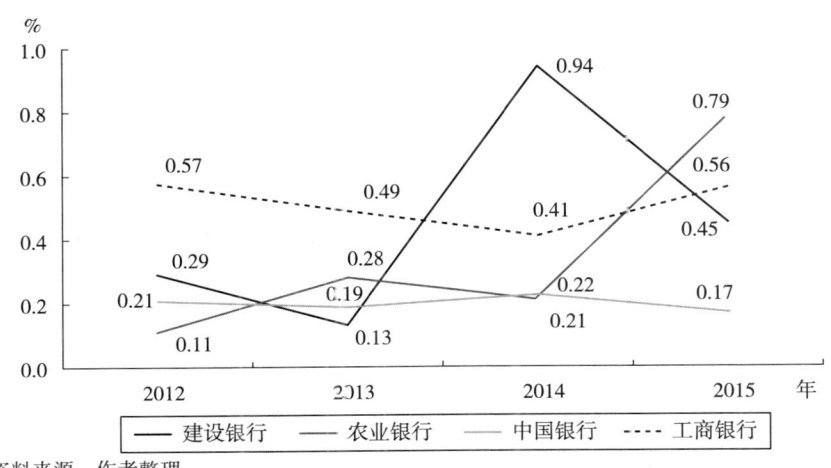

资料来源：作者整理。

图 4-12 四大行境外贷款不良率

（四）渠道求全但不高效，资源投入产出比下降，瓶颈有待突破

大型银行各类渠道的快速扩张并没有带来网点效率的革命性提升。2015年末，农、中、建等大型银行的自助设备总量约是2010年末的2倍以上，企业网银、个人网银的客户数及交易量约为2010年末的3倍以上，但网均存款、贷款及净利润仅分别比2010年末提高了约43%、65%和63%。

与国内领先同业比，大型银行的渠道效率仍然偏低。仍以招商银行为例，2015年末，该行的网均净利润[①]达3379万元，约为交通银行的1.6倍，中国工商银行、中国银行、中国建设银行的2倍，中国农业银行的4.4倍，网均存款、贷款也大幅领先五家大型银行。据测算，在招商银行网点，配备一台自动柜员机的门槛大致为客户个人活期存款余额达到6683万元，这一门槛值约是中国工商银行的2倍，交通银行的3倍（见图4-13）。招商银行渠道效率较高还体现在其吸收并留住低成本存款的效能上，在该行的个人存款中，活期存款的比重已由2010年末的59%提升至2015年末的69%，远高于大型银行40%~50%的水平。

大型银行渠道投入产出的效率有待重检。五年来，随着各大型银行对网点硬件设施和智能化设备投入的加大，银行柜面业务向电子渠道的迁移率已

---

① 网均净利润 = 各行集团净利润 / 海内外机构总数（交通银行为营业网点数，下同）。

由55%左右快速提高到90%左右（见图4-14），网络银行的客户数和交易量也快速上升，但多数大型银行的基层网点数量、网点面积和柜员人数并没有因此明显下降，长此以往，固定成本势必居高不下。同时，大型银行年龄51岁及以上的员工比重逐步上升，员工老龄化加速，将导致渠道成本的刚性上升。近年来，各大银行新增固定资产对新增净利润的拉动作用逐年下降（见图4-15），人均净利润的增速也逐年下滑、趋近于零（见图4-16）。

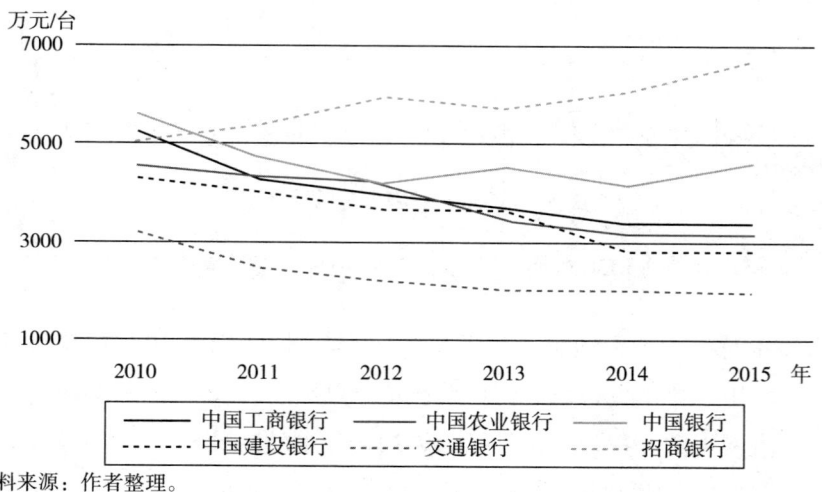

资料来源：作者整理。

图4-13　每台自动柜员机所覆盖的个人活期存款

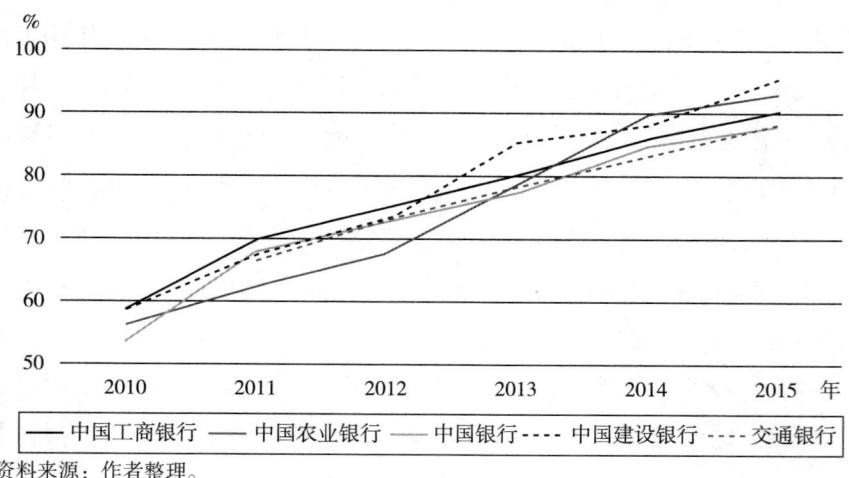

资料来源：作者整理。

图4-14　电子渠道业务迁移率

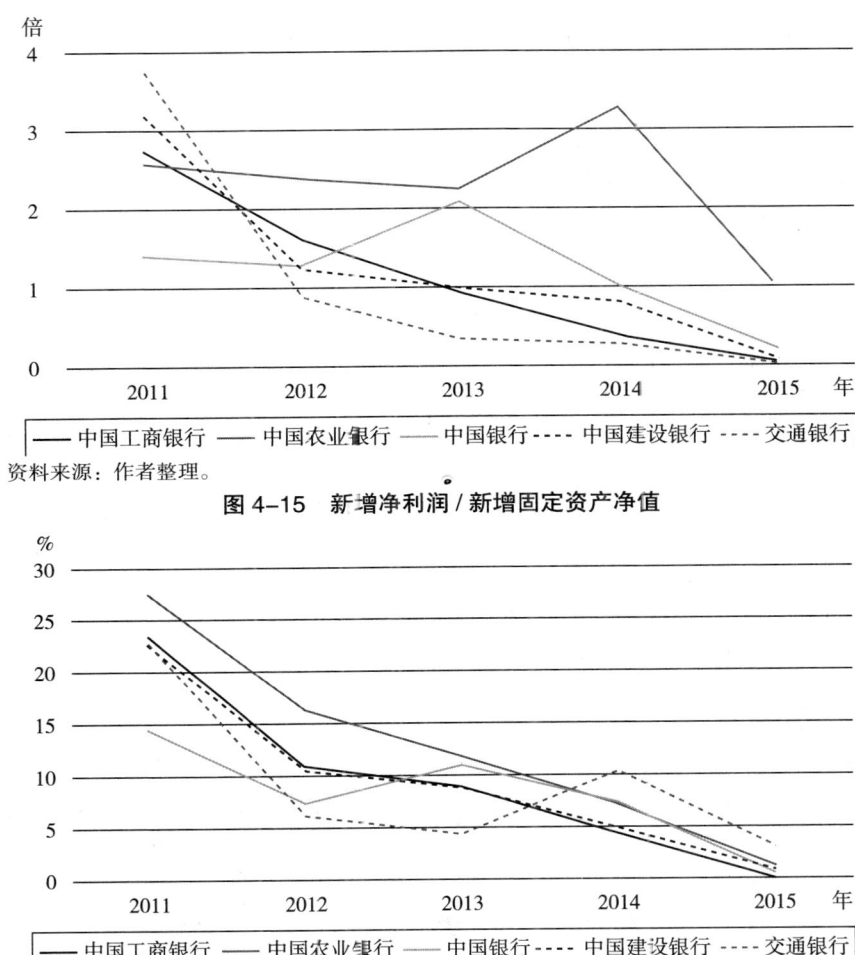

图 4-15 新增净利润/新增固定资产净值

图 4-16 人均净利润增速

（五）扩张方式求全但不甚稳健，蓝海或变"鸡肋"

大型银行已经开始全面运用自设和并购的方式推进海外扩张，但须防范布局雷同、步伐过快和资产利润率偏低等问题。

2015年末，大型银行已经在全球58个国家和地区设有机构或注册法人机构，但多年来海外布局路径基本雷同，即先在港澳设点，再在欧美发达国家国际金融中心布局，然后向其他新兴市场扩展。目前，几家大行在亚太和欧洲等地区主要经济体的布局高度重合（见图4-17），呈现梯次进入、扎堆布局、同质化竞争的现象。

亚太地区	中	工	建	农	交	欧洲地区	中	工	建	农	交	美洲地区	中	工	建	农	交
中国香港	√	√	√	√	√	德国	√	√	√	√	√	美国	√	√	√	√	√
中国澳门	√	√	*		√	英国	√	√	√		√	加拿大	√	√	*	*	*
中国台湾	√		*	*	√	法国	√	√	*			巴西	√	*			
日本	√	√	√		√	卢森堡	√	√	*	*	*	开曼					
韩国	√	√	√		√	意大利	√	√	*			巴拿马	√				
新加坡	√	√	√		√	爱尔兰		√				墨西哥				*	
越南	√	√	√	*	√	荷兰		√				阿根廷	√				*
印度尼西亚	√	√				比利时	√	√				秘鲁				*	
泰国	√	√				瑞士			*			智利	√			*	
马来西亚	√					葡萄牙	*	√				维尔京群岛		√			
柬埔寨	√	*				西班牙		*	*			中东及非洲地区					
缅甸	*	*				瑞典	*						中	工	建	农	交
老挝	*	*				奥地利	*					阿联酋	√	√	*	*	
菲律宾	√					匈牙利	√					土耳其	*	*			
蒙古国	*					俄罗斯	√	√	√	*		巴林	√				
哈萨克斯坦	√	√				波兰	*	*				沙特阿拉伯		*			
巴基斯坦		√				捷克	*					科威特					
印度		*										卡塔尔		√			
澳大利亚	√	√	√	√	√							南非	√	√	√		
新西兰	*	*										赞比亚	√				
												肯尼亚	*				
												安哥拉	*				
												摩洛哥	*				

注：根据各行年报及公开信息整理。*表示2011—2015年新设。
资料来源：作者整理。

图4-17 大型银行海外布局一览（2015年底）

大型银行在海外的扎堆式扩张和同质化竞争使得各行海外资产的利润率

连年低于集团总体水平（见图4-18），其中，个别银行2015年末海外资产利润率比集团低1个百分点以上。

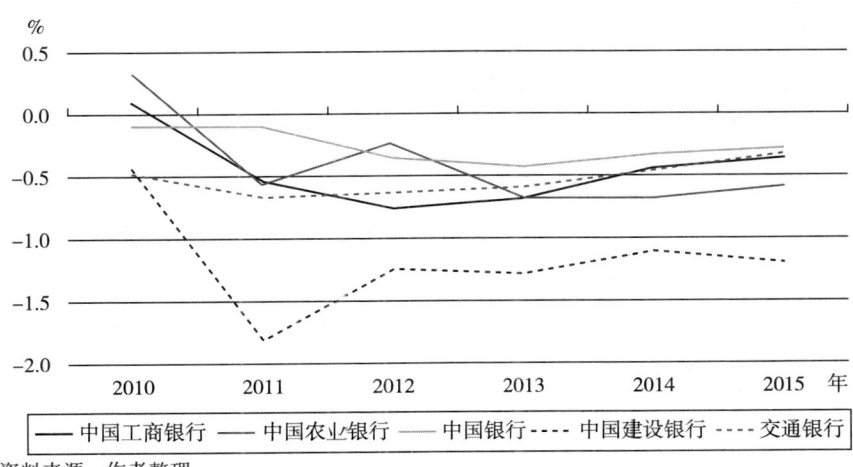

图4-18 境外资产利润率与集团资产利润率之差

短期内大规模海外扩张的代价是放弃国内其他发展机遇和相对更高的资产回报率，存在一定的机会成本——在其他条件不变的情况下，如果2010年以来各行的海外资产利润率能与集团水平持平，各大型银行每年大致可以增加20亿元到100亿元人民币的税前利润（见表4-12）。目前，大型银行的海外资产占集团的比重多低于11%，海外发展总体处于战略投入期，资产收益率的提高有个过程，这一点尚可理解；但长期看，海外资产的收益率需与集团水平保持大致平衡，否则回报率持续走低的海外业务将可能成为"鸡肋"，食之无味、弃之可惜，进退两难。

表4-12　　　　　　　　　　　资产布局海外的机会成本　　　　　　　　单位：亿元

银行名称	2010年	2011年	2012年	2013年	2014年	2015年	合计	年均
中国工商银行	-6	50	94	110	83	87	418	70
中国农业银行	-3	9	6	28	40	45	126	21
中国银行	22	28	110	162	148	134	604	101
中国建设银行	12	80	64	94	103	137	490	82
交通银行	12	22	24	31	27	21	137	23

注：机会成本＝当年海外资产余额×（集团资产利润率－海外资产利润率）。
资料来源：作者整理。

在海外市场的"蓝海"里游泳，大型银行还需打造独特的竞争优势、夯实稳健经营和专业化运作的基础。长期以来，中国大型银行在欧美发达市场并没有进入当地主流银行之列，在亚太等新兴市场很少位居东道国外资银行前列，在港澳以外的国际零售银行领域基本没有形成规模化的发展，这表明大型银行在海外发展尚处在初级阶段，海外竞争优势尚不突出，还需要作出长期的艰苦努力。在国际政治经济形势不稳定、各国监管政策趋紧、大额监管罚单不断的背景下，过于分散的全球布局或过快的扩张速度很可能会超越集团管理幅度和风险管控能力的极限，稍有不慎，不良、案件、违规、丑闻在所难免。从国际经验看，通过并购加速业务扩张，即使是花旗、汇丰等老牌百年大型银行也曾经呛过水、吃过大亏，中国大型银行需引以为戒，避免重蹈覆辙。

三、破解"鼯鼠情结"需过三关

经历了股改上市以来的大发展和金融危机的考验，中国银行业已经是全球银行业的"巨人"，业务全、规模大、业绩优，但目前也面临着资产质量、风险内控、长期可持续发展等近忧远虑的困扰。依托中国全球领先的经济体量和中高速增长潜力，以及不断深化的改革开放进程，银行完全有条件进一步转型升级，关键是要过好以下三关，实现由"更大更全"向"更强更专"的转变。

（一）经营哲学关：回归"客户第一"

客户是银行的生命线，也是同业竞争的焦点。金融的本质是服务，银行服务实体经济的落脚点在于客户，没有一定规模的客户数量作支撑，银行发展将是无源之水，无本之木。无论是银行与银行之间的竞争，还是与非银行金融机构或互联网金融企业的竞争，归根结底是客户之争，谁能获得客户的信赖，谁就能获得未来。我国大型银行均以建设"国际一流银行""最好的银行"为目标，必然需要拥有国际一流的客户基础和服务水准。

坚持客户第一，是破解各种矛盾关系的重要途径。从利益相关者视角看，银行需要妥善处理好与国家、社会、股东、客户、员工、监管机构等各类主体的关系，否则可能面临进退两难的困境：大型银行是国家宏观调控的重点对象，信贷扩张过猛则有通胀之忧，惜贷又恐实体经济不济，还可能担上"融资难"的责任；利率市场化本是改革要义，有利于提高金融资源配置效率，但银行一不小心就可能被指责"融资贵"；银行盈利好则可能被认为与实体经济争利，而利润增速下滑则"崩溃论"盛行。银行股东和投资者希望提高息差以增加盈利、进而提高股价，而贷款人则希望银行降低融资利率与费率以节省财务成本，存款人则希望银行提高存款利率以增加财富收入；员工希望银行提供更好的工作环境和收入水平，而股东和投资者则要求尽可能压缩任何不必要的成本；银行理论上可以裁撤机构和人员以提高成本效率，但潜在的就业和社会问题又让人望而却步。破解这些症结的关键，在于银行不被杂音所扰，从生存和发展的生命线出发，围绕客户需求不断改革创新和内部挖潜，以更加安全、便捷、高效、定价合理和人性化的服务来赢得客户，只有赢利取之有道，才能打消各类利益相关者的疑虑。

国际百年大型银行的经验和教训表明，只有长期坚持客户第一，才能从优秀走向卓越，并没有捷径可言。具有164年历史的富国银行，长期奉行"满足客户的所有金融需求，并帮助他们取得财务上的成功"的愿景理念，从一家小小的社区银行逐步成长为美国第四大银行，2015年被英国《银行家》杂志评为全球最佳银行，最近三年年末市值连续列全球银行业第一。具有204年历史的花旗银行，经历了2008年国际金融危机的生死考验，将集团使命更新为"致力于提供简单、创新及负责任的金融解决方案，为客户创造最佳效益"，经过重组很快恢复活力，2013年被英国《银行家》杂志评为全球最佳银行。具有289年历史的苏格兰皇家银行从国际金融危机中深刻反省，摒弃了以短期股东利益为导向的全球扩张战略，经营宗旨回归"为客户提供优质服务"。具有326年历史的巴克莱银行，国际金融危机后的经营宗旨逐步由股东利益导向转向服务客户、促进经济发展导向，2012年，在总结LIBOR操纵案等教训的基础上，经营宗旨进一步调整为"以正确的方式帮助客户实现梦想"。

衡量大型银行是否坚持"客户第一"，关键看有没有机制保障和自觉行动。例如,银行的重大决策是否首先考虑到了客户利益,为客户服务的理念是否融入了每一位员工的日常行为,每一项业务流程的设计、每一项产品和服务的提供是否都从客户的实际需求出发、充分考虑客户的感受,将客户的每一份托付负责到底。客户的口碑、忠诚度和钱包份额是检验"客户第一"成效的标志。

(二)客户选择关:厘清战略边界

坚持客户第一,并不意味着大型银行应无原则地满足所有客户的所有金融服务需求。每家银行选择客户都应有明确的战略边界,形成符合自身独特竞争优势的核心客户群体,这些客户群体是银行的主要盈利来源,是值得银行投入绝大部分资源与精力去维护、发展的对象。

1. 法律合规边界。遵守国际国内法律和监管规定,远离那些企图借助银行渠道从事洗钱、偷逃税款、金融犯罪甚至恐怖主义融资的客户,是所有银行把好客户准入关的基本要求,同时也是银行合规经营的底线要求。放松客户准入,甚至纵容、协助、参与客户非法金融活动必将付出惨痛代价。例如,近年来一些国际大型银行因涉嫌参与客户洗钱、海外逃税、欺诈活动以及违反国际制裁规定等合计被罚100亿美元以上,有些大型银行的海外机构甚至被迫关闭。

2. 商业可持续边界。安全性、流动性和盈利性是银行可持续发展的根基,银行所选择的核心客户群体,应满足"三性"的最起码要求,至少做到盈亏平衡。商业银行在定义核心客户群体时,应把那些可能不符合"三性"要求的客户排除在相关业务之外。如果违反"三性"要求,例如选择了缺乏诚信的客户或潜在违约率较高的客户,除了危及银行信贷资金的安全、造成盈利损失外,在特殊时期还可能造成挤兑,引发流动性危机。例如,美国次贷危机前,很多金融机构曾着力拓展低收入客户群体,向他们推销并不符合其自身经济条件的住房按揭贷款,结果随着房地产市场衰退,这些客户的违约率大幅上升,引起了多米诺骨牌效应,导致了金融机构大面积的损失甚至破产。

3. 资源配置效率边界。与政策性银行及开发性金融机构不同,商业银行有更高的盈利性要求，仅仅保持盈亏平衡是不够的。在资源有限的情况下，银行需要将优势资源向那些风险适度、回报率更高的客户群体倾斜。银行有必要在集团层面明确界定机构客户、公司客户与个人客户发展的战略优先级，在此基础上，进一步界定好不同类型客户、不同地区资源配置的标准和投入方案。对于市场有前景、投入产出效率高于集团水平甚至领先同业的客户群和海内外机构，应考虑追加投入以及通过并购做强做大；反之，则应考虑减少投入或进行必要的业务重组。国际金融危机后，汇丰、花旗、苏格兰皇家银行等大型银行重新制定了全球资源配置标准，进行了全面的业务重组，收缩了高风险、低回报的海内外业务，经过"瘦身"，盈利逐步回到正轨。

4. 竞争能力边界。资源配置的效率边界并非一成不变，关键取决于银行的竞争能力是否强于同业。市场机遇对于多数银行是公平的，抓住市场先机固然可以取得先发优势，但是如果没有着力培育出超越同业的独特优势，则很可能"起个早身，赶个晚集"，被后发者赶超。银行的独特优势，可以源于传统特色的传承，也可以源于创新探索，只有客观评估好自身优劣势，才能把握好进退尺度，做到行稳致远。例如，富国银行坚守美国本土业务、传统业务优势，没有盲目发展海外业务，也没有跟风发展次贷相关的高风险业务，在美国次贷危机中所受的冲击最小；桑坦德银行则坚持走国际化路线，逐步构建了海外零售银行业务优势，海外业务贡献了约90%的集团利润，尽管西班牙本土爆发金融危机，但对该行并没有造成致命冲击。

5. 社会责任边界。大型银行作为国家控股的商业银行，应有别于西方一些纯粹以营利为目的的私有银行，特别是大型银行在成立之初就具备全国性的特许机构网络，应该义不容辞地服务好普通老百姓和满足广大小微企业的基本金融需求，如存款、结算、银行卡等，将普惠金融落到实处。事实上，通过借助现代科技手段以及服务模式的创新，普通大众业务也是可以实现可持续发展的，例如中国银行的村镇银行业务。

在银行选择客户的同时，客户也在选择银行。为提高识别、获取、保留核心客户的效率，银行应建立全集团一致的核心客户筛选标准和流程，以核心客户为主线来重塑组织架构和业务流程，根据核心客户的数量、地区分布、金融服务需求及未来盈利潜能来评估银行专业人才、业务品种、机构布局、线上线下渠道安排、多元化子公司等资源配置的必要性和充分性，并作出相应调整。同时，要建立起集团共享的客户视图，优化客户关系管理和核算系统，使得核心客户在全球任何时间、地点、渠道提出的服务需求都能够得到集团一体化的高效服务响应，提高核心客户的满意度和忠诚度。

（三）专业能力关：坚守生存与繁荣的根本

专业主义是银行做优做精继而做强做大的必然选择，工匠精神是银行在应对高竞争压力、低增长、低回报环境下的生存之道。对多数中资银行而言，以下三大能力将决定未来5~10年的转型成败。

1. 战略评估能力。在复杂多变的环境下，银行既要保持战略定力，避免发展路线的摇摆不定，又要具备一定的战略弹性，包括捕捉新的战略机遇，退出、处置非核心业务和机构等。确保银行制定出科学的、能够历经时间检验的集团战略是公司治理的重要课题，也是董事会的重要职责。为避免战略失误，董事会需要完善战略设计框架和评估论证流程，基于严密的商业逻辑和善意的质疑流程进行战略决策，摒弃华而不实的口号和纯粹的数字规划游戏。

在银行内部，如要构建强大的战略评估能力，则必须夯实全行一体化的综合研究体系，着力打造一支既懂宏观环境和银行经营，又经过战略咨询技术训练的高端专业人才队伍，以帮助银行发现看不见的新大陆，识别那些可能令人夜不能寐的潜在危机，适时提出应对策略。例如，为服务全球战略，汇丰集团、德意志银行、三井住友金融集团等在全球设立了上百人甚至千人以上的研究部门或子公司，除从事宏观经济研究、战略与政策咨询外，有的还提供新业务孵化、信息系统整合等衍生服务。

2. 战略执行能力。一个大师级的战略，如果没有得到很好的执行，其效果还不如一个得到完美执行的普通战略。战略执行的核心在于把握好"守成"与"创新"的平衡，守成有余而创新不足会导致发展停滞，而冒险创新、忽视根基则可能得不偿失，两者均可能造成巨大风险。对于银行各级管理者而言，"守成"的重点在于日常经营的例外管理，以及应对传统业务的新矛盾，如净息差的收窄和不良贷款的高企等;"创新"的重点在于孵化新的战略业务单元(如新设业务实体或并购)、抢抓未来的重大业务机遇(如互联网金融)、推进重大运营改革(如信息科技体系重构)等。

衡量"守成"与"创新"成功与否的重要标志是最终财务成果,任何缺乏财务说服力的措施建议都可能沦为文字游戏。解决这一问题行之有效的办法是战略项目制,即区分战略业务与日常业务,只有满足一定准入门槛的战略议题才能进入管理层视野;战略项目一般为期数年,滚动推进,直到转为日常业务为止;每个项目须具备完备的业务方案(Business Case),明确运作模式和财务指标承诺,项目执行结果与有关人员绩效挂钩;集团层面建立战略项目的定期跟踪、报告、评估和问题解决机制。20世纪90年代后期,苏格兰皇家银行在全球银行业迅速崛起,就是凭借其卓越的战略项目管理机制。当然,战略执行能力必须以正确的战略方向为前提,如果此前的战略评估失误,战略执行能力越强,反作用则更强,苏格兰皇家银行的大规模全球扩张止步于2008年国际金融危机即是明证。

3. 业务模式锻造能力。正确的发展战略、高效的战略执行框架犹如人的头脑与骨架,决定了一家银行的发展格局,而业务模式则犹如人的血肉,是一家银行竞争力的内在体现。只有具备强健的肌肉、畅行的血脉和灵敏的器官机能,银行才能在任何经济周期中立于不败之地。锻造银行的业务模式必须从客户需求出发,通过积极倾听"客户之声"、开展市场调研和同业标杆对比,来前瞻性地研发金融服务方法和模式,主动引导客户的需求。

卓越的业务模式不仅能够改写行业游戏规则,甚至能够改变游戏本身,其落脚点在于为核心客户提供一体化服务解决方案和"一点接入,全行响应"的服务体验。业务模式的设计,必须全方位考虑客户价值主张、产品组合、渠道营销、架构流程、IT支持、财务平衡、风险内控、人员配置和考核机制等方方面面的内容,贯穿客户在不同时间、不同渠道与银行的所有接触点,穿透银行的前中后台相关流程节点,其核心是以比同业更快的速度、更稳定的服务质量来满足核心客户的潜在需求,提升核心客户的忠诚度。业务模式的优化永无止境,除了对标优秀同业、积极引进行之有效的管理技术或工具外,更需要各级员工发挥自力更生、团结协作、长期艰苦奋斗的精神,将追求卓越、精益求精的文化融入工作细节中。例如,2006年8月,富国银行开始实施"一体化的富国银行"(One Wells Fargo)转型计划,核心是促进银行80多种业务之间的无缝衔接,力求"每次与客户接触,就能够一次性地建立终生合作关系"。该计划的实施历时1500天,客户流失率显著下降,客户满意度大幅提高,银行业绩明显提升,成就了富国银行"交叉销售之王"的美誉。

中国银行业的转型升级,不在于知的先后,而在于行的快慢,归根结底在于优秀人才的竞争。事实上,借鉴鼯鼠的滑翔飞行原理,极具创造力和开拓精神的人类已经研发出了高科技的"翼装飞行"(Wingsuit Flying)运动。穿上特定的套装设备,运动员可以以200千米时速纵横于千米高空,远远突破人体自身条件的束缚。尽早破除鼯鼠情结,回归"客户第一",把握好转型边界,着力提升专业能力,中国银行业必将进入一个全新的时代。

完善我国银行业布局顶层设计，打造"一带一路"金融大动脉

2013年，习近平总书记提出"一带一路"倡议。五年来，"一带一路"建设成果斐然，"朋友圈"不断扩大，一系列重大项目落地开花。"一带一路"为中国银行业的发展创造了新机遇，而打造"一带一路"金融大动脉是实现"一带一路"建设目标的重要保障。当前，我国银行业布局"一带一路"已经取得了长足进步，为支持"一带一路"建设作出了突出贡献，但也存在一些问题。为了更好地支持"一带一路"建设的可持续发展，应进一步完善我国银行业布局顶层设计。

一、我国银行业布局"一带一路"具有客观必然性

"一带一路"建设需要我国银行业的参与，同时我国银行业也有着深入参与的强烈愿望。

（一）"一带一路"建设需要银行布局

1. 满足大规模融资需求。基础设施互联互通是"一带一路"建设的优先领域，这些跨境项目的资金需求量十分巨大。据估计，未来几年，仅亚洲基础设施投资每年就可达8000亿美元。此外，在贸易发展上，预计到2025年，中国

与"一带一路"沿线国家的年贸易额将突破2.5万亿美元,相关的资金支持尤为重要。但是"一带一路"沿线多是发展中国家,资金正是制约它们发展的重大障碍。传统的多边机构,如亚洲开发银行、世界银行、国际货币基金组织等,无论出于机构设立的目的、宗旨及对象的考虑,还是基于资本金对其出资能力的限制,也不可能提供如此巨额的资金。虽然一些资金投资平台陆续成立,比如丝路基金、亚洲基础设施投资银行、上合组织开发银行和金砖国家新开发银行等,但是相对于"一带一路"沿线巨大的融资需求而言仍存在较大的缺口,需要各类金融机构尤其是商业银行的全面参与。

表 4-13 "一带一路"相关四大投资机构

名称	性质	投向	定位	资金投入
丝路基金	主权投资基金	"一带一路"沿线国家、地区	基础设施、资源开发、产业合作和金融合作等	总规模400亿美元,首期资本金100亿美元
亚洲基础设施投资银行	区域多边金融开发机构	签署《筹建亚投行备忘录》各成员国	基础设施建设	法定资本1000亿美元
金砖国家新开发银行	区域多边金融开发机构	金砖国家	基础设施建设	初始资本1000亿美元
上合组织开发银行	区域多边金融开发机构	上合组织成员	能源、交通和现代信息技术领域示范性项目	筹建中

资料来源:作者整理。

2. 提高金融效率。相对于其他资金平台,商业银行具有市场化程度高、业务范围广的特点,能够有效提高金融效率。一是"一带一路"建设涵盖政府、企业、个人等多个层次以及投资、消费等多个领域,金融需求多元化特点突出,政策性金融机构难以承担这些服务;二是引入银行等商业资金,可以提高融资项目的透明度以及市场化运作水平,有利于提高整体资金使用效率以及吸引更多的后续资金进入;三是商业银行经营网络的布局,有助于提供全天候和全方位的服务,切实了解和满足客户的金融需求。

(二)我国银行转型发展需要依托"一带一路"

1. 国际化已经成为国内大型银行转型的重点战略。在中国进入新常态的背景下，各大银行在国内市场的发展增速放缓，且竞争日益激烈，而国家"走出去"进程提速为国际化打好了基础。此外，人民币汇率已经进入相对均衡状态，未来出现大幅升值的可能性较小，有效缓解一直以来困扰国际化发展的外币资产、收入贬值问题。因此，国际化已经成为当前国内大型银行转型的重点战略，比如中国银行一直坚持国际化的经营特色，中国工商银行将国际化作为经营转型的"亮点"，中国建设银行明确提出将实现全球主要目标市场布局定为2015年的首要任务，交通银行明确将国际化作为"两化一行"战略重要组成部分。

2. "一带一路"是国际化战略的突破口。这主要有四方面的原因：一是发展"一带一路"业务符合我国的国家战略，有利于银行分享政策红利；二是"一带一路"发展潜力较大，多数沿线国家处于工业化的快速发展阶段，金融需求巨大；三是"一带一路"处于中国周边，在文化以及经济联系上较为紧密，发展业务成本相对较低；四是我国银行业的金融产品和服务更适合现阶段"一带一路"的金融需求，且欧美发达国家金融业涉足相对较少，竞争环境有利。

二、我国银行业布局"一带一路"仍处于发展阶段

目前，我国银行业国际化程度不高。截至2017年底，大型银行境外机构覆盖的国家和地区仅60个左右，境外资产、收入和税前利润贡献度仅为10%左右。我国银行业长期以来坚持优先布局国际金融中心和发达经济体的国际化发展思路，在"一带一路"区域发展更为滞后，主要体现为以下两个方面：第一，广度不够。截至2017年末，已有10家中资银行在26个"一带一路"国家设立了68家一级分支机构，对"一带一路"沿线64个国家的覆盖率不到一半，而且部分地区还属于近两年新设或处于代表处的状态。第二，深度不够。除了东南亚少数国家以外，我国银行业在其他大部分"一带一路"沿线国家基本上就1~2个经营性网点，员工数量相对较少，客户基础和市场影响力也相对较差。

因此，我国银行业在"一带一路"区域的发展仍处于网点布局和市场耕

耘阶段，对于优质客户、网点（包括并购对象）和人才的需求相对集中，潜在竞争比较激烈，需要协调发展。但是从目前来看，我国银行业发展"一带一路"业务存在明显的四个趋同，不利于行业可持续发展。

（一）战略趋同，难以形成核心竞争力

我国大型银行普遍提出建立商业银行为核心的综合化、国际化金融集团的目标，将国际化作为重要发展方向之一，但在战略定位上并不清晰：一是基本上是"大而全"的战略，均提出将中资企业"走出去"、跨境人民币业务、贸易融资作为重点业务；二是国际化在集团发展中的作用缺乏明确的认识，存在为国际化而国际化的现象；三是在行业中的地位缺乏明确的目标，存在盲目求大、求市场份额的行为。同样，在"一带一路"方面，大型银行均提出将其作为国际化发展的重点，并做好了巨额的资金准备，但目前还没有形成差异化的定位、规划和路线图。战略趋同导致各行发展重点不突出，难以形成比较优势和核心竞争力，增长方式较为粗放。

（二）业务趋同，缺乏适当的经营弹性

当前，我国银行业的海外经营普遍以公司业务为主，在"一带一路"区域尤为明显，公司贷款占比可以超过90%，且重点业务高度相似，主要集中在交通、电力、能源、水利、通信等基础设施建设方面，并没有充分体现各行的业务特点。另外，各行的收入结构相似程度较高，普遍以存贷款业务和息差收入为主，非利息业务收入占比较低，其中手续费及佣金收入占比不到10%。此外，资金渠道相似，资金主要依赖于境内银行或者其他地区分行的补充，内生增长动力不足。

（三）区域趋同，影响金融资源配置效率

各行在"一带一路"的网点布局具有高度的相似性：一方面，在东南亚和西亚地区相对集中，特别是在新加坡和阿联酋等国际金融中心，各行均有较

大的投入；另一方面，在中亚和独联体地区布局还有很大空间，除了俄罗斯、哈萨克斯坦、蒙古国外，我国银行业较少涉足其他国家业务。银行业网点布局是业务发展壮大的前提，当前区域布局的不平衡可能会导致未来我国银行业"一带一路"发展出现"扎堆"现象，导致过度竞争和竞争不足并存，影响金融资源配置效率。

（四）客户趋同，易产生过度竞争

当前，我国银行业服务的客户主要是国内"走出去"的公司客户与"走出去"相关的东道国大型企业，存在明显的"垒大户"情况。对于"走出去"中小企业以及东道国本土企业，金融服务相对不够。

不可否认，四个趋同与我国银行业开展"一带一路"业务所处的阶段紧密相连，但如果不加以正确引导，将可能会产生类似前十年我国银行业发展国内业务时出现的"路径依赖"情况，最终必须付出巨大的转型成本。"一带一路"发展需要金融的支持，我国银行业的扭曲发展可能会对国家战略的顺利实施造成深刻影响。

三、充分借鉴国际银行业在海外布局的经验

相对而言，美国与我国经济体量相似，英国国际化经验最为丰富，日本与我国银行业国际化程度最为接近，其经验可以作为我国银行业布局"一带一路"的重要参照。

（一）美国银行业国际化：全面布局

战后美国银行业国际化发展主要经历"崛起—重整—扩张—收缩"四个阶段。一是20世纪六七十年代的崛起阶段，这主要得益于美元国际化以及美国跨国企业的蓬勃发展，当时美国大型跨国银行的海外资产和利润贡献度可以达到50%左右；二是20世纪八九十年代的重整阶段，受拉美债务危机和两次经济衰退（1981—1982年、1990—1991年）的影响，美国银行业有选择地收缩海

外业务，回归国内市场；三是20世纪90年代到此次国际金融危机发生之前，银行国际化蓬勃发展，这主要得益于在拉美、中国、俄罗斯等新兴市场的业务发展；四是2007年至今的收缩期，受此次国际金融危机的冲击，美国大型银行被迫出售部分海外业务。当前，其全球布局有以下几个特点。

1. 已建立了比较成熟的国际化梯队。美国银行业国际化经过50多年的发展，目前处于相对较高的水平，几乎所有的大型银行集团都一定程度上涉及跨境经营。特别是美国四大行，已经基本形成了一个成熟且比较稳定的国际化梯队：花旗银行国际化程度最高，海外资产、收入占比可以达到50%左右；摩根大通其次，为30%左右；美国银行和富国银行专注国内，海外业务占比分别为15%和10%左右。

2. 全面布局，但各有区域侧重。美国银行业的国际化几乎遍及全球，其中在欧洲、美洲和东亚地区的布局相对集中。美国大型银行普遍将经济体量较大的经济体作为海外经营的重要市场，包括西欧各国、日本及亚洲四小龙、澳大利亚、中国、印度和巴西。值得注意的是，各行在不同市场的重视程度存在显著差异：花旗银行比较重视亚太地区和南美地区，前者贡献度接近海外业务的40%，后者则超过30%，其中墨西哥、日本和开曼的业务贡献度排名位居前四，累计超过全部海外的20%；摩根大通重视欧洲地区业务，该地区业务的资产和收入贡献占全部海外的2/3左右，其中英国、德国、荷兰以及法国可以占到40%以上；美国银行和富国银行海外业务则主要集中在英国，贡献度甚至可以达到其海外业务的30%以上。

3. 体现明显的业务差异。这种差异不仅体现在银行间，也体现在银行在不同地区的业务重点上。比如，花旗银行在欧洲地区主要以批发业务为主，收入贡献度接近90%；在南美地区以个人业务为主，收入贡献度达到70%左右；在亚太地区，个人业务和公司业务比较平衡，各占50%。摩根大通银行则主要发展投资银行以及私人银行业务，投资银行业务连续几年位居全球第一。

（二）日本银行业国际化：发展趋同

战后日本银行业国际化主要经历了"缓慢发展—扩张—衰退—再国际

化"四个阶段。一是20世纪80年代之前的缓慢发展阶段,日本银行业海外机构规模不大,市场声誉不高,影响力有限;二是20世纪80年代的迅猛扩张阶段,主要得益于日本经济崛起、国际化水平提高和政府放松金融监管等原因,日本银行业大举开展跨国收购兼并,在全球银行业排名中处于领先位置;三是20世纪90年代以来的逐渐衰退阶段,受《巴塞尔协议》资本监管、日本泡沫经济破灭以及1997年亚洲金融危机的冲击,日本银行业国际化程度迅速下降;四是2007年以来的再国际化阶段。日本银行业抓住此次国际金融危机对欧美银行业冲击的时间窗口,适时开展了一系列海外并购扩张行为,比如三菱UFJ在2008年收购加州联合银行剩余35%的股份,2013年收购泰国第五大银行大城银行72%的股份。当前,其全球布局有以下几个特点。

1. 国际化经营的同质化倾向明显。日本银行业国际化历史较短,总体上体现出"一拥而上"的特征。在20世纪80年代的迅猛扩张时期,东京银行、第一劝业、富士银行、北海道拓殖银行、兴业银行、长期信用银行、三菱银行等大型银行的海外业务占比普遍处在30%左右。目前,三菱UFJ、三井住友和瑞穗三大金融集团的海外业务占比均保持在30%左右,差距在5个百分点左右。

2. 区域分布比较集中。日本银行业海外机构覆盖的国家数量较少,国际化程度最高的三菱UFJ仅覆盖40多个国家,三井住友和瑞穗为30个左右。因此,关注重点地区、深挖市场空间是日本银行业海外经营的主要策略。日本银行业的国际化布局以美国、西欧和亚洲为主:美国一直处于最重要的地位,对海外业务的贡献度超过40%;亚洲地位不断提升,对海外业务贡献度接近30%,主要集中在中国、印度和东南亚等日本制造业转移基地以及离岸金融中心;西欧地位有所下降,对海外业务贡献度保持在20%左右。

3. 业务分工不明显。当前,日本银行业发展海外业务主要是为了追随日本"走出去"企业和一定程度上参与国际金融市场。因此,日本银行业国际化普遍以公司业务为主,占比可以达到90%以上。日本银行业海外零售业务占比普遍较低(不到10%),且集中在美国,这主要是因为日美具有特殊的政治同盟关系、日本在美移民较多以及美国客户对银行的黏性相对较低。

(三)英国银行业国际化:突出重点

英国银行业国际化主要经历了"崛起—收缩—扩张—稳定"四个阶段。第一,1830年至1945年前的国际化崛起阶段,随着大英帝国的崛起以及全球殖民的发展,英国银行业通过设立海外自立银行的模式大肆扩张,在全球市场特别是广大殖民地国家建立了遍布全球的机构网络;第二,20世纪70年代前的收缩调整阶段,随着英国地位的衰落和殖民地国家的独立,英国自立银行纷纷采取合并来谋求发展,银行业国际化程度有所下降;第三,20世纪70~90年代的快速扩张期,国内清算银行与自立银行合并,并开始全球并购,以获取尽可能多的市场份额;第四,20世纪90年代至今的稳定时期,米德兰银行、国民西敏寺银行被汇丰和苏格兰皇家银行收购。当前,其全球布局有以下几个特点。

1. 国际化程度较高,梯队明显。得益于英国曾覆盖全球的殖民体系的影响以及自由宽松的监管政策,英国银行业国际化虽然历经波折,但总体发展程度仍居世界前列。以英国四大行为例,汇丰在英国之外的资产和收入的贡献度超过70%;巴克莱银行也达到了60%左右;苏格兰皇家银行虽然受到国际金融危机的冲击,但海外业务贡献度仍保持在35%左右;第四大银行劳埃德银行则专注于本土业务,海外业务占比不到10%。

2. 区域集中,分工明确。英国银行业海外布局主要集中在欧洲大陆和原英属殖民地,其他地区虽然也有网点,但总体来说规模和市场影响力较小。各行在区域分布上有明显的分工,汇丰在重点关注中国香港、北美、欧洲大陆等成熟市场的同时,重视拓展亚太和南美的部分新兴市场国家业务,其对海外业务的贡献度可以达到30%左右;巴克莱银行重点关注美国和欧洲大陆,可以贡献海外业务的75%,此外在非洲具有一定市场地位,对海外业务的贡献度可以达到7%;苏格兰皇家银行则主要布局在比较成熟的美国和欧洲大陆市场,可以贡献海外业务的75%,较少涉足新兴市场国家。

3. 重视核心业务,深耕关键地区。总体来看,英国银行业海外业务以公司业务为主,其贡献度普遍接近80%。但在一些重点市场,英国银行业大力发展本土个人及中小企业业务,深耕当地市场。比如,汇丰在中国香港、美国、澳大利亚、新加坡、马来西亚、加拿大等地零售业务贡献度可以达到50%，而且主要是住房抵押贷款业务，在法国和南美则重点开展消费信贷业务；巴克莱和苏格兰皇家银行则主要在美国和欧洲大陆开展零售业务。

（四）对银行业国际布局的几点启示

1. 跟随国家战略、顺应全球趋势。一国的发展战略能够深刻影响实体经济以及金融需求规模和结构，特别是银行业市场环境和业务空间。只有积极跟随国家发展战略，银行国际化发展才能事半功倍。比如，美、英、日等国银行业的国际化均适应了该国资本输出以及货币国际化的发展进程。同时，经济全球化、金融自由化和市场一体化的大趋势也是推动银行业国际化的大背景。英、美、日等国银行业之所以不约而同地于20世纪八九十年代掀起了一股大规模并购的全球化发展浪潮，很大程度上是顺应了这一趋势。

2. 形成明显梯队，实现差异化发展。从发达国家的经验看，一般存在数家实力较强的大型国际化银行。究其原因，主要是因为发达国家的经济规模庞大，国际经济金融联系紧密，实体经济"走出去"的金融需求多元化以及复杂程度较高，仅凭一两家银行的国际化难以满足大国经济发展需要。同时，大型银行之间的国际化程度应保持一定的差异，其原因有两点：一是本土业务空间仍相对较大，特别是零售业务，开展这些业务往往需要更多地了解本土文化和客户习惯，专业化、注重效率和成本是根本；二是银行"走出去"，其竞争已经超越国界，是在全球范围内的实力较量，一定程度上代表了国家金融实力的比拼，需要1~2家海外竞争力强、市场影响力大的突出银行，不宜过于平均。

3. 国际化发展存在一定风险，需要理性推动。从美、英、日银行业国际化的发展历程来看，波动和周期不可避免。究其原因，主要有以下几点：一是国内经济衰退，比较典型的是日本泡沫经济破灭以后，日本银行业本土业务受到严重冲击，被迫收缩海外业务。二是国际化扩张过猛而管理滞后，导致风险积累和成本高企，经营面临巨大压力，比如英国当时同属四大清算银行的米德兰银行和西敏寺银行，前者1982年收购美国克罗克国民银行，但一直难以整合，6年后被迫出售，后者国际投行业务和零售业务出现巨额损失，被迫治理整顿和对外出售。三是东道国经济金融形势变化，比如20世纪三四十年代原殖民地国家民族主义兴起限制英资银行发展，20世纪80年代拉美金融危机使美国银行业海外业务损失惨重以及1997年亚洲金融危机导致日本银行业大量贷款损失等。

国际化发展的波动会产生巨大的成本：一方面，银行国际化投入太大，被迫退出时可能会面临出售资产折价以及股价受挫等巨大的经济损失，比如米德兰银行出售美国克罗克国民银行时损失高达10亿美元，一直未能恢复元气，最终被汇丰收购；另一方面，银行业整体性的大规模收缩国际业务，不仅会直接减少对"走出去"企业金融支持，拖累国家外向型经济的发展，而且可能会冲击集团经营状况，造成全面的财务困境，制约本土业务开展，进而影响实体经济。

4. 布局和分工以市场选择为基础，政府发挥适当作用。总体来说，发达国家银行业国际化形成现在的布局和分工，主要是银行自主经营以及市场选择的结果，但其间政府发挥了一定的作用，特别是在国际化发展的初期阶段。比如，英国殖民时代海外经营实行皇家特许经营体制，部分银行在英国政府的支持下甚至在殖民地发挥着政府银行或中央银行的作用，比如汇丰在中国香港、波斯帝国银行在伊朗、新西兰国民银行在新西兰、南非渣打银行在南非等。此外，日本政府于1997年和1998年修改《禁止垄断法》和解除设立金融控股公司的限制，在推动东京银行和三菱银行的合并、巩固其国际化地位方面的作用不容忽视。在美国，美联储、货币监理署以及存款保险公司分别于1979年和1983年共同成立"对外贷款互检委员会"和"国家风险评估联合委员会"，对海外跨国银行的市场准入等方面实施全面监管。

四、对完善我国银行业"一带一路"布局的几点建议

（一）统筹规划，制定我国银行业"一带一路"发展的总体战略

清晰的总体目标和要求可以避免银行各自为战的盲目性，减少不必要的

成本，是我国银行业可持续发展的有效保障。我国银行业"一带一路"发展必须坚持的几个原则。

1. 与"一带一路"倡议相适应。主要有四个层次：一是与中国在全球经济金融格局中的地位相适应，即中国需要有突出的能够充分参与国际竞争的跨国银行标杆；二是与国家开放战略在国民经济中的地位相适应，即银行业整体的国际化水平应符合我国实体经济的开放程度；三是与"一带一路"战略在国家整体开放战略中的地位相适应，即"一带一路"业务应在我国银行业国际化中占据合适的比例；四是与"一带一路"自身的需求相适应，完善产品服务体系和网点布局。

2. 坚持市场化选择与政策引导共同发挥作用。一方面，鼓励银行在与国内外同业的竞争中，培养核心竞争力，扎根重点市场，提高自主发展的能力；另一方面，政府和监管机构从整个银行业协调发展的大局出发，进行适当的前瞻性引导，避免过度竞争的情况，消除个体理性与整体非理性的冲突，弥补微观效率与宏观效率之间的差距。

3. 坚持集约型的发展模式。我国银行业发展"一带一路"业务，不能照搬过去发展国内业务的粗放型发展模式，盲目"求大求全"，必须走符合银行业未来发展方向的集约化之路。

因此，建议由银保监会牵头、国家相关部委参加，对我国商业银行海外发展进行顶层设计。参照我国积极推动贸易和投资全球化的做法，在国家层面制定银行业发展"一带一路"业务的战略目标和实施规划，统筹推进。

在战略方向上，力争以"一带一路"为突破口，全面提升银行国际化水平，以适应实体经济的需求，在未来10年内，大型银行的国际化程度平均可以达到25%左右，达到英、美、日各国的水平。同时，根据我国商业银行海外发展的情况、海外经营能力、发展潜力等因素，对有能力、有意于海外发展的银行进行分类指导和支持，引导形成成熟的梯队化银行队伍。鼓励大型银行差异性定位，聚焦核心业务，在国际化业务和"一带一路"区域业务上适当拉开差距。同时，创造条件，鼓励已经具备一定能力的中小型银行充分重视客户需求、发挥自身特色，在关键国家逐步建立业务覆盖能力，形成对大型银行的有力支持。

（二）战略规划中应注意的几个问题

1. 银行布局融入综合金融布局。金融服务"一带一路"建设是一个系统工程，需要各类公共资金以及商业资金发挥各自的特点，统筹规划、协调开展。具体来说，世界银行、亚投行、金砖国家新开发银行等各类全球性、区域性国际金融机构资金发挥引导和示范作用；丝路基金等各类政府性基金以及政策性银行提供重要的资金补充；银行主要从事上下游的商业性业务以及相关融资的承销、咨询、撮合业务，也可以在合适程度内提供银团贷款和项目贷款等；信用保险机构提供有力的风险分担机制；各类信用评级、会计师和律师事务所参与市场环境建设。

2. 重视布局战略推进节奏。综合分析各国政治、经济、投资环境和双边关系等情况和发展趋势，合理安排布局的推进节奏。构建国家层面的风险监测体系，定期评估我国银行业国际化以及"一带一路"业务的整体风险暴露情况并实行动态调整，对部分银行的过激扩张行为进行适当干预。同时，建立保护性的风险转移及风险吸收措施，对国际化的损失予以适当补偿，减少海外业务收缩给国内业务带来的不利影响。

3. 加强政策引导和支持。完善银行绩效评价体系，设置特色化考核指标，增加"一带一路"业务考核权重；在确保长期稳健发展的前提下，提高短期指标容忍度，积极引导发展。给予适当的税收扶持，并鼓励大型银行加快资本补充工具创新，充分利用海外资本市场进行融资。

抓住战略性机遇，实现银行国际化崛起

改革开放以来，我国银行业的国际化业务稳步推进，但总体仍处于起步阶段。当前，我国对外经贸投资活动日益活跃，在国际规则的制定和修改中扮演着越来越重要的角色，人民币的国际地位显著提高，中国银行业的国际化时机和条件已基本逐渐成熟，有望进入"崛起"阶段。在此大背景下，中国银行业应致力于化解国际化经营战略趋同、业务收益不高、多元化能力不足、风险管控能力不强等问题，抓住历史性机遇，实现国际化业务的跨越式发展，更好地支持我国实体经济发展。

一、我国银行业国际化发展正处于关键时期

（一）银行国际化收益成本存在"J曲线"

一般而言，银行业发展国际业务将带来明显的收益，主要体现在以下五个方面：第一，使银行规模和业务扩张不受本土限制，实现规模经济和范围经济，比如"小国大金融"；第二，有助于银行提供全面金融服务，服务客户"走出去"，增强客户黏性；第三，有助于银行进行多元化市场和资产配置，分散风险，提升收入的稳定性；第四，有助于银行在全球调配资源，挖掘获利机会，提高盈利能力；第五，有助于银行借鉴国外同行先进的技术和管理经

验，获取战略性资产。

当然，银行国际化也面临较高的成本，主要体现在以下三个方面：第一，固定成本，这与银行设立境外机构的性质、方式、规模和监管政策相关；第二，经营成本，这与海外市场环境差异以及母行与海外机构的信息不对称程度相关；第三，跨文化协调和管理成本，这与海外市场的文化差异有关。

但是，银行的收益和成本与国际化程度的关系并不是固定的，而是存在一种"J曲线"效应。即扩张初期成本较高、大于收益，经过一段时间的发展后，收益逐渐增加、超过成本。

（二）"J曲线"一定程度上导致银行国际化呈现阶段性特征

由于"J曲线"的存在，银行国际化发展往往呈现阶段性特征。

第一阶段，国际化的进入阶段。由于客户的需求，银行逐渐扩张经营的区域和业务，但由于边际成本远高于边际收益，即在未达到扩张点，银行对国际化发展前景存在疑虑，主要采取尝试性的战略，一般采取在周边国家和地区或者国际经济金融中心设立机构、参股当地银行的方式，以降低退出的风险和成本。根据国际大型银行发展国际化的经验，此时银行海外业务的资产和收入贡献度一般低于20%，所需时间是20年甚至更长。

第二阶段，国际化的崛起阶段。由于国际化的时机和条件逐渐成熟，银行逐渐坚定了国际化的发展战略，主动推动国际化程度突破扩张点，虽然国际化业务仍未达到盈亏平衡，但边际收益已开始大于边际投入，促使银行更加积极地对外扩张，采取大规模的收购活动。根据国际大型银行发展国际化的经验，此时银行海外业务贡献度甚至可以达到70%，一般所需时间是10～20年，具体时间则取决于银行主要采取自设或并购的扩张方式。

第三阶段，国际化的重整阶段。国际化发展的波动不可避免，国际化银行不得不重新调整海外发展战略和组织架构，有选择地退出部分市场，以降低成本、减少损失、提高盈利。根据国际大型银行发展国际化的经验，此时银行海外业务贡献度有所下降，但往往可以保持在50%左右。

比如，美国银行业国际化经历了三个阶段：一是20世纪60年代以前的起步阶段。虽然美国经济逐渐崛起,但银行业国际化缓慢发展,到1960年,国内商业银行1.3万家,跨国银行仅8家,海外分支机构150个左右。二是20世纪六七十年代的崛起阶段,主要得益于美元国际化以及跨国企业的蓬勃发展,美国大型银行的海外利润贡献度可以达到50%左右,花旗银行以及当时的大通银行甚至接近80%。三是20世纪八九十年代的重整阶段,受拉美债务危机和两次经济衰退(1981—1982年、1990—1991年)的影响,美国银行业有选择地收缩海外业务,回归国内市场。进入21世纪至今,虽然经历了新兴市场开拓热潮、国内并购热潮以及此次国际金融危机,但国际化程度基本保持稳定,花旗等国际化程度较高的大型银行国际化业务贡献度保持在50%左右。

表4-14　　　　　　美国大型银行的海外利润贡献度　　　　　单位:%

银行名称	1975年	1977年	1979年	1982年	1985年	2017年
花旗银行	71	82	65	70	55	53
美国银行	55	42	38	58	亏损	14
大通银行	64	65	47	70	34	22*
制造商汉洛威	47	60	49	50	41	
JP摩根	60	48	42	72	45	
纽约化学银行	41	39	35	38	30	
纽约银行家信托	59	83	51	51	15	—

注:大通银行、制造商汉洛威、JP摩根和纽约化学银行合并为JP摩根大通银行。
资料来源:各行年报。

德意志银行的国际化发展也体现了明显的阶段性特征。第二次世界大战后,德国经济不断发展,但银行国际化发展相对滞后,到1985年,第一大银行德意志银行的海外资产、收入占比为25%左右,且主要集中在卢森堡,海外机构不到70家,占比不到5%。之后,德意志银行的国际化进入"快车道",到1994年,通过自设机构和在意大利和西班牙等国家的一系列并购(1986年,收购美国银行在意大利的分支机构——Banca d'America e d'Italia 98.3%的股权；1993年，分别在意大利和西班牙收购了Banca Popolare di Lecco和马德里银行，成为这两国中最大的外资银行），其海外资产、收入以及机构占比分别为53%、43%和31%。

（三）当前，我国银行业国际化进入了"崛起"的关键时期

改革开放以来，我国银行业的国际化业务稳步推进，但总体仍处于"起步"阶段。当前，我国银行业的国际化时机和条件已逐渐成熟，有望进入"崛起"阶段，主要表现为以下几个方面。

第一，随着中国双向开放战略的推进，对外经贸投资将更加活跃，预计到2020年，中国对外贸易总额将超过5万亿美元，对外直接投资将超过2000亿美元，相关融资及服务需求巨大。

第二，中国国际地位上升，在国际规则的制定和修改中扮演着重要角色，为银行国际化提供了较坚实的基础和保障。比如，"一带一路"倡议受到众多国家的欢迎。

第三，人民币地位提高，银行国际化具有货币优势。当前，人民币已成为全球第二大贸易融资货币、第六大支付货币，随着2016年10月人民币正式加入SDR货币篮子，人民币国际化进程将进一步提速，有利于中资银行拓展更广泛的国际市场。

第四，东道国外资政策放宽，降低跨国银行经营门槛。一方面，此次国际金融危机爆发后，部分国家金融准入政策有所松动；另一方面，我国推动"一带一路"的"五通"建设，有助于银行获得相对宽松的政策环境。此外，当前大型跨国银行国际化业务有所收缩，中国银行业面临重大机遇。

第五，中国银行业在海外具有较大的业务机会和增长潜力。"一带一路"沿线国家市场增长潜力巨大，现有服务供给能力不足；伦敦、纽约等国际金融中心金融业发达，可以获取国际市场信息，有利于学习同业的先进经验做法，提升国际竞争力；日本、德国等发达国家政局稳定、制度完善，经营风险和成本相对较低。

二、我国大型银行国际化的现状及存在的问题

（一）国际化现状

1. 战略上高度重视。中国银行是中国国际化和多元化程度最高的银行，在中国内地及46个国家和地区为客户提供全面的金融服务；中国工商银行坚定走境外并购路线推进国际化经营发展，2015年，完成对土耳其Tekstilbank 92.8%股权的收购，完成对标准银行公众有限公司60%股权的收购；中国建设银行计划到2020年，实现外币资产与海外资产合计在集团中占比超过15%，海外业务税前利润占比达到7%左右；中国农业银行以支持"一带一路"建设、人民币国际化为切入点发展国际化；交通银行将国际化作为"两化一行"战略重要组成部分。

2. 区域布局更加广泛。近年来，四大行在欧洲地区、美洲地区的布局明显有所增加，区域布局更趋均衡。2017年末，中国银行在欧洲覆盖的国家和地区数量达16个，中国工商银行为13个，中国建设银行、中国农业银行分别为11个和3个。同时，"一带一路"沿线国家也成为区域布局重点，2017年末，四大行覆盖"一带一路"沿线国家和地区达26个。此外，四大行境外机构网点数量增速放缓，甚至有所下降。2017年末，四大行境外网点数量为1127个，较2016年减少了13个，较2015年减少了53个。

3. 贡献度持续提升。2017年，四大行境外资产占集团的比重平均为11.8%，与2016年基本持平，且近几年来一直保持在11%~12%。其中，中国银行的境外资产占集团比重最高，为28%，中国工商银行、中国建设银行、中国农业银行分别为9%、8%和4%。在资产占比保持平稳的同时，四大行的境外营业收入和税前利润占集团比重有所提升，2017年末为10.3%和9.7%，较2016年略有增长（剔除资产出售等一次性收益影响）（见表4-15）。

表 4-15　　　　　　　　　五大行境外业务贡献度情况　　　　　　　单位：%

		2014 年	2015 年	2016 年	2017 年
四大行平均	营业收入	6.9	7.6	9.7	10.3
	资产	11.0	11.4	11.7	11.8
	税前利润	7.3	7.7	10.2	9.7
中国银行	营业收入	19.4	19.6	25.0	24.4
	资产	29.9	28.7	27.9	28.0
	税前利润	23.0	23.6	36.6	29.9
中国工商银行	营业收入	6.5	7.2	9.2	9.3
	资产	7.0	8.2	8.8	9.0
	税前利润	5.1	5.7	6.2	7.0
中国建设银行	营业收入	1.8	2.3	2.5	3.8
	资产	5.6	6.3	7.9	7.8
	税前利润	2.1	1.8	2.3	4.1
中国农业银行	营业收入	2.2	3.4	4.2	6.7
	资产	3.7	4.4	4.1	4.4
	税前利润	1.8	2.3	1.0	2.2

注：剔除资产出售的一次性收益后，估计境外营业收入和税前利润占集团的比重均不到8%。
资料来源：各行年报，作者整理。

4. 竞争格局发生变化。中国银行继续保持国际化领先优势，但地位有所下降，其境外资产、营业收入、税前利润占四大行的比例由2016年的53%、55%和72%下降到2017年的52%、48%和61%，远低于2009年的72%、72%和74%。中国工商银行的追赶步伐较快，与中国银行的差距不断缩小。2017年，其境外资产、营业收入、税前利润占四大行的比例分别为22%、27%和23%。中国建设银行境外资产、营业收入、税前利润占四大行的比例也都达到了两位数，分别为17%、10%和11%，成为不可忽视的重要力量（见表4-16）。

表 4-16　　　　　　　　五大行境外业务贡献度情况　　　　　单位：%

	银行名称	2014 年	2015 年	2016 年	2017 年
资产	中国银行	61	56	53	52
	中国工商银行	19	21	22	22
	中国建设银行	12	13	17	17
	中国农业银行	8	9	8	9
营业收入	中国银行	58	53	55	48
	中国工商银行	28	29	28	27
	中国建设银行	7	8	7	10
	中国农业银行	7	10	10	15
税前利润	中国银行	65	64	72	61
	中国工商银行	23	24	20	23
	中国建设银行	8%	6	6	11
	中国农业银行	5	6	2	5

资料来源：各行年报，作者整理。

（二）存在的问题

1. 经营趋同，难以形成核心竞争力。在战略上，基本上是"大而全"，均提出将中资企业"走出去"、跨境人民币业务、贸易融资作为重点业务，在行业中的地位缺乏明确的目标，存在盲目求大、求市场份额的行为；在业务上，普遍以公司业务为主，公司贷款占比一般超过90%，且重点业务高度相似，主要集中在交通、电力、能源、水利、通信等基础设施建设方面；在区域上，网点布局具有高度的相似性，在东南亚和西亚地区相对集中，特别是在新加坡和阿联酋等国际金融中心，在中亚和独联体地区除了俄罗斯、哈萨克斯坦、蒙古国外，较少涉足其他国家业务。

2. 国际化程度依然不高。当前，中国已经上升为全球第一贸易大国、第二大对外投资国和吸引外商投资大国，与全球近200个国家和地区有贸易往来，在全球近180个国家和地区开展直接投资。虽然近年来各四大行的国际化发展取得较大突破，但是在境外业务占比、网点覆盖广度与国际领先同业相比还有一定的差距，与中国实体经济开放需要不匹配。从境外收入占集团总收入比重来看，目前我国四大行平均水平仅为10.3%，而美国四大行（花旗、富国、摩根大通、美国银行）平均水平为20%以上，其中花旗高达50%。从境外机构设立情况看，2017年末，中国银行、中国工商银行、中国建设银行、中国农业银行覆盖国家和地区数量分别是54个、45个、29个和15个，而花旗、汇丰、渣打覆盖的国家和地区数量为97个、61个和67个。此外，中资大型银行的境外机构不少是近年来新设机构，人员配置、业务渗透率还不够。

3. 国际化业务收益不高。2017年，四大行境外机构资产的平均回报率（税前利润/平均资产总额）为1.09%，较集团1.31%的平均水平低22个基点。与2016年相比，四大行境外机构资产的平均回报率下降15个基点。境外机构收益较低的原因主要有两点。一是国际化仍以粗放增长为主，经营效率不高。相对而言，国际领先同业纷纷谋求国际化转型，已从大范围境外扩张向深耕重点市场转变，例如，汇丰目前严格遵守"六个过滤器"评估各市场和业务的取舍。二是国际化战略同质化程度过高，存在过度竞争的现象，可能催生不必要的价格战。例如，四大行境外网点布局上也有较高的相似性，在发达国家、全球金融中心以及东南亚的布局相对集中。

4. 业务多元化程度不高。四大行虽都已形成较为完整的综合化经营架构，但对于传统存贷业务的依赖性较强，综合化经营能力不强。以投行业务为例，2017年全球大型银行投行业务排名中，中资银行无一进入前列。此外，四大行客户结构也较为单一，主要集中在中资客户上。而国际领先同业对大型跨国企业客户和东道国企业客户的开发和服务能力较强。以三菱日联在中国的发展为例，其在中国业务的40%是为中资"走出去"企业和世界500强跨国企业提供金融服务。

5. 风险管控能力有待提升。中国银行业的风险管理体系与国际领先同业相比还有一定差距，境外机构间的风险管理能力也参差不齐，难以实现风险集约化管理。国际领先同业往往在境外风险管理方面形成了成熟的体系，如三井住友银行在纽约、伦敦、新加坡和香港设有四个区域审批中心，以提高信用风险管控水平；花旗集团有专门的国别风险团队和行业风险团队，对各区域和行业风险进行专业评估。此外，四大行的合规管理也面临较大的挑战。目前大型银行的合规管理主要集中在总行层面，境外不同区域反洗钱合规管理投入不足，管理难度较大。而国际同业大多在重点区域内设置区域合规官和区域筛查甄别中心，以快速处理区域内筛查和反洗钱合规管理工作。例如，花旗在美洲、亚太、欧非中东3个区域设置了合规管理官；汇丰在欧洲、亚太、北美、拉美、中东5个区域设立合规官，在英国伦敦、中国、马来西亚、美国、墨西哥5个区域设立集中筛查甄别中心。

三、对我国大型银行国际化的启示和建议

（一）重视长期战略和短期目标的关系

从长期来看，我国经济规模庞大，且国际经济金融联系日益紧密，实体经济"走出去"的金融需求多元化以及复杂程度较高，参照英、美、日、德等发达国家的经验，一定会存在数家实力较强的大型国际化银行，但国际化业务的市场也是有限度的，标杆银行一般只有一家，境外业务占比能突破50%，具备其他银行难以复制的优势。

同时，我们也应清醒地意识到，当前发展境外业务仍存在前期投入较大、盈利能力相对不高、风险有所显露、国际同业竞争力较强等障碍，如果处理不好，可能会进一步加剧银行业所面临的经营压力。因此，在长期前景与当前困境交织的情况下，应立足长远，以形成与实体经济需求相匹配的金融体系为目标，力争在"十三五"期间将国际化推上一个台阶，能够与全球大型跨国银行进行全方位竞争。同时，综合考虑当前的经营压力，要重视战略的弹性和灵活性，集中资源有步骤、有重点地推进，着力提升境外分支机构的盈利能力。

（二）重视发展和风险的关系

发展国际化业务，应充分评估国际经济环境变化、自身实力等因素，理

性安排推进节奏，避免过激扩张行为。从发达国家银行业的国际化的发展历程来看，波动和周期难免，可能会对单家银行乃至整个银行业的经营形成重大冲击，主要有以下几种情况：一是国内经济衰退，本土业务受到严重冲击，被迫收缩海外业务。比如此次国际金融危机中的美国大型银行，纷纷剥离海外业务，特别是海外零售业务。二是国际化扩张过猛而管理滞后，导致风险积累和成本高企。比如英国当时同属四大清算银行的米德兰银行和西敏寺银行，前者1982年收购美国克罗克国民银行，但一直难以整合，6年后被迫出售，后者国际投行业务和零售业务出现巨额损失，被迫治理整顿和对外出售。三是东道国经济金融形势变化，比如20世纪三四十年代原殖民地国家民族主义兴起限制英资银行发展、20世纪80年代拉美金融危机使美国银行业海外业务损失惨重以及1997年亚洲金融危机导致亚洲银行业大量贷款损失等。

（三）重视国际化和其他战略目标的关系

从美国大型银行的经验来看，国际化业务往往以服务公司客户、高端个人客户以及贷款业务为主，国际化程度较高的银行的零售存款和非息收入贡献度较低。建议统筹国际化发展目标和零售业务发展目标，形成统一的集团发展战略体系；境内、境外机构采取差异化的零售业务发展目标和策略，在坚持集团战略的基础上，可以根据区域特点、机构特点适当有所区分；在境外的重点市场，综合考虑文化和监管的差异性、集团战略相关性等融合因素以及市场潜力、竞争格局等市场因素，积极加大零售业务投入；提供境内外一体化服务的产品、渠道和服务，完善深度联动机制，加快境外零售业务发展速度。

（四）重视竞争和合作的关系

如同境内业务一样，中国银行业的国际化发展也应该坚持差异化发展，避免形成过度竞争、陷入新的"重围"、付出新的转型成本。大型银行之间的国际化程度应保持一定的差异，本土业务空间仍相对较大，特别是零售业务，开展这些业务往往需要更多地了解本土文化和客户习惯，专业化、注重效率和成本是根本。同时,分工中凸显合作,提升银行业整体效率。在一些业务空间相对较大的市场上,坚持市场选择为主,政策适当引导形成业务分工;在一些业务空间较小或者正处于开发期的市场上,实行区域分工为主的模式,鼓励一家银行开拓市场。同时,鼓励银行间广泛开展代理行、客户推荐以及银团、拆借等资金合作,弥补业务、区域分工上的不足。

(五)重视全面布局与重点区域发展

根据国际化"领头羊"的经验,实现国际化占比由20%左右的一般水平向40%的领先水平跨越,需要5~10年的时间,海外业务规模年均增速高于国内增速10个百分点以上,集团必须在战略层面高度重视,而积极跟随国家发展战略是国际化战略成功实施的关键。当前,我国出台"一带一路"倡议,深刻塑造未来较长时期内国家"走出去"的规模和形态,正是银行业国际化的重要契机。

建议国际化领先银行以"一带一路"地区为突破口,加紧落实未来5年的国际化布局,集中资源实现跨越式发展,保证每年境外资产、收入、利润增速达到15%左右。其中,"一带一路"地区的资产增速应高于其他境外地区,特别在部分重点区域。可适当考虑并购,在认真研究、审慎筛选的基础上,在"一带一路"地区沿线国家(比如印度尼西亚、马来西亚)合理选取一家在业务上可行、且具有较强示范效应的金融机构进行并购,做实做好后续并购整合工作,以卓越的跨国并购、整合和管控能力赢得国际银行业和监管机构的认可。

中资银行海外并购十年回顾及未来制胜之道

近十年来，中资银行海外并购成绩突出且特征明显。在国家加大对外开放新格局下，回顾近十年中资银行海外并购历程，积极参考借鉴国际同业的经验教训，有利于中资大型银行更好地抓住欧美大型银行战略调整机遇期，把握好未来海外并购的方向与路径，在新常态下探索业务发展新蓝海，带动中国银行业国际化进入一个新阶段。

一、近十年中资银行海外并购的主要特点

（一）并购历程呈波浪式推进

近十年间，中资银行共进行了28次海外并购（见图4-19），并购规模合计约为234.7亿美元，大致可分为三个阶段：2006—2008年为起步阶段，并购规模从2006年的22.1亿美元增长到2008年的95.9亿美元。2008—2011年为第二阶段，受国际金融危机影响，并购活跃度明显下降，并购规模从2008年的95.9亿美元下降到2011年的1.4亿美元，并购次数也从2008年的5次降至2011年的1次。2011年至今为第三阶段，并购活跃度逐年递增上升，其中，2015年并购规模达25.49亿美元，并购次数升至5次。

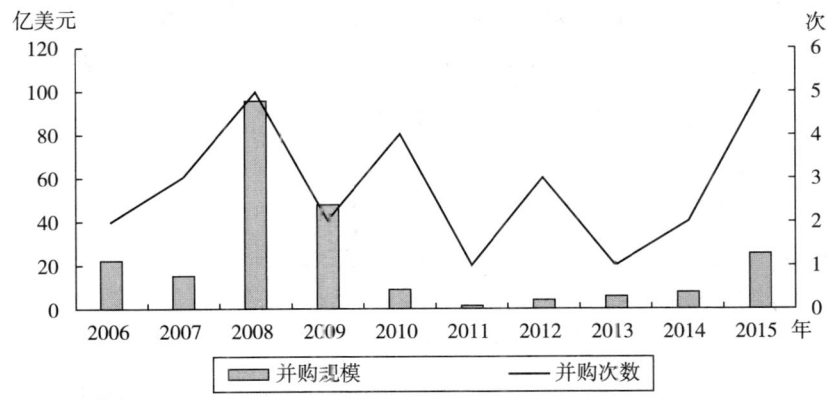

资料来源：作者整理。

图4-19 近十年中资银行海外并购情况

（二）并购区域集中于亚太地区，并购对象以银行为主

从中资银行海外并购区域选择来看（见图4-20），亚太地区、特别是香港是中资银行海外并购的首选，并购规模合计达110.3亿美元，占比47.2%。在非洲、欧洲、拉丁美洲和北美洲的并购规模依次为54.6亿美元、44.5亿美元、20.4亿美元和3.9亿美元，分别占比23.4%、18.9%、8.7%和1.8%。28次海外并购中，亚太地区、欧洲、北美洲、拉丁美洲和非洲分别发生并购15次、5次、4次、3次和1次。

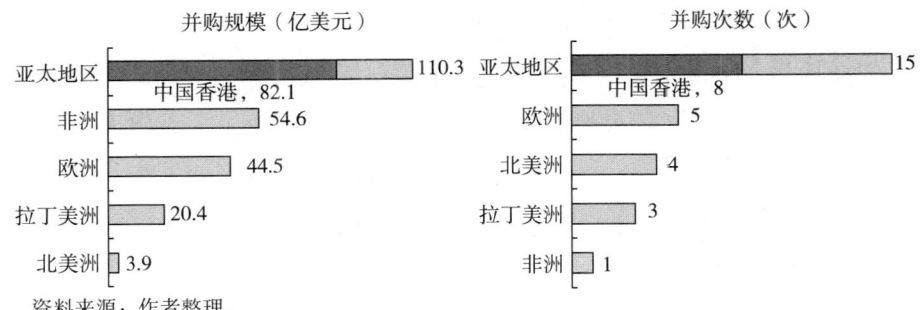

资料来源：作者整理。

图4-20 并购对象所在区域特征（2006—2015年）

从并购对象来看（见图4-21），海外银行是并购的主要目标，并购规模合计201.2亿美元，占比85.8%。随着中资银行混业经营趋势加快，各银行纷纷开展多元化并购，证券、保险和租赁行业的并购规模分别达16.7亿美元、11.4亿美元和4.4亿美元，分别占7.1%、4.9%和1.9%。28次海外并购中，针对银行、证券、保险和租赁行业的并购分别发生18次、4次、2次和2次。

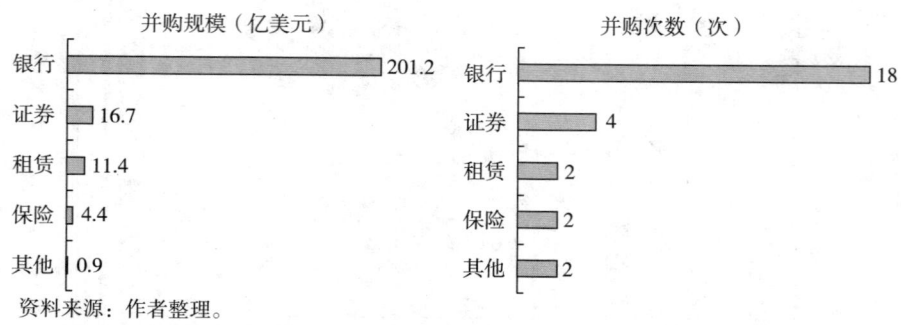

图 4-21 并购对象所属金融领域 (2006—2015 年)

（三）各行海外并购力度差异大，主要源于不同战略考量

总体而言，各行参与海外并购差异较大（见图4-22）。大型商业银行中中国工商银行海外并购最为活跃，并购投入约98亿美元。中国建设银行和中国银行并购规模分别为24.9亿美元和14.8亿美元。股份制商业银行中招商银行最为积极，并购规模为48亿美元。从并购次数来看，中国工商银行、中国建设银行和中国银行分别发生并购13次、5次和3次，招商银行发生并购2次。

并购力度差异较大的背后是各行不同的战略考量。中国工商银行2001年提出"壮大亚洲，巩固欧洲，突破美洲"的跨国经营战略，坚持设点与并购并举，目标是到2016年前将海外业务份额提高至10%，需要加速海外布局，在并购方面总体较为进取。中国银行的海外资产占比相对较高，策略重点是海内外一体化经营。建设银行2006年提出"做强亚洲、巩固欧非、突破美澳"的海外发展战略，具体策略是"立足自身发展、适时并购其他"，并购节奏总体较稳。招商银行2004年提出"零售业务是未来招行发展的重中之重"，海外并购主要考虑自身的经营能力和业务间的协同效应。

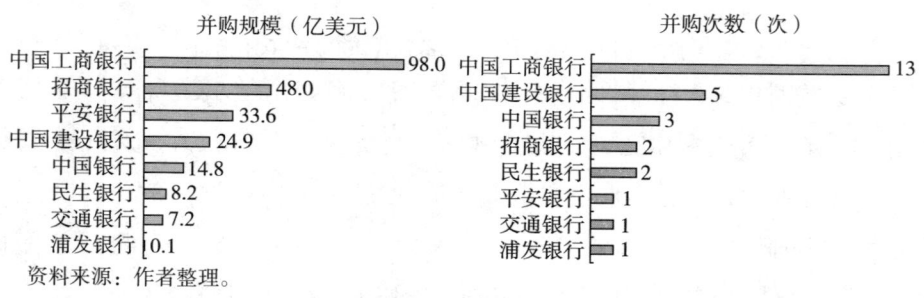

图 4-22 各商业银行海外并购情况（2006—2015 年）

(四)并购方式以绝对控股和现金并购为主

总体而言,中资银行在海外并购中以控股式并购为主,希望通过绝对控股来更好地贯彻集团海外发展战略。在28次海外并购中,共有21次最终实现绝对控股(见图4-23),其中,有7次实现完全控股。以中国工商银行为例,13次海外并购中有10次最终实现绝对控股。

中资银行海外并购中一般采取现金并购、混合并购两种模式。在28次海外并购中,现金并购26次,占比92.9%。混合收购2次,分别是2008年中国工商银行参股南非标准银行和2010年中国工商银行控股加拿大东亚银行。

市净率的高低是中资银行是否采取现金并购的一个重要原因。以大型商业银行为例(见表4-17),2011年以前,各行的市净率普遍高于同业银行平均水平,股权置换的混合并购更具吸引力。2008年中国工商银行参股南非标准银行时,中国工商银行和南非标准银行的市净率分别为3.2和2.0。同样,2010年中国工商银行控股加拿大东亚银行时,中国工商银行和东亚银行的市净率分别为2.7和1.6。2011年以后,中资银行的市净率相对偏低,基本采用现金并购。

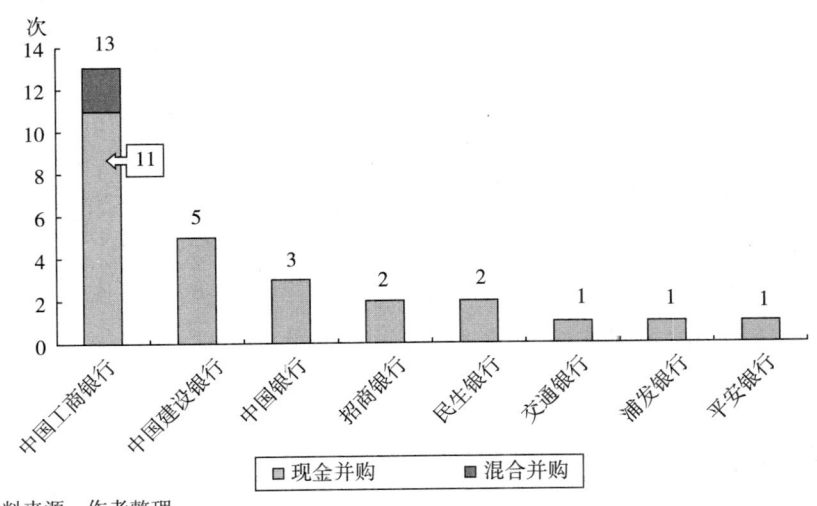

资料来源:作者整理。

图4-23 各商业银行海外并购方式(2006—2015年)

表 4-17　　　　　　　　银行市净率（2006—2014 年）

银行名称	2006 年	2007 年	2008 年	2009 年	2010 年	2011 年	2012 年	2013 年	2014 年
中国工商银行	2.4	5.2	3.2	2.8	2.7	1.8	1.6	1.3	1
中国银行	–	2.1	1.1	1.8	1.8	1.5	0.9	0.9	0.8
中国建设银行	–	3.7	1.8	2.5	2.5	2.1	1.4	1.3	1.1
交通银行	–	4.1	1.7	2.4	2.4	1.7	1	0.9	0.7
国际平均	2.3	2.6	1.2	1.7	2.2	2.1	2.5	2.2	2.4

注："国际平均"是市值最大的前 50 家银行市净率的平均值。
资料来源：各行年报，作者整理。

（五）交易历程经受考验，效果有待验证

所在国金融监管审批和双方合作意向是成功达成并购交易的重要因素。总体看，中资银行并购交易过程顺利，但也有一些波折。通过增设网点和并购，中资银行的海外营业收入出现了不同程度的增长。例如，2014年，中国工商银行、中国银行、中国建设银行和交通银行的海外收入占营业收入比重分别较2006年上升了2.1个、1.2个和0.3个百分点。然而，中资银行通过并购对银行营业收入的增加所产生的贡献并不明显，这主要是因为中资银行海外并购规模普遍较小，在28次海外并购中，并购规模在10亿美元以下的达23次，占82.1%，中资银行很难通过小规模并购迅速改变自身的盈利状况，有的并购后甚至亏损。

二、中资银行有必要取得海外并购新突破

通过自建和并购两手抓，将使中资银行国际化道路走得更坚实、更稳健。在当前的国内外环境下，在海外并购领域取得新突破对中资银行发展具有重要意义。

（一）把握国家对外开放新机遇

中国已成为世界第一大货物贸易国，并完成从产品输出国到资本输出国

的转变,高水平"引进来"和大规模"走出去"同步发生,跨境人民币金融服务需求日趋旺盛,"一带一路"建设为我国对外开放打开新格局。通过海外并购,将进一步扩大中资银行海外发展布局,有效提升中资银行国际化服务水平,更好地把握国家对外开放新机遇。

(二)加速开拓业务发展新蓝海

2015年以来,中国经济进入新常态,贷款不良率连续提升,伴随央行连续降息,利率市场化改革加速推进,中资银行境内业务正面临更为严峻的考验。而在海外,受国际金融危机冲击,欧美大型银行纷纷放缓海外扩张步伐甚至收缩战线,为我国中资银行海外业务发展提供了新机遇,也为并购发展提供了难得的"窗口期"。此外,不论从资产规模、资本充足率、人员储备、风险管理能力、产品创新能力以及盈利能力来考虑,中资银行都具有一定实力通过并购来发掘海外市场的新蓝海。

(三)提升中资银行的国际声誉

实践证明,一个国家在世界金融体系中要想确立起大国地位,必须有一批、而不是一两家具有国际水准的跨国银行作支撑。在英国、美国、日本、法国、西班牙等发达国家崛起的过程中,都伴随着数家本国实力较强、经营特色鲜明、海外网络互补的大中型银行走向全球,为东道国提供更多层次、更为多元、更广覆盖的本土化金融服务。跨国并购是这些银行国际化的必修课,一个又一个成功的并购案例是国际领先银行的标志之一。

三、中资银行海外并购五原则

中资银行的海外并购总体处于起步阶段,近十年的并购总规模仅相当于汇丰银行2000—2010年全球并购交易总额的一半,发展潜力巨大。然而,从国际银行业发展历程看,借助并购手段提高银行国际化水平任重道远,并非一日之功。借鉴国际同业的经验教训,明确开展海外并购的主要原则,用于评估、筛选潜在的并购项目机遇，将有利于少走弯路，避免重蹈覆辙。未来五年，中资银行的海外并购宜把握以下原则。

（一）做特色重于拼规模

并购的第一原则是贯彻落实好银行独特的发展战略，强化银行的特色优势，以更好地开展差异化竞争、赢得目标客户群体的追随，做到这一点，自然而然地会在行业竞争中取得优势。相反，如果脱离银行战略与特色，片面追逐规模排名，或者为实现所谓"管理者的雄心"而开展并购，即使能够取得交易一时的成功，也未必能保持长期竞争优势。

以苏格兰皇家银行（RBS）为例。该行2005年已是英国和欧洲的第二大商业银行，英国本土贡献了73%的收入，其工商企业业务、私人银行和零售业务独具特色，处于英国市场领先地位。但RBS的高层不满足于海外仅在欧洲大陆和美国有限的布局，希望通过并购进一步扩大全球版图。2007年3月，在巴克莱银行宣布将收购荷兰银行后，RBS与巴克莱银行展开了旷日持久的并购争夺战，很重要的一个原因是荷兰银行在全球53个经济体拥有超过4500家分支机构，如果巴克莱银行并购成功，将取代RBS英国第二大银行的位置。虽然RBS通过组建并购银团最终以高价击败巴克莱银行，并一度坐上全球资产排名第一银行的宝座，但由于多种原因，所收购的业务、客户与机构并不能强化RBS的特色与优势，加之因金融危机严重亏损，RBS被英国政府国有化，不得不将业务收缩至英国及西欧，并将发展目标定位为"建设成为英国最受客户信赖的银行"。

（二）买能力重于买资产

就并购项目的重要性而言，以提升能力为出发点的战略性并购要高于一般性的财务投资。作为战略性并购，除满足股权投资的财务回报率门槛要求外，还要有助于完善或创新业务模式，带来经营管理能力的提升，如更高的目标客户服务质量和效率、更为专业化的产品研发和交叉销售能力、更为广泛和便捷的服务渠道、更为优化的风险管控技术与能力、更为集约化的运营能力、更为精细化的成本管理能力，等等。与发达经济体领先同业相比，中资银行的市场化、国际化运作时间不长，在海外并购中，要特别重视吸收先进管理技术，通过战略投资来达到"引智、引制"的目的。当然，中资银行在传统商业银行的很多领域已具备较高管理水平，也可以向被并购对象输出技术与能力，经过本土化调整后，同样可以形成协同效应，强化整体服务竞争力。

买能力之所以重于买资产还体现在三个方面。第一，能力是无形的，如果缺乏对并购双方能力以及达成协同效应可行性的科学评估，即使并购了资产，也未必能够达到预期目的。例如，1998年花旗银行并购旅行者集团，成就了花旗银行"金融超市"的梦想，但最后还是因为双方办同效应难以达到预期而以失败告终。第二，能力的承载对象是人，只有在并购中挽留、激励好被并购对象的核心人才，并不断充实合格的职业经理人和专业人才队伍，才能使所并购的资产产生应有的回报。例如，1998年，富国银行通过与西北银行（Norwest）合并，引入了西北银行一批当时美国银行界的管理精英，使得富国银行的净利润10年间扩大了3倍。第三，从较长的时间维度看，买入的资产或机构如果相对独立、与核心业务联动价值不大，在经营尚可的情况下，可能会成为金融危机时的处置对象，用于补充资本、强化核心业务，如花旗减持并最终出售旗下证券经纪公司美邦（Smith Barney）；而在资产本身有"毒"、影响正常经营的情况下，则可能被纳入"坏账银行"处置。

（三）小而精先于大而全

中资银行的海外并购宜循序渐进、稳妥推进，这一点在当前经济增速换挡、市场化改革深化以及资本、市场、资源等各类约束不断加强的背景下尤为重要。一般而言，在开展大规模、多国别、多元化的并购交易前，各银行宜按照由小到大、由近及远、由文化亲近向文化多元的顺序推进，通过实战积累经验，赢得股东、市场和监管当局的信心和信任，再逐步做大。小而精的优点是可进可退，既可以做加法，通过量变引起质变，例如，实现从区域性跨国银行向全球性跨国银行的升级，也可以根据需要做减法——如果在新的形势下，那些规模较小、分布较为分散的机构不能产生足够的战略协同，则可适时地进行处置或出售。

以汇丰银行为例，在其构建全球化布局过程中，主要通过三种方式推进。一是采取部分参股形式，不一定一开始就控股或完全收购，其好处是可以通过参股深化了解，建立互信，促进交易双方更深层次的合作，避免敌意收购的种种弊端，也可以相机而动，在时机成熟时进一步扩大股权。例如，汇丰并购英国米德兰银行，采取了先参股，直至5年后择机整体收购的渐进方式。二是以目标市场的小型法人机构为平台，逐步展开并购活动，积少成多，连点成片。例如，汇丰在加拿大以子公司为载体，历时17年连续收购、整合了加拿大8家金融机构，成为加拿大最大的外资银行。三是聚焦某一专业领域，通过持续收购具有专业特色的小公司并加以整合提升，逐步构建领先优势。例如，为实现全球私人银行布局，汇丰曾历时6年先后收购瑞士私人银行Guyerzeller、美国利宝集团等多家金融机构，经整合建成全球第三大私人银行。2008年国际金融危机后，汇丰根据全球经济格局的变化主动调整过于松散的全球布局，通过简化、重组，一些经营分散、规模效益欠佳的海外机构被较快地处置，全球业务组合、组织架构和业务流程得到优化。

（四）抓整合重于做交易

并购交易通常会涉及交易筛选、尽职调查、竞标谈判、监管审批、资金交割等环节，但贯穿于并购全程且难以外包工作的是整合。整合对并购成败的决定性作用体现在三个关键问题上。第一，被并购对象能不能被整合，这一点在交易筛选和尽职调查过程中就应进行评估，如果在法律监管、民意文化、系统管控上缺乏整合基础，即使并购交易勉强达成，也可能带来无穷后患。第二，所采取的整合措施能够带来哪些协同效应，包括收入的增加、成本的降低、业务能力的提升等，对这些协同效应的财务评估是并购估值的重要依据，决定了并购谈判的报价底线。第三，整合规划的严密程度和执行力度将决定协同效应能否达到预期。由于整合工作几乎涉及了银行所有核心业务及管理部门，因此在规模较大的并购项目中，并购发起方一般要组建专项工作组，确保并购交易和整合达到预期。例如，2009年法国巴黎银行以147亿欧元并购富通集团在比利时和卢森堡有关机构，先后组建了61个任务组和340个团队、400~4000名员工分阶段参与其口，推动完成了1161个项目，经过3年整合，累计实现了11.3亿欧元的协同效应，超过计划的17%。

（五）长期回报重于短期收益

海外并购的成败事关银行管理者的职业生涯，更关系到股东、投资者、员工甚至国家的利益，成功的秘诀在于不打无准备之仗，将潜在风险及防范化解措施考虑到位，确保多数并购交易以及重大交易经得起时间的考验。第一，在设计交易结构时，就要将项目退出的触发条件、策略、方式、渠道和时间等做一考虑，提出退出预案。第二，要对全球经济金融形势和被并购对象所在国别的风险及前景进行全面的评估，对发生系统性、区域性风险的可能性有基本判断。第三，确保并购的报价是合理的，预期收益能够覆盖交易的潜在风险和成本。第四，及早落实针对被并购对象的治理机制和激励约束机制，确保交易完成后各项集团管控措施能够落实到位并长期执行，至少要保证不发生大额监管处罚、恶性金融犯罪等严重影响声誉的事件。

并购交易要实现长期回报的难度是较大的，即使是汇丰银行，也遇到过挫折。例如，为扩大美国市场的战略布局，2003年汇丰斥资约148亿美元收购了美国家庭信贷公司（Household），尽管该项并购短期内使汇丰北美地区的税前利润扩大了3~4倍，但次贷危机后，美国经济和金融市场恶化，该并购交易使汇丰银行的美国业务几乎陷入灭顶之灾，汇丰银行被迫进行了大规模的业务剥离。事后看，汇丰银行本可以避免问题的发生：一是并购交易提交董事会的时间较为仓促，且有非执行董事提出质疑，认为在当时进行并购可能会处于经济周期的错误节点，但未引起足够重视。二是并购完成后，家庭信贷公司每年贡献约30亿美元利润，汇丰总部过于信任该公司的原有管理层，放松了集团管控，以至于公司无节制扩张，并且无论是组织架构、风控能力还是企业文化，都与汇丰相差甚远。

以上的五条并购原则并非需要同时满足，但坚持这些可以保证并购方案考虑得更为周全些。对于一般性的财务投资，满足最后两条原则，做到投后有管控、长期回报有保障即可，而对于一些重大战略机遇，只要银行有信心、有能力，完全可以大胆突破。比如，富国银行快速决策并购美联银行。在2008年国际金融危机期间，美国美联银行发生巨亏，本已于9月29日被监管机构安排由花旗银行出资21.6亿美元收购，而在3天后的10月3日，富国银行即宣布以151亿美元和其他更有利的并购条件与美联银行达成协议。经过成功整合，富国银行资产规模和盈利水平翻番，一举成为全球市值第一大行。在上述案例中，富国银行实际上不可能开展全面的尽职调查和协同效应分析，所做的估值和投资主要基于战略眼光、并购经验和自身经营管理能力的底气。

四、为成功的海外并购做好准备

对一些中资银行而言，海外并购是一个"等不得、急不得"的问题。"等不得"是因为国际化是大势所趋，同业海外布局加速，并购机遇并不常有且稍纵即逝，如果交易落空则可能丧失机遇、丢失份额，影响战略目标的实现。"急不得"是因为并购能力和专业人才培育时间长，如果交易代价过高、整合失败则会造成损失，有时损失还可能是致命的。中资银行需要建立清晰的管理架构和路线图，为成功的海外并购做好各项准备，并在实践中提升全球化运作能力。

（一）战略准备

中资银行的海外并购需建立在清晰的发展战略基础上，要紧紧围绕集团战略确定未来并购路线图。一是根据全球经济格局调整、金融监管趋势以及银行自身的目标和优势，明确定义未来3~5年的海外区域规划及重点国别地区。例如，国际金融危机后，汇丰银行将战略目标确定为"领先的国际化银行"，将87个国家和地区的机构分为本土市场、重点增长市场、网络市场和小型市场四类，其中，重点增长市场包括了本土市场以外的20个国家和地区，是海外发展的重点。二是要明确重点业务线的海外布局规划，确定海外公司、零售、金融市场及多元化金融发展的差异化国别分布和客户定位，明确业务增长的来源和发展优先级。三是要明确全球布局及资源配置调整的决策标准，如汇丰银行的六大标准（包括国际关联度、经济发展潜力、盈利能力、运营效率、资金流动性和金融犯罪风险）、花旗银行的"吸引力/竞争优势矩阵"模型等。四是要将中长期战略规划分解为业务线和海外分行的年度目标，落实各级管理者任期绩效责任。

只有明确了上述战略导向，识别了在今后一段时间发展较为迫切而通过自设机构难以达到规划目标的海外地区和业务线时，银行并购才能真正找到方向、找准落脚点，对那些找上门来的或内部推荐的并购项目才能有快速筛选的依据。一个笼而统之、目标与路径模糊的战略只能将并购交易引入迷宫，而一个逻辑混乱、缺乏纪律约束和管控边界的规划只会让并购交易误入歧途、走向失败。

（二）组织准备

高层领导的重视是并购组织的第一要务。对中资银行而言，党委会、股东会、董事会是重大并购项目的最高决策机构，年度高管会议、执委会/行长办公会及其他定期工作会议是推进并购策略执行的重要议事机制。银行高层需要定期不定期地就并购战略、规划等重大问题进行讨论，并适时就相关工作进行动员、检视、评价和决策，这样才能引起集团上下对并购工作的关注和配合。一个连续数月甚至数年没有在高层会议上审阅过并购策略、并购项目清单和重大并购交易的银行称不上做好了组织准备。

精干专业的并购团队是达成交易的基础。作为专业化运作平台，并购团队至少要包括1名集团管理层成员，负责管控并购所涉重大问题和关键环节，并根据授权承担并购项目谈判首席代表角色；1名总行部门高级管理人员，专司资本市场运作和并购交易管理；若干名项目工作团队成员，负责制定并购策略、筛选和跟踪潜在项目、制订并协调落实并购方案、统筹完成项目后评价与退出安排，成员要在战略、财务、法律、行业研究、银行业务、项目管理、股权合作等领域具有专长。考虑到并购事宜涉及商业秘密且时效性强，并购团队应相对独立,并有快捷的汇报路线及决策通道作保障。一个未经严格筛选、缺乏实战训练的并购团队将很难成就业界标杆的并购项目。

(三)行动准备

制定并不断完善并购管理制度。根据业界最佳实践、失败案例教训和本行实际,及早制定新的并购管理制度,规范并购目标选择、尽职调查、中介选聘、价值评估、交易谈判、资金落实、整合安排、投资退出、信息披露等全流程,明确并购管理架构、职责分工和管理责任。并购管理制度必须严格制定,能够管控好关键风险环节,并在实践中不断完善,真正起到规范并购行为、防范并购风险、提高整合效益的作用。一个过时的、脱离实战基础并且责任不清的并购管理制度必将导致工作效率低下、推诿扯皮、交易无果而终。

前瞻性地进行并购资源配置。一是落实预算资源。根据集团战略规划,充分利用低利率的宏观环境和流动性充裕的市场环境,为包括并购在内的海外扩张筹集资本,以保证并购弹药充足,成本可控,即使在不利市场环境下也能抓住战略机遇。二是落实中介资源。物色筛选可信赖的、具有全球化运作能力的战略咨询、投资银行、财务税务、法律等方面的专业顾问,建立长期合作关系,探寻并跟踪并购项目机遇,帮助银行在关键时刻赢得交易、妥善应对危机。三是落实人才资源。前瞻性地物色、培养、储备国际化经营管理人才,推出银行跨国并购专项人才发展计划,确保有数量足够、能力合适的人才及早参与尽职调查和整合安排,能够担当对所并购海外机构的经营管理责任,圆满完成并购目标。例如,汇丰银行在推进国际化战略过程中,制定了一套专门的培训制度,前瞻性地培养了一支"国际事务官"队伍,规模约500人,大致每三年轮调到不同的国家和地区,一旦有并购行动,马上就可以组成一支空降"特种部队",进驻被收购对象独当一面,在最短的时间内将收购转变为盈利。仅有并购的文件和制度,却无充足的财务资源和懂行的内外部专才作支撑,再好的并购交易也可能失之交臂。

营造协同一致的内部合作文化。海外并购对于多数海外资产占比较低的中资银行而言还是新事物,需要全行上下的全方位支持才能更好地推进。一是提高认识，转换思维。总行各条线、各海外机构要从传统上主要依托自身机构发展的模式逐步切换到自设和并购并重的发展模式，主动研究海外市场变化，就需要进行海外并购的地区及机构提出合理建议。二是要主动适应，提升管控能力。总行职能部门要积极研究海外并购所涉的人力、财务、风险、合规、信息科技、运营内控、文化协同等方面问题，将困难和问题考虑周到，形成可行的应对方案，最大限度地保障并购取得成功。三是重视学习研究，强化激励约束。系统研究跨国银行并购的理论、方法、技术和经验教训，通过论坛研讨、同业调研、案例总结等多种形式开展内外部学习，形成可复制、可传承的具有本行特色的并购方法论体系。逐步建立与并购规模与结果相挂钩的激励约束机制，将海外并购工作经历及并购交易成效作为未来核心人才晋升的重要依据之一。一个安于传统发展路径、官僚作风严重、不关注全球银行业并购背后经验教训的银行是很难促成高质量的并购交易的，弄得不好自己会成为并购对象。

并购能力是通过一单一单并购交易打仗打出来的，而不是纸上写出来的。把握国家"十三五"规划和"一带一路"倡议机遇期，善做善成每一单并购交易，或将决定中资银行海外发展的未来新格局。

商业银行理财市场发展现状、存在问题及对策建议

近年来，商业银行理财市场取得快速发展，但也存在着行业自身发展模式有待完善、影响金融体系的稳定性、削弱了宏观调控和监管的有效性等问题。本文对商业银行理财市场发展情况进行了详细梳理，分析了其快速发展的原因及其在快速发展过程中暴露出的问题，在此基础上提出相关政策建议。

一、中国理财市场发展现状及特点

根据银监会的定义，理财业务是指商业银行接受客户委托，按照与客户事先约定的投资计划和收益与风险承担方式，为客户提供的资产管理服务。自2004年光大银行推出首款人民币理财产品以来，理财市场取得了较快的发展，主要呈现以下特征。

（一）理财产品规模持续扩张

近年来，理财市场规模扩张较快。截至2017年底，理财资金账面余额29.54万亿元，较2017年初增加0.49万亿元，增幅为1.69%。近三年（2015—2017年）理财资金账面余额分别为23.5万亿元、29.05万亿元和29.54万亿元，同比分别增长56.46%、23.62%和1.69%，近三年平均增速达27.25%，远高于同

期银行业金融机构贷款平均增速和M_2平均增速水平。

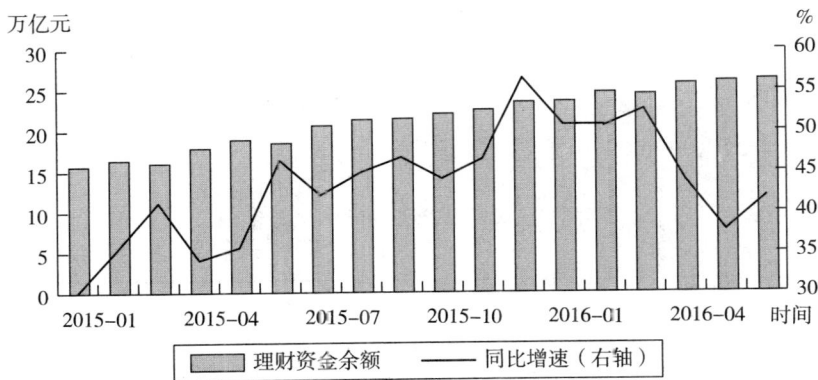

图 4-24 中国银行业理财市场月末存续情况

资料来源：中央国债登记结算公司。

从理财产品供给方（市场参与主体）看，股份制商业银行理财产品规模增长较快。2015年3月末，股份制商业银行理财规模首次超过国有大型银行。截至2017年末，股份制商业银行理财产品资金余额达11.95万亿元，占理财产品资金余额的比重为40.5%，成为理财市场的最大参与主体。

表 4-18 不同类型银行业金融机构理财产品月末资金余额情况   单位：万亿元

时间	国有大型银行	全国性股份制银行	城市商业银行	外资银行	农村金融机构	其他机构	月末余额合计
2015Q1	6.32	6.59	1.87	0.37	0.54	0.37	16.05
2015Q2	6.67	8.15	2.27	0.34	0.66	0.43	18.52
2015Q3	7.81	9.30	2.70	0.34	0.81	0.52	21.48
2015Q4	8.67	9.91	3.07	0.29	0.91	0.65	23.50
2016Q1	8.46	10.30	3.48	0.31	1.19	0.76	24.50
2016Q2	9.00	10.89	3.74	0.30	1.44	0.91	26.28
2016Q3	9.36	12.17	4.16	0.36	1.62	0.96	28.63
2016Q4	9.43	12.25	4.40	0.33	1.64	1.01	29.05
2017Q1	9.29	12.40	4.43	0.36	1.68	0.99	29.15
2017Q2	9.27	11.80	4.39	0.37	1.62	0.93	28.38
2017Q3	9.70	12.49	4.64	0.39	1.62	0.96	29.80
2017Q4	9.97	11.95	4.72	0.37	1.57	0.96	29.54

资料来源：中央国债登记结算公司。

从理财产品需求方（投资者）看，一般个人类理财规模最大。2017年，全国共591家银行业机构发行了理财产品，累计募集资金173.59万亿元，其中，个人类理财产品募集金额最高，达110.44万亿元，占募集金额的比重为63.62。同时，个人类理财产品年末存续期余额最高，达19.79万亿元，占年末存续余额的比重为66.99%。

表4-19　　　　　　　　不同投资者类型产品发行与存续情况

单位：万亿元，%

产品类型	全年总募集金额	全年总募集金额占比	年末存续余额	年末存续余额占比
个人类	110.44	63.62	19.79	66.99
机构专属类	49.23	28.36	6.5	22.01
金融同业类	13.92	8.02	3.25	11
合计	173.59	100	29.54	100

资料来源：中央国债登记结算公司。

（二）理财产品资产配置集中度较高，债券是重要投资标的

从理财产品资产配置情况来看，债券、现金及银行存款、非标准化债权类资产是理财产品主要配置的前三大类资产，共占理财产品投资余额的72.32%，其中，国债、地方政府债、央票、政府支持机构债券和政策性金融债占理财投资资产余额的8.11%，商业性金融债、企业债券、公司债券、企业债务融资工具、资产支持证券、外国债券和其他债券占理财投资资产余额的34.08%。此外，非标准化债权类资产也是银行理财产品主要投资的资产之一，截至2016年末，投资于非标债权类资产的资金占理财投资余额的16%。

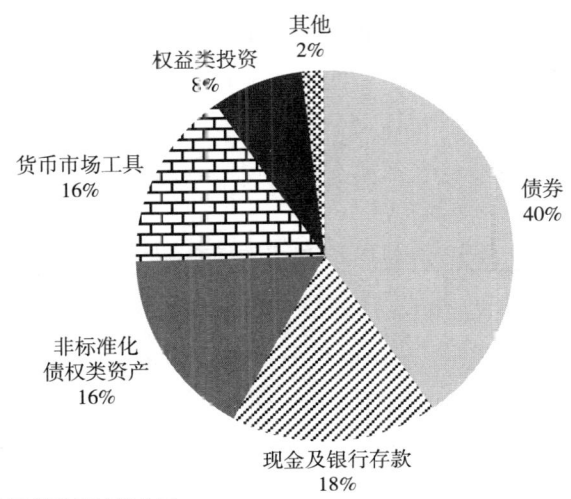

资料来源：中央国债登记结算公司。

图 4-25　理财产品资产配置情况

（三）理财资金投向的行业覆盖面较广，部分重点监控行业和领域投资规模有所下降

截至2016年6月末，理财资金投向涉及国民经济90多个二级行业分类，投向实体经济的理财资金余额为16.03万亿元，占理财资金投资各类资产余额的60.74%，主要通过配置债券、非标资产、权益类资产等多种方式进入了实体经济。其中，规模最大的五类行业为：土木工程建筑业、房地产业、公共设施管理业、电力热力生产和供应业与道路运输业等，前五类行业占比为51.54%。五类行业中，与2015年末相比，房地产业占比提升3.38个百分点，在前五类行业中占比提升最快。

表 4-20　　　　　　理财资金投向行业分布情况　　　　　　单位：%

	2016年上半年	2015年末	2016年上半年较2015年末
土木工程建筑业	14.21	12.79	1.42
房地产业	13.06	9.68	3.38
公共设施管理业	11.68	12.30	-0.62
电力热力生产和供应业	6.78	5.65	1.13
道路运输业	5.68	6.00	-0.32

资料来源：中央国债登记结算公司。

截至2016年6月末，理财资金投向非标准化债权类资产中重点监控行业和领域的资金余额为2034.9亿元，较2015年末增加了97.9亿元。2015年，除了商业房地产外，地方政府融资平台及"两高一剩"行业的理财产品投资规模均有下降，2016年上半年，理财资金投资政府融资平台的规模进一步下降。

表 4-21　　　　理财资金投向重点监控行业和领域情况　　　　单位：亿元

	2016年上半年	2015年	2014年
地方政府融资平台	921.9	994	1223.5
商业房地产（保障房除外）	—	847.5	767.3
"两高一剩"行业	—	71.4	134.6

资料来源：中央国债登记结算公司。

（四）理财产品期限较短，募集资金以短期为主

从运作模式上来看，理财产品分为开放式理财产品和封闭式理财产品。2016年上半年，开放式产品累计募集资金59.85万亿元，占理财产品累计募集资金总额的71.3%。封闭式产品累计募集资金24.13万亿元，占理财产品累计募集资金总额的28.7%，其中，期限在3个月以内（含）的封闭式理财产品募集资金13.51万亿元，占封闭式理财产品募集资金总额的比重为56%；期限在3个月以上的理财产品募集资金10.62万亿元，占封闭式理财产品募集资金总额的比重为44%。

表 4-22　　　　不同期限类型封闭式理财产品募集资金情况　　　　单位：亿元，%

		3个月以内含	3~6个月	6~12个月	1年以上
2016年上半年	募集金额	13.51	5.91	4.20	0.51
	占比	56.00	24.48	17.40	2.21
2015年	募集金额	25.99	10.07	5.80	1.00
	占比	60.64	23.50	13.53	2.33

资料来源：中央国债登记结算公司。

（五）理财产品收益率有所回升

2015—2017年，银行发行的理财产品的客户实际年化收益率基本在

3.5%~5.0%。从2017年全年来看，封闭式产品按募集资金额加权平均兑付客户年化收益率为4.06%，较2016年上升27个基点。2017年，已终止的封闭式理财产品收益率呈现出上升趋势，从年初的平均3.5%左右上升至平均4.3%左右。

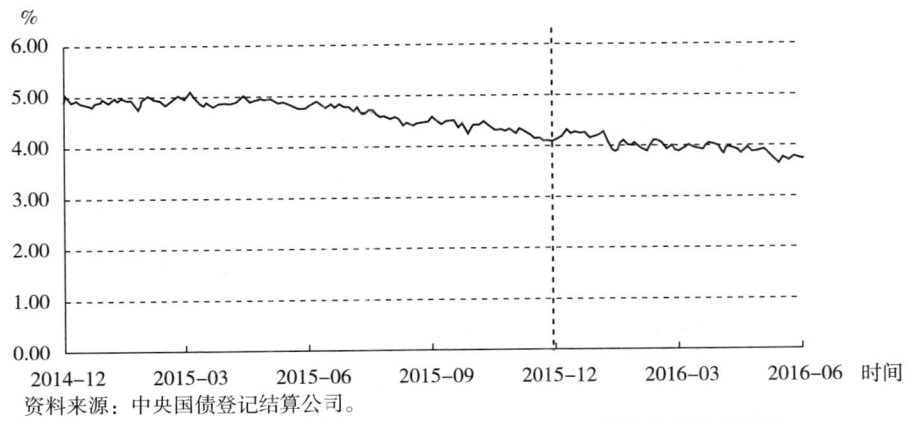

资料来源：中央国债登记结算公司。

图 4-26　银行业封闭式理财产品加权平均兑付客户年化收益率

二、理财市场快速发展的原因

（一）从全球视角看，资产管理（理财业务）是银行业转型发展、提升国际竞争力的重要方向

资产管理业务最早起源于18世纪的瑞士，资本市场的快速发展、混业经营、跨界跨业经营便利化等诸多利好因素刺激下，资产管理业务发展迅猛，已经成为当今金融业中规模最大和发展最快的业务之一，也是国际大型金融机构着力发展的战略性业务。目前，在金融改革加速推进的背景下，我国商业银行面临制度红利消失、竞争日趋激烈、资金稀缺和金融需求多样化等问题，而轻资本占用的资管业务将成为其寻求发展转型、谋取差异优势、探索新的经营模式和盈利模式的重要突破口，也是顺应国际竞争趋势、培育提升国际竞争力的重要方向。

（二）我国居民财富收入快速增长，需要多元化的投资渠道

波士顿咨询（BCG）数据显示，2016年中国个人可投资金融资产的规模稳居世界第二，达到126万亿元，约为同年国民生产总值的1.7倍，为财富管理市场形成了百万亿级的蓄水池。预计到2020年底，中国个人财富将保持12%的年均复合增长率，达到200万亿元。与此形成对比的是，我国居民可投资渠道较为单一，与存款、基金、股票、期货、其他金融衍生品等投资相比，理财产品收益率较高、流动性好、收益稳定，从而受到投资者青睐。

（三）监管部门鼓励业务创新为理财市场发展提供良好的外部环境

理财业务在完善融资结构、服务实体经济、满足投资者需求等方面发挥了积极作用。针对理财的业务发展，监管部门采取疏堵并举的措施，遵循了业务起步、监管引导、迅速发展、监管规范的监管路径，在规范理财有序、健康发展的前提下，鼓励理财业务创新，为理财市场发展提供了良好的制度环境。

三、理财市场存在的问题及影响

（一）行业自身发展模式有待完善

1. 期限错配造成较大的流动性风险。理财资金来源具有明显的短期化特征。2016年上半年，赎回期限灵活的开放式产品累计募集资金59.85万亿元，占募集资金总额的比重超过70%，封闭式理财产品累计募集资金24.13万亿元，占募集资金总额的比重约为30%，其中，3个月（含）以内的封闭式产品占比超过50%，1年以上仅占2.2%。资金运用偏向于中长期金融资产，1年期以上的资产可以占到50%以上，其中非标资产占比16.5%。为了应对期限错配带来的流动性压力，理财产品不得不滚动发行（发新还旧），否则需要紧急出售中长期资产，可能导致较大的损失。

2. 杠杆化运作使风险成倍扩大。银行理财往往采取杠杆经营模式。以委外理财业务为例，据国泰君安测算，2015年其规模超过5万亿元，可以占到全

部理财的1/4以上，通过场内债券回购、场外结构性产品和分级基金等方式加杠杆，杠杆水平可以达到1∶3。部分银行理财甚至通过代持、抽屉协议等模式，进一步放大杠杆。过高的杠杆水平在带来更高的收益的同时，使银行理财本金面临的风险倍增，本来轻微的风险和损失经杠杆多倍的放大，将导致理财本金遭受实质性亏损。

3. 不充分的信息披露增加了风险管理的难度。理财属于新兴业务，部分投资者实际上对其运作模式和风险状况缺乏足够的认识。而且，理财资金配置中有相当部分金融资产都呈现了低透明度的特征，尤其是非标资产、私募债和权益投资，具体用途和真实风险水平更加难以评估。同时，信息披露也不充分、流于形式，部分产品的产品说明书对投向范围的描述几乎涉及所有可投资标的，事中也缺乏渠道监控具体资产配置情况。不充分的信息披露使得风险管理的难度大幅提升，进一步增加了损失的可能性。

（二）影响金融体系的稳定性

1. 风险叠加威胁金融市场稳定性。宏观经济下行显著加大信用风险压力。相对银行相同期限的其他资金来源，理财产品的收益率要求普遍较高，2016年上半年，封闭式产品按募集资金加权平均兑付客户年化收益率为3.98%，开放式非净值型产品加权平均兑付客户年化收益率为3.32%，而1年期银行存款利率仅为1.5%左右。一般而言，在市场化的环境下，较高的收益率意味着需要承担较高的风险。当前，中国经济进入下行阶段，实体经济面临一定的经营困境，银行自身的资产质量压力凸显，理财资产也会同样面临较大的信用风险压力。同时，权益类投资加大了市场风险。2016年上半年，银行理财资金对权益类投资超过2万亿元，由于权益类资产只能通过转让实现收益，其市场价格的波动性将显著加大理财资金的风险。信用风险及市场风险叠加导致风险进一步加剧，影响金融系统稳定性。

2. "刚性兑付"使风险通过银行扩大到整个金融体系。近年来，商业银行出于声誉风险以及业务续作的考虑，往往对理财产品实行"刚性兑付"。由于银行往往未对其采取与自身资产相同的风险准备政策，风险计提不充分，一旦理财产品出现风险，将对银行带来未预期的损失。2017年末，银行理财规模占到了商业银行总资产的15%，这一损失规模不容忽视。当前，中国银行业面临着较大的盈利和资产质量压力，如果银行理财的风险爆发，则可能导致银行业危机，进而影响金融体系的稳定。从发展的角度来看，如果银行理财以及商业银行规模增速保持稳定，到2020年，银行理财规模可以超过商业银行总资产的50%，影响将更加巨大。

3. 复杂的交易过程加大了风险的外部性。银行理财业务，特别是所谓的通道模式往往涉及多家金融机构，各自扮演出资方、通道方、增信者、授信额度出借方、代持者等角色，使各金融机构围绕银行理财结成了错综复杂的相关关系，在为理财业务带来新的同业风险的同时，也导致了风险通过交易链、信用链、资金链的传染，引发系统性的风险。

（三）削弱了宏观调控和监管的有效性

1. 弱化国家信贷政策效果，不利于支持实体经济转型升级。银行理财将相当一部分资金投向重点监控行业和领域（商业房地产、政府融资平台、"两高一剩"），甚至是资本市场的投机交易，严重偏离信贷政策导向，不利于产业结构调整和经济转型升级，并造成局部行业或市场过热，埋下一定风险隐患。《中国银行业理财业务发展报告（2015年）》数据显示，截至2015年末，理财资金投向非标准化债权类资产中重点监控行业和领域（包括地方政府融资平台、商业房地产、"两高一剩"）的资金量1937亿元，其中，商业房地产投资规模仍保持约10%的增速水平。

2. 影响部分货币政策工具效果。出于各种考虑，商业银行往往有在季末、年末等部分关键时点维持较高人民币存款的冲动，通过控制理财产品的发行和到期期限，比如关键时点过后发行产品、将存款转化为理财资金，下一个关键时点前产品到期、将理财资金转化为存款，形成人民币存款的周期性变化，对货币供应量产生扰动，影响其作为央行货币政策中间工具的有效性。

3. 部分资金空转增加社会融资成本。根据《中国银行业理财业务发展报告》（2016年上半年）数据测算，截至2016年上半年，约有8.7万亿元的理财资金并未直接投向实体经济，而是以存款、基金等形式回到了金融体系，占比约为33%，一定程度上增加了资金运用的中间环节、降低了社会资金的使用效率。此外，由于银行理财的收益率要求普遍偏高，一定程度上也提高了资金运用的利率水平，进而增加实体经济的融资成本。

4.弱化对银行的监管有效性。部分银行利用理财业务进行监管套利，监管部门现有监管指标的有效性面临巨大的挑战，部分指标已经无法充分揭示一家银行的真实风险水平。如果考虑到表外理财产品的刚性兑付问题，资本充足率、杠杆率以及贷款损失准备、集中度以及流动性比率等监管指标都没有充分覆盖，对银行的监管指标统计结果将存在明显偏差。这使得监管部门难以对问题银行进行预警和及时干预，监管有效性明显减弱。

四、相关对策建议

近年来，理财业务取得了快速发展，在完善融资结构、服务实体经济、满足投资者需求等方面发挥了积极作用。虽然目前理财市场存在一些问题，但是不能因噎废食，应顺应市场的发展方向，采取多种措施，鼓励其有序、健康发展。

（一）坚持穿透式监管原则，注重监管协调

"通道业务"是我国理财市场发展的典型特征。一方面，受信贷规模及行业投放限制、表外业务监管标准较松等因素影响，部分市场参与主体有意愿通过与其他机构合作，实现信贷资源的表外投放；另一方面，各市场主体隶属于不同的监管部门，相关监管机构对于同类业务监管标准存在不一致，导致各机构多通过各种"通道业务"，甚至多层嵌套实现监管套利。理财业务跨业态、跨市场、跨领域的交叉性特征明显，分业监管格局下的部分业务跨界、跨业经营需要监管的协调协同和标准统一。

一是按照"实质重于形式"的原则，"从业务的本质入手"将资金来源、中间环节与最终投向穿透连接起来。以理财产品的基础资产作为监管标

的，根据标的资产的风险等级制定差异化的监管标准。在明确标的资产风险等级的基础上，原则上可适当降低杠杆率及风险准备计提的比重。二是加快完善理财业务监管体系，探索建立金融监管协调部际联席会议制度，进一步加强深层次的日常监管合作和监管协调。三是在遵循审慎监管原则和鼓励创新的前提下，规范商业银行理财业务经营权限、业务范围、资金投向和监管标准，形成行之有效的行业指引。

（二）做好存量理财业务的风险缓释工作

目前，我国理财市场存量规模较大，占商业银行总资产规模达16%，如果出现问题将对金融系统稳定性造成较大影响。在规范发展新增理财市场相关业务的前提下，需要做好存量理财业务的风险缓释工作。一是对存量业务进行全面风险排查。以银监会下发《银行业金融机构全面风险管理指引》及"两加强、两遏制"为契机，对涉及"通道"业务的理财产品进行"打包还原"，重点检查理财的产品设计、产品销售、信息披露、收益核算、资金池、代销产品、资金流向等方面，做好理财业务风险的摸底工作。二是对于存量理财产品的风险敞口，建议完善风险准备金政策，综合考虑资金投向、期限长短、预期收益等多种因素，采取差异化的准备金计提方式，在有效缓释相关风险的基础上，激发市场主体的积极性。三是严格落实理财业务相关监管规定，严控资金池业务，防止出现流动性风险；降低杠杆运作上限，逐步减少理财业务的异化行为和风险暴露。四是切实落实风险隔离制度，保证理财机构自营业务、资管部门、研究部门之间设立有效的防火墙机制。

（三）加快理财回归资产管理本质，大力发展净值型产品

我国商业银行理财业务与国际上较为成熟的资产管理业务存在一定区别。国际上较为成熟的资产管理业务呈现"代客理财、风险自担"的特征，而我国商业银行理财业务仍由银行提供隐性担保，存在"刚性兑付"，处于存、贷业务与资产管理业务的中间地带。未来回归资产管理本质是理财业务发展的

重要方向。一方面,"卖者有责、买者自负"是资产管理的核心要义,通过向资产管理业务回归,打破刚性兑付、实现风险自担,将使商业银行"松绑",避免理财业务相关风险蔓延至银行体系内部,干扰金融系统稳定性。同时,打破刚性兑付将使投资者及市场参与主体更加理性,清晰、明了相关业务的风险与收益,有助于理财市场有序健康发展。另一方面,资产管理业务具有较大的发展潜力,波士顿咨询(BCG)预计,到2020年中国资产管理规模将达到174亿美元,较2015年末增长将超过100%,为商业银行转型发展提供了较大的业务空间。

建议进一步规范理财市场运作模式,逐步实现理财业务向资产管理的转变。一是鼓励创新,大力发展净值型理财产品,打破刚性兑付。进一步扩大理财直接融资工具和资管计划试点范围,推进理财直接投资并直接对接实体经济。二是完善资产管理运营框架,培育和引进熟悉银行业务和资本市场运作、了解相关法律法规、风控管理能力较强等具有较高综合素质的资管专业人才。建立独立的风险评估体系、投资审批体系、信息科技支撑体系、独立核算体系和内控管理体系。

(四)进一步完善理财业务相关基础设施建设

目前,理财资金成为继银行信贷之后服务实体经济最重要的资金来源之一。这部分资金虽然通过配置债券、非标资产、权益类资产等多种方式进入了实体经济,但尚未纳入社会融资规模等统计指标,对货币政策调控、产业政策制定等方面产生一定影响。一是建议由人民银行牵头,银保监会、证监会参与,通过各市场参与主体的业务梳理与数据分享,进一步完善全口径理财资金来源、用途、收益情况等统计数据及指标体系构建。二是进一步完善理财业务相关统计指标,适时披露"通道类""委外类"等相关业务规模。完善理财业务统计方式,探索披露日均理财业务规模,避免"冲时点"因素干扰理财业务结构的准确性。三是探索设立理财产品转让平台,有效管理流动性风险。

如何借助科技金融实现"换道超车"
——银行与互联网公司的合作与思考

近期,大型商业银行与互联网公司的"联姻"引起了社会的广泛关注。实际上,银行和互联网公司的合作并非新事物,从2004年起,阿里巴巴已先后与11家银行开展战略合作,腾讯和百度各7家,京东5家。从2017年上半年起,以大型商业银行为主掀起的合作热潮呈现多个新特点:一是合作密集,特别是上半年集中签约,较以往的零散合作呈加速趋势;二是规格更高,双方主要高层参与,对合作更重视;三是层次更深,相对以往广泛的战略合作,明确圈定具体领域开展深入合作;四是焦点一致,相比早期的电子银行、电子商务和营销渠道等方面合作,金融科技成为各方的合作焦点。全面分析银行与互联网公司的合作的历程、逻辑和未来趋势,对于银行把握行业潮流、抓住发展机遇、抢占竞争先机、防范潜在风险具有重要意义。

一、"银—网"合作历程及战略动因

银行与互联网公司的合作大致可分为三个阶段,即2004年至2009年的蜜月合作期,2010年至2015年的跨界竞合期,2016年至今的共识联手期。

(一)第一阶段(2004—2009年):蜜月合作期

这个阶段以支付宝、财付通等第三方支付合作为代表。在这之前,银行和互联网公司的交集较少,特别就大型商业银行而言,互联网公司一般只是分行级普通对公客户。银行为互联网公司提供支付结算、资金托管、现金管理、工资代发等常规的公司金融服务。随着支付宝、财付通与各行分行合作开通支付商户,推出快捷支付,"银—网"合作陆续拓展。2004年,工商银行与腾讯签署电子商务战略合作协议,合作范围涉及虚拟联名卡、推广电子银行产品、开展共同的网上安全认证、共享营销宣传渠道及客户资源等。2005年,招商银行与阿里巴巴签署银企战略合作协议,合作领域主要为支付结算等。农业银行、建设银行、浦发银行、民生银行等跟进,合作主要包括网上银行、电子支付、联名卡、营销等领域。2009年,中国银行与阿里巴巴签署全面战略合作协议,宣布联手为客户提供电子商务增值服务,合作范围涵盖电子支付、国际业务拓展、中小企业网络融资、网络营销合作等。

然而,随着互联网公司的野蛮生长,"银—网"第一阶段合作逐渐趋淡。2008年,第三方支付的免费模式,特别是支付宝交易存在大规模的假消费、真套现行为,给"银—网"合作造成了冲击。中信银行、民生银行、农业银行、兴业银行、浦发银行和深圳发展银行等退出了与支付宝在信用卡等领域的合作。2009年,由于校园信用卡不良高企,监管叫停大学生信用卡业务、推动消费金融公司的发展,互联网公司迅速填补这一市场,游离于监管之外的所谓"金融创新"开始无序发展。

(二)第二阶段(2010—2015年):跨界竞合期

这一阶段,"银—网"合作向更广泛领域拓展。随着第三方支付的不断做大,银行对互联网公司的渠道价值逐步重视,不再将互联网公司视作一般公司客户,开始尝试借助互联网渠道拓展业务,"银—网"合作从传统的资金结算逐渐向网络授信、投融资、理财、直销银行、互联网技术等方面延伸。

例如,2010年,招商银行与腾讯在业务产品推广、客户交叉营销等开展合作。2011年,中信银行与阿里巴巴在银行卡快捷支付、信用卡代授及分期付款、中小企业网络融资等领域合作;建设银行与腾讯在联名卡、备付金存管、投融资、境外收单等十个方面合作。交通银行与阿里巴巴开展快捷支付和淘宝旗舰店等业务合作。2013年，中信银行与腾讯在电子产品、网络授信与融资、联名卡、资金融通、备付金、理财等九个方面合作；民生银行与阿里巴巴在理财、直销银行、互联网终端金融等方面合作；浦发银行与腾讯在互联网金融等领域开展合作。2014年，兴业银行与百度在互联网和金融领域开展合作。2015年，中信银行与百度开展联名卡、新型电子商务平台、大数据、云计算、金融支付、客户关系管理、APP、位置信息服务以及其他金融产品的全平台业务合作，并开始筹建百信银行；北京银行与腾讯在授信、医疗领域开展合作；浙商银行与百度开展大数据业务合作。

其间，"银—网"竞争同样风生水起。一方面，银行、保险、券商等传统金融业机构开始互联网金融的布局谋篇。中国银行率先推出国内银行业首个互联网金融开放平台"中银开放平台"，网络银行战略快速推进；建设银行加快推进"善融商务"平台建设；工商银行开始互联网金融产品布局的规划研究；农业银行成立互联网金融实验室；民生电子商务有限责任公司注册成立；中国人寿、中国太平、新华保险等大力发展网上业务，并纷纷斥资成立电子商务公司，如国寿电商等；券商也将互联网金融创新业务作为盈利的突破点。另一方面，互联网公司跨界布局加速。典型事件有，"三马"（马云、马化腾、马明哲）卖保险获批、阿里成立小微金融集团、阿里推出余额宝、支付宝收购天弘基金51%股权、京东宣布进军互联网金融等。2014年，由腾讯发起的微众银行成立，是国内首家民营银行和互联网银行。2015年，由蚂蚁金服发起的浙江网商银行成立。在此阶段，银行与互联网公司既有合作，也有竞争，在合作与竞争中双方的网络金融业务取得了快速发展。

（三）第三阶段（2016年起）：共识联手期

随着央行、银监会等监管机构联合下发了一系列重要的监管文件，行业监管框架落地，政策频繁收紧，互联网金融的野蛮生长逐渐收敛。互联网公司希望与传统金融站在同一起跑线上，进行互补发展、错位竞争。

经过多年的合作探索之后，银行和互联网公司都对自身优劣势有了明确把握，使得合作成为主基调。一方面，传统银行具有特定的优势，体现在以下几个方面，庞大的客户基础，特别是大客户基础；长期业务数据积累，包括准确的客户信息、贷款行为、公积金流水，以及业务过程中的大量非结构化数据；经营历史长，信誉高，资金多，风控体系成熟，监管合规体系较为完备，IT系统基础架构稳定完整。但是，随着互联网金融生态的演进，客户的支付、理财等金融活动越来越脱离传统银行体系，银行与客户的距离越来越远，银行迫切希望更好地融入更广泛的互联网金融生态圈。另一方面，互联网公司在构建网络生态、商业和社交场景等方面具备优势。基于自身掌握的社交、购物等关键场景，在流量基础上探索出各类场景化的金融服务，极大地增加了消费者的黏性，潜在客户群体巨大。但是，互联网公司也存在着风控基础薄弱、物理网点缺乏、缺乏大型客户来源、缺少金融牌照，难以提供复杂金融服务等短板。正是由于上述原因，联手合作成为"银—网"双方的共识。

以人工智能为代表的金融科技，加速了银行和互联网公司的合作。这个契机源于新兴科技在金融业的应用，人工智能即是其中的一个典型代表。2016年，美国设立人工智能和机器学习专业委员会，出台国家人工智能研发战略规划。英国、法国、德国、日本等国家快速跟进。2017年，人工智能成为我国"两会"热点，国务院近期印发《新一代人工智能发展规划》，明确提出抢抓人工智能发展的重大战略机遇，构筑我国人工智能发展的先发优势。金融领域是人工智能理想的应用领域之一。一是金融业是需要计算能力支持的专业领域，有各种金融模型。二是金融行业拥有庞大的数据量，而且是可以商业变现的有价值数据。三是金融是轻资产行业，并不需要仓库、物流。2017年，摩根大通宣称开发了一款金融合同解析软件COIN，经半年多的测试，利用人工智能将原先律师和贷款人员每年需要36万小时才能完成的工作缩至秒级，不仅错误率大大降低，还不用放假。这一标志性事件激发了全球金融业对金融科技的热情。

在金融科技大发展的时代背景下，金融业、互联网公司均面临着巨大的发展机遇，双方互相学习、合作是自然而然的选择，于是，中国建设银行与阿里巴巴、中国工商银行与京东、中国农业银行与百度、民生银行与小米等，开始围绕金融科技开展技术和业务场景的双重合作，我国金融业的发展和演进开始进入一个新的阶段。

二、金融科技兴起背景下全球"银—网"合作展望

金融科技（FinTech）代表着金融和科技的深度融合，其内涵和外延十分丰富，既涉及支付、结算、网络贷款、数字货币等金融领域，也涉及人工智能、大数据、区块链、云计算、移动互联、物联网、生物识别、加密共八大主流信息技术，还会延伸至技术和业务结合的智能投顾、智能合同等众多领域。随着金融科技的广泛应用，在一些金融业务关键环节实现自动化、智能化的应用，将有望创造出全新的、更有效率的商业模式，解决很多当前金融业务模式不能解决的问题。

（一）金融科技公司的发展及案例

1. 美欧金融科技公司发展情况。美国是互联网和金融业都最为发达的国家，但目前金融科技公司未形成强大的金融生态。究其原因，一是美国的科技、金融等支柱产业，市场化程度高，产业根基深厚，相互融合制衡，难以互相颠覆；二是美国相关金融监管体系成熟，金融机构大而强，会采取投资、并购等方式吸收科技创新，金融科技公司难有颠覆性机会；三是美国的科技企业利润相对较高，且有着聚焦和专注的传统风格，并不热衷跨界做金融，谷歌、亚马逊等科技巨头尚未成为金融科技生态圈的主力。

美国金融科技主要是应用云计算提供基础支持，利用大数据、移动互联技术为客户提供低门槛金融服务，满足传统金融机构无法满足的市场需求，建立和发展传统金融业务所不具备的渠道方式，成为传统金融的重要补充。目前大大小小的金融科技公司有1300多家，提供借贷、投资理财、支付和风险管理等金融服务。从产业聚集来看，绝大多数金融科技公司聚集在旧金山硅谷一带，而传统金融机构的总部多集中在纽约曼哈顿。

案例1：Kensho（美国）

Kensho是一家量化投资大众化公司，旗下产品Warren（沃伦）利用数据分析和机器学习提供金融分析，寻找事件和资产之间的相关性，在

数分钟内自动化完成事件对资产价格影响的预测（而传统分析师花费几个小时分析的结果），解决投资分析中"速度、规模、自动化"三大挑战，正在改变现代金融投资行为，成为金融市场的利器。Kensho已成为各家大银行的关注焦点，6家大型银行参与它的B轮融资。

在欧洲，金融科技的发展在欧洲主权债务危机后逐渐受到重视，成为金融科技公司发展最活跃的地区之一。尤其是英国，英国政府一直大力支持金融科技公司的发展，致力于打造全球领先的金融科技中心，英国有超过5万人就职于金融科技公司，规模大于硅谷和纽约。根据埃森哲统计，整个欧洲地区对于金融科技公司的投资中，半数流向了位于伦敦的公司。据Tech.eu的调查研究，金融科技已连续三年成为最受投资者欢迎的垂直行业，投资成交量排名第一，在增长最快的50家欧洲科技创业企业排行榜中，金融科技公司的比重逐年上升。

金融科技在支付、资本市场、区块链以及监管科技方面的解决方案已经受到更多国家和地区、资本市场的高度重视。欧盟委员会于2017年6月发布《金融科技产业：一个更具竞争力和创造性的金融部门》，高度肯定了金融科技的发展，提出了一系列金融科技的发展与监管思路。

金融科技公司在科技和金融交叉领域进行创新，一些产品的目标客户是企业，一些则专注于银行和金融机构的服务，在消费银行、网络转账、中小企业银行投融资管理等方面高速成长，推动金融业的革新和发展。

案例2：TransferWise（英国）

2011年创建，是一家P2P金融服务初创企业，提供低费率的外汇兑换服务，使得外出旅游者不用银行就能换汇，支持39个国家的货币转账，目前平台转账额已超过30亿英镑。

案例3：Adyen（荷兰）

2006年创建，为企业客户提供可接受在全球任何地点付款的单一解决方案，可将商户连接至涵盖Visa、万事达卡以及其他250种付款方案的供应商，年处理业务总额超过500亿美元。

案例4：LiquidShare（法国）

2017年7月由法国巴黎银行、卢森堡银行、法国信托局、欧洲银行票据交换所等七大机构联合创建，是一家提供区块链交易服务的金融科技公司，主要借助区块链技术降低中小企业的资本市场交易成本。

2. 我国金融科技公司发展情况。我国金融科技正在逐渐向金融与科技深度结合的方向发展，相关投资居全球前列。据埃森哲研究，2016年全球对金融科技的投资攀升至232亿美元，其中，中国金融科技投资达100亿美元，约占43%。英国《经济学人》杂志文章指出，从体量规模上看，中国是全球金融科技领域的绝对主导者。

从业务布局来看，百度、阿里巴巴、腾讯、京东、小米等，是我国金融科技发展的主力。大数据、人工智能、区块链、生物识别等技术开始与金融业务深度结合，从专注于线下前台业务的线上迁移，向大数据风控、智能投顾、票据记账、底层安全等中后台延伸。互联网公司借助科技手段，在各种生产、生活场景中植入金融应用，打造各自的金融生态系统。

案例5：阿里巴巴

其特点是整体布局，自建为主。蚂蚁金服是阿里旗下的小微金融集团，已拿下保险、证券、银行、基金等核心金融牌照。蚂蚁金服以支付宝为核心，通过余额宝、网商银行、蚂蚁花呗、芝麻信用、蚂蚁金融云、恒生电子、众安保险等创新产品不断延伸其产品触角。蚂蚁金服依托阿里巴巴积累的海量数据，将大数据、人工智能等技术应用于风险控制，建设智能风控体系；发掘农村金融等更多的长尾市场，推出"旺农贷"产品，为广大农民及农业创业者提供融资服务。

案例6：腾讯

其特点是参股控股，合作为主。腾讯在互联网金融的布局主要以投资和入股金融科技公司为主,广泛投资基金、券商、保险、P2P等金融领域。如领投第三方基金和财富管理服务公司好买基金网,投资提供美股和港股交易服务的互联网券商富途证券,投资基于互联网的P2P信用借贷服务平台人人贷等。腾讯旗下的微众银行是国内首家民营银行,特点在于既无营业网点,也无营业柜台,通过大数据信用评级发放贷款。基于庞大的用户量,腾讯旗下的微信支付发展势头也相对较好,理财产品理财通不断更新完善。

案例7:百度

其特点是技术投入,广泛参与。百度在用户行为大数据分析以及人工智能领域占据技术优势,但由于消费、社交等金融应用场景、数据相对缺乏,金融科技发展不温不火。在金融科技合作方面,先后与多家传统金融企业合作,如与中信银行战略合作共同设立直销银行百信银行,与安联保险、高瓴资本三方共同发起成立互联网保险公司百安保险等。在业务布局方面,重点围绕百度钱包打通O2O生活消费领域,大力推进智能投顾,推出大额贷、随时贷等产品,教育信贷实现远程秒批。

(二)银行金融科技的发展与实践

1. 国际银行金融科技发展情况。国际银行业主要通过三个方式介入金融科技发展,一是直接投资金融科技公司;二是在银行内部开展金融科技创新;三是与金融科技公司合作,改善客户体验、获取更多客户。其中,直接投资金融科技创新公司是主要方式,国际大型银行和所属的风险投资机构,一直都是金融科技生态系统中活跃的投资者。

以美国为例,目前脱颖而出的杰出金融科技公司,背后都有美国银行巨头的身影。自2012年以来,管理资产规模前10的美国银行,投入36亿美元参与了56家金融科技公司的72轮风险投资。按投资金融科技公司的数量排名,花旗银行、高盛和摩根大通是最活跃的三家机构,其中,花旗银行参与22家公司30轮风投,高盛参与25家公司31轮风投,摩根大通参加13家公司14轮风投。所有

10家大银行都对区块链项目有投资。

案例8：高盛（美国）

高盛高度关注支付领域，近五年在支付领域参加8轮总共5.7亿美元投资，共投了6家公司。高盛也是10大银行里唯一一家投资房地产金融科技公司的银行，分别投了Cadre和 Better Mortgage两家房地产金融科技公司。高盛1/3的员工是计算机工程师，约有9000人。在200名计算机工程师的技术支持下，自动化交易程序已经接管了高盛集团纽约总部大多数日常工作量。2000年顶峰时期，高盛在纽约总部的美国现金股票交易柜台曾雇用了600名交易员，如今只剩下两名股票交易员。

案例9：摩根大通（美国）

2017年摩根大通将投入96亿美元并聘用专业技术团队专攻大数据、机器人和云基础设施。除了自身的大手笔金融科技投入外，还积极和金融科技公司合作。例如，摩根大通与二维码扫码支付公司MCX合作，将8900万个人客户开放给MCX，为自己的零售客户提供全新支付体验、提升黏性；与OnDeck Score合作开展小额贷款业务，改变了因评分系统不够灵活而难以在当日或次日放款的情况。

案例10：桑坦德银行（西班牙）

根据欧盟委员会2016年12月发布的"2016全球企业研发投入排行榜"，桑坦德银行以14.81亿欧元的投入排名第88位，在欧洲银行业排名第一。该行是首家向企业客户提供云数据存储服务的全球性银行，利用基于区块链的Ripple技术进行国际支付。近期，购入3家金融科技公司股权，将创新技术融合于既有业务，通过加速器或风投来寻找有前景的新业态。

2. 我国银行金融科技发展情况。我国银行一直就是科技创新的先行者和践行者，经历了电子化、信息化的发展阶段，取得了丰硕的成果。向金融科技转型的步伐很快，中国银行业协会数据显示，2016年银行业金融机构的离柜业务率已达84.31%,主要银行机构的网上银行、手机银行账户数已达21.6亿户,主要电子交易笔数替代率平均达到72.1%。

金融科技的应用已渗透到包括资产端、资金端、过程风控、支付清算结算等全流程的各业务环节,部分场景出现了重大变革。例如,邮政储蓄银行通过移动互联技术尝试解决普惠金融的"最后一公里"的服务问题;招商银行推出智能投顾;中国人民银行推出基于大数据分析等多项技术的反洗钱监测分析系统;银联通过构建基于分布式技术的大数据运算平台,实现海量数据实时分析,支撑全面、有效、及时的风险控制;中国银行基于开放平台,推出声波支付,深度参与中国人民银行区块链相关项目,率先区块链技术遏制按揭文件诈骗、提高审批效率;民生银行则探索建立具有中国特色的直销银行模式;华夏银行尝试借助物联网技术,实现IT精细化管理等。

从发展情况来看,具备条件的银行倾向于采用搭建综合平台的方式助力业务转型,在业务创新转型中抢占先机。基于分布式技术、移动互联技术、大数据技术,中国银行推出中银易商、中银开放平台,推动了互联网金融业务的发展,构建了银行、开发者、用户共赢互联网金融生态圈;工商银行推出E-ICBC互联网金融平台,包括"融e购"电商、"融e联"即时通信和"融e行"直销银行;建设银行推出善融商务,大力发展电子商务;农业银行推出互联网金融磐云平台,突破传统信贷流程、定价和风控体系,为用户建立起弹性信贷政策;交通银行推出基于移动化、社交化的客户全生命周期的智能服务平台,对原有的信用卡申请、渠道妾入、服务流程等进行了大幅度的优化和重新构建;平安银行建立互联网综合金融服务平台橙E网,通过打造熟人生意圈,为中小企业提供免费ERP、电商和在线协同SAAS云服务等,越来越多的银行在金融科技方面破冰前行。

案例11:中国邮政储蓄银行

该行的分布式核心银行系统,是基于开放平台、采用分布式架构构建大型商业银行核心系统的成功实践,大大降低了IT的成本投入,打破了国外大型机在我国金融核心领域的垄断地位。利用移动互联技术,在广大农村地区部署了2万多台移动终端,可在田间地头实现信贷现场调查、实地拍照、信息上传、实时在线审批等功能,大大简化了农村小额信贷的审批流程。

案例12：中银开放平台

该平台为中国银行完全自主研发的互联网业务创新平台,也是国内银行业的首家开放式金融服务平台。采用自主的分布式技术平台和开源体系架构,建立了一整套"自开发"服务体系。目前已开放近1700个银行应用程序接口,推出了40多款移动金融产品,相关应用在主流应用市场热门上架,为客户提供了较好的金融应用体验。

案例13：智能投顾

2016年12月6日,招商银行推出"摩羯智投",运用机器学习算法提供智能理财服务,通过以公募基金为基础的全球资产配置,达到分散投资风险的目的,目前资产规模已超过35亿元,有超过6万位中高端用户体验了摩羯智投。招商银行还宣称要举洪荒之力进行金融科技建设,在每年IT投入50亿元的基础上,将利润的1%用来投入金融创新和金融科技。

（三）"银—网"合作展望

无论是银行还是互联网公司,合作共赢将成为主要选择。美国的经验表明,金融科技可以帮助金融业做得更好。金融科技不是洪水猛兽,在多大程度上会对现有模式造成冲击,主要取决于传统银行的应对策略和转型方式,传统银行完全有能力在构建金融科技行业的竞争格局中占据主动、塑造优势。

从长期看,商业银行的盈利能力将不再简单依靠市场营销、经验决策,必须要依靠智能决策、控本增效,通过精细化、集约化发展才能保持竞争优势,金融科技为传统银行转型提供了科技手段和技术支撑。同时,随着监管的进一步强化,互联网金融从无序生长到有序发展,风控基础薄弱等短板将日益突出,和银行合作能够增强互联网金融的稳健性。因此,无论从业务还是技术层面，银行与互联网公司的关系都是合作大于竞争。科技占优的互联网公司可以将科技融入更多业务场景，从而推动科技自身的进化，增强自身竞争力；而金融业务占优的传统银行，可以通过与科技的结合，推动自身的转型发展。

我们认为，未来3~5年，人工智能、大数据、区块链三大核心技术将成为银行与互联网公司合作的优先领域，并实现突破性发展。

1. 人工智能技术的广泛应用。在移动互联网、大数据等新技术以及经济社会发展强烈需求的共同驱动下，人工智能加速发展，正在引发链式突破，推动经济社会各领域从数字化、网络化向智能化加速跃升，成为国际竞争的新焦点，成为经济发展的新引擎。在传统的技术模式下，金融行业往往只能对大客户、高净值客户提供个性化、定制化的服务，而对绝大多数客户只能提供标准化服务，普通大众客户的体验不佳是普遍现象。人工智能可以极大地提高银行运营的效率。在前台，人工智能技术将可以直接用于服务中高端以及普通大众客户，满足各类客户的定制化业务需求；在中台，人工智能技术可以支持授信、各类金融交易和金融分析中的决策；在后台，通过风险模型分析，人工智能可应用于信用评级、风险准备金、反洗钱等风险控制领域，实现风险管理的精细化。

2. 大数据技术的深度应用。应用大数据技术，银行将能够更加全面地掌握客户的行为及需求，推动银行精准营销的落地，还可对客户的交易信息和行为轨迹进行实时监测，实现更全面的风险防控。此外，大数据还可用于个人征信等一系列场景，与人工智能技术相结合，还将更多应用于趋势分析、智慧决策等。

3. 区块链技术的逐渐落地。区块链是从比特币底层提炼出来的，本质上是一种分布式记账技术。区块链技术应用更接近金融信用的本质，理论上能让交易双方在无须借助第三方信用中介的条件下开展经济活动，以智能合约为核心理念，将法律、合约、规则等通过区块链数字化。在支付清算领域可实现快速且低成本的跨境支付；在身份验证领域可实现跨国信息共享机制；在票据和供应链金融领域可大大减少人力投入。基于独特的政治和经济环境，欧洲对区块链技术的推进力度最大，在数字票据、国际支付等方面已有成功应用。

4. 云计算、移动互联、物联网、生物识别、加密等金融科技的应用，将继续对金融业的发展产生重要影响。但这些技术经过多年的持续发展，已经趋于成熟，很多应用场景都是解决单一问题，因此其未来影响的深远程度预计不及人工智能、大数据、区块链。

金融科技的基础设施是数据，应用场景是金融业务。站在合作双方的角度看，最大的驱动力是金融科技赋予客户服务的想象空间。

第一，智能"获"客。截至2016年末，招商银行个人客户数为9106万户、中信银行为6747万户、平安银行4047万户、兴业银行3491万户、北京银行1664万户，总体与互联网公司的用户规模相距甚远，例如，微信月活跃用户为9.38亿人，QQ月活跃账户8.61亿个、支付宝月活跃账户3.53亿个等。银行与互联网公司开展战略合作，通过发行联名卡、虚拟账户等方式获客，将可能较大程度地扩张用户体量，拓展金融业务空间。

第二，存量"活"客。传统银行尽管拥有一定的客户规模，但受限于割裂的数据、单一的业务、传统的营销手段等因素，客户活跃度不高，很多账户为休眠户，对收入的贡献度较低。以工商银行为例，截至2016年末，个人客户5.3亿户，其中个人贷款客户仅1133万户，渗透率仅为2.1%。与互联网公司合作，通过嵌入场景、丰富数据、多维度画像等，银行可以减少金融产品抵达终端用户的路径，激活休眠客户，提升用户黏性，而互联网公司则可以对接银行广泛的金融产品与服务，真正实现普惠金融。

第三，构建客户全景。银行的数据量巨大，但数据的集中存储成本高昂，且各种数据是割裂的，格式五花八门，难以统一调用，从某种程度上而言，数据对银行来说是负担。金融的本质是风控，风控的核心是技术，银行的转型要做的就是打通数据，将数据进行挖掘和整合。互联网公司之所以能够快速地完成风险审批、贷款申请等服务，正是基于大数据驱动的技术创新。银行与互联网公司合作，特别是开展大数据相关技术合作，可以补全客户数据管理的短板，建立客户数据间的关联关系，形成对客户特征的多维描绘，对客户投资行为、风险偏好的自动评估，实现个性化、集成化产品与服务推荐，变负担为"金山"，将数据转化为盈利。

第四，丰富应用场景。金融科技的核心是应用场景，技术只是实现应用场景的一种方式。互联网公司在支付、借贷、众筹、交易、投资、数据、安全等领域场景相对丰富，与互联网公司合作，可以弥补银行在场景、营销、数据积累以及新模式探索上的短板。同时，银行由于受本身文化因素的影响，再加上对风险控制的要求，在科技创新方面限制相对较多，很容易滞后于市场的发展，通过与有创新活力的互联网公司合作，可以进一步推进自身的创新发展。

三、中国银行业对策建议

从长远看，"换道超车"应成为中国商业银行今后一段时间的战略选择。金融科技驱动传统业务转型升级，催生新金融业态和业务模式，是未来银行转型升级的新道路。在这条道路上，人工智能技术在某几个金融领域的应用突破，将可能引发在多个领域实现连续突破；大数据平台一次建成、全面应用、迭代发展，将开拓潜力无限的业务发展空间；区块链则是银行重新掌握支付话语权的潜在技术。未来，国际一流的银行一定是一流的科技公司，最好的银行应该是借助金融科技引领发展的银行。我们需要切换到金融科技的新道路上，探索全新的商业模式和管理模式，推动业务的突破性发展，实现"换道超车"。

"换道超车"并不能一蹴而就，需要付出艰辛的探索与长期的努力，其核心还是以客户为中心。当前，建议按照"自主研发为主，战略合作为辅"的思路，着手启动以下几项工作。

（一）以获客活客为出发点，强化科技和业务融合，发挥科技的引领作用

一是以客户体验为中心，科技和业务深度融合发展。要加快布局人工智能，以人工智能和大数据技术为突破口，重点推动在消费金融、智能投顾、智能营销、跨境撮合等领域的试点运用，不断提高金融服务效率。二是广泛开展"银—网"合作，扩大客户来源渠道。与知名社交平台合作，通过应用场景，

实现流量导入；与领先电商平台合作，通过发行联名卡、虚拟账户合作，提供消费金融等方式获客等，扩张用户体量。三是围绕客户服务，与互联网公司合作开展业务创新。公司客户、机构客户等基于B端的产品驱动型创新是银行的强项，但就个人客户的C端而言，找准客户痛点、创新提供解决方案是互联网公司的强项，为此，要积极拓展业界领先的互联网公司、大数据公司合作，丰富大数据模型维度，完善用户统一画像，实现存量"活"客、智能"获"客。

（二）以定制化客户服务为切入点，加强混业联动，构建金融科技生态圈

一是通过混业联动，实现用户共享。多元化是提升客户黏性、改善客户体验的重要抓手。加强科技与多元化客户的联动，探索实现用户共享、信息共享、营销共享的新途径，建立多元化的集团作战机制，借助科技手段开展交叉销售，依托大数据精准定位，人工智能推送服务，全渠道全天候服务，把客户沉淀下来。二是做大单一客户钱包份额。努力打通多元化的客户数据，形成更加准确的客户评价，应用人工智能技术，引导客户资金在集团银行、证券、保险、基金等板块的内部循环，逐渐向客户提供全方位的金融服务，实现客户资产规模的螺旋式上升，提高单一客户的钱包份额。三是加强外部混业合作。对需要集中突破的某特定产品、服务或特定功能，除了和互联网公司合作外，还可进一步延伸至科研机构和高校的金融科技平台，开展产学研跨界合作，共享金融科技成果，补全自身创新研发短板，构建新型的金融生态圈，为客户提供一站式、全方位的更加精准的金融服务。

（三）以战略投资为突破点，开展精准直投，打造金融科技增长极

一是成立孵化器或创业加速器，为未来的金融科技发展、经营周期转折提前做好准备。通过金融支持更多的创新型小微企业发展，支持"大众创业、万众创新"，持续投入、持续布局，为金融科技储备力量。二是充分发挥全球化优势，开展全球布局。金融科技和其他行业一样，全球各地发展不均衡，

美国、欧洲做得好的，可以引进国内，国内做得好的，可以输出国外，在科技资源调配的过程中打造业务优势。三是对具有颠覆性的金融科技公司，可通过直接投资、跨界并购的方式抢占先机。很多小而美的金融科技公司，它们的创新、技术具有颠覆性价值，往往受限于资金、视野困境，发展艰难。建议新设金融科技研究和投资团队，推动科技和业务联动、科技和投行联动，利用资金和全球化视野优势，开展金融科技直投业务。目前金融科技公司的估值大多在10倍以内，通过直接投资，加入金融元素，也可获得投资收益的大幅增长。

（四）以投入产出效率为支撑点，夯实发展基础，提升金融科技转化率

一是进行前瞻性的金融科技投入。据波士顿的研究报告，国内金融机构的IT投入仅占整体营业收入的2%~3%，而行业标杆的高盛和摩根大通，科技投入是营业收入的7%~9%，摩根大通还计划在几年内提升至40%。建议商业银行进一步加大金融科技的投入，如三年内提升至营业收入的4%~5%，或按营业收入的1%设置金融科技特别基金，用于发展金融科技相关投资、激励项目。二是加快金融科技相关人才的引进和储备，加强关键领域的人才培养。如人工智能的自然语言处理、推荐算法、深度学习等关键技术领域的人才，在国际上都属于高端人才，起薪一般超过50万元，项目主管或CTO年薪更高。中国商业银行一方面要加强自身人才培养，加大相关领域的人力资本投入；另一方面，也需借助市场化薪酬吸引一批市场顶尖人才加盟。此外，也要注意在直接投资过程中发掘、培育高端人才，强化关键领域的竞争优势。三是强化金融科技项目管理。对金融科技项目的资金投入和产出，以及对互联网公司的投资、合作及成效，要建立起全方位的考核评估体系，要将有限的资源投入到业务价值更大的项目或功能建设中去，确保"好钢要用在刀刃上"。

（五）以风险防控为根本点，稳妥推进金融科技研发，保持可持续发展

一是防范监管合规风险。金融科技总体而言是新事物，从国际上看，对金融科技的监管法律法规体系仍在建设阶段，而我国对互联网金融的监管总体

较为审慎,规范发展是当前的主基调。在探索创新金融科技新模式过程中,要与监管机构保持紧密沟通,获得有关监管机构对金融科技新模式的理解和支持,并争取参与国内乃至国际金融科技监管规定的制定,把握游戏规则制定的主动权。二是防范合作风险。要优选金融科技合作伙伴,找准双方合作的利益契合点,合理界定双方在合作中的权利与义务,务实推动合作进程,适时评估合作成效,对合作中可能出现的财务风险、操作风险以及声誉风险,要有应对预案安排。三是建立弹性容错机制。金融科技的发展过程中,难免出现试错风险,包括自有试验项目失败、投资项目不及预期等。可借鉴国内外经验,建立适当的弹性容错机制,允许一定的失败率,既要防范"乱作为"导致的重大投资失败的风险,也要防范片面追求零风险导致的"不作为"风险。

我国四大行绿色金融发展现状及政策建议

——基于2017年年报的分析

党的十九大报告明确提出建设"美丽中国"的战略，指出建设生态文明是中华民族永续发展的千年大计，是从现在到2020年的三大攻坚战之一。金融是现代经济的核心，发挥着配置社会资源的关键枢纽作用。而我国金融体系以间接融资为主导，中国工商银行、中国农业银行、中国银行、中国建设银行四大行在我国金融体系中处于核心地位，在"美丽中国"建设过程中必须发挥关键作用。当前，我国四大行绿色金融业务已经取得了重大发展，但依然存在一些问题值得重视。

一、四大行绿色金融业务的发展现状

（一）总体情况

1. 绿色信贷规模快速增长。从2014年到2017年，四大行绿色信贷规模由2.07万亿元上升到3.39万亿元，年均增速达到17.9%，高于同期全部贷款增速；业务贡献度持续提升，占四大行全部贷款的比例由5.59%上升到6.95%（见图4-27），显著高于中小股份制银行5.0%的平均水平。此外，四大行绿色信贷占21家主要银行的比例由34.4%上升到39.9%。四大行绿色信贷主要投向清洁能源、清洁交通、节能减排、节能环保服务、资源节约与循环利用、生态保护、污染防治等重点行业及领域,并积极支持采用国际惯例或国际标准的境外项目、节能低碳园区建设等,覆盖范围日益广泛。

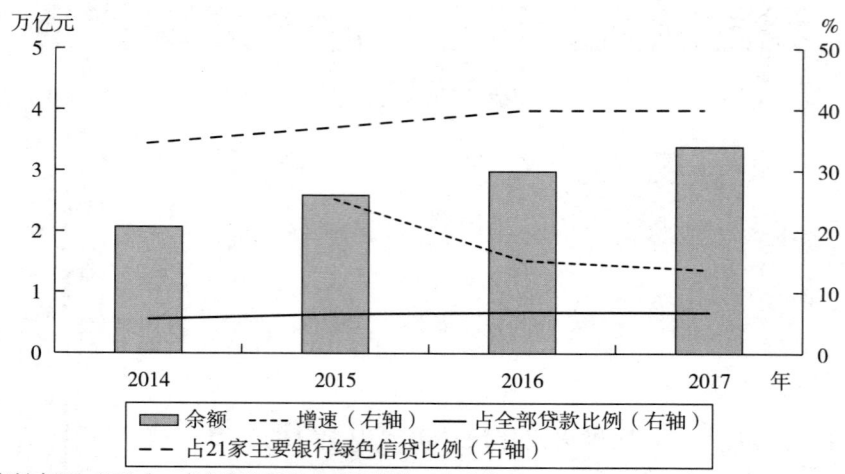

资料来源:银监会、各行年报及社会责任报告,作者整理。

图4-27 四大行绿色信贷发展情况

2. 绿色债券业务方兴未艾。2015年底,我国正式开启绿色债券的发展大幕。截至2017年末,我国绿色债券发行规模累计达到5000亿元人民币,四大行已成为主要的发行主体、承销人和投资者。据不完全统计,截至2017年末,四大行承销绿色债券的募集金额达到2000亿元左右,占全部绿色债券的40%左右;投资绿色债券规模估计超过600亿元人民币;累计发行金融债5笔,均在境外市场发行,累计规模超过80亿美元(见表4-23)。

表4-23 四大行绿色债券业务发展情况

银行名称	绿债发行(亿美元)		绿债承销(亿元)		绿债投资余额(亿元)
	2016年	2017年	2016年	2017年	2017年
中国工商银行	0	21.5	883	643	202
中国农业银行	10	0	—	383	—
中国银行	35	15	156	—	—
中国建设银行	0	0	—	—	—

注:"-"表示未披露相关信息。

资料来源:各行社会责任报告,作者整理。

3.机制体制建设稳步推进。四大行积极围绕国家绿色发展战略,遵循中国人民银行等七部委《关于构建绿色金融体系的指导意见》、银监会《绿色信贷指引》等政策要求,将绿色发展融入自身发展规划,持续将绿色理念融入金融服务和运营管理各个环节,优化信贷流程、完善行业信贷政策,加强绿色考核及资源配备。比如,中国农业银行制定了《中国农业银行绿色金融发展规划（2017—2020年）》,强化了绿色金融发展的战略指导,中国工商银行全面实施"绿色信贷一票否决制",中国银行制订了《"绿+"计划实施方案》,中国建设银行制定了《绿色信贷发展战略》。

4.软实力得到持续提升。四大行日益注重"软实力"建设,进一步夯实政策、技术以及公众舆论基础,主要体现在以下三个方面：一是向监管层建言献策、影响政策制定,比如四大行均参加绿色金融标准委员会,中国工商银行参加中国人民银行牵头的中国金融学会绿色金融专业委员会（以下简称绿金委）等；二是加强国际合作、提升绿色金融技术,比如中国农业银行推进与国际金融公司（IFC）等国际金融组织的合作等；三是担当社会责任、引导社会资金切实流向绿色领域,比如中国工商银行公开发布绿色评级指数及相关研究报告,在优化自身资金投向的同时,为市场资金流动提供指导。

（二）各行特点

四大行绿色金融业务在业务拓展、机制建设、产品创新和国际合作等方面各具特色。

1.中国工商银行：总体上具有领先优势。

（1）绿色融资业务具有一定的市场优势。绿色信贷规模四大行第一,2017年达到1.1万亿元,占四大行的比例为32.4%（见表4-24）；占中国工商银行全口径贷款的比例为7.73%,仅低于中国建设银行0.02个百分点,排名四大行第二。同时,绿色债券业务表现突出,自身发行金融债1笔,发行规模21.5亿美元,排名四大行第二；累计承销绿债19笔,募集金额1526亿元,排名四大行第一；投资绿债余额达到202亿元。

表 4-24　　　　　　　　四大行绿色信贷市场份额情况　　　　单位：万亿元，%

银行名称		2014 年	2015 年	2016 年	2017 年
中国工商银行	规模	0.81	0.91	0.98	1.1
	增速		12.4	7.5	12.4
	占四大行比例	39.1	35.1	32.8	32.4
中国农业银行	规模	0.47	0.54	0.65	0.75
	增速		14.9	20.3	15.5
	占四大行比例	22.7	20.8	21.8	22.1
中国银行	规模	0.30	0.41	0.47	0.54
	增速		37.0	13.3	15.6
	占四大行比例	14.5	15.9	15.7	15.9
中国建设银行	规模	0.49	0.73	0.89	1.0
	增速		49.0	21.8	12.5
	占四大行比例	23.7	28.2	29.8	29.5

资料来源：各行年报及社会责任报告，作者整理。

（2）机制体制建设全面。在行业信贷政策方面，印发了60个行业绿色信贷政策、《节能领域信贷指导意见》《"走出去"跨境融资业务风险管理办法》；在信贷流程管理方面，实行"绿色信贷一票否决制"，将客户绿色信贷分类标识作为总体评估和信贷决策的关键依据，建立ESG（E，环境友好；S，社会正义；G，公司治理）评级以及环境与社会风险管理机制并贯彻到信贷全流程；在评价考核方面，在高管绩效评价体系中纳入每股社会贡献值的共担指标，在分支机构的绩效指标体系中纳入绿色信贷定量指标。此外，完善绿色信贷统计系统功能，保证统计数据以及对外披露信息的及时性与准确性。

（3）软实力建设相对领先。当前，在绿色金融的研究、国际交流以及推动政策制定和落地等方面，绿金委发挥着日益重要的影响力。在该委员会中，中国工商银行1名副行长担任顾问、2名部门总经理室人员分别担任委员会副主任和副秘书长（除了中国工商银行以外，中资银行中仅有兴业银行人员担任副秘书长）。依托该委员会，中国工商银行参加了推动绿色金融成为"二十国集团工商界峰会"（B20）核心议题的倡议，多次参与相关国际会议，并适时公开发布了环境压力测试、ESG绿色指数等报告,获得多方关注。同时,中国工商银行积极参与中国科学技术部牵头的"绿色技术银行"组建工作,是理事会成员单位中唯一一家金融机构。

2. 中国农业银行:重视产品创新和国际合作。产品创新以资产证券化为突破口。在绿色债券方面,中国农业银行2015年末在中资银行业中首发绿色金融债,规模达到10亿美元。此外,中国农业银行还积极探索绿色资产证券化,于2016年成功发行市场首单绿色资产支持证券,即金风科技风电收费收益权绿色资产支持证券,规模为12.75亿元人民币,在香港《财资》2016年度AAA国家大奖评选中荣获中国区唯一的"最佳资产证券化奖"。2017年,中国农业银行又相继发行了华山景区服务费资产支持专项计划(全国首单"5A"级自然景区资产证券化项目,规模2.12亿元人民币),以及首单经认证绿色信贷资产支持证券——浙江"绿水青山"专项信贷资产证券化项目,规模达到14.34亿元。

依托国际合作提供技术支持。2016年,中国农业银行与国际金融公司(IFC)开展合作,目标是通过积极引进和消化绿色金融的国际先进技术和经验。双方制订了《IFC绿色金融咨询项目行内对接实施方案》,对2017—2019年开展绿色信贷合作、资产证券化创新以及培训交流等方面作出了安排。此外,中国农业银行与东方汇理资产管理公司共同设立"中法国际绿色发展基金",成为第一家设立跨国绿色发展基金的国内银行。

3. 中国银行:绿色信贷快速增长、绿色债券国际化特色突出。中国银行制订《"绿+"计划实施方案》,对融资项目进行绿色分级,并以"绿+"、绿色、黄色、红色进行标识,与有意愿承担社会责任、坚持绿色经营的客户结成合作伙伴,共同保护环境,实现可持续发展。在《"绿+"计划实施方案》的指导下,中国银行绿色信贷业务快速增长,2017年绿色信贷增速达到15.6%,排名四大行第一。

另外,凭借国际化、综合化的优势,中国银行绿色债券业务表现抢眼。截至2017年末,中国银行自身发行金融债3笔,发行规模累计50亿美元,排名四大行第一。

中国银行2016年7月发行的绿色债券共有美元、欧元和人民币三个币种，发行总额折合30亿美元。此次发行为截至目前中资机构境外绿色债券最大规模的纪录保持者，被纳入巴克莱、明晟、美银美林等机构编制的国际主流绿色债券指数，并获得《国际金融评论（亚洲）》"最佳社会责任债券"等奖项。2017年11月，中国银行又成功完成境外约15亿等值美元气候债券发行定价，获得了气候债券倡议组织的贴标认证。

中国银行在绿色债券产品创新方面一直独树一帜。2016年11月，为积极响应G20杭州峰会"绿色金融"主题，中国银行试点开展绿色金融创新，在国际市场上成功发行5亿美元绿色资产担保债券，并在伦敦证券交易所上市，成为中资银行发行的首笔资产担保债券。本次债券充分体现"绿色"和"跨境"两大主题，为整个中国银行业在国际资本市场融资树立了新的样板。

此外，中国银行在绿债承销方面着力突出"跨境"的特点。2016年5月，中国银行作为全球协调人成功协助浙江吉利集团完成4亿美元境外债券发行；同年7月，作为牵头主承销商及簿记管理人，助力金砖国家新开发银行在中国银行间债券市场成功发行30亿元人民币绿色金融债券，这是国际开发机构首次在中国银行间债券市场发行人民币绿色金融债券，也是新开发银行首次亮相资本市场；2017年，支持三峡集团在爱丁堡发行首单绿色欧元债券，规模达到6.5亿欧元。

4. 中国建设银行：扎实推进绿色信贷发展。中国建设银行在《绿色信贷发展战略》的指导下，信贷政策实施"三个支持"：对列为国家重点的节能减排项目、得到财政税收支持的节能减排项目、节能减排显著的企业和项目给予支持，在办理流程、核准权限、准入标准等方面给予"绿色通道"，在贷款定价方面给予一定优惠政策，在信贷规模上予以适当倾斜，甚至配以专享额度。近几年来，中国建设银行绿色信贷业务扎实推进。2017年，绿色信贷规模达到1.0万亿元人民币，占四大行的比例为29.5%，排名四大行第二；绿色信贷占中国建设银行全口径贷款的比例为7.75%，排名四大行第一；2014—2017年的年均增速达到26.8%，排名四大行第一。

此外，中国建设银行持续深化与国内七家碳排放权交易所的合作，探索碳金融业务：创新推出碳排放质押贷款，增加碳排放权质押作为风险缓释措施，支持相关企业进行表内外信贷融资；出台《公司业务与同业业务条线推进碳金融业务联动方案》，发挥"碳金融"业务和"碳配额远期交易中央对手清算代理业务"的产品优势，为客户提供综合金融服务。

二、四大行绿色金融业务面临的挑战

（一）总量依然难以完全满足需求

据中国人民大学课题组的测算，要实现我国主要环境要素不退化，2014—2020年，绿色融资年均需求达到3万亿元。一般而言，社会资本占绿色投资总额的85%～90%，即年均2.5万亿元以上。如果按新增社会融资规模中四大银行信贷占比30%估算，我国年均对绿色信贷的需求约为0.75万亿元，但四大行实际年均绿色信贷供给仅为0.44万亿元，缺口较大。值得注意的是，四大行绿色信贷的增速逐年下降，由2015年的25.2%大幅下降到2017年的13.6%，对绿色经济的支持动能有下降的趋势。

此外，对照领先的境内同业，四大行绿色信贷业务的贡献度依然不高。2017年，四大行绿色信贷占其全口径贷款的比例为6.95%，远远低于国家开发银行和兴业银行的水平（超过15%）。

（二）多元化发展能力相对不足

目前，四大行已基本形成了业务领域全覆盖、境内外有效协同的综合化经营网络。但是，四大行在绿色非信贷业务方面的发展相对滞后，特别是在绿色保险、绿色基金、绿色租赁、绿色资管方面几乎还是空白。此外，绿色债券发行也明显落后于部分中小股份制银行，且全部是境外发行，而仅浦发银行和兴业银行两家股份制银行已在境内市场合计发行绿色债券超过1000亿元人民币。

相对而言，国际同业往往多元化开展绿色金融业务，采取"资产轻型化"发展模式。比如，花旗集团在2015年提出，到2023年末通过信贷、投资和投行等业务提供1000亿美元用于绿色金融。截至2017年上半年,花旗已提供了533亿美元,其中通过项目融资及支持绿色企业IPO提供资金占60%,承销企业绿色债券占16%、承销政府绿色债券占19%、绿色个人贷款及公司贷款占6%。摩根大通在2017年提出,到2025年末支持2000亿美元的绿色融资,其具体服务包括支持绿色企业IPO、绿色项目风险管理、绿色项目融资、绿色债券承销以及绿色信贷等。

(三)机制体制仍有待进一步完善

绿色金融是一个特殊的金融产品,涉及银行多个业务,比如公司业务、投资银行、债券投资、贸易金融、资产管理等,需要统筹规划。但是从目前来看,四大行对绿色金融发展仍缺乏总体规划,多数行并没有出台明确的战略和目标,更没有安排专属部门及岗位进行专业化管理。相对而言,国际领先银行往往提出明确战略目标、加以广泛宣传,并完善相应管理架构。比如,花旗和汇丰均公开提出"1000亿美元绿色融资"战略目标,并拥有"董事会下属委员会(审批战略、定期重检)—管理层(统筹执行)—执行层"的管理流程[①]。

同时,激励约束机制有待进一步强化。当前,市场价格体系没有充分反映污染项目的负外部性和绿色项目的正外部性,在监管要求尚不明确、政策支持不到位的背景下,四大行对发展绿色金融业务的考核未加以足够重视。根据银监会《绿色信贷实施情况关键指标》的要求,各行须在指标考核中加入绿色信贷的发展指标。但该指标由各行自行制定,缺乏统一性,往往占考核的权重不大,约束激励效果并不理想。

此外,专营机构建设目前仅停留在省分行或者市分行层面,还属于探索阶段,尚未形成全局性影响。比如农业银行在浙江省分行层面设立绿色金融部、工商银行在浙江湖州分行成立绿色金融服务中心,建设银行在广州市绿色金融改革创新试验区设立绿色金融创新中心等。

[①] 花旗:提名、公司治理及公共事务委员会—环境与社会政策审查委员会—全球公共事务部下可持续发展团队;汇丰:执行与价值委员会—风险管理委员会—集团可持续发展团队。

（四）软实力建设仍有提升空间

四大行对绿色金融的政策研究和推动参与力度有限。除了工商银行主动参与绿金委组织的各项研究和交流活动外，其他行缺乏总行层面参与的行动。政策研究层面前期投入不够，将可能导致未来在绿色金融政策制定方面陷入被动，业务发展受到约束。

绿色金融方面的技术储备和人才培养不够。绿色金融业务涉及金融、环保、产业政策等多方面的知识，技术专业性强，对从业人员的要求较高，而四大行在技术储备、同业交流以及相关人才培养机制上尚显不足。

此外，绿色金融的总体影响力不足，四大行在绿色金融产品和服务的宣传力度较弱，绿色经营的公众形象尚未形成。

三、对四大行的政策建议

四大行在我国金融体系中处于核心地位，应积极应对挑战，在绿色金融发展中发挥关键作用。

（一）绿色信贷业务要体现大行责任和担当，坚持特色化发展

信贷业务是银行的核心业务，绿色信贷情况直接反映四大行对绿色金融的投入力度。各大行应充分体现社会责任和担当，坚持绿色信贷的规模、占比、增长与各行的地位相匹配，不能掉队。同时，围绕党的十九大要求、国家重大发展战略，充分结合各行特点，有侧重地支持关键领域、成为标杆，比如"一带一路"、京津冀和雄安新区等重点区域的绿色信贷业务，以及推动"三农"普惠、城镇化的绿色发展等，形成总体全覆盖、各行差异化发展的格局。

（二）推动业务多元化发展，构建统一的绿色金融品牌

大力推动绿色债券业务发展。充分发挥主要发行人、承销人和投资人作用：全面梳理绿色项目库，切实支持绿色发展的重点领域和薄弱环节，做负责

任的发行人；提升专业性，提供多元化的债券产品和发行市场，降低客户融资成本，做优质高效的承销人；综合运用自有资金、资管资金等，加大对绿色债券的配置比例，甚至成为做市商、做受欢迎的投资人；适当提供绿债项目的相关信息，加强私有信息与社会公众的分享，做有特色的信息服务者。同时，积极探索其他绿色金融业务，比如绿色保险、绿色信托、绿色租赁、绿色产业基金、绿色企业IPO及并购服务等，为客户提供全面金融服务，形成具有市场影响力的统一绿色金融品牌。

（三）深化机制体制改革，探索构建总行级的专营机构

借鉴国际经验，制定集团统一的包括绿色金融、环境和社会风险管理等的绿色发展战略，并将其嵌入"董事会及下属委员会—管理层—执行层"的管理架构之中。董事会统筹绿色发展的政策和战略，必要时可设立专门委员会；管理层将绿色发展事宜列入执行委员会常规议程，可考虑成立跨部门的专门执行委员会；适当提高绿色金融指标在分行考核体系中的分值，并采取部分正向激励措施，比如额度单列、专项奖励等。此外，加快推进在浙江、江西、广东、贵州、新疆5省（区）绿色金融改革创新试验区的专营机构设立和发展，时机成熟时设立总行级专营机构，推动专业化运作。

（四）强化软实力建设，主动推动绿色金融扶持与监管的政策出台

积极参与绿金委等机构的政策研究和交流活动，成为绿色金融发展及政策研究方面的先行者，影响政策制定。加强与IFC、国际领先同业以及环保机构的沟通交流，提升绿色金融技术、培养专业人才。此外，加强绿色金融的宣传工作，树立绿色经营的良好公众形象。

我国民营银行发展现状与展望

促进民营银行发展是深化金融体制改革、激发金融市场活力、优化金融机构体系的具体举措,是加强中小微企业、"三农"和社区金融服务的重要突破口。民营资本进入银行业在我国并非新生事物,但真正由民营资本发起设立的银行还比较少。从发展背景来看,民营银行的诞生有一定的必然性。

一、发展背景

(一)小微企业、"三农"、个人等长尾客户群的金融需求难以得到有效满足

传统商业银行大多通过铺设物理网点的方式为客户提供服务,并以抵(质)押物作为主要的风险控制手段,这种运营模式和风险管控手段并不适用于无抵押物、缺乏信用积累的小额分散客户。随着小微企业、"三农"、个人消费者的金融需求日益旺盛,市场急需新生力量借助创新技术在渠道覆盖和风险管控方面有所突破,以覆盖碎片化的长尾需求。因此,发展民营银行是加强中小微企业、"三农"和社区金融服务的重要突破口。

(二)信息技术和互联网金融快速发展

信息技术变革催生了大量的"互联网+"经济生态,互联网金融的发展和金融科技创新给传统商业银行体系带来了巨大的冲击,也为互联网企业等非金

融企业进入金融服务领域提供了机遇。互联网的快速发展和智能手机的普及让金融服务线上化、去网点化成为可能,"互联网+"经济生态中生产经营、社交人脉、消费出行等电子数据的积累为长尾客户的信用评估提供了突破口。

(三)政策环境逐步开放

2010年5月,国务院发布《国务院关于鼓励和引导民间投资健康发展的若干意见》,鼓励民间资本进入基础产业和基础设施、市政公用事业和政策性住房建设、社会事业、金融服务、商贸流通、国防科技工业等六大领域。2012年5月,为贯彻落实国务院要求,鼓励和引导民间资本进入银行业,银监会发布《中国银监会关于鼓励和引导民间资本进入银行业的实施意见》,明确民营企业可通过发起设立、认购新股、受让股权、并购重组等方式投资银行业金融机构,在法律法规上承认民营资本地位,政策环境逐步明朗。2014年3月,银监会确定了首批民营银行试点方案,批复筹建了深圳微众银行、浙江网商银行、上海华瑞银行、天津金城银行、温州民商银行等5家民营银行。2015年6月,银监会出台《关于促进民营银行发展的指导意见》,将组建民营银行由试点经营转为常态化设立(见表4-25)。截至2017年11月7日,获批筹建的民营银行共17家,并已全部开业(见表4-26)。

表 4-25　　　　　　　　民营银行相关政策梳理

时间	发布机构	文件名称	重要内容
2010年5月	国务院	《国务院关于鼓励和引导民间投资健康发展的若干意见》	鼓励民间资本进入基础产业和基础设施、市政公用事业和政策性住房建设、社会事业、金融服务、商贸流通、国防科技工业等六大领域
2012年5月	银监会	《中国银监会关于鼓励和引导民间资本进入银行业的实施意见》	明确民营企业可通过发起设立、认购新股、受让股权、并购重组等方式投资银行业金融机构
2013年7月	国务院	《国务院办公厅关于金融支持经济结构调整和转型升级的指导意见》	提出要"尝试由民间资本发起设立自担风险的民营银行"

续表

时间	发布机构	文件名称	重要内容
2013年9月	国务院	《国务院办公厅关于金融支持小微企业发展的实施意见》	提出要"推动由民间资本发起设立自担风险的民营银行"
2013年11月	中共中央	《中共中央关于全面深化改革若干重大问题的决定》	扩大金融业对内对外开放,在加强监管前提下,允许具备条件的民间资本依法发起设立中小型银行等金融机构
2014年3月	银监会	自担风险民营银行首批试点名单	共设立5家民营银行,由参与设计试点方案的阿里巴巴、万向、腾讯等民营资本参与试点工作;试点遵循共同发起人原则,每家试点银行不少于2个发起人
2015年6月	银监会	《关于促进民营银行发展的指导意见》	指出民营银行发展要"由民间资本自愿申请,监管部门依法审核,民营银行合规经营,经营失败平稳退出",明确民营银行由试点经营转为常态化设立;细化民营银行准入条件、筹建和开业程序
2016年12月	银监会	《关于民营银行监管的指导意见》	明确服务实体经济,有别于传统银行差异化发展、特色经营的发展定位;对关联交易管理、股权管理、股东监管等重点领域提出监管要求;明确属地监管责任,加强监管联动

资料来源:作者整理。

表4-26　　　　　17家已获批的民营银行一览　　　　单位:亿元

序号	银行名称	获批筹建时间	获批开业时间	注册资本	主要股东
1	前海微众银行	2014年7月	2014年12月	42	腾讯集团(30%)
2	温州民商银行	2014年7月	2015年3月	20	正泰集团(29%) 华峰氨纶(20%)
3	天津金城银行	2014年7月	2015年4月	30	华北集团(20%)
4	浙江网商银行	2014年9月	2015年5月	40	蚂蚁金服(30%) 上海复星(25%)

续表

序号	银行名称	获批筹建时间	获批开业时间	注册资本	主要股东
5	上海华瑞银行	2014年9月	2015年1月	30	均瑶集团（30%）
6	重庆富民银行	2016年5月	2016年8月	30	瀚华金控（30%） 宗申集团（28%）
7	四川新网银行	2016年6月	2016年12月	30	新希望集团（30%） 银米科技（29.5%）
8	湖南三湘银行	2016年7月	2016年12月	30	三一集团（30%）
9	福建华通银行	2016年11月	2017年1月	24	永辉超市（27.5%） 阳光集团（26.25%）
10	安徽新安银行	2016年11月	2017年11月	20	南翔集团（30%） 合肥华泰（26%）
11	武汉众邦银行	2016年12月	2017年4月	20	卓尔控股（30%） 当代科技（20%）
12	北京中关村银行	2016年12月	2017年6月	40	用友网（29.8%） 碧水源科（27%）
13	江苏苏宁银行	2016年12月	2017年6月	40	苏宁云商（30%） 日出东方（23.6%）
14	吉林亿联银行	2016年12月	2017年5月	20	中发金控（30%） 三快科技（28.5%）
15	威海蓝海银行	2016年12月	2017年5月	20	威高集团（30%） 赤山集团（22.5%）
16	辽宁振兴银行	2016年12月	2017年9月	20	荣盛发展（30%） 天新浩科（28%）
17	梅州客商银行	2016年12月	2017年6月	20	宝新能源（30%） 塔牌集团（20%）

资料来源：作者整理。

二、经营现状

（一）规模扩张速度快

2016年末，民营银行总资产1825.59亿元，较上年增长129.83%，其中各项贷款余额818.78亿元，较上年增长246.89%；总负债1573.46亿元，较上年增长141.73%，其中各项存款余额595.99亿元，较上年增长198.85%。

其中，具有互联网背景的微众银行与网商银行增长速度惊人。2016年末，微众银行资产总额为519.95亿元，同比增长了440%；存款总额为32.97亿元，较2015年末增长了20倍。而网商银行资产总额为615.22亿元，同比增长了103%（见图4-28）；存款总额为232.11亿元，较2015年末增长了6.7万多倍。

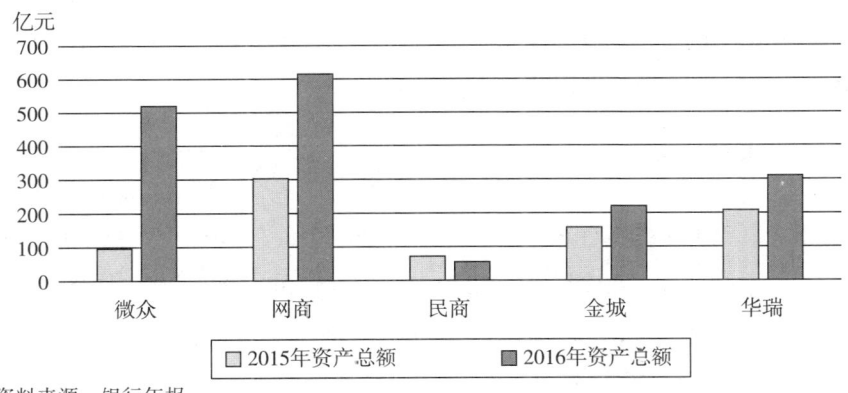

资料来源：银行年报。

图4-28 5家首批试点民营银行资产规模变化

（二）两年内实现扭亏为盈

首批试点的5家民营银行都在开业后两年内实现了扭亏为盈，净利润共计9.8亿元（见图4-29）。从总资产报酬率（ROA）来看，5家银行平均ROA水平为0.88%，与行业持平，其中微众银行ROA水平高达1.30%；但从净资产报酬率（ROE）来看，5家民营银行平均ROE水平为5.66%，远低于同期上市银行平均水平（13.57%）。

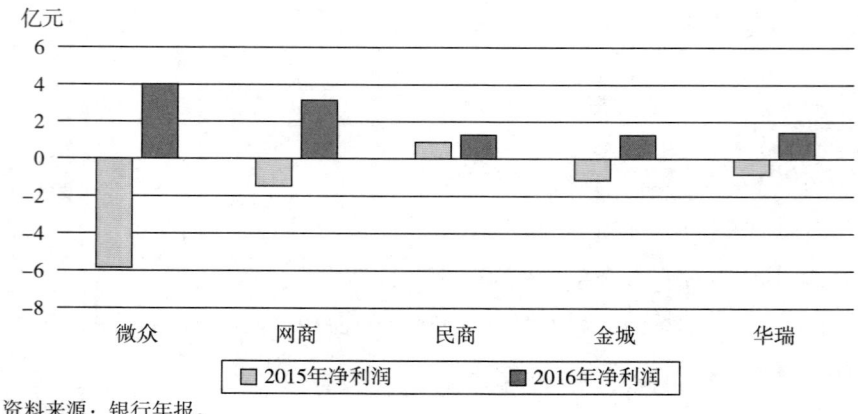

资料来源：银行年报。

图4-29　5家首批试点民营银行净利润变化

5家民营银行的杠杆率都相对较低，平均财务杠杆系数（总资产/股东权益）仅为9.15，低于同期上市银行平均水平（13.86），因此ROA水平虽然与同期A股上市银行持平，但ROE水平并不高。

（三）净息差表现突出

据测算，2016年微众银行净息差水平为6.10%，网商银行为5.39%，民商银行、金城银行、华瑞银行分别为2.56%、3.14%和2.14%。5家试点民营银行的平均净息差水平为3.87%，远高于同期25家A股上市银行（2.22%）。根据银监会统计，2017年第三季度民营银行的净息差为4.39%，持续保持高位水平，同期大型银行、股份制银行、城商行、农商行的净息差分别为2.05%、1.84%、1.94%和2.83%。

（四）不良贷款率较低

2016年末，民营银行平均不良贷款率为0.57%。5家首批试点银行不良率更低，其中微众银行不良率为0.32%，金城银行不良率仅为0.01%，民商银行、华瑞银行不良率为0。5家银行的不良率2016年较2015年都有所上升，但仍处于较低水平，例如微众银行由0.12%升至0.32%，金城银行由0升至0.01%。由于开业时间尚短，民营银行仍处于业务快速拓展期，可能尚未经历完整的放贷周期，资产质量有待进一步观察。

（五）资金来源高度依赖同业负债

2016年末，微众银行客户存款占负债比重仅为7.28%，而同业负债占比高达85%，金城银行、网商银行、华瑞银行、民商银行的同业负债占比分别为44.86%、31.16%、25.97%和14.61%，而同期25家A股上市银行的同业负债平均占比为11.96%。民营银行的金融服务还在探索阶段，吸引存款能力较弱，因此对同业负债的依赖程度较高。根据微众银行2016年年报，目前微众银行"负债结构依然单一，存款和理财业务、小微企业金融服务仍处于摸索阶段，品牌的知名度和美誉度亟待提高"。

三、发展特色

总体来看，民营银行的发展有以下几方面的特色。

（一）业务定位精准，聚焦特定领域

国务院在多次发文提出要开放民间资本进入商业银行领域之初，就指出民营银行的市场定位要服务区域性小微企业，为现有金融服务体系的薄弱环节注入新生力量，使金融体系更好地发挥服务实体经济的作用。银监会在2016年《关于民营银行监管的指导意见》中也明确指出民营银行应实行差异化发展战略，坚持特色经营，与现有商业银行实现互补发展、错位竞争。当前17家民营银行的业务定位多聚焦于小微企业、"三农"、自贸区和科创企业等金融需求，通过向具有自身特色和优势的客户群体提供针对性、便利的金融服务，实现差异化精准定位。

1. 专注小微、"三农"服务。例如，微众银行的业务定位是服务个人消费者和小微企业，并致力打造"个存小贷"的特色业务品牌；网商银行致力于服务小微企业和科创企业，主要为阿里巴巴电商体系内的卖家和农户提供针对性的金融服务。

2. 专注地区服务。即充分发挥本地人脉、信息等优势，聚焦本土及辐射区域的业务。例如，上海华瑞银行主要为上海自贸区的小微企业和个人消费者提供金融服务；天津金城银行立足于天津自贸区，并辐射京津冀、环渤海以开展"公存公贷"业务；温州民商银行立足温州，以服务温商为主。

3. 深耕产业链。即借助股东企业的上下游网络关系，为相关企业提供金融服务。例如，湖南三湘银行以其第一大股东三一重工集团为依托，专注发展供应链金融；武汉众邦银行依托三快科技、卓尔等股东企业的核心交易生态圈，建立卓尔云市、华棉网、中农网、壹药网等交易平台，为相关企业客户提供金融服务。

（二）创新产品和服务

银监会在2015年《关于民营银行发展的指导意见》中指出民营银行要稳步推进业务创新、服务创新、流程创新、管理创新，并鼓励民营银行利用大数据、云计算、移动互联等新一代信息技术提供普惠金融服务。现有的商业银行体系经过长期发展已经比较成熟，业务模式相对稳定，但由于传统惯性的束缚往往难以快速适应新的市场需求变化和创新模式。而民营银行为了满足精准化的客户需求，充分利用自身股东优势，在产品和服务上有所突破和创新。例如，微众银行的"微粒贷"和网商银行"网商贷""旺农贷"等产品创新。

1. 微众银行"微粒贷"。2015年微众银行推出首款互联网小额个人信贷产品"微粒贷"，额度从500元到30万元不等，具有"无担保、无抵押、随借随还、按日计息"等特点，最快能实现1分钟到账。根据微众银行官网，截至2017年5月15日，"微粒贷"上线两周年，累计放贷3600亿元。微粒贷的创新主要有以下几个方面。

第一，客户来源上，"微粒贷"依托腾讯公司的强大用户资源，向微信、手机QQ用户定向发放个人小额信贷。根据腾讯公司2017年第三季报，手机QQ月活跃用户为8.43亿，微信月活跃用户为9.80亿，其中70%的用户都使用支付功能。

第二，贷款资金来源上，微众银行除自设资金以外，还采取"联合贷款"模式,与其他金融机构建立联合贷款平台,由微众银行提供客户筛选、运营管理、风险控制等服务,合作金融机构提供资金和线下资源。截至2017年7月末,"联合贷款"平台已有36家合作金融机构,大多数为中小型商业银行,80%的贷款资金由这些合作金融机构提供。

第三,风险控制上,微粒贷产品充分利用大股东腾讯公司的数据和技术资源,将生物识别技术和视频身份验证运用到客户身份识别和反欺诈场景中,并结合传统信贷经验和互联网大数据的应用,建立风险识别、实时侦测、计量和报告的能力,满足风险监测报告、风险计量模型、贷后预警、反欺诈和黑名单识别等风险管理工作需要。

2.网商银行"网商贷""旺农贷"。"网商贷""旺农贷"等产品是网商银行面向阿里巴巴旗下电商体系内的卖家、农户等推出的特色信贷产品。到2017年5月,已有350万户小企业获得贷款服务。截至2016年12月末,"网商贷"累计向小微企业发放贷款879亿元,服务小微企业客户数277万户,户均贷款余额约为1.5万元;"旺农贷"覆盖全国2.5万个村庄,涉农贷款余额为37.6亿元,占贷款余额的11%左右。

第一,客户来源上,网商银行依托阿里巴巴电商体系,其中,"网商贷"的客户渠道依托支付宝、淘宝、天猫等电商平台,"旺农贷"则依托阿里巴巴集团"千县万村"计划和村淘平台。除此之外,网商银行还与饿了么、滴滴、运满满等线上平台展开合作。并针对线下小企业推出"多收多贷"服务,以覆盖更多行业的小微企业和创业客户。

第二,风险控制上,网商银行充分利用电商平台上的交易、资金流水、物流等信息,并借助芝麻信用征信系统上的客户历史信用数据,实现风险控制。

四、面临的问题与挑战

总体来看,民营银行的进入对于激活金融活力、提高金融创新、促进金融服务实体经济、优化金融服务效率等都有着潜在的促进作用。民营银行当前发展总体平稳，风险可控，逐渐由"求生存"向"谋发展"转变，但也存在一些问题和挑战。

（一）自身能力建设有待提升

尚处于发展初期的民营银行，自身资产结构、获客能力、风控能力是否能随着规模扩大而保持优势，有待观察。资金来源上，民营银行能否突破同业负债的限制，开拓吸收存款渠道，存在较大的困难；获客能力上，民营银行多利用股东优势获取客户资源，但是如果没有较强的股东资源，随着进一步的发展和扩大，未来如何多元化提高获客能力有待考量；风控能力上，大数据平台等创新风控模式的有效性和成熟度有待市场检验。

（二）公司治理水平有待优化

民营银行的公司治理机制有待进一步完善，部分银行经营管理活动受大股东直接干预较多，在人员、财务等管理方面未实现有效隔离，影响银行法人的独立性。此外，个别民营银行组织架构和高管人员变动较为频繁，不利于长期稳健经营。目前已开业的17家民营银行中，至少有4家银行的行长发生变动，包括微众银行、网商银行、华通银行和中关村银行。除管理层变动以外，不少民营银行出现股东退出现象，包括福建华通银行、安徽新安银行、辽宁振兴银行、威海蓝海银行等。

（三）业务开展有一定限制

根据《银监会市场准入工作实施细则（试行）》，民营银行必须实行"一行一店"模式，即在总行所在城市仅可设1家营业部，不得跨区域。"一行一店"模式使得负债来源主要以同业资金的民营银行资金来源更受限制。线下设点的限制使得个人账户和类账户的远程开户对民营银行尤为重要，尤其是微众银行、网商银行等互联网银行。而未来远程开户是否能放开也充满不确定性。根据中国人民银行2015年发布的《关于改进个人银行账户服务加强账户管理的通知》，目前仍未放开远程开立全功能的I类账户，民营银行吸收存款受到一定限制。

此外，民营银行在很多业务资格上也受到一定限制。根据央行2007年《同业拆借管理办法》，民营银行成立两年内无法进入同业拆借市场；根据央行2013年《全国银行间债券市场金融债发行管理办法》，民营银行成立三年内难以通过发行金融债解决资金来源；由于不是市场利率定价自律机制正式成员，现阶段民营银行也没有资格发行大额存单吸收存款，只有华瑞银行、微众银行、网商银行获得同业存单发行资格。

五、未来发展展望

未来民营银行的发展趋势主要有以下几个方面。

（一）民营银行申办回归理性，数量有望实现良性增长

虽然民营银行已实现常态化设立，但由于注资门槛高、审批趋严，民营银行热潮逐渐降温，申办开始回归理性。根据《银监会市场准入工作实施细则（试行）》，民营银行发起人应为拟设银行注册所在省（市、区）内中资民营企业，持股比例不超过30%，优先选择单家企业净资产不低于100亿元的民营企业作为发起人。据统计，2013年至2016年，民营银行核名总数分别为55家、116家、146家和178家，而2017年前11个月民营银行核名共128家，较2016年大幅减少。

2016年12月，银监会出台《关于民营银行监管的指导意见》，强调要审慎监管；2017年3月，银监会主席郭树清在国新办新闻发布会上警示"不能将民营银行办成少数人或少数资本控制的银行，变成自己的'提款机'"。此后民营银行批复筹建进程陷入停滞。目前已获批的17家民营银行中有5家为2014年首批试点银行，剩余12家于2016年获批筹建，2017年无一家民营银行获批筹建。

从中国台湾的民营银行准入经验来看，台湾于20世纪90年代初放开民营银行准入，但由于制度不完善，出现民营银行核准家数过多、企业财团操纵银行董事会以及退出机制缺失、银行业过度竞争、经营情况恶化等问题。因此，

提高准入门槛有利于民营银行实现良性发展。虽然审批门槛的限制使得民营银行的申办开始降温，但"三农"、小微、个人等长尾金融需求日益旺盛的事实不变，深化银行业体制改革、激发金融活力的方向不变，民营银行创新活力和实力不减，未来鼓励民营银行发展的政策环境也将不会改变，民营银行将实现良性增长。

（二）市场竞争将进一步加剧，部分小型民营银行可能面临退出或被收购风险

目前民营银行的业务定位主要聚焦于小微企业、个人、"三农"等普惠金融领域，并各自找到一个独特的领域深入发展。但是现在越来越多的传统银行也都开始重视并着力推进普惠金融业务的发展。随着党的十九大的召开，普惠金融的发展成为不少传统银行更加重视的业务领域之一。民营银行有较强的业务创新模式、互联网平台等资源，但是缺乏较广泛的客户基础；而传统银行创新性可能较弱，但是客户基础强。除传统银行以外，小贷公司、农信社等金融机构也是民营银行实现普惠金融业务发展的重要竞争对手。

从金融服务的盈利模式上看，其单位盈利并不高，尤其是信贷业务，主要依靠较大的资产规模实现高盈利。民营银行如果没有较强的股东资源，资产规模做大较为困难。目前民营银行净息差都处于较高水平，但是高息差背后强大的股东支持、高成本的同业负债不可忽略，如何降低资金成本、进一步扩大资产规模是民营银行长期发展需要考虑的重要因素。随着市场竞争进一步加剧，未来部分发展较慢的小型民营银行可能会面临退出市场的风险，或者成为一些大中型银行或金融集团的收购目标。

（三）互联网银行优势将进一步凸显，微众、网商等发展较快的互联网银行有望持续壮大

在"一行一店"模式的限制下，有些民营银行直接没有设立线下网点，仅仅依靠互联网发展业务。目前17家民营银行中明确打出"互联网银行"招牌

的共有8家，分别是微众银行、网商银行、苏宁银行、新网银行、亿联银行、中关村银行、华通银行、众邦银行，其中6家银行的大股东为互联网企业。

面对"小、急、快、频"的小微金融需求，互联网银行有着得天独厚的优势。首先，互联网银行利用大数据、云计算、移动互联等新一代信息技术，充分开展产品、服务、管理和技术创新，更精准有效地服务小微企业、个人、"三农"等长尾客户群。互联网银行的信息技术投入普遍较高，2016年末微众银行、网商银行的信息科技人才占比都超过2/3。其次，互联网银行可以依托腾讯、阿里巴巴、苏宁等互联网企业股东的客户资源和技术资源，以低成本获客，并借助现有的技术创新，将银行体系快速融入所需金融服务场景中。最后，未来金融科技和互联网的持续发展将为互联网银行带来更多的发展机遇。根据腾讯2017年12月发布的《银行用户体验大调研报告》，互联网金融已渗透到用户的消费、贷款和理财行为中。未来随着市场竞争的进一步加剧，互联网银行优势将进一步凸显。

微众银行和网商银行作为腾讯和阿里巴巴两大互联网巨头企业发起设立的互联网银行，规模增速、盈利水平和资产质量等方面都有着优异的表现。从微众银行和网商银行的规模来看，2016年末两家银行的资产总额都处于500亿~600亿元的水平，较2015年翻了1~2番，同期A股上市农商行平均资产规模为1000亿元左右。按两家互联网银行目前的发展速度，将很快在规模上赶超农商行。从两家互联网银行的客户基础来看，大股东腾讯和阿里巴巴有着庞大的客户资源，两家银行可以充分利用快速低成本获客。例如，根据官网新闻，网商银行于2017年6月面向使用支付宝扫码服务的小微经营者推出"多收多贷"服务，至11月底已有超过155万家线下小微经营者获得贷款。有腾讯、阿里巴巴两家互联网巨头企业做背书，微众银行和网商银行未来发展有望持续壮大。

参考文献

[1] 陈四清.新常态下的银行经营管理［J］.中国金融，2015（6）：14-17.

[2] 陈四清.创新金融服务支持企业发展［J］.中国金融，2012（11）：38-40.

[3] 陈四清.努力坚持服务实体经济促进经济健康发展［J］.银行家，2012（4）：30-32.

[4] 陈四清.迈向全球化的中国银行业［J］.中国总会计师，2011（9）：38-40.

[5] 陈四清.关于商业银行公司金融业务发展战略的若干问题探讨［J］.国际金融，2010（10）：3-10.

[6] 陈四清.商业银行国际化发展的内涵［J］.经济研究参考，2010（42）：22-23.

[7] 陈四清.中国商业银行国际化发展路径［J］.中国金融，2010（9）：30-32.

[8] 陈四清.资本监管制度变化趋势对中国银行业的影响分析［J］.国际金融研究，2010（3）：11-17.

[9] 陈四清.深刻认识全球金融监管趋严对中国银行业的影响［J］.国际金融，2009（10）：3-9.

[10] 陈四清.国际金融危机背景下中国银行业实施新资本协议的思考

［J］.中国金融，2009（13）：25-27.

［11］陈四清.全球金融危机下中国商业银行竞争策略的若干选择［J］.国际金融研究，2009（6）：4-11.

［12］巴曙松等.全球系统重要性银行：更高的损失吸收能力［J］.中国银行业，2016（6）：74-77.

［13］陈卫东，张兴荣，熊启跃.后危机时期全球大型银行资本管理的经验及启示.金融监管研究，2015（9）：1-14.

［14］董奇，赵柏功.宏观审慎政策对货币政策信贷传导途径的影响——基于中国系统重要性银行的分析［J］.金融论坛，2017（1）：35-45.

［15］范小云，方意，王道平.我国银行系统性风险的动态特征及系统重要性银行甄别［J］.金融研究，2015（11）：82-95.

［16］葛奇.更高的吸损资本要求对G-SIBs经营模式的影响［J］.国际金融，2014（2）：18-23.

［17］黄宪，熊启跃.银行资本约束下货币政策传导机理的"扭曲"效应［J］.经济学动态，2011（6）.

［18］孙健翔，巴曙松，朱元倩.银行大额风险暴露的测度及监管框架［J］.金融论坛，2014（2）：65-71.

［19］王刚.系统重要性银行"恢复和处置计划"：国际实施进展、基本要素与政策建议［J］.金融监管研究，2013（5）：40-50.

［20］王哲.日本银行业转型实践及启示［J］.中国银行业，2016（8）：69-72.

［21］熊启跃，黄宪.资本监管下货币政策信贷渠道的"扭曲"效应研究——基于中国的实证［J］.国际金融研究，2015（1）：48-61.

［22］熊启跃，易晓溦.中国银行业如何跨越TLAC缺口？［J］.金融市场研究，2016（3）：45-54.

［23］熊启跃，赵阳，廖泽洲.国际化会影响银行的净息差水平吗？——来自全球大型银行的经验证据［J］.金融研究，2016（7）：64-79.

［24］肖璞，刘轶，杨苏梅.相互关联性、风险溢出与系统重要性银行识

别[J].金融研究,2015(11):96-106.

[25]徐国翔,王莹.中国上市银行系统重要性指数构建及评估[J].经济管理,2018(3):40-56.

[26]张天顶,张宇.模型不确定下我国商业银行系统性风险影响因素分析[J].国际金融研究,2017(3):45-54.

[27]张晓燕,何德旭.系统重要性银行的外部性:基于法学视角的分析[J].金融评论,2017(2):57-68.

[28]朱海莎,钟永红.英国四大银行经营战略的变革与启示[J].金融论坛,2005(7):6.

[29]曾刚等.资本充足率变动对银行信贷行为的影响[J].金融评论,2011(4).

[30]中国银行全球系统重要性银行课题组.系统重要性银行国际监管改革进展及启示[J].金融监管研究,2015(11):1-14.

[31]中国工商银行、中国农业银行、中国银行、中国建设银行、交通银行.2014年资本充足率报告.

[32]中国工商银行、中国农业银行、中国银行、中国建设银行、交通银行.2015年资本充足率报告.

[33]みずほ総合研究所『ポスト金融危機の銀行経営～「精査」と「組み合わせ」による勝ち組戦略～』中央経済社,2014年.

[34]みずほ総合研究所『国際金融規制と銀行経営～ビジネスモデルの大転換～』中央経済社,2017年.

[35]原隆.フィンテックへの取り組みに独自性が見え始めた三者三様のメガバンク[J].金融財政事情,2018-02-19:22-23.

[36] Albertazzi, U., Domenico,M., 2013.Credit Supply, Flight to Quality and Evergreening: an analysis of bank–firm relationships aftr Lehman. Economic Research and International Relations Area in its series with number 756.

[37] Anderson, R. and Liu, Y. 2013. How Low Can You Go? Negative Interest Rates and Investors' Flight to Safety. The Regional Economist, January.

参考文献
Bibliography

[38] Arteta, C., M.A., Kose, M. Stocker, T., Taskin. 2016. Negative interest rate policies: sources and implications [J]. *Koç University-tusiad Economic Research Forum Working Papers*.

[39] Bernanke, B. S. and M. Gertler. 1995. Inside the Black Box: The Credit Channel of Monetary Policy Transmission [J]. *Journal of Economic Perspectives*, 9 (4): 27–48.

[40] Buiter, W. H. and Panigirtzoglou, N. 1999. Liquidity Traps: How to Avoid them and How to Escape Them [J]. *NBER Working Paper*, No.7245.

[41] Bryant, R. 2000. Comment on: Overcoming the Zero Bound on Interest Rate Policy [J]. *Journal of Money, Credit and Banking*, 32 (4):1036–1050.

[42] Boyle, D. 2002. The Money Changers: Currency Reform from Aristotle to E-cash. London, Earthscan.

[43] Buiter, W. H. 2005a. Overcoming the Zero Bound: Gesell vs. Eisler [J]. *International Economics and Economic Policy*, 11 (2):189–200.

[44] Buiter, W. H. 2005b. New Developments in Monetary Economics: Two Ghosts, Two Eccentricities, a Fallacy, a Mirage and a Mythos [J], *The Economic Journal*, 115 (502), 1–31.

[45] Buiter, W. H. 2007 Is Numérairology the Future of Monetary Economics? [J]. *CEP Discussion Paper*, No.776.

[46] Buiter, W. H. 2009. Negative Nominal Interest Rates: Three Ways to Overcome the Zero Lower Bound [J]. *NBER Working Papers*, No.15118.

[47] Benoît Cœuré. 2016. Assessing the Implications of Negative Interest Rates. *Speech at the Yale Financial Crisis Forum, Yale School of Management*, New Haven, 28 July.

[48] Brunnermeier, M.K., Koby. The "Reversal Interest Rate" —An Effective Lower Bound on Monetary Policy [J]. *BIS research network meeting*, 14, March.

[49] Barclays PLC. 2014. Group strategy update: Building Barclays as the

"Go-To" bank.

[50] Basel Committee on Banking Supervision. Principles for Effective Risk Data Aggregation and Risk Reporting [J]. *Bank for International Settlements*, 2013.

[51] Basel Committee on Banking Supervision. Global Systemically Important Banks: Updated Assessment Methodology and the Higher Loss Absorbency Requirement [J]. *Bank for International Settlements*, 2013.

[52] Basel Committee on Banking Supervision. Supervisory Framework for Measuring and Controlling Large Exposures [J]. *Bank for International Settlements*, 2014.

[53] Basel Committee on Banking Supervision. Global systemically important banks – revised assessment framework [J]. *Bank for International Settlements*, 2017.

[54] Basel Committee on Banking Supervision. Consultative Document: Reducing Variation in Credit Risk-Weighted Assets – Constraints on the Use of Internal Model Approaches, Issued for Comment [J]. *Bank for International Settlement*. March 2016.

[55] Basel Committee on Banking Supervision. Basel Ⅲ: Finalising Post-Crisis Reforms [J]. *Bank for International Settlement*. December 2017.

[56] Brouillard, S.,2017. Basel Ⅲ Reforms: Analysis and Potencial Impact on U.S. Banks [J]. *Review of Banking and Financial Law*. Vol. 36. Spring.

[57] Bank for Settlement. Assessing the Economic Costs and Benefits of TLAC Implementation, Report Submitted to the Financial Stability Board by an Experts Group Chaired by Kostas Tsatsaronis [J]. November 2015,

[58] Basel Committee on Banking Supervision. G-SIB Framework: Denominators,2015, Global Systemically Important Banks: Assessment Methodology and the Additional Loss Absorbency Requirement, Updated [J]. January 12, 2016.

［59］Board of Governors of the Federal Reserve System. Calibrating the GSIB Surcharge ［J］. July 20, 2015,

［60］Coffinet, J. et.al.2011.Two-Way Interplays between Capital Buffers, Credit and Output:Evidence From French Banks. Banque de France,Document de Travail, No. 316.

［61］Drake, L. 2001. Efficiency and productivity change in UK banking ［J］. *Applied Financial Economics*. 11（5）:557-571.

［62］De-Ramon, SJA et al. 2016. An overview of the UK banking sector since the Basel Accord: Brief insights from a new regulatory database. Bank of England.

［63］Dakin Campbell, Bloomberg: Bank of America Finishes Merger of Merrill Lynch Into Parent, 2013.

［64］Davies, S. 2004. Comment on Buiter and Panigirtzoglou. mimeo, Research Institute for Economics and Business Administration, Kobe University, May.

［65］Domanski, D., H.S., Shin and V. Sushko. 2015. The Hunt for Duration: Not Waving but Drowning? ［J］. *BIS Working Papers*, No.519.

［66］Eisler, R. 1932. Stable Money: the Remedy for the Economic World Crisis: a Programme of Financial Reconstruction for the International Conference 1933.London: The Search Publishing Co.

［67］Einaudi, L. 1953. The Theory of Imaginary Money from Charlemagne to the French Revolution. in F. C. Lane and J. C. Riemersma, eds. Enterprise and Secular Change, New York, pp. 229 -261.

［68］Francis,W., M., Osborne,2009.Bank Regulation, Capital and Credit Supply: Measuring the Impact of Prudential Standards ［J］. *Financial Services Authority Occasional Papers,* No.36.

［69］Financial Stability Board. Principles on Loss-absorbing and Recapitalisation Capacity of G-SIBs in Resolution, Total Loss-absorbing Capacity

(TLAC) Term Sheet [J]. November 9, 2015.

[70] Forbes: Revealed: Brian Moynihan's Grand Plan For Bank of America, 2014.

[71] Financial Stability Board. Total loss-absorbing capacity (TLAC) principles and term sheet [J]. *Bank for International Settlements*, 2015.

[72] Fischer, I. 1933. Stamp Scrip. New York, Adelphi.

[73] Gesell, S., 1916. Die nat urliche Wirtschaftsordnung. Available in Englisch as The Natural Econimic Order, London: Peter Owen Ltd., 1958.

[74] Gesell, S., 1958. The Natural Economic Order, London, Peter Owen Ltd. (Original German edition published in 1916).

[75] Gaitskell, H. 1969. Four Monetary Heretics: Douglas – Social Credit, Soddy – Bank Credit, Gesell – Free Money, Eisler – Stable Money, with an introduction by M G Lloyd Pritchard. Christchurch : Lyn Christie & Son Ltd.

[76] Goodfriend, M. 2000. Overcoming the Zero Bound on Interest Rate Policy [J]. *Journal of Money, Credit, and Banking*, 32 (4), 1007–1035.

[77] Goddard, J et al. 2009. The Crisis in UK banking [J]. *Public Money & Management*. 29 (5):277–284.

[78] Hesna, G. 2014. What Is the Impact of A LowInterest Rate Environment on Bank Profitability? [J]. *Chicago Fed Letter*, July, No. 324.

[79] Hameed, A., A.K., Rose. 2016. Exchange Rate Behavior with Negative Interest Rates: Some Early Negative Observations [J]. *Cepr Discussion Papers*, 6 September.

[80] Hou, D., Skeie, D. 2014. LIBOR: Orgins, economics, crisis, scandal, and reform Staff report, Federal Reserve Bank of New York, No. 667.

[81] Hansen et.al 2011,A Macroprudential Approach to Financial Regulation. *Journal of Economic Perspectives*, 25 (1):3–28.

[82] Ignacio H., Ernesto V. ,2012.The Recent Slowdown of Bank Lending in Spain: Are Supply-side Factors Relevant? [J]. *Bank of Spain, Working Papers*,

No.1206.

[83] Ilgmann, C., M., Menner. 2011. Negative Nominal Interest rates: History and Current Proposals [J]. *International Economics & Economic Policy*, 8 (4):383–405.

[84] Jerome, C., Paul, H. and V. Mathilde, 2013. Assessing the Interest Rate and Bank Lending Channels of ECB Monetary Policies [J]. *OFCE Working Paper*, No.25.

[85] Jackson, H. 2015. The International Experience with Negative Policy Rates [J]. *Staff Discussion Paper*, 2015–13, Bank of Canada.

[86] Jobst, A., and L. Huidan, 2016. Negative Interest Rate Policy Implications for Monetary Transmission and Bank Profitability in Euro Area [J]. *IMF Working Paper*, No.172.

[87] Jones, IW., Pollitt, MG., 2016. How UK banks are changing their corporate culture and practice following the financial crisis of 2007–08 [J]. *Centre for Business Research, University of Cambridge Working Paper*, No. 482.

[88] Laeven,L., Levine,R., 2009. Bank Governance, Regulation and Risk Taking [J]. *Journal of Financial Economics*, 93 (2):259–275.

[89] Meh, C., Moran, K., 2010. The role of bank capital in the propagation of shocks [J]. *Journal of Economic Dynamics & Control*, 34 (3):555–576.

[90] Mora, N.,Logan, A.,2010. Shocks to bank capital: evidence from UK banks at home and away [J]. *Bank of England Working PWapers*, No.387.

[91] Stolz, S., Wedow, M., 2011. Banks'Regulatory Capital Buffer and the Business Cycle: Evidence for German Savings and Cooperative Banks [J]. *Journal of Financial Sta*.

[92] KPMG. 2014. UK banks performance benchmarking.

[93] Keynes, J. M. 1935. A Self–Adjusting Economic System? [J]. *The New Republic*, 82 (1055):35–37.

[94] Keynes, J. M. 1936. The General Theory of Employment, Interest and

Money. London, Mcmillan.

[95] Keynes, J. M. 1937. The "Ex-Ante" Theory of the Rate of Interest [J]. *The Economic Journal*, 47 (188): 663–669.

[96] Krugman, P. 1998. It's baaack: Japan's slump and the return of the liquidity trap [J]. *Brookings Papers on Economic Activity*, 29 (2):137–206.

[97] Krugman, P. 2000. Thinking about the liquidity trap [J]. *Journal of the Japanese and International Economies*, 14 (4):221–237.

[98] Khayat, A. 2015. Negative Policy Rates, Banking Flows and Exchange Rates [J]. *Amse Working Papers*, September.

[99] Katzenbach, JR et al. 2012. Cultural change that sticks [J]. *Harvard Business Review*. July–Augest.

[100] Menner, M. 2011. Gesell Tax and Efficiency of Monetary Exchange [J]. *Ivie Working Papers*.

[101] McAndrews, J. 2015. Negative Nominal Central Bank Policy Rates: Where is the Lower Bound? [J]. *Remarks at the University of Wisconsin*.

[102] Polk, D., 2015. Federal Reserve's Proposed Rule on Total Loss-Absorbing Capacity and Eligible Long-Term Debt [J]. November 1.

[103] Schmeling, M. and Schrimpf, A. 2011. Expected Inflation, Expected Stock Returns, and Money Illusion: What Can We Learn from Survey Expectations? [J]. *European Economic Review*, 55 (5):702–719.

[104] Snider, Connan., Youle, Thomas. 2012. The fix is in: Detecting portfolio driven manipulation of the LIBOR [J]. *SSRN Working Paper*.

[105] Thomas, S., Maria, S., and S. Caroline, 2014. The Development of Bank Profitability in Denmark, Sweden and Switzerland During a Period of Ultra-low and Negative Interest Rates. Oesterreichische National Bank.

[106] Viñals, J., S. Gray and K., Eckhold. 2016. The Broader View: The Positive Effects of Negative Nominal' Interest Rates [J]. *IMF direct*, April 10.

[107] Williams, J. 2014. Monetary Policy at the Zero Lower Bound: Putting

Theory into Practice [J]. *Hutchins Center on Fiscal and Monetary Policy at Brookings*, January 16.

[108] Woodford, M. 2010. Financial Intermediation and Macroeconomic Analysis [J]. *Journal of Economic Perspectives*, 24（4）: 21–44.

[109] Yates, T. 2004. Monetary Policy and the Zero Bound to Interest Rates: A Review [J]. *Journal of Economic Surveys*, 18（3）: 427–481.

后　　记

　　长期以来，中国银行国际金融研究所从事全球经济金融与银行业的研究，为中国经济和银行业的发展建言献策。为更好地展现和交流国际金融研究所在银行业研究领域的成果，深入研究和探索全球银行业发展转型的重要经验和特征，在中国金融出版社的大力支持下，我们将近阶段有关研究成果集结成册，汇编成本书。书中案例翔实、数据信息量大，既可以作为相关研究的参考工具书使用，也可以作为银行同业经营战略和业务策略制定的参考材料。

　　本书各篇的作者主要来自中国银行国际金融研究所，同时还有来自伦敦、纽约、东京等地中国银行分支机构的研究力量。其中，国际金融研究所的陈卫东所长、张兴荣资深研究员在书稿筹划、组织编写、书稿审阅等方面都做了大量工作。书稿的各位作者包括：国际金融研究所的陈卫东所长、葛奇首席研究员、张兴荣资深研究员、王家强主管、邵科博士、熊启跃博士、赵雪博士、原晓惠博士、易晓溦博士，纽约分行的黄小军总监、陆晓明博士，伦敦分行的瞿亢，东京分行的王哲等。各位作者对文章中的数据、措辞进行了反复修改和校对，确保数据的准确性和观点的可靠性。在此，我对他们的积极参与和辛勤劳动表示衷心感谢。

　　同时，感谢中国金融出版社各位同仁的大力支持，特别是黄海清主任对全书的主题策划、结构框架等方面提出了许多宝贵意见和建议。正是他们细致认真的编校、排版和组织工作，使得本书得以顺利出版。

由于近些年来银行业发展日新月异，很多问题始终处于不断变化之中，同时作者的认知也会存在一定的局限，因此书中不可避免地存在错误与遗漏，欢迎广大读者提出批评和指正。

陈四清
2018年12月于中国银行